張大可
韓兆琦 等 注譯

新譯資治通鑑（二十二）

梁紀十八—二十二
陳紀一—二

三民書局 印行

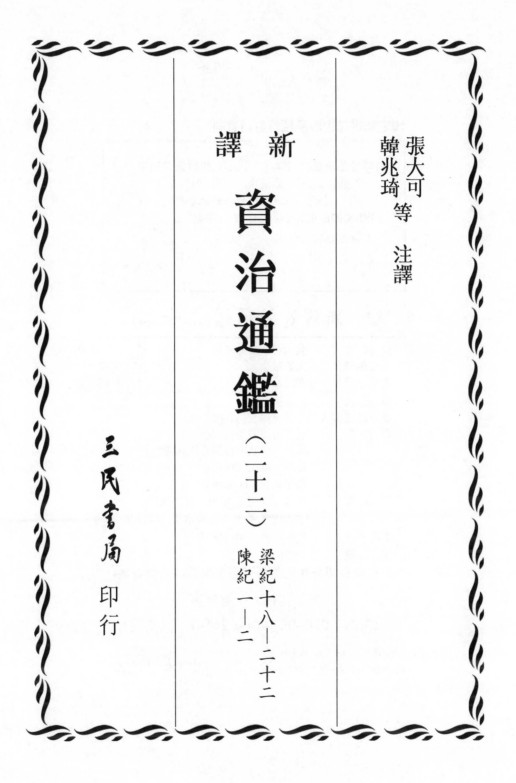

國家圖書館出版品預行編目資料

新譯資治通鑑(二十二) / 張大可,韓兆琦等注譯. ——初版一刷. ——臺北市: 三民, 2017
冊; 公分. ——(古籍今注新譯叢書)
ISBN 978-957-14-6241-7 (平裝)
1. 資治通鑑 2. 注釋

610.23　　105022866

注譯者	張大可　韓兆琦等
責任編輯	陳榮華
美術設計	李唯綸
發行人	劉振強
著作財產權人	三民書局股份有限公司
發行所	三民書局股份有限公司
	地址　臺北市復興北路386號
	電話　(02)25006600
	郵撥帳號　0009998-5
門市部	(復北店) 臺北市復興北路386號
	(重南店) 臺北市重慶南路一段61號
出版日期	初版一刷　2017年1月
編號	S 034240

行政院新聞局登記證局版臺業字第〇二〇〇號

ISBN 978-957-14-6241-7 (平裝)

http://www.sanmin.com.tw 三民網路書店
※本書如有缺頁、破損或裝訂錯誤,請寄回本公司更換。

新譯資治通鑑 目次

第二十二冊

卷第一百六十二

梁紀十八

屠維大荒落（己巳　西元五四九年），一年。

【題解】本卷載述西元五四九年一年史事。時當梁武帝太清三年，西魏文帝大統十五年，東魏孝靜帝武定七年。是年，北朝東魏勢力擴張，高澄乘梁朝內亂，蠶食梁朝淮南各州鎮，又西敗西魏名將王思政，全部收復因侯景反叛而丟失的河南疆土。本卷重點仍載述侯景叛亂的太清之禍。侯景兵圍皇城，四方勤王之師集於建康，繁華帝京，成為烽煙連綿的大戰場，一百餘日的激烈大戰，建康士民死傷十之八九，數十萬生靈遭塗炭，十里長街片瓦不存，變為廢墟。宮城破，梁武帝死，宗室諸王不思協力報君國之仇，反而各懷私心，互相攻伐，既使侯景苟延性命於內，又使大片國土喪失於外。梁朝綱紀不張，政治腐敗，於茲可見。

高祖武皇帝十八

太清三年（己巳　西元五四九年）

春，正月丁巳❶朔，柳仲禮自新亭徙營大桁。會大霧，韋粲軍迷失道，比及青塘，夜已過半，立柵未合，侯景望見之，亟帥銳卒攻粲。粲使軍主❷鄭逸逆擊之，命劉叔胤以舟師截其後❸，叔胤畏懦不敢進，逸遂敗。景乘勝入粲營，左右牽粲避賊，粲不動，叱子弟力戰，遂與子尼及三弟助、警、構、從弟昂皆戰死，親戚死者數百人。仲禮方食，投箸被甲，與其麾下百騎馳往救之，與景戰於青塘，大破之，斬首數百級，沈淮水死者千餘人。仲禮稍將及景，而賊將支伯仁❹自後斫仲禮中肩，馬陷于淖，賊聚矟刺之，騎將郭山石救之，得免。仲禮被重瘡，會稽人惠臶吮瘡斷血，故得不死。自是景不敢復濟南岸，仲禮亦氣衰[1]，不復言戰矣。

邵陵王綸復收散卒，與東揚州刺史臨城公大連❺、新淦公大成等自東道並至，庚申❻，列營于桁南，亦推柳仲禮為大都督。大連，大臨之弟也。

朝野以侯景之禍共尤朱异，异慚憤發疾，庚申❼，卒。故事：尚書官不以為贈❽，上痛惜异，特贈尚書右僕射。

甲子❾，湘東世子方等及王僧辯軍至。◯戊辰❿，封山侯正表以北徐州降東魏，東魏徐州刺史高歸彥⓫遣兵赴之。歸彥，歡之族弟也。

己巳⓬，太子遷居永福省⓭。高州刺史李遷仕⓮、天門太守樊文皎將援兵萬餘人至城下。臺城與援軍信命久絕，有羊車兒獻策，作紙鴟⓯，繫以長繩，寫敕於內，放以從風，冀達眾軍，題云：「得鴟送援軍，賞銀百兩。」太子自出太極殿前，乘西北風縱之，賊怪之，以為厭勝⑯，射而下之。援軍募人能入城送啓者，鄱陽世子嗣左右李朗請先受鞭，詐為得罪，叛投賊，因得入城，城中方知援兵四集，舉城鼓譟。上以朗為直閤將軍，賜金遣之。朗緣鍾山之後，宵行晝伏，積日乃達。

癸未⑰，鄱陽世子嗣、永安侯確、莊鐵、羊鴉仁、柳敬禮⑱、李遷仕、樊文皎將兵度淮，攻東府前柵，焚之，侯景退。眾軍營於青溪之東，遷仕、文皎帥銳卒五千獨進深入，所向摧靡。至菰首橋⑲東，景將宋子仙伏兵擊之，文皎戰死，遷仕遁還。敬禮，仲禮之弟也。

仲禮神情傲狠，陵蔑諸將，邵陵王綸每日執鞭至門⑳，亦移時弗見，由是與綸及臨城公大連深相仇怨。大連又與永安侯確有隙，諸軍互相猜阻，莫有戰心。援軍初至，建康士民扶老攜幼以候之，纔過淮，即縱兵剽掠。由是士民失望，賊中有謀應官軍者，聞之，亦止。

王顯貴以壽陽降東魏。

【章旨】以上為第一段，寫梁朝勤王之師四集，初戰不利後的形勢。太清三年（西元五四九年）正月，勤王之師初戰失利，韋粲死，軍魂奪。援軍大都督柳仲禮初戰受創，死裡逃生而膽寒，堅壁不敢言戰，傲慢乖張以樹威，諸將離心，士氣不振。

【注釋】❶丁巳　正月初一。❷軍主　軍中的主將。南北朝置。其下有軍副，所統軍力數百人至萬人以上不等，多以將軍兼領。❸截其後　截斷退路。❹支伯仁　人名，《梁書》卷四十五作「支化仁」，是侯景騎將，兼魯山城主，後降於王僧辯。而《梁書》卷四〈簡文帝紀〉和卷五十六〈侯景傳〉都作「張化仁」。三名未詳孰是。❺大連　蕭大連（西元五三〇—五五一年），字仁靖，封臨城公。大寶元年，改封南郡王。轉年被侯景所害。傳見《梁書》卷四十四、《南史》卷五十四。❻庚申　正月初四日。❼庚申　《梁書》卷三〈武帝紀〉下作「乙丑」，是正月九日，與此異。恐《梁書》為是。❽尚書官不以為贈　大臣死後追贈官位，始於東漢初年，六朝尤為盛行。但從不追贈尚書官，此為特例。❾甲子　正月初八日。❿戊辰　正月十二日。⓫高歸彥　字仁英，高歡族弟。北齊時，封平秦王。以討侯景功，別封長樂郡公，除領軍大將軍。領軍加「大」字，從歸彥開始。傳見《魏書》卷三十二、《北齊書》卷十四、《北史》卷五十一。⓬己巳　正月十三日。⓭永福省　在宮禁中。從南朝宋開始，均由太子居住，取永久福祐國家的意思。⓮李遷仕　（？—西元五五一年）梁武帝死後，順從侯景。陳霸先北上，遷仕企圖偷襲南康，被霸先派杜僧明擒殺。事見《陳書》卷八〈杜僧明傳〉。⓯紙鴟　鳥形風箏。⓰厭勝　古代詛咒制服他人的一種巫術。⓱癸未　正月二十七日。⓲柳敬禮　河東解（今山西解縣）人。初為扶風太守，侯景渡江，敬禮入援。臺城失陷，侯景扣他為人質，脅迫柳仲禮出征。後敬禮與蕭會理謀奪建康，事洩被殺。傳見《梁書》卷四十二、《南史》卷三十八。⓳菰首橋　青溪河上的橋。菰首，即茭白。⓴執鞭至門　部將進見主帥之禮。蕭綸雖貴為王，但推舉柳仲禮為大都督，指揮解圍軍事，所以也行進見禮。

【校　記】①衰　原作「素」。據章鈺校，十二行本、乙十一行本、孔天胤本皆作「衰」，今據改。按，《通鑑紀事本末》卷二三、《通鑑綱目》卷三三皆作「衰」。

【語　譯】高祖武皇帝十八

太清三年（己巳　西元五四九年）

春，正月初一日丁巳，柳仲禮從新亭移軍屯駐朱雀桁。正碰上大霧，韋粲的部隊迷了路，等到達青塘，夜已過半，樹立營房的柵欄還沒有合攏，侯景遠望看到了這個情況，立即率領精銳士兵攻打韋粲。韋粲派軍主鄭逸還擊，命令劉叔胤用水軍截斷侯景的後路。劉叔胤膽怯懦弱，不敢進攻，鄭逸於是戰敗。侯景乘勝攻入韋粲軍營，韋粲身邊的人拉著韋粲躲避敵人，韋粲不動，喝令兒子、弟弟全力死戰，於是韋粲和兒子韋尼，以及三個弟弟韋助、韋警、韋構，堂弟韋昂全都戰死，戰死的親戚有幾百人。柳仲禮正在吃飯，立即丟下筷子穿上鎧甲，和他的部下一百名騎兵飛奔前去救援韋粲，與侯景在青塘大戰，大敗侯景，殺死敵人數百人，沉入淮水淹死的有千餘人。柳仲禮的長矛正要刺到侯景，侯景的部將支伯仁從背後砍柳仲禮，正中肩膀，戰馬陷到了泥潭中，敵軍集中長矛刺向柳仲禮，騎將郭山石救援柳仲禮，柳仲禮得免於難。柳仲禮受了重傷，會稽人惠臶吸吮傷口，止血治療，才得以不死。從這以後，侯景不敢渡到秦淮河南岸，柳仲禮也喪失了鬥志，不再說交戰了。

邵陵王蕭綸重新搜集潰散的士兵，與東揚州刺史臨城公蕭大連、新淦公蕭大成等從東路一起進軍到了建康，正月初四日庚申，在朱雀桁南岸紮營，也推舉柳仲禮為大都督。蕭大連，是蕭大臨的弟弟。

朝廷內外因侯景之禍，一致怪罪朱异，朱异又慚愧又憤恨，因而生病，在正月初四日庚申死去。按慣例，尚書官銜不用來贈給死者，梁武帝痛惜朱异，特別贈朱异為尚書右僕射。

正月初八日甲子，湘東王世子蕭方等以及王僧辯的軍隊到達建康。〇十二日戊辰，封山侯蕭正表獻出北徐州投降東魏，東魏徐州刺史高歸彥派兵接收了北徐州。高歸彥，是高歡的同宗弟弟。

正月十三日己巳，梁朝皇太子遷居永福省。高州刺史李遷仕、天門太守樊文皎率領援軍一萬多人到達皇城附近。皇城與援軍長時間沒有通信息，有個羊車兒獻上一個主意，製作了一個鴟鳥形狀的風箏，繫上長繩，風箏內寫敕令，順風放出，希望它飛到援軍那裡，上面題寫說：「得鴟送援軍，賞銀百兩。」皇太子親自走到太極殿前趁著西北風放出風箏，叛軍見了感到很奇怪，認為是厭勝物品，用箭射了下來。援軍招募能夠進皇城送信的人，鄱陽王世子蕭嗣身邊的李朗請求先受鞭打，假裝犯了罪，叛逃投降叛軍，因此得以進入皇城。城中才知道援兵四面八方聚集過來，全皇城歡呼鼓舞。梁武帝任命李朗為直閤將軍，賞賜黃金，然後送他出城。李朗順著鍾山後坡，晝伏夜行，過了幾天才回到軍營。

正月二十七日癸未，鄱陽王世子蕭嗣、永安侯蕭確、莊鐵、羊鴉仁、柳敬禮、李遷仕、樊文皎率領軍隊渡過秦淮河，攻擊東府城前面的營柵，放火燒了它，侯景撤退。各路軍隊在青溪東紮營。李遷仕、樊文皎率領精銳士兵五千人孤軍深入，所到之處，敵人潰散。到達菰首橋東面時，侯景將領宋子仙伏兵襲擊他們，樊文皎戰死，李遷仕逃回。柳敬禮，是柳仲禮的弟弟。

柳仲禮神情傲慢而兇狠，蔑視諸將，邵陵王蕭綸每天以執鞭之禮來到他的軍營前，也要等半天還不接見，因此柳仲禮與蕭綸以及臨城公蕭大連結下很深的仇怨。蕭大連又與永安侯蕭確有隔閡，各路援軍互相猜忌，誰都沒有心思作戰。援軍剛到時，建康士民扶老攜幼迎侯慰問他們，可是援軍剛過秦淮河，就放縱士兵搶劫掠奪。因此士民失望，叛軍中有謀劃響應官軍的人，聽到這種情況，也就打消了響應的念頭。

侯景部將王顯貴獻出壽陽投降了東魏。

臨賀王記室吳郡顧野王❶起兵討侯景，二月己丑❷，引兵來至。初，臺城之閉也，公卿以食為念，男女貴賤並出負米，得四十萬斛，收諸府藏錢帛五十萬億，並聚德陽堂，而不備薪芻、魚鹽。至是，壞尚書省為薪❸。撤薦❹，剉❺以飼馬，薦盡，又食以飯。軍士無䐪❻，或煮鎧❼、熏鼠、捕雀而食之。御甘露廚❽有乾苔❾，味酸鹹，分給戰士。軍人屠馬於殿省間，雜以人肉，食者必病。侯景眾亦飢，抄掠無所獲。東城❿有米，可支一年，援軍斷其路。又聞荊州兵將至，景甚患之。王偉曰：「今臺城不可猝拔，援兵日盛，吾軍乏食，若偽且[1]求和以緩其勢，東城之米，足支一年，因求和之際，運米入石頭，援軍必不得動，然後休士息馬，繕修器械，伺其懈怠擊之，一舉可取也。」景從之，遣其將任約、于子悅至城下，拜表求和，乞復先鎮[11]。太子以城中窮困，白上，請許之。上怒曰：「和不如死！」太子固請曰：「侯景圍逼已久，援軍相仗不戰，宜且許其和，更為後圖。」上遲回久之，乃曰：「汝自圖之，勿令取笑千載。」遂報許之。景乞割江右四州[12]之地，并求宣城王大器出送，然後濟江。中領軍傅岐固爭曰：「豈有賊舉兵圍宮闕而更與之和乎？此特欲卻援軍耳。戎狄獸心，必不可信。且宣城嫡嗣之重，國命所繫，豈可為質？」上乃以大器之弟石城公大款[13]為侍中，出質於景。又敕諸軍不得復進，下詔曰：「善兵不戰，止戈為武。可以景為大丞相，都督江西四州諸軍事，豫州牧、河南王如故。」己亥[14]，設壇於西華門外，遣僕射王克[15]、上甲侯韶[16]、吏部郎蕭瑳[17]與于子悅、任約、王偉登壇共盟。太子詹事柳津出西華門，景出柵門，遙相對，更殺牲歃血為盟。既盟，而景長圍不解，專修鎧仗，託云無船，不得即發。又云恐南軍[18]見躡，遣石城公還臺，求宣城王出送。邀求稍廣，了無去志。太子知其詐言，猶羈縻不絕。韶，懿之孫也。

庚子[19]，前南兗州刺史南康王會理、前青・冀二州刺史湘潭侯退[20]、西昌侯世子彧㉑眾合三萬，至于馬卬洲㉒，景慮其自白下而上，啟云：「請敕[2]北軍㉓聚還南岸㉔，不爾，妨臣濟江。」太子即勒會理自白下城移軍江潭苑㉕。退，恢之子也。

辛丑㉖，以邵陵王綸為司空，鄱陽王範為征北將軍，柳仲禮為侍中、尚書右僕射。景以于子悅、任約、傅士悊皆為儀同三司，夏侯譒為豫州刺史，董紹先為東徐州刺史，徐思玉為北徐州刺史，王偉為散騎常侍。上以偉為侍中。

乙卯㉗，景又啟曰：「適有西岸㉘信至，高澄已得壽陽、鍾離，臣今無所投足，求借廣陵并譙州，俟得壽陽，即奉還朝廷。」又云：「援軍既在南岸，須於京口度江。」太子並答許之。

癸卯㉙，大赦。

庚戌㉚，景又啟曰：「永安侯確、直閤趙威方㉛頻隔柵見詬云：『天子自與汝盟，我終當破汝。』乞召侯及威方入，即當引路。」上遣吏部尚書張綰召確，辛亥㉜，以確為廣州刺史，威方為盱眙㉝太守。確累啟固辭，不入，上不許。確先遣威方入城，因欲南奔㉞。邵陵王綸泣謂確曰：「圍城既久，聖上憂危，臣子之情，切於湯火，故欲且盟而遣之，更申後計。成命已決，何得拒違？」時臺使周石珍、東宮主書左法生㉟在綸所，確謂之曰：「侯景雖云欲去而不解長圍，意可見也。今召僕入城，何益於事？」石珍曰：「敕旨如此，郎那得辭？」確意尚堅，綸大怒，謂趙伯超曰：「譙州㊱為我斬之，持其首去。」伯超揮刃眄確曰：「伯超識君侯，刀不識也。」確乃流涕入城。

上常蔬食，及圍城日久，上廚蔬茹㊲皆絕，乃食雞子。綸因使者暫通，上雞子數百枚，上手自料簡㊳，歔欷哽咽。

湘東王繹軍於郢州之武城㊴，湘州刺史河東王譽軍於青草湖㊵，信州㊶刺史桂陽王慥㊷軍於西峽口㊸，託云俟四方援兵，淹留不進。中記室參軍蕭賁㊹，骨鯁士也，以繹不早下㊺，心非之，嘗與繹雙六㊻，食子未下，賁曰：「殿下都無下意。」繹深銜之。及得上敕，繹欲旋師，賁曰：「景以人臣舉兵向闕，今若放兵㊼，未及度江，童子能斬之矣，必不為也。大王以十萬之眾，未見賊而退，柰何？」繹不悅，未幾，因事殺之㊽。慥，懿之孫㊾也。

東魏河內㊿民四千餘家，以魏北徐州刺史司馬裔(51)，其鄉里也，相帥歸之。丞相泰欲封裔，裔固辭曰：「士大夫遠歸皇化，裔豈能帥之？賣義士以求榮，非所願也。」

侯景運東府米入石頭，既畢，王偉聞荊州軍退[52]，援軍雖多，不相統壹，乃說景曰：「王以人臣舉兵，圍守宮闕，逼辱妃主，殘穢宗廟，擢王之髮，不足數罪[53]。今日持此，欲安所容身乎？背盟而捷，自古多矣，願且觀其變。」臨賀王正德亦謂景曰：「大功垂就，豈可棄去？」景遂上啓，陳上[3]十失，且曰：「臣方事睽違[54]，所以冒陳讜直。陛下崇飾虛誕，惡聞實錄，以祅怪為嘉禎，以天譴為無咎。敷演六藝，排擯前儒，王莽之法[55]也。以鐵為貨，使[4]輕重無常，公孫[56]之制也。爛羊鐫印[57]，朝章鄙雜，更始[58]、趙倫[59]之化也。豫章以所天為血讎[60]，邵陵以父存而冠布[61]，石虎[62]之風也。修建浮圖，百度糜費，使四民飢餒，笮融[63]、姚興[64]之代也。」又言：「建康宮室崇侈，陛下唯與主書參斷萬機，政以賄成，諸閹豪盛，眾僧殷實。皇太子珠玉是好，酒色是耽，吐言止於輕薄，賦詠不出桑中[65]；邵陵所在殘破；湘東羣下貪縱；南康[66]、定襄[67]之屬，皆如沐猴而冠耳。親為孫姪，位則藩屏，臣至百日，誰肯勤王？此而靈長[68]，未之有也。昔鬻拳兵諫[69]，王卒改善，今日之舉，復奚罪乎？伏願陛下小懲大戒[70]，放讒納忠，使臣無再舉之憂，陛下無嬰城之辱，則萬姓幸甚！」

上覽啓，且慙且怒。三月丙辰朔[71]，立壇於太極殿前，告天地，以景違盟，舉烽鼓譟。初，閉城之日，男女十餘萬，擐甲者二萬餘人，被圍既久，人多身腫氣急[72]，死者什八九，乘城者不滿四千人，率皆羸喘。橫尸滿路，不可瘞埋[73]，爛汁滿溝。而眾心猶望外援。柳仲禮唯聚妓妾，置酒作樂，諸將日往請戰，仲禮不許。安南侯駿說邵陵王綸曰：「城危如此，而都督不救，若萬一不虞[74]，殿下何顏自立於世？今宜分軍為三道，出賊不意攻之，可以得志。」綸不從。柳津登城謂仲禮曰：「汝君父在難，不能竭力，百世之後，謂汝為何？」仲禮亦不以為意。上問策於津，對曰：「陛下有邵陵，臣有仲禮，不忠不孝，賊何由平？」

戊午[75]，南康王會理與羊鴉仁、趙伯超等進營於東府城北，約夜度軍。既而鴉仁等曉猶未至，景眾覺之，營未立，景使宋子仙擊之，趙伯超望風退走。會理等兵大敗，戰及溺死者五千人。景積其首於闕下，以示城中。

景又使于子悅求和，上使御史中丞沈浚[76]至景所。景實無去志，謂浚曰：「今天時方熱，軍未可動，乞且留京師立效。」浚發憤責之，景不對，橫刀叱之。浚曰：「負恩忘義，違棄詛盟，固天地所不容。沈浚五十之年[77]，常恐不得死所，何為以死相懼邪？」因徑去不顧。景以其忠直，捨之。

於是景決石闕前水[78]，百道攻城，晝夜不息。邵陵世子堅[79]屯太陽門[80]，終日蒲欽[81]，不恤吏士，其書佐[82]董勛[83]、熊曇朗[84]恨之。丁卯[85]，夜向曉，勛、曇朗於城西北樓引景眾登城，永安侯確力戰，不能卻，乃排闥入啓上云：「城已陷。」上安臥不動，曰：「猶可一戰乎？」確對[5]曰：「不可。」上歎曰：「自我得之，自我失之，亦復何恨！」因謂確曰：「汝速去，語汝父：勿以二宮[86]為念。」因使慰勞在外諸軍。

俄而景遣王偉入文德殿奉謁，上命褰簾開戶引偉入，偉拜呈景啓，稱：「為姦佞所蔽，領眾入朝，驚動聖躬，今詣闕待罪。」上問：「景何在？可召來。」景入見於太極東堂，以甲士五百人自衛。景稽顙殿下，典儀[87]引就三公榻[88]。上神色不變，問曰：「卿在軍中日久，無乃[89]為勞！」景不敢仰視，汗流被面。又曰：「卿何州人，而敢至此，妻子猶在北邪？」景皆不能對。任約從旁代對曰：「臣景妻子皆為高氏所屠，唯以一身歸陛下。」上又問：「初度江有幾人？」景曰：「千人。」「圍臺城幾人？」曰：「十萬。」「今有幾人？」曰：「率土之內，莫非己有。」上俛[90]首不言。

景復至永福省見太子，太子亦無懼容。侍衛皆驚散，唯中庶子[91]徐摛、通事舍人[92]陳郡殷不害[93]側侍。摛謂景曰：「侯王當以禮見，何得如此？」景乃拜。

太子與言，又不能對。

景退，謂其廂公[94]王僧貴曰：「吾常跨鞍對陣，矢刃交下，而意氣安緩，了無怖心。今見蕭公，使人自慴，豈非天威難犯？吾不可以再見之。」於是悉撤兩宮侍衛，縱兵掠乘輿、服御、宮人皆盡。收朝士、王侯送永福省，使王偉守武德殿，于子悅屯太極東堂。矯詔大赦，自加大都督中外諸軍、錄尚書事。

建康士民逃難四出。太子洗馬蕭允[95]至京口，端居不行，曰：「死生有命，如何可逃？禍之所來，皆生於利，苟不求利，禍從何生？」

己巳[96]，景遣石城公大款以詔命解外援軍。柳仲禮召諸將議之，邵陵王綸曰：「今日之命，委之將軍。」仲禮熟視不對。裴之高、王僧辯曰：「將軍擁眾百萬，致宮闕淪沒，正當悉力決戰，何所多言？」仲禮竟無一言，諸軍乃隨方各散。南兗州刺史臨成公大連[97]、湘東世子方等、鄱陽世子嗣、北兗州刺史湘潭侯退[98]、吳郡太守袁君正[99]、晉陵太守陸經等各還本鎮。君正，昂之子也。邵陵王綸奔會稽。仲禮及弟敬禮、羊鴉仁、王僧辯、趙伯超並開營降，軍士莫不歎憤。仲禮等入城，先拜景而後見上，上不與言。仲禮見父津，津慟哭曰：「汝非我子，何勞相見？」

湘東王繹使全威將軍⑩⓪會稽王琳⑩①送米二十萬石以饋軍，至姑孰，聞臺城陷，沈米於江而還。

景命燒臺內積尸，病篤未絕者⑩②亦聚而焚之。

【章旨】以上為第二段，梁皇太子懦弱畏敵，在勤王之師大集的形勢下，中叛賊奸計許和，喪失戰機，滅了自己勤王之師的士氣，助長了賊人的威風，導致將士寒心，聞警坐觀，皇城於是不守。

【注釋】❶顧野王　(西元五一九—五八一年)字希馮，吳郡吳縣人，熟讀經史，通曉天文地理、占候，好丹青，善書法，名噪一時。臺城失陷，轉投陳霸先，歷位大著作、黃門侍郎。傳見《陳書》卷三十、《南史》卷六十九。❷己丑　二月三日。❸壞尚書省為薪　拆毀尚書省樑椽作燒柴用。❹薦　草席。❺剉　鍘碎。❻脼　本指魚肉乾。此泛指熟肉食。❼賁鎧　當時鎧甲多用獸皮製作，所以士兵用來煮著吃。❽御甘露廚　佛教徒稱廚房叫甘露廚，梁武帝信佛，把御膳房改用此稱。❾乾苔　曬乾的海苔菜，今南方仍多食用。❿東城　東府城。在臺城南。⓫先鎮　指壽陽。此時已屬東魏。⓬四州　即南豫、西豫、合、光四州。⓭大款　蕭大款(？—西元五五五年)，字仁師，簡文帝第三子。初封石城公，簡文帝即位，進封江夏王。後投奔梁元帝，改封臨川王。西魏陷江陵，即遇害。傳見《南史》卷五十四。⓮己亥　二月十三日。⓯王克　出身琅邪王氏。臺城失陷，被侯景任命為太宰、侍中、錄尚書事。侯景敗亡，入陳，位至尚書右僕射。傳見《南史》卷二十二。⓰韶　蕭韶，字德茂，爵上甲侯。後投奔梁元帝，改封長沙王。曾撰《梁太清紀》，多失實。傳見《南史》卷五十一。⓱蕭瑳　蘭陵(今江蘇常州西北)人，梁武帝太清中，官至吏部郎。臺城失陷，避難於東陽(今浙江金華)，被強盜所殺。傳見《梁書》卷三十五。⓲南軍　時援軍大都屯紮在秦淮河南岸，所以被稱作南軍。⓳庚子　二月十四日。⓴退　蕭退，封湘潭侯，後投奔東魏。北齊時，位金紫光祿大夫。傳見《北齊書》卷三十三、《北史》卷二十九。㉑彧　蕭彧，西昌侯蕭淵藻的長子。事見《梁書》卷二十三。㉒馬卬洲　長江江心洲之一，在今南京王家沙、老鸛嘴一帶。㉓北軍　指蕭會理等所率兵馬。因馬卬洲在臺城之北，所以稱北軍。㉔南岸　秦淮河南岸。㉕江潭苑　《梁書》作「蘭亭苑」。在秦淮河南岸。㉖辛丑　二月十五日。㉗乙卯　二月二十九日。此下所述事不當置於癸卯日前，疑有誤。「乙卯，景又啓曰」至「太子並答許之」一節，疑錯簡，應在「上常蔬食」之前。㉘西岸　指長江西岸的歷陽（今安徽和縣）。㉙癸卯　二月十七日。㉚庚戌　二月二十四日。㉛趙威方　時任直閤將軍。後歸順侯景，任湘州刺史，死於貝磯之役。㉜辛亥　二月二十五日。㉝盱眙　郡名，治所盱眙，在今江蘇盱眙。㉞南奔　向南奔往荊州、江州二鎮。㉟東宮主書左法生　東宮主書，官名，在東宮中掌起草文書。左法生，人名。㊱譙州　趙伯超時任譙州刺史，所以蕭綸以譙州代稱趙伯超。㊲茹　蔬菜的總稱之一。㊳料簡　點數驗收。㊴武城　又名武口城，在今湖北黃陂東南。㊵青草湖　湖名，一名巴丘湖，北與洞庭湖相連，在今湖南湘陰北。㊶信州　州名，治所白帝城，在今重慶市奉節。㊷桂陽王慥　蕭慥，字元貞，梁宗室。初為信州刺史，侯景之亂，赴援京師，後回信州，遭張纘陷害，被蕭繹下令處死。傳見《南史》卷五十一。㊸西峽口　即西陵峽口，在今湖北巴東。㊹蕭賁　字文奐，南齊巴陵王蕭昭胄之子。能書善畫。仕梁，為湘東王法曹參軍。撰《西京雜記》六十卷。傳見《南史》卷四十四。㊺不早下　不盡快順江而下，援救京師。㊻雙六　博戲的一種，又稱雙陸。局如棋盤，左右各有六路，因而得名。每方有馬十五枚，以骰子擲采而行馬，白馬從右到左，黑馬從左到右，先走完者為勝。㊼放兵　放棄兵權。㊽因事殺之　因批評蕭繹所擬檄文文句不當，被關到獄中餓死，並下令戮屍。㊾懿之孫　蕭慥是長沙宣武王蕭懿第九子蕭象的兒子，但蕭象已過繼給桂陽簡王蕭融，所以應作蕭融之孫。㊿河內　郡名，東魏置，治所野王，在今河南沁陽。(51)司馬裔　（？—西元五七一年）字遵胤，河南溫縣人，宋武帝誅除司馬氏，他的曾祖司馬楚之逃到北魏，重返故鄉。魏孝武西遷，裔起義於溫縣。每與東魏戰，必建功勳。入周，累官至大將軍，封琅邪縣公。傳見《周書》卷三十六、《北史》卷二十九。(52)荊州軍退　指湘東王蕭繹已回師。(53)擢王之髮二句　指侯景犯下的罪行之多，拔光侯景的頭髮來計算都不夠用。(54)睽違　分離。此指撤軍。(55)王莽之法　王莽字巨君，漢孝元帝王皇后之姪。口頭上宣揚儒家六藝，實際上篡漢自立。傳見《漢書》卷九十九。(56)公孫　公孫述（？—西元三六年），右扶風茂陵（今陝西興平）人，西漢末，割據巴蜀，稱帝。曾廢銅錢，推行鐵官錢。後被劉秀所消滅。傳見《後漢書》卷十三。(57)爛羊鐫印　王莽末年，更始帝劉玄攻入長安，濫授官爵，長安城中傳出民謠說：「爛羊胃，騎都尉；爛羊頭，關內侯。」說的是賣羊雜碎的小販，也當了高官，獲得爵位。侯景借用來諷刺梁武帝用人不當。(58)更始　即西漢末綠林軍首領，在長安稱帝的更始帝劉玄（？—西元二五年）。字聖公，南陽蔡陽（今湖北棗陽西南）人。傳見《後漢書》卷十一。(59)趙倫　晉朝趙王司馬倫，司馬懿的第九子。永康元年（西元三〇〇年），利用禁軍起兵，殺賈皇后、張華等人。轉年稱帝，引發八王之亂。傳見《晉書》卷五十九。(60)豫章以所天為血讎　豫章，即豫章王蕭綜，是梁武帝娶齊東昏侯寵妃吳淑媛所生。綜自疑非武帝親生，聽說滴血在屍骨上，能滲入到骨中，便是親父子。於是他掘開齊東昏侯墓進行試驗，竟如同傳說。為報所謂親父東昏侯的血仇，綜投降北魏，與梁武帝為敵。傳見《梁書》卷五十五、《南史》卷五十三。61邵陵以父存而冠布　邵陵指邵陵王蕭綸，梁武帝第六子。在南徐州刺史任上，橫行不法。一次遇到喪車，蕭綸竟奪過孝子的喪服，自己穿起來，伏地號哭。雖遭武帝嚴責，仍不知悔改。事見《南史》卷五十三。62石虎　（西元二九五—三四九年）字季龍，羯人，石勒的姪子。自立為後趙皇帝，在位十五年，以貪婪殘暴聞名。生前父子相殘，死後諸子相殘，後趙迅即滅亡。傳見《晉書》卷一百六、卷一百七。63笮融　漢獻帝興平初年的下邳相，在郡內大造佛事，招納旁郡佛教徒五千餘戶。每辦佛事，耗費以億計。事見《後漢書》卷九〈獻帝紀〉。64姚興　後秦主姚萇之子。即位後，奉鳩摩羅什為國師，親帥群臣聽他講解佛經。又大造佛寺和佛塔，公卿以下百官及州郡士民，十有八九信奉佛教。事見《晉書》卷十〈安帝紀〉。65桑中　見《詩經・鄘風》，舊注認為是淫亂之詩。66南康　指南康王蕭會理，當時鎮守廣陵（今江蘇揚州）。67定襄　指定襄侯蕭祗，當時鎮守淮陰（今江蘇淮陰）。68靈長　國祚長遠的意思。69鬻拳兵諫　鬻拳強諫楚子，楚子不從。鬻拳拔出兵刃，逼向楚子。楚子害怕了，接受鬻拳的批評。鬻拳認為用兵器威脅國君，犯了大罪，於是用斧子斬斷了自己的雙腳。楚子認為他忠心為國，任命他為大閽，把守宮門。事詳《左傳》莊公十九年。70小懲大戒　語出《易・繫辭下》，文作：「子曰：小人不恥不仁，不畏不義，不見利不勸，不威不懲。小懲而大戒，此小人之福也。」即小人不能長向善，所以要經常給予懲戒，小人也因此可以得福。侯景把梁武帝比作需要經常懲戒的小人。71丙辰朔　三月初一。72氣急　哮喘病。73瘞埋　埋葬。74不虞　事出意外。75戊午　三月三日。76沈浚　字叔源，吳興武康（今浙江德清）人，仕梁，歷任建康令、尚書左丞。剛直不阿，後被侯景殺害。傳見《梁書》卷四十三、《南史》卷三十六。77五十之年　《梁書》本傳作「六十之年」。《南史》同。《通鑑》恐誤。78石闕前水　即玄武湖的水。79堅　蕭堅，字長白，封汝南侯。傳見《梁書》卷二十九、《南史》卷五十三。80太陽門　臺城六門之一。81蒱飲　蒱，即蒲，也就是摴蒱，一種古代博戲。有子，有馬，共有十采。其中盧、雉、犢、白是貴采，其他六種為雜采。流行於整個南北朝時期，有時也成為賭博的通稱。所謂蒱飲，是一邊賭博，一邊飲酒。82書佐　處理文書的低級佐吏。83董勛　人名，《梁書》卷二十九、《南史》卷五十三均作「董勛華」。84熊曇朗　人名，《梁書》、《南史》兩史均作「白曇朗」。85丁卯　三月十二日。86二宮　指他本人和太子。87典儀　官名，主持朝見禮節，包括贊唱和安排位次。88三公榻　太尉、司徒、司空所就的坐榻。89無乃　豈不是。90俛　同「俯」。91中庶子　即太子中庶子，東宮官名，職比朝中侍中。梁十一班。92通事舍人　官名，即東宮通事舍人，職比朝中中書通事舍人。93殷不害　（西元五〇五—五八九年）字長卿，陳郡長平（今河南西華）人，後投奔梁元帝，以中書郎兼廷尉卿。入陳官至司農卿、光祿大夫。傳見《陳書》卷三十二、《南史》卷七十四。94廂公　侯景稱他的親信勳貴為左右廂公，是一種尊號。(95)蕭允 （西元五〇六—五八九年）字叔佐，蘭陵（今江蘇常州西北）人，不慕榮利。陳宣帝即位，任黃門侍郎，遷光祿卿。陳亡，遷徙到關中。傳見《梁書》卷四十一、《陳書》卷二十一、《南史》卷十八。(96)己巳 三月十四日。(97)南兗州刺史臨成公大連 胡三省以為此句有脫文，當作「南兗州刺史南康王會理、東揚州刺史臨成公大連」。胡說是。(98)北兗州刺史湘潭侯退 胡三省以為此句也有脫文，當作「北兗州刺史定襄侯祗、前青冀二州刺史湘潭侯退」。當是。(99)袁君正 梁末歷任東陽、吳郡太守。侯景將于子悅攻郡，袁君正想息事寧人，開門郊迎。不料子悅縱兵大掠，君正憂急而死。傳見《梁書》卷三十一、《南史》卷二十六。(100)全威將軍 官名，是雜號將軍。(101)王琳 （西元五二六—五七三年）字子珩，會稽山陰（今浙江紹興）人，平定侯景之亂，功居眾將之首，拜湘州刺史。梁元帝死，陳霸先擁立敬帝，王琳不從，兵敗投奔北齊，被任命為揚州刺史，封會稽郡公，鎮守壽陽。陳將吳明徹北伐，琳城破被殺。傳見《南史》卷六十四。(102)病篤未絕者 病危但還未死的人。尚書外兵郎中鮑正病重，侯景軍卒將他投入火中燒死。事見《梁書》卷五十六。

【校　記】[1]且 原無此字。據章鈺校，十二行本、乙十一行本、孔天胤本皆有此字，今據補。按，《通鑑紀事本末》卷二三有此字。[2]敕 原無此字。據章鈺校，十二行本、乙十一行本、孔天胤本皆有此字，張敦仁《通鑑刊本識誤》同，今據補。[3]上 原作「帝」。據章鈺校，十二行本、乙十一行本、孔天胤本皆作「上」，今據改。[4]使 原無此字。據章鈺校，十二行本、乙十一行本、孔天胤本皆有此字，張敦仁《通鑑刊本識誤》同，今據補。[5]對 原無此字。據章鈺校，十二行本、乙十一行本、孔天胤本皆有此字，熊羅宿《胡刻資治通鑑校字記》同，今據補。

【語　譯】臨賀王蕭正德的記室參軍吳郡人顧野王起兵討伐侯景。二月初三日己丑，率領軍隊到達建康。當初，皇城關閉城門時，公卿考慮到了糧食問題，無論男女老少貴賤都出城運米，一共運了四十萬斛，搜集各府庫存的錢帛共五十萬億，都集中在德陽堂，可是沒儲備柴火與飼草、魚肉和食鹽。到了這時，只好拆毀尚書省當柴燒，撤除墊席，剁碎用來餵馬，墊席吃完，又用米飯餵馬。士兵們沒有肉吃，有的煮鎧甲，有的燻老鼠、捕鳥來吃。御廚房有一些乾海帶，味酸鹹，分給士兵當鹽吃。士兵們在宮殿和省臺中屠宰馬，摻雜人肉，吃的人沒有不得病的。侯景的兵眾也飢餓，搶掠沒有收穫。東府城有糧米，可供一年，援軍切斷了通路。又聽到荊州的援兵就要到達，侯景十分憂慮。王偉說：「現今皇城不能一下子攻克，援兵一天天多起來，我軍缺糧，如果假裝暫時求和拖延對方的攻勢，東府城的糧米可夠支撐一年，趁求和的時機，把糧米運到石頭城，援軍一定不會採取行動。然後休整部隊，養好戰馬，修造好兵器，伺察對方鬆懈就攻擊他們，一戰可以成功。」侯景聽從了，派他的將領任約、于子悅到皇城下，拜送表章求和，請求回到原先鎮守的地方。皇太子因皇城中窮困，就向梁武帝報告，請求答應侯景求和。梁武帝大怒說：「講和，還不如死！」皇太子執意請求說：「侯景圍逼已經很久，援軍互相推託不肯出戰，應當暫且允許他們求和，再想後面的辦法。」梁武帝猶豫很久，才說：「你自己考慮這事吧，不要讓後世取笑千年。」於是回答侯景同意講和。侯景要求把長江以西南豫州、西豫州、合州、光州四個州的地盤割讓給他，還要求宣城王蕭大器出皇城來護送他，然後才能渡過長江。中領軍傅岐堅決爭論說：「哪有叛賊起兵圍攻皇城，卻又與他講和的道理？這不過是想讓援軍退卻罷了，戎狄人面獸心，一定不可相信。況且宣城王是皇上嫡親後嗣，關繫國家命運，豈能作為人質？」梁武帝就任命蕭大器的弟弟石城公蕭大款為侍中，出皇城做侯景的人質。又敕令各支援軍不得再前進。梁武帝下詔說：「善於用兵的人不用交戰，『止戈』兩字合成『武』。可委任侯景為大丞相，都督江西四州諸軍事，原職豫州牧、河南王照舊。」十三日己亥，在西華門外築壇，派僕射王克、上甲侯蕭韶、吏部郎蕭瑳與侯景的部將于子悅、任約、王偉登壇共同訂立盟約。太子詹事柳津出西華門，侯景出營柵門，兩人遠遠相對，隨後屠殺牲畜，歃血盟誓。盟誓以後，侯景不撤包圍圈，全力修造鎧甲兵器，藉口沒有船，不能立即撤走。又說害怕援軍追擊，派石城公蕭大款回到皇城，要求宣城王蕭大器出宮護送。提出的要求越來越多，完全沒有撤離的意思。皇太子知道侯景說謊，但仍然不斷地籠絡侯景。蕭韶，是蕭懿的孫子。

二月十四日庚子，前南兗州刺史南康王蕭會理、前青州・冀州兩州刺史湘潭侯蕭退、西昌侯世子蕭彧部眾共三萬人，到達馬卬洲，侯景擔心這支援軍從白下沿江而上，上奏說：「請下令駐屯馬卬洲的援軍集中撤到南岸，不這樣，妨礙我過江。」皇太子立即指揮蕭會理從白下城移軍到南岸的江潭苑。蕭退，是蕭恢的兒子。

二月十五日辛丑，梁朝任命邵陵王蕭綸為司空，鄱陽王蕭範為征北將軍，柳仲禮為侍中、尚書右僕射。

侯景任命于子悅、任約、傅士悊都為儀同三司，夏侯譒為豫州刺史，董紹先為東徐州刺史，徐思玉為北徐州刺史，王偉為散騎常侍。梁武帝任命王偉為侍中。

二月二十九日乙卯，侯景又上奏說：「剛剛有江西使者到來，高澄已經獲得了壽陽、鍾離，臣現今沒有地方立腳，請求暫借廣陵和譙州，等臣得到了壽陽，立即奉還朝廷。」又說：「援軍既然在南岸，我需要在京口渡江。」皇太子全都答應了。

二月十七日癸卯，大赦天下。

二月二十四日庚戌，侯景又上奏說：「永安侯蕭確、直閤將軍趙威方不斷隔著柵欄詬罵說：『皇上自己和你訂立盟約，我們最終要打敗你。』請求皇上宣召蕭確和趙威方進入皇城，臣立即撤軍上路。」梁武帝派吏部尚書張綰去召回蕭確。二十五日辛亥，任命蕭確為廣州刺史，趙威方為盱眙太守。蕭確多次上書堅決辭去廣州刺史，不進入皇城，梁武帝不同意。蕭確先派趙威方進入皇城，自己打算南逃。邵陵王蕭綸流著眼淚對蕭確說：「皇城被包圍了很久，皇上憂愁危險，作為臣子的心情，比身陷沸水與大火之中還急迫，所以想暫且訂盟讓叛賊快走，日後再做打算。命令已經下達，怎麼能抗拒違背呢？」當時朝廷使者周石珍、東宮主書左法生正在蕭綸處，蕭確對他們說：「侯景雖說要走，卻不撤除對皇城的包圍，意圖是明擺著的，如今把我召入皇城，對事情有什麼好處？」周石珍說：「皇上的命令是這樣，蕭郎怎麼能夠拒絕呢？」蕭確的想法仍然很堅定，蕭綸大怒，對趙伯超說：「趙譙州替我殺了他，讓使者帶著他的腦袋離開這兒。」趙伯超舉刀看著蕭確說：「我趙伯超認識君侯，刀不認識你。」蕭確才流著眼淚進入皇城。

梁武帝日常吃蔬菜，等到皇城被包圍時間長了，御廚房的蔬菜都吃完了，就吃雞蛋。蕭綸趁使者暫時通行，獻上雞蛋幾百個，梁武帝親自撿選雞蛋，哀聲歎氣泣不成聲。

湘東王蕭繹駐軍郢州的武城，湘州刺史河東王蕭譽駐軍青草湖，信州刺史桂陽王蕭慥駐軍西峽口，藉口等待四方援軍，滯留原地不前進。湘東王蕭繹的中記室參軍蕭賁是一個剛直的人，因蕭繹沒有先東下，內心對蕭繹很不滿，曾經和蕭繹玩雙六博戲，蕭繹食子後子舉棋不下，蕭賁說：「殿下全沒有下的意思。」蕭繹很忌恨蕭賁，等得到皇上不進兵的詔令，蕭繹就想回軍。蕭賁說：「侯景以臣子之身起兵指向皇宮，如果侯景放棄兵權，不等到他渡江，一個小孩子就能殺掉他，因此侯景肯定是不收兵的。大王手握十萬雄兵，沒有看到叛賊就退回去，這怎麼可以呢？」蕭繹很不高興。不久，就找藉口殺了蕭賁。蕭賁，是蕭懿的孫子。

東魏河內郡有民眾四千多戶，因為西魏北徐州刺史司馬裔是他們的同鄉，就相約一起歸附了司馬裔。丞相宇文泰想封賞司馬裔，司馬裔堅決推辭說：「士大夫遠道來歸附皇朝的教化，我怎能統領他們？出賣義士以求取榮譽，這不是我願做的。」

侯景運輸東府的糧米到石頭城，已經運完，王偉聽到荊州援軍撤退，援軍雖然眾多，但互相不能統一。於是勸說侯景，說：「大王作為人臣起兵，圍攻皇城，逼迫侮辱宮妃皇上，摧殘玷汙宗廟，拔下您的頭髮也不夠計算您的罪行。今天持有這些糧米，想在什麼地方安身呢？背棄盟約而獲得成功，自古以來有很多，希望您要看勢態的發展採取行動。」臨賀王蕭正德也對侯景說：「大功就要告成，怎能丟掉離開？」侯景於是上書，列舉梁武帝十大過失，並且說：「臣正準備撤離，所以冒昧地陳述忠直之言。陛下推崇粉飾虛無荒誕，不喜歡聽到真實的記錄，把反常怪異當成吉祥的象徵，把上天的譴告說成沒有過錯。您附會推演六藝，排斥前賢的學說，這是西漢王莽的做法。您用鐵鑄造貨幣，使輕重沒有標準，這是後漢公孫述的弊制。您濫封官職，亂刻官印，朝廷制度鄙陋混雜，這是西漢末更始皇帝劉玄、西晉趙王司馬倫的作風。豫章王蕭綜視您為不共戴天的血海深仇，邵陵王蕭綸以生父健在卻穿了別人的喪服，這是後趙石虎的行為。您修建佛塔，百般奢侈浪費，造成士農工商飢餓無食，這是東漢笮融、後秦姚興的時代。」又說：「建康宮室奢侈豪華，陛下只與主書朱异決斷軍國大事，政事要有賄賂才能辦成，宦官們錢財豐盛，和尚們富裕充實。皇太子愛好珍珠寶玉，沉湎於飲酒女色，說話輕薄，吟詠跳不出〈桑中〉；邵陵王所到之處就破敗不堪；湘東王的部眾貪婪放縱；南康王和定襄侯之流，都像是獼猴戴帽而已。這些人，論親是您的兒孫親姪，論職位是藩臣，我到京城一百天了，哪一個肯勤王？這種情況還想國運長久，從未有過。從前鬻拳兵諫楚王，楚王終於改惡從善，我今天的舉動，又有什麼罪過呢？希望陛下通過這次小小的懲罰而獲得深刻的教訓，放逐進讒言的小人，接納敢直言的忠臣，使臣不再有發動兵諫的憂慮，陛下也沒有被圍困在城中的恥辱，那麼老百姓也就很幸運了！」

梁武帝看了侯景的奏書，又慚愧又憤怒。三月初一日丙辰，在太極殿前築壇祭告天地，因侯景違背盟誓，便點燃烽火，擂鼓吶喊。當初，關閉城門的時候，男女十餘萬口，披甲的有兩萬多人，被圍困了很長時間，人多浮腫氣喘，死亡的有十之八九，能登城的不滿四千人，大都瘦弱氣喘。屍體布滿道路，來不及掩埋，屍體腐爛的汁液流滿溝渠。然而眾人心裡還是盼望外援。柳仲禮只是聚集伎妾，擺酒宴，尋歡樂，各路將領每天到他那裡請求出戰，柳仲禮不允許。安南侯蕭駿勸說邵陵王蕭綸說：「皇城危急如此，大都督卻不救援，如果萬一事出意外，殿下有什麼臉面活在世上？如今應分軍為三路，出其不意地攻擊叛軍，可以取得成功。」蕭綸不聽從。柳津登城對柳仲禮說：「你的皇上、父親都在危難中，你不能盡力，百世之後，怎麼評價你？」柳仲禮也不放在心上。梁武帝向柳津詢問計謀，柳津回答說：「陛下有邵陵王，臣子有柳仲禮，不忠不孝，叛軍怎麼可能平定？」

三月初三日戊午，南康王蕭會理與羊鴉仁、趙伯超等前移軍營到東府城北，相約夜晚把軍隊渡過秦淮河。約定後，羊鴉仁等天亮還沒有到達，侯景的部隊發現了，援軍還沒有紮下軍營，侯景派宋子仙攻擊援軍，趙伯超望風退走，蕭會理等軍大敗，戰死和落水淹死的有五千人。侯景把他們的首級堆在宮門前，用來警示城中人。

侯景又派于子悅求和，梁武帝派御史中丞沈浚到侯景處。侯景確實沒有撤離的意思，對沈浚說：「如今天氣正熱，軍隊不宜行動，請求暫且留在京師效力。」沈浚氣憤地斥責侯景，侯景不回答，舉刀呵斥沈浚。沈浚說：「忘恩負義，違背發誓的盟約，本是天地所不容。我沈浚活了五十歲了，常常擔心死不得其所，為什麼拿死來威脅我呢？」說完逕直離去，頭也不回。侯景因沈浚忠貞正直，放過了他。

於是，侯景挖開玄武湖堤防，引水灌皇城，全線攻城，晝夜不停。邵陵王世子蕭堅屯駐太陽門，整天賭博飲酒，不愛惜將士，他的書佐董勛、熊曇朗憎恨他。三月十二日丁卯，天將亮，董勛、熊曇朗在皇城西北樓引導侯景的軍眾登城，永安侯蕭確奮力作戰，沒能殺退敵人，於是推開殿門進去啟奏梁武帝說：「皇城已經陷落。」梁武帝安臥床上不動，說：「還可以決一戰嗎？」蕭確回答說：「不能了。」梁武帝歎息說：「天下是我親手取得的，也是我親手丟失的，又有什麼遺憾的！」便對蕭確說：「你趕快離開，告訴你父親，不要掛念我和太子。」並讓蕭確慰勞在城外的各支援軍。

不一會，侯景派王偉進入文德殿去拜見梁武帝，梁武帝命令揭開簾幕，打開殿門引導王偉進入。王偉拜見呈上侯景的奏書，說：「臣被朝中奸佞陷害，帶兵入朝，驚動皇上，如今到宮門請罪。」梁武帝問：「侯景在哪裡？可召他進來。」侯景進宮在太極殿東堂拜見皇上，用五百個鐵甲戰士保衛自己。侯景在殿下磕頭，司儀帶侯景到三公的坐榻就座。梁武帝神色不變，問侯景說：「你在軍隊中時日長久，怕是很勞苦吧！」侯景不敢仰視，汗流滿面。皇上又說：「你是哪個州的人，竟敢到這裡來，妻子兒女還在北方嗎？」侯景都回答不上來。任約在旁邊代為回答說：「臣侯景的妻子兒女都被高氏殺害，只剩一個人投歸陛下。」皇上又問：「剛渡江時有多少人？」侯景說：「一千人。」又問：「包圍皇城有多少人？」侯景說：「十萬人。」又問：「現在有多少人？」侯景說：「國土之內，都歸我所有。」梁武帝低頭不再說話。

侯景又到永福省去見皇太子。皇太子也沒有恐慌的臉色。侍衛們都害怕逃散了，只有中庶子徐摛、通事舍人陳郡人殷不害陪伴在旁邊。徐摛對侯景說：「侯景大王您見太子要有禮節，這像什麼樣子？」侯景這才跪拜皇太子。皇太子與侯景說話，侯景還是不能回答。

侯景退出，對他的廂公王僧貴說：「我經常騎馬對陣，刀箭齊下，而心情平穩安定，全無懼意。今天拜見蕭老頭，使人提心吊膽，難道不是天威難犯嗎？我不能再見他了。」於是全部撤離皇上、太子原有的侍衛，放縱士兵搶掠皇上的座車、服飾、宮女，洗掠一空。收捕朝中文武大臣、王侯，送到永福省，派王偉守衛武德殿，派于子悅屯駐太極殿東堂，假傳皇上詔令大赦天下，給自己加官大都督中外諸軍事、錄尚書事。

建康的官吏平民出城往四方逃難。太子洗馬蕭允逃到京口，住下不走了，說：「生與死是命中註定的，怎麼能逃得掉呢？災禍到來的原因，都是源自利益，如果不貪利，災禍從哪裡產生？」

三月十四日己巳，侯景派石城公蕭大款帶上梁武帝的詔令去解散各路援軍。柳仲禮召集各路將領商議這事，邵陵王蕭綸說：「今天的命運，就交給將軍了。」柳仲禮長時間看著蕭綸不答話。裴之高、王僧辯說：「將軍您擁有百萬兵眾，卻致使皇宮陷落，眼下正該全力決戰，有什麼好多說的？」柳仲禮始終不說一句話，於是各路援軍隨即分散回到各地。南兗州刺史臨成公蕭大連、湘東王世子蕭方等、鄱陽王世子蕭嗣、北兗州刺史湘潭侯蕭退、吳郡太守袁君正、晉陵太守陸經等各還本鎮。袁君正，是袁昂的兒子。邵陵王蕭綸逃往會稽。柳仲禮和他弟弟柳敬禮、羊鴉仁、王僧辯、趙伯超一起打開營門投降，軍士們無不歎息憤怒。柳仲禮等人進入皇城，先拜見侯景，後去見皇上，梁武帝不和他們說話。柳仲禮去見父親柳津，柳津痛哭說：「你不是我的兒子，何必勞駕你來看我？」

湘東王蕭繹派全威將軍會稽人王琳送米二十萬石供給援軍，到達姑孰，聽說皇城陷落，把米沉入長江回去了。

侯景命令焚燒皇城內堆積的屍體，病重還沒斷氣的人也集中在一起焚燒。

庚午❶，詔征鎮牧守可復本任。景留柳敬禮、羊鴉仁，而遣柳仲禮歸司州，王僧辯歸竟陵。初，臨賀王正德與景約，平城之日，不得全二宮。及城開，正德帥眾揮刀欲入，景先使其徒守門，故正德不果入。景更以正德為侍中、大司馬，百官皆復舊職。正德入見上，拜且泣。上曰：「啜其泣矣，何嗟及矣❷！」

秦郡❸、陽平、盱眙三郡皆降景，景改陽平為北滄州❹，改秦郡為西兗州。

東徐州刺史湛海珍、北青州❺刺史王奉伯、淮陽太守王瑜[1]並以地降東魏。

青州刺史明少遐、山陽❻太守蕭鄰棄城走，東魏據其地。

侯景以儀同三司蕭邕為南徐州刺史，代西昌侯淵藻鎮京口。又遣其將徐相攻晉陵，陸經以郡降之。

初，上以河東王譽為湘州刺史，徙湘州刺史張纘為雍州刺史，代岳陽王詧。纘恃其才望，輕譽少年，迎候有闕。譽至，檢括州府付度事❼，留纘不遣。聞侯景作亂，頗陵蹙纘。纘恐為所害，輕舟夜遁，將之雍部❽，復慮詧拒之。纘與湘東王繹有舊，欲因之以殺譽兄弟，乃如江陵。及臺城陷，諸王各還州鎮，譽自湖口❾歸湘州。桂陽王慥以荊州督府❿留軍江陵，欲待繹至拜謁，乃還信州。纘遺繹書曰：「河東⓫戴檣⓬上水⓭，欲襲江陵，岳陽⓮在雍，共謀不逞。」江陵游軍主⓯朱榮亦遣使告繹云：「桂陽留此，欲應譽、詧。」繹懼，鑿船，沈米⓰，斬纜，自蠻中步道馳歸江陵，囚慥，殺之。

侯景以前臨江太守董紹先為江北行臺，使齎上手敕，召南兗州刺史南康王會理。壬午⓱，紹先至廣陵，眾不滿二百，皆積日飢疲，會理士馬甚盛，僚佐說會理曰：「景已陷京邑，欲先除諸藩，然後篡位。若四方拒絕，立當潰敗，柰何委全州之地以資寇手？不如殺紹先，發兵固守，與魏連和，以待其變。」會理素懦，即以城授之。紹先既入，眾莫敢動。會理弟通理⓲請先還建康，謂其姊曰：「事既如此，豈可闔家受斃？前途亦思立效，但未知天命如何耳。」紹先悉收廣陵文武部曲、鎧仗、金帛，遣會理單馬還建康。

湘潭侯退與北兗州刺史定襄侯祗出奔東魏。侯景以蕭弄璋為北兗州刺史，州民發兵拒之，景遣直閤將軍羊海將兵助之，海以其眾降東魏，東魏遂據淮陰。祗，偉之子也。

癸未⑲，侯景遣于子悅等將羸兵數百東略吳郡。新城戍主戴僧逷有精甲五千，說太守袁君正曰：「賊今乏食，臺中所得，不支一旬，若閉關拒守，立可餓死。」土豪陸映公等[2]恐不能勝而資產被掠，皆勸君正迎之。君正素怯，載米及牛酒郊迎。子悅執君正，掠奪財物、子女，東人⑳皆立堡拒之。景又以任約為南道行臺，鎮姑孰。

夏，四月，湘東世子方等至江陵，湘東王繹始知臺城不守，命於江陵四旁七里樹木為柵㉑，掘塹三重而守之。

【章　旨】以上為第三段，寫侯景攻破皇城，勤王之師四散，梁境內藩鎮州牧郡守，皆無鬥志，侯景遣將四出略地，擴大戰果。

【注　釋】❶庚午　三月十五日。❷啜其泣矣二句　出自《詩經・王風・中谷有蓷》。大意是傷心得哭了又哭，想後悔也來不及了。啜，痛哭的樣子。❸秦郡　郡名，梁置，治所尉氏，在今江蘇六合。❹北滄州　州名，侯景置。大寶元年，又改入北兗州。不久即被北齊所擁有。❺北青州　州名，梁置，治所不詳，一說在東海郡懷仁縣，即今江蘇贛榆。❻山陽　郡名，梁置，治所山陽縣，在今江蘇淮安。❼付度事　前後任的交接事項。❽雍部　雍州刺史部。❾湖口　洞庭湖入長江口，地處巴陵，即今湖南岳陽。❿荊州督府　太清元年，湘東王蕭繹以荊州刺史都督荊、雍、湘、司、郢、寧、梁、南北秦九州諸軍事。荊州地處建康上游，是梁朝的主要督府之一。⓫河東　指河東王蕭譽。⓬戴檣　船已揚帆，喻蕭譽水軍已整裝待發。⓭上水　從洞庭湖到江陵，是溯江而上，所以稱上水。⓮岳陽　指岳陽王蕭詧。⓯遊軍主　官名，率領巡邏部隊的將領。⓰沈米　沈即沉。即前言想送往京師的二十萬石米。⓱壬午　三月二十七日。⓲通理　蕭通理，字仲宣，位太子洗馬，封祁陽侯。傳見《梁書》卷二十九、《南史》卷五十三。⓳癸未　三月二十八日。⓴東人　泛指江東的百姓。㉑江陵四旁七里樹木為柵　在江陵周圍七里的地方豎木做軍營柵欄。

【校　記】①淮陽太守王瑜　原無此六字。據章鈺校，十二行本、乙十一行本、孔天胤本皆有此六字，張敦仁《通鑑刊本識誤》、張瑛《通鑑校勘記》同，今據補。②等　原無此字。據章鈺校，十二行本、乙十一行本、孔天胤本皆有此字，張敦仁《通鑑刊本識誤》同，今據補。

【語　譯】三月十五日庚午，朝廷下詔各州郡鎮守長官可以恢復原職。侯景留下柳敬禮、羊鴉仁，指派柳仲禮回司州，王僧辯回竟陵。當初，臨賀王蕭正德與侯景約定，平定皇城之日，不得讓皇上、皇太子活下來。等到城門打開，蕭正德率領兵眾揮著刀想進入皇宮，侯景先派他的士兵守住宮門，所以蕭正德沒能如願進入。侯景改任蕭正德為侍中、大司馬，文武百官都恢復原職。蕭正德進宮拜見皇上，邊拜邊哭泣。梁武帝說：「哭個不停，後悔哪來得及啊！」

秦郡、陽平、盱眙三郡都投降了侯景，侯景改陽平郡為北滄州，改秦郡為西兗州。

東徐州刺史湛海珍、北青州刺史王奉伯、淮陽太守王瑜都獻出土地投降了東魏。青州刺史明少遐、山陽太守蕭鄰丟棄城池逃走，東魏佔領了這些地方。

侯景任命儀同三司蕭邕為南徐州刺史，代替西昌侯蕭淵藻鎮守京口。又派他的部將徐相攻打晉陵，陸經率郡投降了他。

當初，梁武帝任命河東王蕭譽為湘州刺史，調湘州刺史張纘為雍州刺史，取代岳陽王蕭詧。張纘依仗自己的才幹和威望，輕視蕭譽年少，迎侯禮節不周到。蕭譽到任後，檢查州府事務辦完移交，扣留了張纘不讓他走。蕭譽聽說侯景作亂，便經常陵辱張纘。張纘害怕被蕭譽殺害，駕輕舟夜晚逃走，即將到達雍州境內，又擔心蕭詧拒絕他。張纘與湘東王蕭繹有交情，想利用他殺掉蕭譽兄弟，於是前往江陵。等到皇城陷落，諸王各自回到州鎮，蕭譽從湖口回到湘州。桂陽王蕭慥因為荊州是督府所在，便把軍隊停留在江陵，想等蕭繹回來時拜見，然後回信州。張纘給蕭繹寫信說：「河東王乘船沿江而上想偷襲江陵，岳陽王在雍州，共謀叛亂。」江陵巡江軍主朱榮也派人報告蕭繹說：「桂陽王留在江陵，打算接應蕭譽、蕭詧。」蕭繹害怕，鑿破船隻，沉米江中，砍斷纜繩，從蠻族人居住區走小路趕回江陵，把蕭慥囚禁起來殺了。

侯景任命前臨江太守董紹先為江北行臺，讓他帶上皇上手令，徵召南兗州刺史南康王蕭會理。三月二十七日壬午，董紹先到達廣陵，他的部眾不到二百人，都多天挨餓疲憊不堪，蕭會理甲士戰馬很強大，幕僚部下勸蕭會理說：「侯景已經攻破京都，想首先除掉皇室諸王，然後篡奪皇位。如果四面八方都起來反抗拒絕，侯景就會立即潰散敗亡，怎麼可以把一個州的土地拿出來資助叛賊呢？不如殺了董紹先，派兵防守，與東魏聯合，以等待時局的變化。」蕭會理一向懦弱，立即把州城交給了董紹先。董紹先進入了州城以後，眾人都不敢輕舉妄動。蕭會理的弟弟蕭通理請求先回到建康，對他的姐姐說：「事情既然這樣，怎麼能全家坐著等死？考慮前途我也想立功效力，只是不知道天命怎麼樣罷了。」董紹先全部接收了廣陵的文武官吏與部眾、鎧甲兵器、府庫財物，派蕭會理單人匹馬回建康。

湘潭侯蕭退與北兗州刺史定襄侯蕭祗出逃到東魏。侯景任命蕭弄璋為北兗州刺史，州城民眾起兵拒絕蕭弄璋，侯景派直閣將軍羊海領兵支援蕭弄璋，羊海率領部眾投降了東魏，東魏於是佔據了淮陰。蕭祗，是蕭偉的兒子。

三月二十八日癸未，侯景派于子悅等率領老弱兵幾百個向東掠奪吳郡。新城戍主戴僧逷有精銳甲士五千人，勸太守袁君正說：「叛賊如今缺乏糧食，從皇城獲得的，支撐不了十天，如果閉關拒守，立即可以餓死他們。」地方豪紳陸映公等擔心不能取勝而財產被掠奪，都勸袁君正迎接于子悅。袁君正素來膽小，載著糧米和牛酒到城郊迎接。于子悅扣押了袁君正，搶掠財物、子女，江東民眾都建立城堡抵抗于子悅。侯景又任命任約為南道行臺，鎮守姑孰。

夏，四月，湘東王世子蕭方等到達江陵，湘東王蕭繹才知道皇城陷落，命令在江陵四周七里的地方豎木為營柵，挖壕溝三道加強守備。

東魏高岳等攻魏潁川，不克。大將軍澄益兵助之，道路相繼，踰年猶不下。山鹿忠武公❶劉豐生建策，堰洧水以灌之，城多崩頹，岳悉眾分休迭進❷。王思政身當矢石，與士卒同勞苦，城中泉涌，懸釜而炊。太師泰遣大將軍趙貴督東南諸州兵救之，自長社以北，皆為陂澤，兵至穰，不得前。東魏人[1]使善射者乘大艦臨城射之，城垂陷。燕郡景惠公❸慕容紹宗與劉豐生臨堰視之，見東北塵起，同入艦坐避之。俄而暴風至，遠近晦冥，纜斷，飄船徑向城，城上人以長鉤牽船，弓弩亂發，紹宗赴水溺死，豐生游水[2]，向土山，城上人射殺之。

甲辰❹，東魏進大將軍勃海王澄位相國，封齊王，加殊禮❺。丁未❻，澄入朝于鄴，固辭，不許。澄召將佐密議之，皆勸澄宜膺朝命，獨散騎常侍陳元康以為未可，澄由是嫌之，崔暹乃薦陸元規⑦為大行臺郎以分元康之權。

湘東王繹之入援也，令所督諸州皆發兵，雍州刺史岳陽王詧遣府司馬⑧劉方貴將兵出漢口⑨，繹召詧使自行，詧不從。方貴潛與繹相知，謀襲襄陽，未發，會詧以它事召方貴，方貴以為謀泄，遂據樊城⑩拒命，詧遣軍攻之。繹厚資遣張纘使赴鎮，纘至大堤⑪，詧已拔樊城，斬方貴。纘至襄陽，詧推遷未去⑫，但以城西白馬寺處之，詧猶總軍府之政，聞臺城陷，遂不受代。助防杜岸⑬紿纘曰：「觀岳陽勢不容使君，不如且往西山⑭以避禍。」岸既襄陽豪族，兄弟九人⑮，皆以驍勇著名。纘乃與岸結盟，著婦人衣，乘青布輿，逃入西山。詧使岸將兵追擒之，纘乞為沙門，更名法纘，詧許之。

荊州長史王沖等上牋於湘東王繹，請以太尉、都督中外諸軍事承制主盟，繹不許。丙辰⑯，又請以司空主盟，亦不許。

上雖外為侯景所制，而內甚不平。景欲以宋子仙為司空，上曰：「調和陰陽，安用此物？」景又請以其黨二人為便殿⑰主帥，上不許。景不能強，心甚憚之。太子入，泣諫，上曰：「誰令汝來？若社稷有靈，猶當克復；如其不然，何事流涕？」景使其軍士入直省中，或驅驢馬，帶弓刀，出入宮庭，上怪而問之，直閤將軍周石珍對曰：「侯丞相甲士。」上大怒，叱石珍曰：「是侯景，何謂丞相！」左右皆懼。是後上所求多不遂志，飲膳亦為所裁節，憂憤成疾。太子以幼子大圜⑱屬湘東王繹，并剪爪髮以寄之。五月丙辰⑲，上臥淨居殿，口苦，索蜜不得，再曰「荷！荷！」遂殂。年八十六。景祕不發喪，遷殯於昭陽殿，迎太子於永福省，使如常入朝。王偉、陳慶⑳皆侍太子，太子嗚咽流涕，不敢泄聲，殿外文武皆莫之知。

東魏高岳既失慕容紹宗等，志氣沮喪，不敢復逼長社城。陳元康言於大將軍澄曰：「王自輔政以來，未有殊功，雖破侯景，本非外賊。今潁川垂陷，願王自以為功。」澄從之。戊寅㉑，自將步騎十萬攻長社，親臨作堰，堰三決，澄怒，推負土者及囊并塞之。

辛巳㉒，發高祖喪，升梓宮於太極殿。是日，太子即皇帝位，大赦，侯景出屯朝堂㉓，分兵守衛。

壬午㉔，詔北人在南為奴婢者，皆免之，所免萬計，景或更加超擢，冀收其力。

高祖之末，建康士民服食、器用，爭尚豪華，糧無半年之儲，常資四方委輸㉕。

自景作亂，道路斷絕，數月之間，人至相食，猶不免餓死，存者百無一二。貴戚、豪族皆自出採稆㉖，填委溝壑，不可勝紀。

癸未㉗，景遣儀同三司來亮入宛陵㉘，宣城太守㉙楊白華誘而斬之，甲申㉚，景遣其將李賢明攻之，不克㉛。景又遣中軍㉜侯子鑒㉝入吳郡，以廂公蘇單于為吳郡太守，遣儀同宋子仙等將兵東屯錢塘㉞，新城戍主戴僧逷據縣[3]拒之。御史中丞沈浚避難東歸，至吳興㉟，太守張嵊㊱與之合謀，舉兵討景。嵊，稷㊲之子也。東揚州刺史臨城公大連，亦據州不受景命。景號令所行，唯吳郡以西、南陵以北而已。

【章旨】以上為第四段，寫侯景逼死梁武帝，士民離心，梁境內討逆之聲漸起，侯景的號令只在吳郡以西、南陵以北狹小地區施行。

【注釋】❶山鹿忠武公　劉豐，字豐生，普樂（今寧夏吳忠）人。仕東魏，官至南汾州刺史，爵山鹿縣公，諡號忠武。傳見《北齊書》卷二十七、《北史》卷五十三。按，劉豐諡號，《北齊書》作「忠」，《北史》作「武忠」，與《通鑑》異。❷分休迭進　輪流休息，輪番不停地進攻。❸燕郡景惠公　慕容紹宗封燕郡公，諡號景惠。❹甲辰　四月十九日。❺加殊禮　即高澄上朝贊拜可以不稱姓名，進見不必趨步而行，可以佩戴寶劍和穿著鞋子上殿。❻丁未　四月二十二日。❼陸元規　代（今山西代縣）人。東魏武定中，任尚書郎。高洋建北齊，以文才任在中書，掌草擬文書。傳見《魏書》卷四十、《北史》卷二十八。❽府司馬　官名，王府司馬，掌王國軍馬。❾漢口　漢水入長江之處，在今湖北武漢漢口。❿樊城　縣名，縣治在今湖北襄樊。⓫大堤　縣名，縣治在今湖北宜城。⓬推遷未去　拖延時間，不離開。指蕭詧不願應蕭繹之召離開州治。⓭杜岸字公衡，京兆杜陵（今陝西西安東南）人。梁元帝時官至持節、平北將軍、北梁州刺史，封江陵縣侯，邑一千戶。傳見《梁書》卷四十六、《南史》卷六十四。⓮西山　指中廬縣內的群山，在湖北襄樊西南。⓯兄弟九人　即杜嵩、杜岑、杜嶷、杜岌、杜巘、杜岸、杜崱、杜嵸、杜幼安九兄弟。其中杜岸、杜巘被蕭詧所殺。杜崱投靠梁元帝，歷任武州、江州刺史，爵枝江縣侯，屢立戰功。傳見《梁書》卷四十六、《南史》卷六十四。杜幼安降侯景，被殺。杜嶷曾任西荊州刺史。傳見《南史》卷六十四。餘不詳。⓰丙辰　五月二日。⓱便殿　偏殿。⓲大圜　蕭大圜，字仁顯，梁簡文帝蕭綱之子。初封樂梁郡王。侯景之亂平定，往依梁元帝，改封晉熙郡王。西魏攻克江陵，客居長安。入隋拜內史侍郎，出為西河郡守。好著述，撰有《梁舊事》等書。傳見《南史》卷五十四、《周書》卷四十二、《北史》卷二十九。⓳丙辰　五月二日。⓴陳慶　侯景將，拜儀同三司。時防守太極殿。㉑戊寅　五月二十四日。㉒辛巳　五月二十七日。㉓出屯朝堂　從昭陽殿出來改駐朝堂。㉔壬午　五月二十八日。㉕委輸　此指全國各地向京城建康輸送物資。將物品送置到舟車上叫作「委」，轉送到指定地點交卸叫作「輸」。㉖採稆　採集野生稻穀。稆，野生稻穀。㉗癸未　五月二十九日。㉘宛陵　縣名，縣治在今安徽宣州。㉙宣城太守　蕭大器封宣城王，「太守」當作「內史」。《梁書》卷五十六〈侯景傳〉作「宣城內史」。㉚甲申　五月三十日。㉛不克　《梁書》卷五十六〈侯景傳〉作「華以郡降」，與此異。㉜中軍　中軍都督，官名，是中軍主將。㉝侯子鑒　人名，曾任南兗州刺史。事見《梁書》卷五十六〈侯景傳〉。㉞錢塘　縣名，縣治在今浙江杭州。㉟吳興　郡名，治所烏程，在今浙江湖州。㊱張嵊　（西元四八八—五四九年）字四山，吳郡（今江蘇蘇州）人。曾任太府卿、吳興太守。舉兵反侯景，城破而死。傳見《梁書》卷四十三、《南史》卷三十一。㊲稷　張稷，字公喬，吳郡人，擁立梁武帝，封江安縣侯，官至都官尚書、尚書左僕射、青冀二州刺史。州人與北魏暗通，發動叛亂而殺稷。傳見《梁書》卷十六、《南史》卷三十一。

【校　記】①人　原無此字。據章鈺校，十二行本、乙十一行本、孔天胤本皆有此字，張敦仁《通鑑刊本識誤》同，今據補。②水　原作「上」。據章鈺校，十二行本、乙十一行本、孔天胤本皆作「水」，今據改。③據縣　原無此二字。據章鈺校，十二行本、乙十一行本、孔天胤本皆有此二字，張瑛《通鑑校勘記》同，今據補。

【語　譯】東魏高岳等攻打西魏潁川郡，沒有攻克。大將軍高澄增兵援助高岳，通往潁川的道路上增援軍隊前後相繼，過了一年還沒攻下。東魏山鹿忠武公劉豐生獻計，在洧水上築堤壩蓄水灌城，城牆多處崩塌，高岳全軍分批輪番休整，不停地進攻。王思政自身冒著飛石箭雨，與士兵同甘共苦，城內積水如泉湧，把飯鍋吊起來做飯。西魏太師宇文泰派大將軍趙貴督東南各州的軍隊救援王思政，長社以北地區都成了沼澤，援軍到達穰城，不能前進。東魏派出善射的人坐著大船駛進城邊向城內放箭，潁川城即將陷落。東魏燕郡景惠公慕容紹宗與劉豐生兩人到堤壩上視察，看到東北方塵土飛起，兩人一起進入船艙避風。不一會暴風吹來，遠近昏暗，繫船的纜繩被扯斷，船隻直接飄向潁川城，城上人用長鉤牽住船，弓箭亂射，慕容紹宗投水被淹死，劉豐生游泳，游向土山，城上的人射死了他。

四月十九日甲辰，東魏加官大將軍勃海王高澄為相國，封齊王，還給予他特殊的禮遇。二十二日丁未，高澄進鄴城朝拜，再三推辭封爵，孝靜帝不答應。高澄召集親密將領僚屬祕密商議，都勸高澄應該服從朝廷的詔命，只有散騎常侍陳元康認為不應接受，高澄因此懷恨陳元康。崔暹便推薦陸元規為大行臺郎，用他來分散陳元康的權力。

湘東王蕭繹救援建康時，命令所督各州都要發兵，雍州刺史岳陽王蕭詧派府司馬劉方貴領兵前往漢口，蕭繹宣召蕭詧要他親自帶兵，蕭詧沒有聽從。劉方貴暗中與蕭繹通信息，密謀偷襲雍州鎮所襄陽，還沒有出發，正好這時蕭詧因為別的事情召回劉方貴，劉方貴以為密謀洩漏，於是佔據樊城抗拒命令，蕭詧派兵攻擊他。蕭繹給予張纘豐厚的資助派他去赴任。張纘到達大堤，蕭詧已經攻取了樊城，殺死了劉方貴。張纘到達襄陽，蕭詧拖延沒有離開襄陽，只把張纘安置在襄陽城西的白馬寺，蕭詧還統管著軍府的政務，聽到皇城陷落，於是不接受張纘取代自己。雍州助防杜岸欺騙張纘說：「看岳陽王的架勢容不下您，還不如暫且到西山躲避災禍。」杜岸是襄陽的大豪族，兄弟九個，都因驍勇而聞名。張纘於是與杜岸結盟，穿上婦人的衣服，乘坐青布車簾的車子，逃進西山。蕭詧派杜岸帶兵追捕到他，張纘請求當和尚，改名法纘，蕭詧同意了。

荊州長史王沖等人寫信給湘東王蕭繹，請求他以太尉、都督中外諸軍事的身分藉皇帝旨意主持藩王會盟，蕭繹不同意。五月初二日丙辰，王沖等人又請求蕭繹以司空身分主持會盟，蕭繹也不同意。

梁武帝表面上被侯景控制，而內心極為不服。侯景想任命宋子仙為司空，梁武帝說：「調和陰陽的三公職位，怎麼能用這個人？」侯景又請求用他的兩個黨羽為便殿的主帥，梁武帝不同意，侯景不能強迫，心裡很畏懼皇上。皇太子入宮，流著眼淚諫阻，梁武帝說：「誰讓你來的？如果國家有神靈，梁朝還能重建；如果不是這樣，何用流淚？」侯景派他的士兵進入朝廷官衙守衛，有的趕著驢馬，帶著弓箭戰刀，進出宮殿，梁武帝很詫異問是怎麼回事，直閤將軍周石珍回答說：「這是侯景丞相的甲士。」梁武帝大怒，呵叱周石珍說：「是侯景，怎麼能叫他丞相！」梁武帝身邊的人都很恐懼。從這以後，梁武帝所要的東西多半不能得到，飲食也被侯景減少，於是憂憤成疾。皇太子把小兒子蕭大圜託付給湘東王蕭繹，並且剪下指甲、頭髮送給他。五月初二日丙辰，梁武帝躺在淨居殿，口苦，索要蜂蜜沒有得到，喊了兩聲「荷！荷！」便斷了氣，享年八十六歲。侯景祕不發喪，把靈柩移到昭陽殿，從永福省接來皇太子，讓他像往常一樣進宮朝見。王偉、陳慶都陪侍皇太子，皇太子嗚咽流淚，不敢出聲，殿外文武百官沒有人知道這件事。

東魏高岳失去了慕容紹宗等，灰心喪氣，不敢再逼近長社城。陳元康對大將軍高澄進言說：「大王自輔政以來，沒有特殊的功勳，雖然打敗了侯景，但侯景不是外部敵人。如今潁川將要陷落，希望大王親自在這次建立功勞。」高澄聽從了。五月二十四日戊寅，親自率領步騎十萬攻打長社，又親臨築堰現場，堤壩三次缺口，高澄很生氣，把挑土的人和土袋子一起推下河中堵塞缺口。

五月二十七日辛巳，梁朝為梁高祖發喪，把靈柩抬到太極殿上。這一天，皇太子即皇帝位，大赦天下。侯景退出昭陽殿，駐軍朝堂，分兵守衛。

五月二十八日壬午，梁朝下詔在南方為奴婢的北方人，全部免除奴婢身分，獲免的奴婢以萬計，侯景還從中破格使用了一些人，希望獲得他們替自己效力。

梁高祖的晚年，建康官民在服飾、飲食、器用上，爭相崇尚奢華，糧食沒有半年的儲備，經常靠四方向京師輸送物資。自從侯景作亂，交通斷絕，幾個月之間，就到了人吃人的地步，仍然有人餓死，活下來的人不到百分之一二。皇親貴戚、大戶人家都要親自出城採集野生稻穀，因而死在野地荒郊填滿溝壑的人，不知有多少。

五月二十九日癸未，侯景派儀同三司來亮進入宛陵，宣城太守楊白華誘捕來亮並殺了他，三十日甲申，侯景派部將李賢明進攻宛陵，沒有攻克。侯景又派中軍侯子鑒進入吳郡，任命廂公蘇單于為吳郡太守，派儀同宋子仙等領兵東去屯駐錢塘，新城戍主戴僧逷率軍據縣城抵抗他。御史中丞沈浚避難東歸，到了吳興，吳興太守張嵊與他合謀，起兵討伐侯景。張嵊，是張稷的兒子。東揚州刺史臨城公蕭大連，也佔據州城不接受侯景的命令。侯景號令能夠執行的地方，只有吳郡以西、南陵以北而已。

魏詔：「太和中代人改姓❶者皆復其舊。」

六月丙戌❷，以南康王會理為侍中、司空。○丁亥❸，立宣城王大器為皇太子。

初，侯景將使太常卿❹南陽劉之遴授臨賀王正德璽綬，之遴剃髮僧服而逃之。之遴博學能文，嘗為湘東王繹長史。將歸江陵，繹素嫉其才，己丑❺，之遴至夏口，繹密送藥殺之，而自為誌銘，厚其賻贈。

壬辰❻，封皇子大心為尋陽王，大款為江陵王，大臨為南海王，大連為南郡王，大春為安陸王，大成為山陽王，大封為宜都王。

長社城中無鹽，人病攣腫❼，死者什八九。大風從西北起，吹水入城，城壞。東魏大將軍澄令城中曰：「有能生致王大將軍者，封侯，若大將軍身有損傷，親近左右皆斬。」王思政帥眾據土山，告之曰：「吾力屈計窮，唯當以死謝國。」

因仰天大哭，西向再拜❽，欲自刎，都督駱訓曰：「公常語訓等：『汝齎我頭出降，非但得富貴，亦完一城人。』今高相❾既有此令❿，公獨不哀士卒之死乎？」眾共執之，不得引決。澄遣通直散騎趙彥深就土山遺以白羽扇⓫，執手申意，牽之以下。澄不令拜，延而禮之。思政初入潁川，將士八千人，及城陷，纔三千人，卒無叛者。澄悉散配其將卒於遠方，改潁川[1]為鄭州⓬，禮遇思政甚重。西閤祭酒⓭盧潛⓮曰：「思政不能死節，何足可重？」澄謂左右曰：「我有盧潛，乃是更得一王思政。」潛，度世⓯之曾孫也。

初，思政屯襄城，欲以長社為行臺治所，遣使者魏仲啓陳於太師泰，并致書於淅州刺史崔猷⓰，猷復書曰：「襄城控帶京、洛，寔當今之要地，如有動靜，易相應接。潁川既鄰寇境，又無山川之固，賊若潛來，徑至城下。莫若頓兵襄城，為行臺之所，潁川置州，遣良將鎮守，則表裏膠固，人心易安，縱有不虞，豈能為患？」仲見泰，具以啓聞⓱。泰令依猷策。思政固請，且約：「賊水攻期年、陸攻三年之內，朝廷不煩赴救。」泰乃許之。及長社不守，泰深悔之。猷，孝芬之子也。

侯景之南叛也，丞相泰恐東魏復取景所部地，使諸將分守諸城。及潁川陷，泰以諸城道路阻絕，皆令拔軍還。

【章　旨】以上為第五段，寫東魏趁南朝混亂，專力對抗西魏，潁川爭奪戰，擒西魏名將王思政，收復了因侯景反叛丟失於西魏的全部河南疆土。

【注　釋】❶代人改姓　即北魏孝文帝下詔命鮮卑族人改從漢姓。如拓跋氏改姓元，拔拔氏改姓長孫等。❷丙戌　六月初二日。❸丁亥　六月三日。❹太常卿　官名，梁春卿之一，管理明堂、二廟、靈臺、鼓樂、陵園、國學等事。十四班。❺己丑　六月五日。❻壬辰　六月八日。❼攣腫　抽搐、浮腫。❽西向再拜　因西魏在西方，所以向西方再三叩拜，與國君和家國辭別。❾高相　高澄時任東魏大丞相。❿此令　指高澄「有能生致」云云之令。⓫白羽扇　代替白旗，舉以出降，顧全王思政的面子。⓬鄭州　改名後移州治於潁陰，在今河南許昌。⓭西閤祭酒　按北齊制度，太師、太傅、太保三師，太尉、司徒、司空三公，大司馬、大將軍二大，他們的府中都設東閤祭酒和西閤祭酒，掌經學諮議。⓮盧潛　（西元五一七—五七三年）東陽涿（今河北涿州）人，北齊初，曾任黃門侍郎、江州刺史。後代王琳任揚州刺史，在淮南十三年，成為陳朝的勁敵。武平四年（西元五八〇年），被吳明徹所俘，死於建康。傳見《魏書》卷四十七、《北齊書》卷四十二、《北史》卷三十。⓯度世　盧度世，字子遷，北魏太武帝時任中書侍郎、太常卿，出任過濟州、青州刺史。在朝時常應對宋朝來使。傳同盧潛。⓰崔猷　（？—西元五八四年）字宣猷，博陵安平（今河北安平）人，父被高歡所殺，於是入關，投奔孝武帝。初典掌文書，後累遷至驃騎大將軍、開府儀同三司，爵固安縣公。隋文帝登基，授大將軍，進爵汲郡公。傳見《魏書》卷五十七、《周書》卷三十五、《北史》卷三十二。⓱具以啓聞　指把王思政的請求和崔猷的意見，一併整理好轉呈宇文泰。

【校　記】①潁川　原作「潁州」。據章鈺校，十二行本、乙十一行本、孔天胤本皆作「潁川」，張敦仁《通鑑刊本識誤》同，今據改。按，《通鑑紀事本末》卷二三、《通鑑綱目》卷三三皆作「潁川」。

【語　譯】西魏發布詔令：「太和年間代郡人改漢姓的全部恢復舊姓。」

六月初二日丙戌，梁朝任命南康王蕭會理為侍中、司空。〇初三日丁亥，梁朝立宣城王蕭大器為皇太子。

當初，侯景將派太常卿南陽人劉之遴授予臨賀王蕭正德皇帝印章，劉之遴剃了頭髮穿著和尚的服裝逃走了。劉之遴學識淵博，善寫文章，曾經為湘東王蕭繹的長史。他將回到江陵，蕭繹一向嫉妒他的才能，六月初五日己丑，劉之遴到達夏口，蕭繹暗中派人送藥毒死了劉之遴，然後親自給劉之遴寫墓誌銘，給劉之遴的家屬送了很重的禮物。

六月初八日壬辰，梁朝封皇子蕭大心為尋陽王，蕭大款為江陵王，蕭大臨為南海王，蕭大連為南郡王，蕭大春為安陸王，蕭大成為山陽王，蕭大封為宜都王。

長社城中沒有食鹽，很多人得了痙攣浮腫病，死的人有十之八九。大風從西北颳來，把洪水吹入城中，城牆崩毀。東魏大將軍高澄命令城中的人說：「有能活捉王思政大將軍的人，封為侯，如果大將軍的身體有損傷，左右親近的人全都殺頭。」王思政率領部眾佔據了土山，告訴東魏人說：「我力屈計窮，只有以死向國家謝罪。」說完仰天大哭，面向西兩次跪拜，想拔刀自殺。他的都督駱訓說：「你經常對我們說：『你們拿著我的頭出城投降，不但可得到富貴，還可以保全一城人。』如今高澄丞相已有要你活下來的命令，你就不痛惜士兵們的生命嗎？」眾人一起抓住王思政，使他沒辦法自殺。高澄派通直散騎趙彥深到土山送給王思政一把白色羽毛扇子，拿在手中表示投降之意，趙彥深牽著王思政的手走下土山。高澄不讓王思政下拜，請他上坐，以禮相待。王思政當初進入潁川，有將士八千人，等到城被攻陷，只剩三千人，最終沒有背叛的人。高澄把西魏投降的將士全都發配到遠方，改潁川為鄭州，用隆重的禮節對待王思政。西閤祭酒盧潛說：「王思政不能以死殉節，哪裡值得看重？」高澄對身邊人說：「我有盧潛，這又得到了一個王思政。」盧潛，是盧度世的曾孫。

當初，王思政屯駐襄城，想把長社作為行臺治所，派使者魏仲向太師宇文泰報告，又寫信給淅州刺史崔猷。崔猷回信說：「襄城控制並連接長安、洛陽，實在是當今的要害地方，如果有大變動，很容易接應。潁川既靠近敵人邊境，又沒有山川的險固，敵人如果偷偷前來，可直接抵達城下。不如駐兵襄城，為行臺治所，在潁川設置州治所，派良將鎮守，這就內外牢固，民心容易安定，即使有預料不到的事發生，怎能造成禍害？」魏仲見到宇文泰，把兩個方案都做了彙報，宇文泰命令依從崔猷的方案，王思政堅決請求在潁川設置行臺，並且約定：「敵人用水攻，一年之內，在陸地上進攻，三年之內，朝廷不需救援。」宇文泰這才同意了。等到長社城破，宇文泰深深後悔。崔猷，是崔孝芬的兒子。

侯景南投梁朝的時候，丞相宇文泰擔心東魏重新攻取侯景原有管轄的地方，派諸將分別鎮守各城。等到潁川陷落，宇文泰因那幾座城到關中的道路已被切斷，命令各城守軍都撤退回到關中。

上甲侯韶自建康出奔江陵，稱受高祖密詔徵兵，以湘東王繹為侍中、假黃鉞、大都督中外諸軍事、司徒、承制，自餘藩鎮並加位號。

宋子仙圍戴僧逷，不克。丙午❶，吳盜❷陸緝❸等起兵襲吳郡，殺蘇單于，推前淮南太守文成侯寧❹為主。

臨賀王正德怨侯景賣己，密書召鄱陽王範，使以兵入，景遮得其書，癸丑❺，縊殺正德。景以儀同三司郭元建❻為尚書僕射、北道行臺、總江北諸軍事，鎮新秦❼，封元羅等諸元十餘人皆為王。景愛永安侯確之勇，常寘❽左右。邵陵王綸潛遣人呼之，確曰：「景輕佻，一夫力耳，我欲手刃之，正恨未得其便。卿還啓家王，勿以確為念。」景與確遊鍾山，引弓射鳥，因欲射景，弦斷，不發，景覺而殺之。

湘東王繹娶徐孝嗣❾孫女為妃，生世子方等。妃醜而妬，又多失行，繹二三年一至其室。妃聞繹當至，以繹目眇⑩，為半面妝以待之，繹怒而出，故方等亦無寵。及自建康還江陵，繹見其御軍和整，始歎其能，入告徐妃，妃不對，垂泣而退。繹怒，疏其穢行，牓于大閤，方等見之，益懼。湘州刺史河東王譽，驍勇得士心，繹將討侯景，遣使督其糧眾⑪，譽曰：「各自軍府，何忽隸人？」使者三返，譽不與。方等請討之，繹乃以少子安南侯方矩⑫為湘州刺史，使方等將精卒二萬送之。方等將行，謂所親曰：「是行也，吾必死之，死得其所，吾復奚恨！」

侯景以趙威方為豫章太守，江州刺史尋陽王大心遣軍拒之，擒威方，繫州獄，威方逃還建康。

湘東世子方等軍至麻溪⑬，河東王譽將七千人擊之，方等軍敗，溺死。安南侯方矩收餘眾還江陵，湘東王繹無戚容。繹寵姬王氏，生子方諸⑭。王氏卒，繹疑徐妃為之⑮，逼令自殺，妃赴井死，葬以庶人禮，不聽諸子制服。

西江督護陳霸先欲起兵討侯景，景使人誘廣州刺史元景仲⑯，許奉以為主[1]，景仲由是附景，陰圖霸先。霸先知之，與成州刺史王懷明等集兵南海，馳檄以討景仲曰：「元景仲與賊合從，朝廷遣曲陽侯勃⑰為刺史，軍已頓朝亭⑱。」景仲所部聞之，皆棄景仲而散。秋，七月甲寅⑲，景仲縊於閤下。霸先迎定州刺史蕭勃鎮廣州。

前高州刺史蘭裕，欽之弟也，與其諸弟扇誘始興等十郡，攻監衡州事歐陽頠。勃使霸先救之，悉擒裕等，勃因以霸先監始興郡事。

湘東王繹遣竟陵太守王僧辯、信州刺史東海鮑泉⑳擊湘州，分給兵糧，刻日就道。僧辯以竟陵部下未盡至，欲俟眾集然後行，與泉入白繹，求申期日[2]。繹疑僧辯觀望，按劍厲聲曰：「卿憚行拒命，欲同賊邪？今[3]唯有死耳！」因斫僧辯，中其左髀㉑，悶絕，久之方蘇，即送獄。泉震怖，不敢言。僧辯母徒行流涕入謝，自陳無訓，繹意解，賜以良藥，故得不死。丁卯㉒，鮑泉獨將兵伐湘州。

陸緝等競為暴掠，吳人不附，宋子仙自錢塘旋軍擊之。壬戌㉓，緝棄城奔海鹽㉔，子仙復據吳郡。戊辰㉕，侯景置吳州㉖於吳郡，以安陸王大春為刺史。

庚午㉗，以南康王會理兼尚書令。

鄱陽王範聞建康不守，戒嚴，欲入，僚佐或說之曰：「今魏人已據壽陽，大王移足，則虜騎必窺合肥。前賊未平，後城失守，將若之何？不如待四方兵集，使良將將精卒赴之，進不失勤王，退可固本根。」範乃止。會東魏大將軍澄遣西兗州刺史李伯穆㉘逼合肥，又使魏收為書諭範。範方謀討侯景，藉東魏為援，乃帥戰士二萬出東關㉙，以合州輸伯穆，并遣諮議劉靈議送二子勤、廣為質于東魏以乞師。範屯濡須以待上游之軍，遣世子嗣將千餘人守安樂柵㉚，上游諸軍皆不下，範糧乏，采菰稗㉛、菱藕以自給。勤、廣至鄴，東魏人竟不為出師。範進退無計，乃泝流西上，軍于樅陽㉜。景出屯姑孰，範將裴之悌以眾降之。之悌，之高之弟也。

東魏大將軍澄詣鄴，辭爵位、殊禮，且請立太子。澄謂濟陰王暉業曰：「比㉝讀何書？」暉業曰：「數尋伊、霍之傳㉞，不讀曹、馬之書㉟。」

八月甲申朔㊱，侯景遣其中軍都督侯子鑒等擊吳興。

己亥㊲，鮑泉軍于石椁寺㊳，河東王譽逆戰而敗。辛丑㊴，又敗于橘洲㊵，戰及溺死者萬餘人。譽退保長沙，泉[4]引軍圍之。

辛卯㊶，東魏立皇子長仁㊷為太子。

勃海文襄王澄以其弟太原公洋次長㊸，意常忌之。洋深自晦匿，言不出口，常自貶退，與澄言，無不順從。澄輕之，常曰：「此人亦得富貴，相書㊹亦何可解？」洋為其夫人趙郡李氏㊺營服玩㊻小佳㊼，澄輒奪取之，夫人或恚未與，洋笑曰：「此物猶應可求，兄須，何容吝惜？」澄或愧不取，洋即受之，亦無飾讓㊽。

每退朝還第，輒閉閤靜坐，雖對妻子，能竟日不言。或時袒跣[49]奔躍，夫人問其故，洋曰：「為爾漫戲[50]。」其實蓋欲習勞[51]也。

澄獲徐州刺史蘭欽子京[52]，以為膳奴[53]，欽請贖之，不許。京屢自訴[54]，澄杖之，曰：「更訴，當殺汝！」京與其黨六人謀作亂。澄在鄴，居北城東柏堂，嬖[55]琅邪公主，欲其往來無間，侍衛者常遣出外。辛卯[56]，澄與散騎常侍陳元康、吏部尚書侍中楊愔、黃門侍郎崔季舒屏左右，謀受魏禪，署擬百官。蘭京進食，澄卻之[57]，謂諸人曰：「昨夜夢此奴斫我，當急殺之。」京聞之，置刀盤下，冒言進食，澄怒曰：「我未索食，何為遽來？」京揮刀曰：「來殺汝！」澄自投傷足，入于牀下，賊去牀，弒之。愔狼狽出〔5〕走，遺一靴，季舒匿于廁中，元康以身蔽澄，與賊爭刀被傷，腸出，庫直[58]王紘[59]冒刃禦賊，紇奚舍樂[60]鬬死。時變起倉猝，內外震駭。太原公洋在城東雙堂，聞之，神色〔6〕不變，指揮部分，入討羣賊，斬而臠之，徐出言〔7〕曰：「奴反，大將軍被傷，無大苦也。」內外莫不驚異。洋祕不發喪。陳元康手書辭母[61]，口占[62]使功曹參軍祖珽作書陳便宜[63]，至夜而卒。洋殯之第中，詐云出使，虛除[64]元康中書令。以王紘為領左右都督。紘，基之子也。勳貴以重兵皆在并州，勸洋早如晉陽，洋從之。夜，召大將軍督護[65]太原唐邕[66]，使部分將士，鎮遏四方，邕支配須臾而畢，洋由是重之。

癸巳[67]，洋諷東魏主以立太子大赦。澄死問[68]漸露，東魏主竊謂左右曰：「大將軍今死，似是天意，威權當復歸帝室矣！」洋留太尉高岳、太保高隆之、開府儀同三司司馬子如、侍中楊愔守鄴，餘勳貴皆自隨。甲午[69]，入謁東魏主於昭陽殿，從甲士八千人，登階者二百餘人，皆攘袂[70]扣刃[71]，若對嚴敵。令主者[72]傳奏曰：「臣有家事，須詣晉陽。」再拜而出。東魏主失色，目送之曰：「此人又似不相容，朕不知死在何日！」晉陽舊臣、宿將素輕洋，及至，大會文武，神彩英暢[73]，言辭敏洽，眾皆大驚。澄政令有不便者，洋皆改之。高隆之、司馬子如等惡度支尚書崔暹，奏暹及崔季舒過惡，鞭二百徙邊。

侯景以宋子仙為司徒、郭元建[74][8]為尚書左僕射，與領軍任約等四十人並開府儀同三司，仍詔：「自今開府儀同不須更加將軍[75]。」是後開府儀同至多，不可復記矣。

鄱陽王範自樅陽遣信告江州刺史尋陽王大心，大心遣信邀之。範引兵詣江州，大心以湓城處之。

吳興兵力寡弱，張嵊書生，不閑軍旅[76]，或勸嵊效袁君正以郡迎侯子鑒。嵊歎曰：「袁氏世濟忠貞[77]，不意君正一旦隳之。吾豈不知吳郡既沒，吳興勢難久全？但以身許國，有死無貳耳！」九月癸丑[78]朔，子鑒軍至吳興，嵊戰敗，還府，整服安坐，子鑒執送建康。侯景嘉其守節，欲活之，嵊曰：「吾忝任專城，朝廷傾危，不能匡復，今日速死為幸。」景猶欲存[9]其一子，嵊曰：「吾一門已在鬼錄，不就爾虜求恩。」景怒，盡殺之，并殺沈浚。

河東王譽告急於岳陽王詧，詧留諮議參軍濟陽蔡大寶[79]守襄陽，帥眾二萬、騎二千伐江陵以救湘州。湘東王繹大懼，遣左右就獄中問計於王僧辯，僧辯具陳方略，繹乃赦之，以為城中都督。乙卯，詧至江陵，作十三營以攻之，會大雨，平地水深四尺，詧軍氣沮。繹與新興[80]太守杜岸有舊，密邀之。乙丑[81]，岸與兄岌、岸、弟幼安、兄子龕[82]各帥所部降于繹。岸請以五百騎襲襄陽，晝夜兼行，去襄陽三十里，城中覺之，蔡大寶奉詧母龔保林[83]登城拒戰。詧聞之，夜遁，棄糧食、金帛、鎧仗於湕水[84]，不可勝紀。張纘病足，詧載以隨軍，及敗走，守者[85]恐為追兵所及，殺之，棄尸而去。詧至襄陽，岸奔廣平，依其兄南陽太守巘。

湘東王繹以鮑泉圍長沙久不克，怒之，以平南將軍王僧辯代為都督，數泉十罪，命舍人羅重懽與僧辯偕行。泉聞僧辯來，愕然曰：「得王竟陵來助我，賊不足平。」拂席[86]待之。僧辯入，背泉而坐，曰：「鮑郎，卿有罪，令旨[87]使我鎖卿，卿勿以故意[88]見期[89]。」使重懽宣令，鎖之牀側。泉為啟自申，且謝淹緩[90]之罪，繹怒解，遂釋之。

冬，十月癸未朔[91]，東魏以開府儀同三司潘相樂為司空。

初，歷陽太守莊鐵帥眾歸尋陽王大心，大心以為豫章內史。鐵至郡即叛，推觀寧侯永[92]為主。永，範之弟也。丁酉[93]，鐵引兵襲尋陽，大心遣其將徐嗣徽[94]逆擊，破之。鐵走，至建昌[95]，光遠將軍[96]韋構邀擊之，鐵失其母弟妻子，單騎還南昌[97]，大心遣構將兵追討之。

宋子仙自吳郡趣錢塘。劉神茂自吳興趣富陽[98]，前武州刺史富陽孫國恩以城降之。

十一月乙卯[99]，葬武皇帝于脩陵[100]，廟號高祖。

百濟[101]遣使入貢，見城闕荒圮[102]，異於曩來[103]，哭於端門。侯景怒，錄[104]送莊嚴寺[105]，不聽出。

壬戌[106]，宋子仙急攻錢塘，戴僧遏降之。

岳陽王詧使將軍薛暉攻廣平，拔之，獲杜岸，送襄陽。詧拔其舌，鞭其面，支解而烹之。又發其祖父墓[107]，焚其骸而揚之，以其頭為漆椀。

詧既與湘東王繹為敵，恐不能自存，遣使求援於魏，請為附庸[108]。丞相泰令東閤祭酒榮權[109]使於襄陽，繹使司州刺史柳仲禮鎮竟陵以圖詧，詧懼，遣其妃王氏[110]及世子嶚[111]為質於魏。丞相泰欲經略江、漢，以開府儀同三司楊忠都督三荊等十五州諸軍事，鎮穰城[112]。仲禮至安陸[113]，安陸太守沈勰[10]以城降之。仲禮留長史馬岫與其弟子禮守之，帥眾一萬趣襄陽，泰遣楊忠及行臺僕射長孫儉[114]將兵擊仲禮以救詧。

宋子仙乘勝度浙江[115]，至會稽。邵陵王綸聞錢塘已敗，出奔鄱陽，鄱陽內史開建侯蕃[116]以兵拒之，範[117]進擊蕃，破之。

魏楊忠將至義陽，太守馬伯符以下溠城[118]降之，忠以伯符為鄉導。伯符，岫[119]之子也。

南郡王大連為東揚州刺史。時會稽豐沃，勝兵數萬，糧仗山積，東土人懲侯景殘虐，咸樂為用，而大連朝夕酣飲，不恤軍事。司馬東陽留異[120]凶狡殘暴，為眾所患，大連悉以軍事委之。十二月庚寅[121]，宋子仙攻會稽，大連棄城走，異奔還鄉里，尋以其眾降於子仙。大連欲奔鄱陽，異為子仙鄉導，追及大連於信安[122]，執送建康，大連猶醉，不之知[11]。帝[123]聞之，引帷自蔽，掩袂而泣。於是三吳盡沒於景，公侯在會稽者，俱南度嶺[124]。景以留異為東陽太守，收其妻子為質。

乙酉[125]，東魏以并州刺史彭樂為司徒。

邵陵王綸進至九江，尋陽王大心以江州讓之，綸不受，引兵西上。

始興太守陳霸先結郡中豪傑欲討侯景，郡人侯安都[126]、張偲等各帥眾千餘人歸之。霸先遣主帥杜僧明將二千人頓於嶺[127]上，廣州刺史蕭勃遣人止之曰：「侯景驍雄，天下無敵，前者援軍十萬，士馬精彊，猶不能克，君以區區之眾，將何所之？如聞嶺北王侯又皆鼎沸，親尋干戈[128]，以君疏外[129]，詎可暗投[130]？未若且留始興，遙張聲勢，保太山之安也。」霸先曰：「僕荷國恩，往聞侯景度江，即欲赴援，遭值元、蘭[131]，梗我中道。今京都覆沒，君辱臣死，誰敢愛命？君侯體則皇枝[132]，任重方岳，遣僕一軍，猶賢乎已[133]，乃更止之乎？」乃遣使間道詣江陵，受湘東王繹節度。時南康[134]土豪蔡路養起兵據郡，勃乃以腹心譚世遠為曲江令，與路養相結，同遏霸先。

魏楊忠拔隨郡[135]，執太守桓和。

東魏使金門公潘樂等將兵五萬襲司州，刺史夏侯強降之。於是東魏盡有淮南之地。

【章旨】以上為第六段，寫東魏突發高澄被害事件，高洋執政掌權。梁朝全境混亂，蕭梁諸王自相殘殺，導致侯景控制了三吳地區，淮南土地丟失於東魏，江漢西境危於西魏。

【注釋】❶丙午　六月二十二日。❷吳盜　此指吳郡郡民。❸陸緝　海鹽（今浙江平湖）人。《梁書》卷二十七與《南史》卷四十八〈陸襄傳〉並作「陸黯」。據《梁書》卷五十六〈侯景傳〉，與陸緝同起者有戴文舉等。❹寧　蕭寧，梁鄱陽嗣王蕭範之弟。封爵文成侯。❺癸丑　六月二十九日。❻郭元建　歷任太尉、南兗州刺史。事詳《梁書》卷五十六〈侯景傳〉。❼新秦　即秦郡。❽寘　通「置」。安置。❾徐孝嗣　字始昌，徐聿之的兒子。八歲襲爵為枝江縣公。宋孝武帝時為駙馬。入南齊官至尚書左僕射。好文學，不貪權勢。因謀廢東昏侯事洩，被賜死。傳見《南齊書》卷四十四、《南史》卷十五。❿目眇　瞎了一隻眼。⓫督其糧眾　督催蕭譽調出軍糧和士兵。⓬方矩　蕭方矩，字德規，封安南侯。梁元帝登基後，立為皇太子，改名元良。西魏陷江陵，遇害。傳見《梁書》卷八、《南史》卷五十四。⓭麻溪　地名，麻溪水進入湘江的地方，在今湖南長沙市的長沙縣。⓮方諸　蕭方諸，字智相，出任郢州刺史時，被宋子仙所俘，不久即被害。傳見《梁書》卷四十四、《南史》卷五十四。⓯疑徐妃為之　胡三省注認為蕭繹懷疑王氏是被徐妃毒死的。⓰元景仲　元法僧之子，北魏拓跋氏後裔。普通六年（西元五二五年）隨父南降梁朝，封枝江縣公，拜侍中、右衛將軍。傳見《梁書》卷三十九。⓱勃　蕭勃，梁宗室。初為定州刺史，爵曲陽侯。歷官廣州、晉州刺史。敬帝紹泰中，位太保。傳見《南史》卷五十一。⓲朝亭　在今廣州東北。漢初南越王趙佗在崗上築有朝臺，是北面朝拜漢朝的地方。⓳甲寅　七月一日。⓴鮑泉　字潤岳，東海（今山東郯城縣）人，蕭繹老部下。在江夏被侯景所殺。傳見《梁書》卷三十、《南史》卷六十二。㉑左髀　左大腿。㉒丁卯　七月十四日。㉓壬戌　七月九日。㉔海鹽　縣名，縣治在今浙江海鹽。㉕戊辰　七月十五日。㉖吳州　州名，侯景置。治所在今江蘇蘇州。㉗庚午　七月十七日。㉘李伯穆　趙郡平棘（今河北趙縣）人。東魏武定末，官合州刺史。傳見《魏書》卷三十六。㉙東關　城名，在今安徽巢縣東南。㉚安樂柵　軍營名，在濡須河附近。㉛菰稗　菰是生長在池沼裡的多年生植物，即茭白。果實叫「菰米」，或稱「雕菰米」，可煮食。稗是稻田的一種雜草。㉜樅陽　縣名，縣治在今安徽樅陽。㉝比　近來。㉞伊霍之傳　記載伊尹、霍光事跡的傳記。指《史記》、《漢書》。伊尹輔佐商朝少主太甲，霍光輔佐漢昭帝與宣帝。二人雖總攬朝政，但不篡國。㉟曹

馬之書　有關曹操、司馬昭父子的史書。指《三國志》、《晉書》。曹氏篡漢，司馬氏篡魏。元暉業以上的話，含有諷刺諫誡高澄不要過分攬權，做個輔弼重臣而不是篡位者。(36)甲申朔　八月初一日。(37)己亥　八月十六日。(38)石榑寺　寺名，在今湖南長沙西北郊。(39)辛丑　八月十八日。(40)橘洲　即桔子洲，是湖南長沙西南湘江上的一個沙洲。(41)辛卯　八月八日。(42)長仁　元長仁，事見《魏書》卷十二、《北史》卷五。(43)次長　排行第二。(44)相書　古代相面的書。(45)李氏　即齊文宣皇后，名祖娥，趙郡（今河北趙縣）人，父李希宗。又號可賀敦皇后。武成帝時，入妙勝寺為尼。隋初回趙郡老家。傳見《北齊書》卷九、《北史》卷十四。(46)服玩　穿和玩的物品。(47)小佳　稍微好一些。(48)飾讓　假意推讓。(49)袒跣　光著身子和腳。(50)漫戲　隨便戲耍。(51)習勞　鍛鍊。(52)京　蘭京，一作蘭固成，其父蘭欽在梁朝任徐州刺史。(53)膳奴　廚房中的奴僕。(54)京屢自訴　蘭京多次請求贖身，以便南下與父親團聚。(55)嬖　寵愛。(56)辛卯　八月八日。(57)卻之　叫他退出去。(58)庫直　官名，管理大將軍府中的庫藏。(59)王紘　字師羅，太安狄那人。善騎射，好文學。以冒死與蘭京搏鬥功，封平春縣男，出任晉陽令。傳見《北齊書》卷二十五、《北史》卷五十五。(60)紇奚舍樂　複姓紇奚，時任庫直。或云任庫直都督。(61)手書辭母　親手給母親寫下遺書。(62)口占　口述成文。(63)陳便宜　向高洋提出善後的建議。(64)虛除　虛假任命。(65)督護　官名，當時各方鎮的主將府中都設此職，是主要部將，處理軍府日常事務。(66)唐邕　字道和，太原晉陽（今山西太原南）人，初任大將軍高澄府參軍。因精明強幹，深受高洋器重，成為諸軍總節度、尚書令，封晉昌王。歷事北齊六帝。傳見《北齊書》卷四十、《北史》卷五十五。(67)癸巳　八月十日。(68)死問　死訊。(69)甲午　八月十一日。(70)攘袂　捋起袖子。(71)扣刃　手按刀把。(72)主者　此指主持朝中禮儀的官員。(73)英暢　英姿勃發，言行暢達。(74)郭元建　侯景部將，歷任尚書右僕射、行臺、太尉、南兗州刺史。(75)不須更加將軍　梁制，任開府儀同三司要加將軍名號，即便任三公也加將軍名號，如開國老臣王茂進位三公，仍領中權將軍。至此侯景改制，開府儀同不再加將軍。(76)不閑軍旅　不熟悉軍事。(77)世濟忠貞　陳郡袁氏宗族中，袁詢、袁顗、袁粲、袁昂等三代人都忠於王室。惟袁昂子袁君正因怯弱降景，壞了門風。(78)癸丑　九月一日。(79)蔡大寶　字敬位，濟陽考城（今河南蘭考）人，蕭詧稱帝，任尚書令、荊州刺史，封安豐縣侯。蕭巋即位，任中書監，領吏部尚書。傳見《周書》卷四十八、《北史》卷九十三。(80)新興　郡名，治所新興，在今湖北江陵東。(81)乙丑　九月十三日。(82)龕　杜龕，京兆杜陵（今陝西西安東南）人，杜岑的兒子。善用兵，梁元帝時，任郢州刺史，封中盧縣侯。先後生擒宋子仙，擊敗侯子鑒，以功拜東揚州刺史。江陵失陷，追隨貞陽侯，投靠北齊。不久被陳霸先於吳興處死。傳見《梁書》卷四十六、《南史》卷六十四。(83)龔保林　龔，姓。保林，宮中女官，位略低於良娣。(84)漉水　河名，今名建陽河，源出湖北荊門，南流入今江陵境內的長湖。(85)守者　指押送張纘的士兵。86拂席 揮淨坐席。87令旨 蕭繹給部屬下達的命令叫令。旨即內容。88故意 舊友的情義。89見期 抱有期望。90淹緩 滯留遲緩。91癸未朔 十月初一日。92永 蕭永，封觀寧侯。93丁酉 十月十五日。94徐嗣徽 高平（今山東濟寧）人，侯景之亂時，投靠梁元帝，任羅州、秦州刺史。為報王僧辯之仇，與陳霸先對抗，兵敗被殺。傳見《南史》卷六十三。95建昌 縣名，縣治在今江西永修。96光遠將軍 官名，雜號將軍。97南昌 縣名，縣治在今江西南昌。98富陽 縣名，縣治在今浙江富陽。99乙卯 十一月四日。100脩陵 在今江蘇丹陽。101百濟 古國名，在朝鮮半島的西南部，與高句麗、新羅鼎足而立。102荒圮 荒廢、破毀。103曏來 往日；過去。104錄 拘捕。105莊嚴寺 寺名，在建康南郊壇場附近。106壬戌 十一月十一日。107祖父墓 杜岸祖父名靈啟，任南齊給事中。父懷寶，梁時任過梁州、華州刺史。見《南史》卷六十四。108附庸 依附於大國的臣屬國。109榮權 曾任兵部尚書。110王氏 （？—西元五六四年）蕭詧稱帝，立王氏為皇后。諡號是宣靜皇后。111巋 蕭巋，蕭詧長子。112穰城 縣名，縣治在今河南鄧州。113安陸 郡名，梁置，治所安陸，在今湖北安陸。114長孫儉 （？—西元五六九年）本名慶明，河南洛陽人，出身鮮卑拓跋氏，是北魏皇室枝族。孝文帝時，家族改姓長孫。儉歷任西夏州、荊州刺史。力主出兵翦除梁元帝，以功封昌寧公，官大將軍。傳見《周書》卷二十六、《北史》卷二十二。115浙江 河名，今名錢塘江。116蕃 蕭蕃，封開建侯。117範 胡三省注認為是「綸」之誤，即蕭綸。當是。118下溠城 縣城名，治所在今湖北隨縣西北。119岫 即前留守安陸的長史馬岫。120留異 （？—西元五六四年）東陽長山（今浙江金華）人。投降侯景後，任東陽太守。陳霸先平定會稽，異以接應功，任縉州刺史，領東陽太守，封永興縣侯。陳朝建立，擁兵自重，不聽調遣，被剿滅。傳見《陳書》卷三十五、《南史》卷八十。121庚寅 十二月九日。122信安 縣名，縣治在今浙江衢州。123帝 指梁簡文帝蕭綱。蕭大連是他的兒子。124嶺 五嶺。越過五嶺就進入今天的兩廣地區。125乙酉 十二月四日。126侯安都 （西元五二〇—五六三年）字成師，始興曲江（今廣東曲江縣）人，從陳霸先破侯景，擒王僧辯，討蕭勃，戰王琳，屢立戰功。陳文帝即位，遷司空，任南豫州刺史。後驕縱不遵法度，被賜死。傳見《陳書》卷八、《南史》卷六十六。127嶺 指五嶺之一的大庾嶺。128親尋干戈 指蕭繹、蕭譽、蕭督等王自相殘殺。129疏外 非朝中權貴的親信，關係比較疏遠。130暗投 雖有大才，難遇明主，如同明珠暗投。131元蘭 指元景仲、蘭裕二人。132皇枝 蕭勃是武帝從弟吳平侯蕭昺之子，故云「皇枝」。133猶賢乎已 意謂還是比什麼都不做要好。已，止。134南康 郡名，治所贛縣，在今江西贛州。135隨郡 郡名，梁置，治所隨縣，在今湖北隨州。

【校記】①主 原作「王」。據章鈺校，十二行本、乙十一行本皆作「主」，熊羅宿《胡刻資治通鑑校字記》同，今從改。②日 原無此字。據章鈺校，十二行本、乙十一行本、孔天胤本皆有此字，胡三省注云：「申，重也；重為期日。」今據補。③今 原作「今日」。據章鈺校，十二行本、乙十一行本、孔天胤本皆無「日」字，今據刪。④泉 原作「眾」。據章鈺校，十二行本、乙十一行本、孔天胤本皆作「泉」，張瑛《通鑑校勘記》、熊羅宿《胡刻資治通鑑校字記》同，今據改。⑤出 原無此字。據章鈺校，十二行本、乙十一行本、孔天胤本皆有此字，今據補。⑥神色 原作「顏色」。據章鈺校，十二行本、乙十一行本皆作「神色」，今據改。按，《北史・顯祖文宣帝紀》亦作「神色」。⑦言 原無此字。據章鈺校，十二行本、乙十一行本、孔天胤本皆有此字，今據補。⑧郭元建 原作「郭子建」。據章鈺校，十二行本、乙十一行本、孔天胤本皆作「郭元建」，《梁書・侯景傳》亦作「郭元建」，今據改。⑨存 原作「全」。據章鈺校，十二行本、乙十一行本、孔天胤本皆作「存」，今據改。⑩沈勰 原作「柳勰」。據章鈺校，十二行本、乙十一行本、孔天胤本皆作「沈勰」，張瑛《通鑑校勘記》同，今據改。按，《通鑑紀事本末》卷二四作「沈勰」。⑪大連猶醉不之知 原無此七字。據章鈺校，十二行本、乙十一行本、孔天胤本皆有此七字，張敦仁《通鑑刊本識誤》、張瑛《通鑑校勘記》同，今據補。按，《南史・梁簡文帝諸子傳・南郡王大連傳》載此事云：「宋子仙攻之，大連棄城走，追及於信安縣，大連猶醉弗之覺。於是三吳悉為賊有。」

【語譯】梁朝上甲侯蕭韶從建康出逃江陵，宣稱受高祖密詔徵調兵馬，任命湘東王蕭繹為侍中、假黃鉞、大都督中外諸軍事、司徒、承制，其他藩鎮都增加了職位名號。

侯景部將宋子仙率軍圍攻戴僧遏，沒有取勝。六月二十二日丙午，吳郡強盜陸緝等人起兵襲擊吳郡，殺了蘇單于，推舉前淮南太守文成侯蕭寧為首領。

臨賀王蕭正德怨恨侯景出賣了自己，祕密地寫信召鄱陽王蕭範，讓他帶兵進入建康，侯景截獲了這封信，六月二十九日癸丑，勒死了蕭正德。侯景任命儀同三司郭元建為尚書僕射、北道行臺、總督江北諸軍事，駐守在新秦，又封元羅等諸元氏十多人都為王。侯景喜歡永安侯蕭確勇敢，經常把他安置在身邊，邵陵王蕭綸暗中派人叫來蕭確，蕭確說：「侯景輕佻，對付他，只要一個人的力量就夠了。我想親手殺死他，只恨還沒找到下手的機會，你回去告訴我家王爺，不要掛念我。」侯景與蕭確遊鍾山，拉弓射鳥，趁機想射侯景，弓弦拉斷，箭沒有射出去，侯景發覺了蕭確的意圖殺死了他。

湘東王蕭繹娶了徐孝嗣的孫女為妃，生了世子蕭方等。徐妃相貌醜陋，而生性嫉妒，行為又多失於檢點，蕭繹兩三年才到徐妃房中一次。徐妃聽說蕭繹要來，因蕭繹有一隻眼睛瞎了，就只在半邊臉上化了妝等待蕭繹，蕭繹很生氣，退了出來，所以蕭方等也不受寵愛。等到蕭方等從建康返回江陵，蕭繹看蕭方等治軍和穆嚴整，開始稱讚他的才能，進入房間告訴徐妃，徐妃不答話，流著眼淚退出了房間。蕭繹大怒，就條列徐妃的醜行，在大堂中張貼出來，蕭方等看了，更加恐懼。湘州刺史河東王蕭譽驍勇深得軍心，蕭繹將要討伐侯景，派人去催促蕭譽出兵出糧，蕭譽說：「彼此都是軍府，我怎麼忽然受他管？」使者往返了多次，蕭譽就是不給。蕭方等請求討伐蕭譽，蕭繹就任命小兒子安南侯蕭方矩為湘州刺史，派蕭方等率領精兵兩萬人護送蕭方矩。蕭方等即將出發時，對親近的人說：「這次出兵，我一定會死，死得其所，我有什麼遺憾！」

侯景任命趙威方為豫章太守，江州刺史尋陽王蕭大心派兵抵抗他，活捉了趙威方，關入州城的監獄，趙威方逃回了建康。

湘東王世子蕭方等的軍隊到達麻溪，河東王蕭譽率領七千人攻擊他，蕭方等的軍隊戰敗，蕭方等淹死了。安南侯蕭方矩收拾殘兵返回江陵，湘東王蕭繹沒有憂傷的表情。蕭繹愛妃王氏，生的兒子叫蕭方諸。王氏死了，蕭繹疑心是徐妃幹的，就逼迫徐妃自殺，徐妃投井死，按平民禮安葬了，還不讓兒子們穿喪服。

西江督護陳霸先打算起兵討伐侯景，侯景派人誘惑廣州刺史元景仲，答應擁奉他為國主，元景仲因此歸附了侯景，陰謀除掉陳霸先。陳霸先得到這消息，與成州刺史王懷明等人在南海集中了兵力，飛馬發布檄文聲討元景仲，說：「元景仲與叛賊聯合，朝廷派曲陽侯蕭勃為廣州刺史，軍隊已經屯駐在朝亭。」元景仲率領的軍隊聽到這個消息，都背棄元景仲逃散了。秋，七月初一日甲寅，元景仲吊死在府衙堂下。陳霸先迎接定州刺史蕭勃鎮守廣州。

前高州刺史蘭裕，是蘭欽的弟弟，蘭裕和他的幾個弟弟煽動誘騙始興等十個郡，攻擊監衡州事歐陽頠。蕭勃派陳霸先救援歐陽頠，把蘭裕等全部抓獲，蕭勃就委任陳霸先監理始興郡事。

湘東王蕭繹派竟陵太守王僧辯、信州刺史東海郡人鮑泉攻打湘州，分給他們兵馬和糧食，限定時間上路。王僧辯因竟陵的部隊還沒有完全到達，想等到部隊全部集中以後出發，就和鮑泉一起進入府衙向蕭繹報告，請求寬限日期。蕭繹疑心王僧辯遲疑不決，就握著劍柄厲聲斥責說：「你害怕出征，抗拒命令，想和叛賊一夥嗎？今天你只有死路一條！」於是就砍王僧辯，砍中了他的左大腿，昏死過去，好長一陣才蘇醒，立即送進監獄。鮑泉震驚恐懼，不敢說話。王僧辯的母親步行流淚到蕭繹府中賠罪，自己訴說教子無方，蕭繹怒氣才緩解，送上好藥，王僧辯才沒有死。七月十四日丁卯，鮑泉獨自領兵討伐湘州。

陸緝等人競相橫暴掠奪，吳郡民眾不依附他，宋子仙從錢塘回軍攻擊他。七月初九日壬戌，陸緝丟棄了郡城逃往海鹽，宋子仙重新佔據了吳郡。十五日戊辰，侯景在吳郡設置吳州，任命安陸王蕭大春為刺史。

七月十七日庚午，梁朝任命南康王蕭會理兼尚書令。

鄱陽王蕭範聽到建康失守，戒嚴，想進入建康，有僚佐勸蕭範說：「如今東魏人已經佔據了壽陽，大王離開，那麼東魏騎兵必然窺伺合肥。前面的叛賊沒有討平，後面的城池失守，那將怎麼辦呢？不如等待各路兵馬齊集，派優秀將領率領精兵前往，前進不誤勤王大義，後退可以保住根基。」蕭範才停止了進軍。恰好這時東魏大將軍高澄派西兗州刺史李伯穆逼近合肥，又派魏收寫信勸降蕭範。蕭範正在謀劃討伐侯景，想藉東魏為後援，於是率領將士兩萬人離開合肥出東關，把合州城送給了李伯穆，並派諮議參軍劉靈議送自己的兩個兒子蕭勤、蕭廣到東魏為人質，用來請求借兵。蕭範屯駐濡須等待長江上游勤王的軍隊，派世子蕭嗣率領一千多人駐守安樂柵，長江上游各路兵馬都沒有下來，蕭範缺糧，只好採集菰米、稗子、菱角、蓮藕來充飢。蕭勤、蕭廣到了鄴城，東魏人始終不為蕭範出兵。蕭範進退無策，就逆江流西上，駐軍在樅陽。侯景出兵屯駐在姑孰，蕭範的部將裴之悌帶領自己的部眾投降了侯景。裴之悌，是裴之高的弟弟。

東魏大將高澄前往鄴城，向孝靜帝辭讓新增加的爵位、特殊的禮遇，並且請求冊立皇太子。高澄對濟陰王元暉業說：「近來讀什麼書？」元暉業說：「多次閱讀伊尹、霍光的傳記，不讀曹操、司馬懿的傳記。」

八月初一日甲申，侯景派他的中軍都督侯子鑒等攻打吳興。

八月十六日己亥，鮑泉駐軍在石椁寺，河東王蕭譽迎戰失敗。十八日辛丑，蕭譽又在橘洲戰敗，戰死以及落水淹死的有一萬多人。蕭譽退守長沙，鮑泉帶領大軍包圍長沙。

八月初八日辛卯，東魏冊立皇子元長仁為皇太子。

東魏勃海文襄王高澄因他的弟弟太原公高洋在眾兄弟中年齡僅次於自己，內心常常猜忌他。高洋格外小心韜晦，話不出口，常常自我貶退，與高澄說話，無不順從。高澄看不起他，常常說：「這樣的人也得到了富貴，相術書又怎麼可以解釋？」高洋給自己的夫人趙郡人李氏製作衣服和小玩意稍好一點的，高澄看到了總要奪走，高洋夫人有時氣憤不給，高洋笑著說：「這些東西還可以重新製作，兄長需要，你怎能那麼小氣？」高澄有時也感到慚愧不要了，高洋就接過來，也不做作謙讓。每次退朝回家，總是閉門靜坐，即使對妻子兒女，也能整天不說話。有時袒胸光腳又跑又跳，夫人問他為何這樣，高洋說：「和你遊戲玩耍。」其實是掩蓋他鍛鍊身體。

高澄抓獲了徐州刺史蘭欽的兒子蘭京，把他作為膳食奴僕，蘭欽請求贖他，高澄不同意。蘭京多次自己請求，高澄鞭打他，說：「再來請求，就殺了你！」蘭京和他的同夥共六個人商議作亂。高澄在鄴城時，住在宮城北邊的東柏堂，寵愛琅邪公主，想讓她來往方便，經常把侍衛支出門外。八月初八日辛卯，高澄與散騎常侍陳元康、吏部尚書侍中楊愔、黃門侍郎崔季舒支走身邊的侍衛，密謀禪讓登位、安排文武百官的人選和職位。蘭京送飯進屋，高澄叫他退下，對在座的幾個人說：「昨天夜裡我夢見這個人砍我，應當趕快殺了他。」蘭京聽見了這個話，把刀放在菜盤下，假裝說送食品進了屋，高澄生氣地說：「我沒有要吃的，為什麼突然進來？」蘭京揮著刀說：「來殺你！」高澄自己跳下床傷了腳，躲到床底下，蘭京掀開坐床，殺了高澄。楊愔狼狽逃走，丟了一隻靴，崔季舒藏身廁所，陳元康用身子掩護高澄，與蘭京爭奪刀子被刺傷，腸子流了出來，庫直王紘迎著刀刃抵抗蘭京，紇奚舍樂在搏鬥中死去。當時變故起於突然，朝廷內外驚駭。太原公高洋在宮城東雙堂，聽到消息，神色不變，指揮部署，進入東柏堂誅討群賊，把他們殺死後剁成肉塊，不慌不忙地走出來說：「奴僕造反，大將軍受了傷，沒大的痛苦。」朝廷內外，無不感到驚恐奇怪。高洋隱瞞高澄死訊。陳元康親筆寫信向母親告別，又口述讓功曹參軍祖珽記錄他提出的善後建議，到夜晚就死了。高洋把陳元康的靈柩停放在高澄府第中，謊稱被派到外面辦事去了，還虛假任命陳元康為中書令。任命王紘為領左右都督。王紘，是王基的兒子。

功臣貴戚們因重兵駐紮在并州，勸高洋盡早到晉陽，高洋聽從了他們。當天夜裡，高洋請來大將軍督護太原人唐邕，讓他部署將士去控制各地重鎮，唐邕安排片刻就完畢了，高洋從此十分器重他。

八月初十日癸巳，高洋暗示東魏孝靜帝借冊立皇太子發布大赦令。高澄死亡的消息慢慢露了出來，孝靜帝偷偷地對身旁的人說：「大將軍高澄如今死了，好像是天意，威權應當重新回到皇室了！」高洋留下太尉高岳、太保高隆之、開府儀同三司司馬子如、侍中楊愔守護鄴城，其餘功臣貴戚全都跟隨自己。十一日甲午，高洋進宮在昭陽殿謁見東魏孝靜帝，隨從甲士八千人，登上殿堂臺階的有二百多人，全都挽起袖子，手按刀把，如同面對兇猛的敵人。高洋讓主持禮儀的官員傳達奏章，說：「臣有家務事，必須前往晉陽。」拜了兩拜就退了出去。孝靜帝變了臉色，目送高洋，說：「這人又像是容不下朕，朕不知道死在哪一天！」晉陽的舊臣宿將一向看不起高洋，等到高洋來到，大會文武官員，英姿勃發，言行暢達，說話敏捷和諧，大家都大驚。高澄的政令有不合時宜的，高洋全都修改。高隆之、司馬子如等厭惡度支尚書崔暹，上奏崔暹和崔季舒的過失，鞭打兩百，流放到邊疆。

侯景任命宋子仙為司徒，郭元建為尚書左僕射，與領軍任約等四十人同時授予開府儀同三司，並下詔書說：「從今以後，開府儀同不須再加將軍職銜。」從這以後，開府儀同三司極多，沒法再計數了。

鄱陽王蕭範從樅陽派人報告江州刺史尋陽王蕭大心，蕭大心派人邀請蕭範。蕭範帶兵前往江州，蕭大心讓出湓城安置蕭範。

吳興兵力又少又弱，張嵊是書生，不熟悉軍事，有人勸張嵊效法袁君正讓出郡城迎接侯子鑒。張嵊歎息說：「袁氏世代忠誠堅貞，想不到袁君正一天就把它毀了。我難道不知道吳郡陷落後，吳興郡難以長久保全嗎？我只是要以身殉國，唯有一死沒有二心！」九月初一日癸丑，侯子鑒的軍隊到了吳興，張嵊戰敗，回到郡府，穿好衣冠安靜地坐著，侯子鑒把他押送到建康。侯景讚賞他有節操，想讓他活著，張嵊說：「我有辱專任一方的郡守，朝廷危亡，我不能匡復，今天盡快死去才是幸事。」侯景還想保存他一個兒子，張嵊說：「我全家都已登記在錄鬼簿上，不向你這個胡虜乞求恩典。」侯景大怒，殺了張嵊全家，一併殺了沈浚。

河東王蕭譽向岳陽王蕭詧告急，蕭詧留下諮議參軍濟陽人蔡大寶守襄陽城，自己率領部眾兩萬、騎兵兩千討伐江陵以便救援湘州。湘東王蕭繹非常害怕，派身邊的人到獄中向王僧辯詢問辦法，王僧辯詳細地陳述了策略，蕭繹就赦免了王僧辯，任命他為守城都督。九月初三日乙卯，蕭詧到達江陵，分兵為十三營進攻江陵城，正碰上大雨，平地水深四尺，蕭詧軍隊士氣低落。蕭繹與新興太守杜崱有交情，祕密邀請杜崱。十三日乙丑，杜崱和他哥哥杜岌和杜岸、弟弟杜幼安、姪兒杜龕各自率領部屬投降了蕭繹。杜岸請求率領五百騎兵偷襲襄陽，晝夜兼程，距離襄陽還有三十里，襄陽城中發覺了杜岸的軍隊，蔡大寶請出蕭詧母親龔保林登上城頭抵抗作戰。蕭詧聽到消息，連夜逃走，丟棄糧食、金帛、兵器到湕水中，多得無法計算。張纘腳有病，蕭詧用車拉著他跟隨軍隊，等到敗逃時，看守他的人害怕被追兵追上，殺了張纘，丟下屍體逃走。蕭詧回到襄陽，杜岸逃到廣平，依附他的哥哥南陽太守杜巘。

湘東王蕭繹因為鮑泉圍攻長沙長時間不能攻克，便譴責鮑泉，任命平南將軍王僧辯取代他為都督，列數鮑泉十條罪狀，派舍人羅重懽與王僧辯同行。鮑泉聽到王僧辯到來，驚愕地說：「得到王竟陵來幫助我，賊軍不愁不平定。」打掃乾淨座席等待王僧辯。王僧辯進入，背對鮑泉而坐，說：「鮑郎，你有罪，湘東王下令讓我抓捕你，你不要因我們有舊交情就期待我放過你。」讓羅重懽宣讀湘東王的指令，把鮑泉銬在床邊。鮑泉寫了申訴狀，並且對延誤軍機認了罪，蕭繹的怒氣平息下來，於是釋放了鮑泉。

冬，十月初一日癸未，東魏任命開府儀同三司潘相樂為司空。

當初，歷陽太守莊鐵率領部眾回歸尋陽王蕭大心，蕭大心任命他為豫章內史。莊鐵到達郡城後立即叛變，擁戴觀寧侯蕭永為首領。蕭永，是蕭範的弟弟。十月十五日丁酉，莊鐵領兵偷襲尋陽，蕭大心派部將徐嗣徽迎戰，打敗了莊鐵，莊鐵逃走，到了建昌，光遠將軍韋構截擊莊鐵，莊鐵失去了母親、弟弟、妻子、兒女，單人獨騎逃回南昌，蕭大心派韋構領兵追討他。

宋子仙從吳郡趕赴錢塘，劉神茂從吳興趕赴富陽，前武州刺史富陽人孫國恩獻城投降了劉神茂。

十一月初四日乙卯，安葬梁武帝於脩陵，廟號高祖。

百濟國派使臣入貢梁朝，看到建康城破敗荒蕪，和從前大不相同，在端門前大哭。侯景大怒，把百濟國使者押送莊嚴寺，不讓他出來。

十一月十一日壬戌，宋子仙急攻錢塘，戴僧遏投降了他。

岳陽王蕭詧派將軍薛暉攻打廣平，攻取了廣平城，抓獲了杜岸，押送襄陽。蕭詧拔出杜岸的舌頭，鞭打他的臉面，把身子剁成幾大塊下鍋煮。又挖開杜岸祖父的葬墓，焚燒了屍骨，向空中拋灑，留下頭骨作漆碗。

蕭詧既然與湘東王蕭繹為敵，擔心不能生存下去，派使者向西魏求援，請求為西魏的附庸。丞相宇文泰派東閤祭酒榮權出使到襄陽，蕭繹派司州刺史柳仲禮鎮守竟陵圖謀蕭詧，蕭詧害怕了，派他的妃子王氏以及世子蕭嶚到西魏做人質。丞相宇文泰想佔領江漢地區，委派開府儀同三司楊忠都督三荊等十五州諸軍事，鎮守穰城。柳仲禮到達安陸，安陸太守沈勰獻出城池投降了他。柳仲禮留下長史馬岫與自己弟弟柳子禮鎮守安陸，自己率領一萬人趕赴襄陽，宇文泰派楊忠及行臺僕射長孫儉領兵抗擊柳仲禮，以救援蕭詧。

宋子仙乘勝渡過浙江，到達會稽。邵陵王蕭綸聽到錢塘已經丟失，就出逃到鄱陽，鄱陽內史開建侯蕭蕃率兵抵抗他，蕭綸進兵攻擊蕭蕃，打敗了他。

西魏楊忠將到達義陽，義陽太守馬伯符獻出下溠城投降了楊忠，楊忠讓馬伯符做嚮導。馬伯符，是馬岫的兒子。

南郡王蕭大連任東揚州刺史。當時會稽郡物產豐富，有戰士數萬，糧食兵器堆積如山，東部土著居民苦於侯景的兇殘暴虐，都樂意為南郡王效力。而蕭大連一天到晚花天酒地，不關心軍事。司馬東陽人留異兇狡殘暴，被大家痛恨。蕭大連把軍務全部委託給他。十二月初九日庚寅，宋子仙攻打會稽，蕭大連棄城逃走，留異逃回家鄉，不久率領部眾投降了宋子仙。蕭大連想逃到鄱陽，留異替宋子仙做嚮導，在信安追上了蕭大連，把他抓起來送到建康，蕭大連還醉著，並不知道這件事。簡文帝聽到消息，拉起帷帳遮住自己，掩袂哭泣。這時，三吳地區全部陷落於侯景。公卿王侯在會稽的，都向南翻過了大庾嶺。侯景任命留異為東陽太守，把他的妻兒留下做人質。

十二月初四日乙酉，東魏任命并州刺史彭樂為司徒。

邵陵王蕭綸進軍到九江，尋陽王蕭大心把江州城讓給他，蕭綸不接受，帶兵西上。

始興太守陳霸先聯合郡中豪傑打算討伐侯景，郡人侯安都、張偲等各自率領一千多人歸附他。陳霸先派主帥杜僧明率領兩千人屯駐在大庾嶺上，廣州刺史蕭勃派人阻止陳霸先說：「侯景是一個梟雄，天下無敵，前些時援兵十萬，兵精馬壯，仍然沒有戰勝他，你憑這麼一點人馬，能走到哪一步呢？又聽說嶺北的王侯們鬧得都像一鍋開水，骨肉之間互相殘殺，你和皇家沒有什麼關係，怎麼可以投向這幫昏暗之主呢？還不如暫且留在始興，遠遠地張揚聲勢，可以保嶺南安如泰山。」陳霸先說：「我蒙受國家恩惠，先前聽說侯景渡過長江，立刻想趕去救援，遭到元景仲、蘭裕兩人中途阻攔。如今京城覆沒，君辱臣死，誰還敢吝惜生命？君侯的身體是皇室枝脈，擔任一方的守土重任，分派給我一支軍隊，還是比無所作為好，怎麼反而來阻止我呢？」於是派出使者從小道趕往江陵，接受湘東王蕭繹的調度。當時南康郡土豪蔡路養起兵佔據郡城，蕭勃就派腹心譚世遠為曲江縣令，與蔡路養相聯合，共同阻攔陳霸先。

西魏楊忠攻取了隨郡，抓獲了太守桓和。

東魏派金門公潘樂等率領五萬兵馬襲擊司州，司州刺史夏侯強投降潘樂。於是東魏佔有了全部淮南土地。

【研　析】本卷所記西元五四九年發生的歷史事件，可謂複雜多變，一些事件詳細，因果清晰，一些事件則隻言片語，隱晦不明。

侯景最終攻下臺城，挾持梁武帝，以一紙詔書解散救援諸軍，梁武帝在軟禁之中鬱鬱棄世，臨終之際，連呼「荷荷」而死。據歷史學家唐長孺先生考證，「荷荷」乃漢代以來戰士衝鋒陷陣時的呼叫之聲。如此看來，這位八十六歲的老人，雖受人挾持，生命臨終之際，仍以戰士的形象示人。侯景攻陷臺城之際，指責梁武帝犯有「十失」，《通鑑》只摘要敘述數項，《南史》卷八十〈侯景傳〉錄有全文，當代歷史學家周一良先生在其名篇〈梁武帝及其時代〉一文中，對梁武帝一生及其影響有較為全面的分析。總的來說，梁武帝統治的半個世紀，是江南政治穩定、經濟發展、文化繁榮的時期，相對來說，梁武帝是那一個時代少見的好皇帝，他在文化上的影響，特別對江南佛教的宣揚，並因此而引發的「神滅論」與「神不滅論」的爭論，至今仍被思想史著作反覆分析探討。賀琛上書痛斥時政，他著文申辯；他對范縝所持「神滅論」不滿，發動數十人著論反駁，但賀琛、范縝並沒因此丟官或被殺，他在文化上的寬容精神，在古代君主中，確實是少見的。

侯景佔據臺城，暫時維持了梁政權的存在。侯景叛軍在建康城的燒殺擄掠，使建康繁榮不再，甚至外國來使見之亦痛哭失聲，也使梁各地地方勢力不願聽從侯景控制的中央政府的號令。但各地援軍救援臺城，各自為陣，莫相統一，缺乏一個具有號召力的領袖人物。荊州刺史、湘東王蕭繹坐鎮荊州，擁有指揮長江中上游各州軍事的權力，但他的兩個姪兒，即湘州刺史、河東王蕭譽與雍州刺史、岳陽王蕭詧兄弟，並不聽從他的號令。本懷野心的蕭繹並沒有認真派軍支援建康，卻嚴責部下，欲滅蕭譽、蕭詧而後快，蕭詧轉而求助於西魏，西魏軍隊開始染指江漢平原。梁淮南各地軍政長官，或降附侯景，或投奔東魏，東魏毫不費力地進佔淮南。南方政權從此失去了賴以長期與北方政權抗衡的地理屏障。陳霸先利用嶺南地方武裝，以平侯景之名北進，在此時還沒有形成氣候，但最終將與江東抵禦侯景的勢力結合，在南方創立新局。

侯景控制都城後，梁地方勢力各圖發展，未能形成統一的政治取向，關鍵原因在於各地軍隊由地方軍政長官利用本地財政召募組建而成。軍鎮長官長期駐守一地，如需調換，也往往將自己組建的軍隊的核心部分帶走。各地軍隊有如私兵武裝，他們聽命於長官，不存在國家意識，能否為國效力，全看長官個人態度。茲舉一例加以說明。在救援建康的各路軍隊中，韋粲最為忠勇，出於全局考慮，他不顧自己資歷深、年齒高，竭力推舉柳仲禮為十萬援軍統帥，以圖形成有效的指揮系統，對抗侯景叛軍，最後「與子尼及三弟助、警、構、從弟昂皆戰死，親戚死者數百人。」但如上卷所記，他原本為衡州刺史，在赴建康任散騎常侍途中，「至盧陵，聞侯景亂，粲簡閱部下，得精兵五千，倍道赴援。」顯然，韋粲能以五千精兵赴援建康，正是他從衡州帶走的軍隊，而這支軍隊日常統領者亦即他的子弟。軍隊成為地方長官私有性的軍隊，建康城並沒有強大的中央軍隊加以拱衛，侯景來犯，甚至「赦東、西冶、尚方錢署及建康繫囚」，赦免勞改犯的罪行，臨時充作軍隊，即便如此，臺城守軍亦不過「擐甲者二萬餘人」。如果沒有善於指揮的羊侃勉力指揮，臺城早該被攻下。瞭解梁朝軍隊如此情形，我們也就可以瞭解為何侯景以千人過江，收羅奴僕，終能佔據建康；亦可明瞭何以梁十萬援軍，竟因一紙詔書而煙消雲散，各還來處。

侯景之亂，東魏是最大的贏家，不僅趁梁朝無力北顧，佔有淮南，同時也攻佔長社，俘獲冒進輕敵的西魏將領王思政，宇文泰不得不從新佔的地區撤出全部軍隊。長社之戰，東魏執政高澄親臨指揮，從而獲得戰勝「外賊」的功業，於是開始著手準備代魏稱帝，就在密謀策劃之際，遇刺而亡，其弟高洋成為東魏新的軍政領袖。關於這一變故，《通鑑》記事，主旨是在褒揚高洋先是為人低調，屈從於兄，在兄高澄死後，臨危不亂，舉措得宜，迅速穩定了局勢。細繹相關史實，高洋很有可能就是殺死高澄的元兇，高澄死於政治謀殺，而非廚子蘭京一時憤怒。由於司馬溫公相信高澄死於蘭京之怒，許多史實並沒有呈現，下面予以分析說明。

上兩卷我們已分析到，高澄利用崔暹等漢族大族人士，壓抑豪橫不法的勳貴，是促成侯景叛亂的一個重要因素。在東魏處理侯景事件的過程中，我們看不到勳貴們的態度，但勳貴們對高澄心懷不滿是可以肯定的。高澄成功地處理了侯景引發的政治危機，並開始著手稱帝的準備，對於高澄曾經壓制的勳貴們來說，卻是自身危機的步步逼近。同樣面臨危機的就是高澄的次弟太原公高洋。高洋長得其貌不揚，《北齊書・方伎・皇甫玉傳》稱皇甫玉「善相人」，「世宗（即高澄）自潁川振旅而還，顯祖從後，玉於道旁縱觀，謂人曰：『大將軍不作物，會是道北垂鼻涕者』。」以「垂鼻涕者」指稱高洋，也說明其形貌確實不佳。但正是這個長相不佳的高洋，似乎政治呼聲頗高。《北齊書》卷九〈神武明皇后婁氏傳〉稱：婁氏「孕六男二女，皆感夢，孕文襄（高澄）則夢一斷龍，孕文宣（高洋）則夢大龍，首尾屬天地，張口動目，勢狀驚人」云云，在古人看來，龍乃帝王象徵，這一夢境表明「斷龍」高澄較「大龍」高洋為劣。類似關於高洋政治前途光明的隱晦說法尚有不少，這不能不讓其兄高澄警覺，所以高澄才會常說：「此人亦得富貴，相書亦何可解？」而高洋外示溫順退讓，暗地裡強健其體魄，亦表明其政治野心。

高澄對於高洋的輕慢，不只《通鑑》所說「奪取」高洋為夫人李氏弄到的小物件。《北齊書》卷九〈文襄敬皇后元氏傳〉稱，高洋當上皇帝後，強暴高澄之妻元氏，並說：「吾兄昔姦我婦，我今須報！」權力之爭、辱妻之恨，高洋殺兄有足夠的理由，而同樣對高澄不滿的勳貴們，則自然成為他依靠的政治基礎。《北齊書》卷三〈文襄紀〉綜述高澄死前一段時間種種怪異現象，說高澄心腹之一的崔季舒在事發數日前，「無故於北宮門外諸貴之前誦鮑明遠詩曰：『將軍既下世，部曲亦罕存。』聲甚淒斷，淚不能已。」「諸貴」正是高澄暗中的政治對手，崔季舒「無故」誦詩，悲從中來，自然是鄴城中山雨欲來的政治氛圍鬱悶於心所致。同卷還說蘭京請贖還江南，高澄讓人將其痛打了一頓，蘭京遂與其黨六人謀亂。後太史報告「宰輔星甚微，變不出一月」，高澄竟說「小人新杖之，故嚇我耳。」天象嚴重示警，政治家高澄竟與一個廚子挨打聯繫起來，聯繫起來又不立即處置，誰能信之？高澄引當時北方的大文豪溫子昇為僚屬，竟因懷疑他參與於己不利的政治密謀，便將其投進監獄，活活餓死，何況一個小小的廚子！

事發當晚，高澄在鄴城北部的東柏堂與陳元康、楊愔、崔季舒「屏左右，謀受魏禪，署擬百官」，如此大事，身為京畿大都督、尚書令的高洋竟不在場！事發之後，在城東雙堂的高洋又能即時趕到，善後處理，「指揮部分，入討群賊，斬而臠之」，且能掩蓋高澄死訊數月之久，方予公布。蘭京等下人似乎只不過是一場密謀已久的政變的替罪羊。

留在史書上的高澄死因，或許只是高洋的善後說辭。無論如何，高洋成功了，勳貴們也成功了。當高澄死訊公諸天下之時，高澄曾信任的崔暹、崔季舒等人便被發配邊地，其後建立的北齊政權，勳貴們更為囂張，漢人文官受到嚴重壓制確實是事實。

本年五月，西魏下詔：「太和中代人改姓者皆復其舊。」這是一個極其重要的事件，其意義且待下卷綜合分析。

卷第一百六十三

梁紀十九 上章敦牂（庚午 西元五五〇年），一年。

【題解】本卷載述西元五五〇年一年南北朝史事。時當梁朝簡文帝大寶元年，西魏文帝大統十六年，北齊文宣帝天保元年。東魏禪位高氏，北齊建立。西魏蠶食梁朝西境。南朝梁國仍全境混亂。侯景殘虐，以殺人為戲，所統區域，民心反抗，日漸高漲。

太宗簡文皇帝上

大寶元年（庚午 西元五五〇年）

春，正月辛亥❶朔，大赦，改元。

陳霸先發始興，至大庾嶺，蔡路養將二萬人軍於南野❷以拒之。路養妻姪蘭陵蕭摩訶❸，年十三，單騎出戰，無敢當者。杜僧明馬被傷，陳霸先救之，授以所乘馬，僧明上馬復戰，眾軍因而乘之，路養大敗，脫身走。霸先進軍南康，湘東王繹承制授霸先明威將軍❹、交州刺史。

戊辰❺，東魏進太原公高洋位丞相、都督中外諸軍、錄尚書事、大行臺、齊郡王。

庚午❻，邵陵王綸至江夏，郢州刺史南康王❼恪❽郊迎，以州讓之，綸不受，乃推綸為假黃鉞，都督中外諸軍事，承制置百官。

魏楊忠圍安陸，柳仲禮馳歸救之。諸將恐仲禮至則安陸難下，請急攻之，忠曰：「攻守勢殊，未可猝拔，若引日勞師，表裏受敵，非計也。南人多習水軍，不閑野戰，仲禮師在近路，吾出其不意，以奇兵襲之，彼怠我奮，一舉可克。克仲禮，則安陸不攻自拔，諸城可傳檄定也。」乃選騎二千，銜枚夜進，敗仲禮於漴頭❾，獲仲禮及其弟子禮，盡俘其眾。馬岫以安陸，別將王叔孫以竟陵，皆降於忠。於是漢東之地盡入于魏。

廣陵人來嶷❿說前廣陵太守祖皓⓫曰：「董紹先輕而無謀，人情不附，襲而殺之，此壯士之任耳[1]。今欲糾帥義勇，奉戴府君。若其克捷，可立桓、文之勳，必天未悔禍，猶足為梁室忠臣。」皓曰：「此僕所願也。」乃相與糾合勇士，得百餘人。癸酉⓬，襲廣陵，斬南兗州刺史董紹先。據城，馳檄遠近，推前太子舍人蕭勔⑬為刺史，仍結東魏為援。皓，晧之之子[2]。勔，勃之兄也。乙亥⑭，景遣郭元建帥眾奄至，皓嬰城固守。

二月，魏楊忠乘勝至石城⑮，欲進逼江陵，湘東王繹遣舍人庾恪說忠曰：「詧來伐叔，而魏助之，何以使天下歸心？」忠遂停湕北。繹遣舍人王孝祀等送子方略⑯為質以求和，魏人許之。繹與忠盟曰：「魏以石城為封⑰，梁以安陸為界，請同附庸，并送質子，貿遷有無⑱，永敦鄰睦。」忠乃還。

宕昌⑲王梁彌定⑳為其宗人獠甘㉑所襲，彌定奔魏，獠甘自立。羌酋傍乞鐵怱㉒據渠株川㉓，與渭州㉔民鄭五醜合諸羌以叛魏。丞相泰使大將軍宇文貴、涼州刺史史寧討之，擒斬鐵怱、五醜。寧別擊獠甘，破之，獠甘將百騎奔生羌㉕鞏廉玉。寧復納彌定於宕昌，置岷州㉖於渠株川，進擊鞏廉玉，斬獠甘，虜廉玉送長安。

侯景遣任約、于慶㉗等帥眾二萬攻諸藩。

邵陵王綸欲救河東王譽而兵糧不足，乃致書於湘東王繹曰：「天時、地利，不及人和，況乎[3]手足肱支，豈可相害？今社稷危恥，創巨痛深，唯應剖心嘗膽，泣血枕戈，其餘小忿，或宜容貰㉘。若外難未除，家禍仍構，料今訪古，未或不亡。夫征戰之理，唯求克勝，至於骨肉之戰，愈勝愈酷，捷則非功，敗則有喪，勞兵損義，虧失多矣。侯景之軍所以未窺江外㉙者，良為藩屏盤固，宗鎮彊密。弟若陷洞庭㉚，不戢兵刃，雍州㉛疑迫，何以自安，必引進魏軍以求形援。弟若不安，家國去矣。必希解湘州之圍，存社稷之計。」繹復書，陳譽過惡㉜不赦，且曰：「詧引楊忠來相侵逼，頗遵談笑，用卻秦軍㉝，曲直有在，不復自陳。臨湘㉞旦平，暮便即路㉟。」綸得書，投之於案，慷慨流涕曰：「天下之事，一至於斯，湘州若敗，吾亡無日矣！」

侯景遣侯子鑒帥舟師八千，自帥徒兵㊱一萬，攻廣陵，三日克之，執祖皓，縛而射之，箭徧體，然後車裂以徇，城中無少長皆埋之於地，馳馬射而殺之。以子鑒為南兗州刺史，鎮廣陵。景還建康。

丙戌㊲，以安陸王大春為東揚州刺史。省吳州。○乙巳㊳，以尚書僕射王克為左僕射。○庚寅㊴，東魏以尚書令高隆之為太保。

宣城內史楊白華進據安吳㊵，侯景遣于子悅等[4]帥眾攻之，不克。

東魏行臺辛術將兵入寇，圍陽平㊶，不克。

侯景納上女溧陽公主㊷，甚愛之。三月甲申㊸，景請上禊宴㊹於樂遊苑㊺，帳飲㊻三日。上還宮，景與公主共據御牀，南面並坐，羣臣文武列坐侍宴。

庚申㊼，東魏進丞相洋爵為齊王。

臨川內史始興王毅㊽等擊莊鐵，鄱陽王範遣其將巴西侯瑱㊾救之，毅等敗死。

鄱陽世子嗣與任約戰於三章㊿，約敗走，嗣因徙鎮三章，謂之安樂柵(51)。

夏，四月庚辰朔(52)，湘東王繹以上甲侯韶為長沙王(53)。

丙午(54)，侯景請上幸西州，上御素輦(55)，侍衛四百餘人，景浴鐵(56)數千，翼衛左右。上聞絲竹，悽然泣下，命景起舞，景亦請上起舞。酒闌坐散(57)，上抱景于牀曰：「我念丞相。」景曰：「陛下如不念臣，臣何得至此？」逮夜乃罷。

時江南連年旱蝗，江、揚(58)尤甚，百姓流亡，相與入山谷、江湖，采草根、木葉、菱芡(59)而食之，所在皆盡，死者蔽野。富室無食，皆鳥面鵠形(60)，衣羅綺，懷珠玉，俯伏牀帷，待命聽終。千里絕烟，人迹罕見，白骨成聚，如丘隴焉。

景性殘酷，於石頭(61)立大碓，有犯法者擣殺之。常戒諸將曰：「破柵平城，當淨殺之，使天下知吾威名。」故諸將每戰勝，專以焚掠為事，斬刈人如草芥，以資戲笑。由是百姓雖死，終不附之。又禁人偶語(62)，犯者刑及外族(63)。為其將帥者，悉稱行臺，來降附者，悉稱開府，其親寄隆重者曰左右廂公，勇力兼人者曰庫直都督。

魏封皇子儒[64]為燕王，公[65]為吳王。○侯景召宋子仙還京口。

邵陵王綸在郢州，以聽事為正陽殿，內外齋閤，悉加題署。其部下陵暴軍府[66]，郢州將佐莫不怨之。諮議參軍江仲舉[67]，南平王恪之謀主也，說恪圖綸，恪驚曰：「若我殺邵陵，寧靜一鎮，荊、益兄弟[68]必皆內喜，海內若平，則以大義責我矣。且巨逆未梟，骨肉相殘，自亡之道也。卿且息之。」仲舉不從，部分諸將，刻日將發，謀泄，綸壓殺之。恪狼狽往謝，綸曰：「羣小所作，非由兄也。兇黨已斃，兄勿深憂。」

王僧辯急攻長沙，辛巳[69]，克之。執河東王譽，斬之，傳首江陵，湘東王繹反其首而葬之[70]。初，世子方等之死，臨蒸周鐵虎[71]功最多，譽委遇[72]甚重。僧辯得鐵虎，命烹之，呼曰：「侯景未滅，柰何殺壯士？」僧辯奇其言而釋之，還其麾下[73]。繹以僧辯為左衛將軍，加侍中、鎮西[74]長史。

繹自去歲聞高祖之喪，以長沙未下，故匿之。壬寅[75]，始發喪，刻檀[76]為高祖像，置於百福殿[77]，事之甚謹，動靜必咨焉。繹以為天子制於賊臣，不肯從大寶之號，猶稱太清四年。丙午[78]，繹下令大舉討侯景，移檄遠近。

鄱陽王範至湓城，以晉熙為晉州[79]，遣其世子嗣為刺史，江州郡縣多輒改易[80]。

尋陽王大心，政令所行，不出一郡81。大心遣兵擊莊鐵，嗣與鐵素善，請發兵救之，範遣侯瑱帥精甲五千助鐵。由是二鎮互相猜忌，無復討賊之志。大心使徐嗣徽帥眾二千，築壘稽亭82以備範，市糴83不通，範數萬之眾，無所得食，多餓死。範憤恚，疽發於背，五月乙卯84，卒。其[5]眾祕不發喪，奉範弟安南侯恬85為主，有眾數千人。

丙辰86，侯景以元思虔為東道大行臺，鎮錢唐。丁巳87，以侯子鑒為南兗州刺史。

【章旨】以上為第一段，侯景倒行逆施，殘虐百姓，所控長江下游三吳地區，人心不附。梁室諸王同室操戈，長江上游湘東王蕭繹血戰取勝，中游江州還在殘殺。

【注釋】❶辛亥　正月初一。❷南野　縣名，縣治在今江西南康。❸蕭摩訶　（西元五三四—六〇四年）字元胤，蘭陵（今江蘇常州）人，驍勇善戰，隨吳明徹北伐，大敗北齊軍，以功封譙州刺史。又多次遏制北周軍南襲，平定始興王叛亂，助陳後主即位。官至驃騎大將軍，封綏建郡公。隋滅陳，被俘。後隨同漢王陳諒赴并州，企圖南逃，被殺。傳見《陳書》卷三十一、《南史》卷六十七。❹明威將軍　雜號將軍，梁二十四班將軍之第十三班。❺戊辰　正月十八日。❻庚午　正月二十日。❼南康王　胡三省注認為是「南平王」之誤。❽恪　蕭恪，字敬則，梁宗室，嗣父爵南平王。梁武帝太清中，為郢州刺史。傳見《南史》卷五十二。❾湓頭　地名，在今湖北安陸西北。❿來嶷　（？—西元五五〇年）字德山，與祖皓起兵反侯景，被蕭綸任命為步兵校尉、秦郡太守，封永寧縣侯。後與祖皓一併遇害。傳見《南史》卷七十二。⓫祖皓　（？—西元五五〇年）范陽遒（今河北淶水縣）人，祖沖之之孫。梁武帝大同中為江都令，後拜廣陵太守。起兵討侯景，城陷，被殺。傳見《南史》卷七十二。⓬癸酉　正月二十三日。⓭蕭勔　（？—西元五五〇年）字文祇，梁武帝從父弟蕭昺之子。封東鄉侯。傳見

《南史》卷五十一。又本傳任職作「太子洗馬」。《通鑑》從《南史》卷七十二〈祖皓傳〉。⑭乙亥　正月二十五日。⑮石城　郡名，梁作長壽縣，在今湖北鍾祥。北周改置石城郡。⑯方略　蕭方略（?—西元五五五年），梁元帝第十子，封始安王。傳見《南史》卷五十四。⑰封　疆界。⑱貿遷有無　互通有無，開展貿易。⑲宕昌　國名，地處甘肅宕昌，是西羌人所建，後北周改置宕昌郡。⑳梁彌定　大統七年（西元五四一年），被西魏立為宕昌王。保定四年（西元五六四年）進犯洮州，又與吐谷渾聯合進攻石門戍，因此被北周宇文邕派兵討滅。傳見《周書》卷四十九。㉑獠甘　人名。㉒傍乞鐵悤　人名。㉓渠株川　在今甘肅岷縣一帶。《周書》卷四十九作「渠林川」。《通鑑》同《周書》卷十九。㉔渭州　州名，西魏置，治所襄武，在今甘肅隴西縣。㉕生羌　塞外未曾降服於西魏的羌人。㉖岷州　州名，治所溢樂，在今甘肅岷縣。㉗于慶　侯景部將，拜儀同三司，後任太子太師。見《梁書》卷五十六。㉘容貰　容忍和解除敵意。㉙江外　指荊州，時人將江北地區稱作江外。㉚洞庭　指湘州，轄地如帶環繞洞庭。㉛雍州　指蕭詧，時鎮雍州。㉜過惡　罪大惡極。㉝頗遵談笑二句　蕭繹借用魯仲連談笑間說服趙平原君不尊秦昭王為帝，迫退秦軍，來吹噓自己說動楊忠，瓦解西魏與蕭詧聯盟的舉動。㉞臨湘　縣名，縣治在今湖南長沙。是長沙郡和湘州的治所。㉟即路　即上路，指出兵討伐侯景。㊱徒兵　步兵。㊲丙戌　二月六日。㊳乙巳　二月二十五日。㊴庚寅　二月十日。㊵安吳　縣名，縣治在今安徽涇縣。㊶陽平　郡名，梁置，治所安宜，在今江蘇寶應西南。㊷溧陽公主　梁簡文帝女兒的封號。㊸甲申　三月庚戌朔，無甲申日。既然是祓禊的日子，按禮俗只能是該月上旬的巳日，即「丁巳」，三月八日。㊹禊宴　古代民俗，每年三月上旬巳日，要到小河邊洗濯，以驅逐不祥。常帶飲食在野外聚餐。㊺樂遊苑　園苑名，在京師建康玄武湖南岸。㊻帳飲　在搭起的帳篷中宴飲。㊼庚申　三月十一日。㊽王毅　始興（今廣東韶關市）人。《陳書》卷十三、《南史》卷六十七作「梁始興藩王蕭毅」，然而梁始興王中並無蕭毅，當以《通鑑》為是。㊾侯瑱　（西元五〇九—五六一年）字伯玉，巴西充國（今四川南部縣西北）人，初從蕭範，範死，襲殺莊鐵，據有豫章。先後依附侯景、梁元帝。最後稱臣於陳霸先，位至太尉。傳見《陳書》卷九、《南史》卷六十六。㊿三章　地名，在龍亢縣，即今安徽含山縣東南。(51)安樂柵　沿用駐屯濡須時軍營舊名。(52)庚辰朔　四月初一日。(53)長沙王　當時建康城中，還有一位長沙王蕭眘，為梁武帝兄蕭懿的曾孫，受侯景轄制。(54)丙午　四月二十七。(55)素轝　白色的車。(56)浴鐵　鐵甲衛士。(57)酒闌坐散　酒宴接近尾聲，賓客半在半散。(58)江揚　此指以南京為中心的揚州刺史部長江一帶。(59)菱芡　菱角和芡米（又稱雞頭米）。(60)鳥面鵠形　形容人因飢餓變得十分消瘦。(61)石頭　石頭城，在南京城西，是六朝軍事要地。(62)偶語　二人以上相聚交談。(63)外族　指男方的舅家和女方的娘家。(64)儒　元儒，西魏文帝元寶炬的兒子。(65)公　元公，西魏文帝元寶炬的兒子。(66)軍府　指郢州刺史南平王蕭恪府。(67)江仲舉　別號「江千萬」。(68)荊益兄弟　指在荊州的蕭繹和在益州的蕭紀。(69)辛巳　四月二日。(70)反其首而葬之　送蕭譽首級返回長沙與屍身一起埋葬。(71)臨蒸周鐵虎　（？—西元五五八年）初事河東王蕭譽，後隨王僧辯征侯景，屢有戰功，拜潼州刺史，封沌陽縣侯。後轉投陳霸先，與王琳戰於沌口，失敗被殺。傳見《陳書》卷十、《南史》卷六十七。據《陳書》本傳，不知鐵虎籍貫。史稱鐵虎曾任蕭譽的臨蒸（今湖南衡陽）縣令。胡三省以為「臨蒸」下脫「令」字。《通鑑》認為鐵虎是臨蒸人，恐非。(72)委遇　委任和相待。(73)麾下　部下。(74)鎮西　鎮西將軍。蕭繹以此銜都督荊、雍等九州軍事。(75)壬寅　四月二十三日。(76)檀　檀香木。(77)百福殿　江陵城中湘東王府內的一座宮殿名。(78)丙午　四月二十七日。(79)晉州　州名，蕭範所新置，州治在今安徽潛山縣。(80)郡縣多輒改易　指大量更換郡太守和縣令長。(81)不出一郡　政令不出尋陽郡。(82)稽亭　即稽亭渚，在湓城以東的長江中。(83)市糴　指從市場購買糧食。(84)乙卯　五月七日。(85)恬　蕭恬，封安南侯。(86)丙辰　五月八日。(87)丁巳　五月九日。

【校記】[1]耳　原作「也」。據章鈺校，十二行本、乙十一行本、孔天胤本皆作「耳」，今據改。[2]晦之之子　原作「晦之子」。據章鈺校，十二行本、乙十一行本皆作「晦之之子」。按，胡三省注云：「諸本作『晦之之子』者，衍『之』字。」然據《陳書・文學傳・祖沖之傳》，沖之子晦之，晦之子皓。故當作「晦之之子」，今據補。[3]乎　原作「於」。據章鈺校，十二行本、乙十一行本、孔天胤本皆作「乎」，今據改。[4]等　原無此字。據章鈺校，十二行本、乙十一行本、孔天胤本皆有此字，今據補。[5]其　原作「範」。據章鈺校，十二行本、乙十一行本、孔天胤本皆作「其」，熊羅宿《胡刻資治通鑑校字記》同，今據改。

【語譯】太宗簡文皇帝上

大寶元年（庚午　西元五五〇年）

春，正月初一日辛亥，梁朝大赦天下，改換年號。

陳霸先從始興出發，到達大庾嶺，蔡路養率領兵二萬人屯駐在南野抵抗陳霸先。蔡路養妻子的姪兒蘭陵人蕭摩訶，十三歲，單槍匹馬出戰，沒有人敢抵擋。杜僧明的戰馬受傷，陳霸先救了他，把自己所乘的馬交給杜僧明，杜僧明上馬再戰，大部隊趁勢衝了過去，蔡路養大敗，脫身逃跑。陳霸先向南康進軍，湘東王蕭繹以皇帝旨意授命陳霸先為明威將軍、交州刺史。

正月十八日戊辰，東魏進位太原公高洋為丞相、都督中外諸軍事、錄尚書事、大行臺、齊郡王。

正月二十日庚午，邵陵王蕭綸到達江夏，郢州刺史南康王蕭恪到城郊迎接，把州城讓給他，蕭綸不接受，蕭恪便推舉蕭綸為假黃鉞，都督中外諸軍事，代行皇帝旨意設置百官。

西魏楊忠包圍安陸，柳仲禮急行回軍救援他。眾將擔心柳仲禮到達後安陸城更難攻下，請求加緊攻城，楊忠說：「進攻與防守，情勢不同，不可能很快攻克，如果拖延時日，部隊精疲力竭，內外受敵，不是辦法。南方人善於水戰，不熟悉陸地野戰，柳仲禮軍隊在不遠的路上，我們出其不意，用奇兵偷襲他，他們行軍疲勞，我軍士氣高昂，一戰可以打敗他。打敗了柳仲禮，那麼安陸不攻自破，其他各城傳送一紙檄文就可平定。」於是挑選兩千騎兵，讓士兵口銜木棍，趁夜色行軍，在淙頭打敗了柳仲禮，抓獲了柳仲禮和他弟弟柳子禮，俘獲了他的所有部眾。馬岫獻出安陸，別將王叔孫獻出竟陵，都投降了楊忠。這樣一來，漢水以東土地全部歸入了西魏。

廣陵人來嶷勸說前廣陵太守祖皓說：「董紹先輕浮而無謀略，人心不服，偷襲並殺掉他，這是大丈夫的責任。我正想糾集忠義勇敢之士，擁戴你為首領，如果得勝，可以建立齊桓公、晉文公一樣的功勳，即使上天不讓我們成功，也足以成為梁朝的忠臣。」祖皓說：「這正是我的心願。」於是共同糾合勇敢之士，得到一百多人。正月二十三日癸酉，偷襲廣陵，殺了南兗州刺史董紹先。佔據了州城，向遠近各城鎮急速發出檄文，推舉前太子舍人蕭勔為刺史，仍舊連結東魏以為後援。祖皓，是祖暅之的兒子。蕭勔，是蕭勃的哥哥。二十五日乙亥，侯景派郭元建率領軍隊突然來到，祖皓環城固守。

二月，西魏楊忠乘勝到達石城，想進逼江陵，湘東王蕭繹派舍人庾恪勸說楊忠，說：「蕭詧來討伐他的叔父，而西魏來幫助他，怎麼能讓天下人心歸服你們？」楊忠於是停駐在湕水北邊。蕭繹又派舍人王孝祀等護送自己的兒子蕭方略為人質向西魏求和，西魏答應了他。蕭繹與楊忠結盟說：「西魏以石城為邊界，梁朝以安陸為邊界，請求等同附庸國，並送兒子為人質，交換有無，永遠保持睦鄰友好。」楊忠這才返回。

宕昌王梁彌定被同族人梁獠甘襲擊，梁彌定逃到西魏，梁獠甘自立為王。羌人酋長傍乞鐵忽盤據渠株川，與渭州豪民鄭五醜聯合各部羌人反叛西魏，丞相宇文泰派大將宇文貴、涼州刺史史寧討伐他們，抓獲並殺了傍乞鐵忽、鄭五醜。史寧轉攻梁獠甘，打敗了他，梁獠甘帶領一百名騎兵投奔境外羌人鞏廉玉。史寧重新接納梁彌定回到宕昌，在渠株川設立岷州，進兵攻擊鞏廉玉，殺死了梁獠甘，俘虜了鞏廉玉押送長安。

侯景派遣任約、于慶等率領兩萬大軍攻打梁朝各藩國。

邵陵王蕭綸想救助河東王蕭譽而兵糧不足，就寫信給湘東王蕭繹說：「天時、地利，不如人和，何況是手足之情的兄弟，怎麼可以互相加害？如今國家危難蒙受恥辱，創傷巨大，痛徹骨髓，只應推心置腹，臥薪嘗膽，泣血枕戈以備戰，其餘的小小恩怨，應當互相容忍化解。如果外患還沒解除，又製造家禍，考查古今，沒有不滅亡的。凡是戰爭，只求戰勝對方，至於骨肉相殘的戰爭，愈是勝利愈是殘酷，打贏了算不上功勞，失敗了必遭滅亡，勞累將士，有損道義，失去的太多了。侯景叛軍之所以沒有窺伺長江上游地區，實在是因這些地區藩國互相屏衛，如磐石一樣堅固，同宗藩王眾多而又強大啊。弟弟你如果攻下湘州，仍不收起武器，蕭督就要懷疑你進逼，怎麼能自安，就必然會引來西魏軍隊作為援助。這樣我弟你也就不能安定，梁朝天下徹底完了。懇切希望你解除對湘州的包圍，顧全國家生存的大局。」蕭繹回信，列舉蕭譽罪在不赦，還說：「蕭督引來楊忠逼迫我，我效法魯仲連談笑迫退秦兵之計，勸退了楊忠。誰是誰非，自有所在，不再陳說了。湘州早上平定，我暮晚就上路回師。」蕭綸收到這封回信，把它扔在几案上，激昂流淚說：「天下的事，竟然到這個地步，蕭譽如果敗亡，我滅亡的日子也就到了！」

侯景派侯子鑒率領水軍八千，親自率領步兵一萬，進攻廣陵，三天時間攻克了廣陵，抓住了祖皓，綁起來用箭射他，箭矢布滿全身，然後用車分屍示眾，城中無論老少全都半埋在地上，馳馬射箭殺死他們。任命侯子鑒為南兗州刺史，鎮守廣陵，侯景返回建康。

二月初六日丙戌，梁朝任命安陸王蕭大春為東揚州刺史，撤銷了吳州。○二十五日乙巳，梁朝任命尚書僕射王克為左僕射。○初十日庚寅，東魏任命尚書令高隆之為太保。

梁朝宣城內史楊白華進據安吳縣，侯景派于子悅等領兵攻打縣城，沒有攻克。東魏行臺辛術領兵進犯梁朝，圍攻陽平，沒有攻克。

侯景娶簡文帝之女溧陽公主為妻，十分寵愛。三月甲申日，侯景請簡文帝到樂遊苑參加祓禊的宴會，搭起帳篷，宴飲了三天。簡文帝回到宮中，侯景與溧陽公主一起坐在御床上，面向南並肩坐著，文武百官並列就座，陪侍宴飲。

三月十一日庚申，東魏進爵丞相高洋為齊王。

梁朝臨川內史始興人王毅等進擊莊鐵，鄱陽王蕭範派他的部將巴西人侯瑱救援莊鐵，王毅等兵敗而死。鄱陽王蕭範的世子蕭嗣與任約在三章交戰，任約敗逃，蕭嗣乘勝移兵鎮守三章，稱它為「安樂柵」。

夏，四月初一日庚辰，湘東王蕭繹任命上甲侯蕭韶為長沙王。

四月二十七日丙午，侯景請簡文帝到西州，簡文帝乘坐白色的車，侍衛四百餘人，侯景率鐵甲衛士數千人分列守衛在兩旁。簡文帝聽到音樂聲，淒然落淚，讓侯景起舞，侯景也請皇上起舞。酒宴快結束，賓客半數已散，皇上在坐床上抱住侯景說：「朕想念丞相。」侯景說：「陛下如果不想念臣，臣怎麼會到這裡呢？」直到夜晚才結束。

當時江南連年發生旱災、蝗災，江州、揚州尤其嚴重，百姓流亡，一起進入山谷、江湖，採集草根、樹葉、菱角和芡米充飢，饑民所到之處，這些東西都一掃而光，死人滿山遍野。有錢人家也沒有吃的，一個個都鳥面鵠形，穿著綾羅綢緞，懷中抱著珍珠寶玉，俯臥在床上等死。千里無炊煙，人跡罕見，白骨成堆，像小山丘。

侯景生性殘酷，在石頭城設立大石碓，有犯法的罪犯，就用大石碓搗殺。常常告誡諸將說：「攻破柵寨，平定城池，應當殺個乾乾淨淨，讓天下的人知道我的威名。」所以諸將每次打了勝仗，專門做燒殺搶掠的事，殺人砍頭如同割草芥，以此取笑歡樂。因此，百姓雖死，最終也不歸附他。侯景還下令禁止兩人以上交談，犯令的人受刑罰還要株連親戚。當侯景將領的人，一律稱為行臺，來歸降的人，一律稱為開府，他所特別親近和看重的人稱左右廂公，勇力過人的人稱庫直都督。

西魏封皇子元儒為燕王，元公為吳王。〇侯景調宋子仙回到京口。

邵陵王蕭綸在郢州，把州衙辦公署稱為正陽殿，州衙內外房舍樓閣都加上省殿的題名。他的部屬欺壓蕭恪的將佐，郢州的原有將佐沒有一個不怨恨他。諮議參軍江仲舉是南平王蕭恪的謀主，勸說蕭恪除掉蕭綸。蕭恪大驚說：「我如果殺了邵陵王，可以使郢州一鎮安靜，荊州的蕭繹、益州的蕭紀內心一定都高興，天下如果平定，他們就要用大義來追究我了。況且大叛賊還沒除掉，骨肉相殘，是自取滅亡之路。你還是不要說吧。」江仲舉不聽從，部署諸將，約定時間將發動兵變，謀劃洩漏，蕭綸壓死了他。蕭恪窘迫地前往謝罪。蕭綸說：「這都是一群小人幹的，不是兄長的過錯。兇犯們已經除掉，兄長不必憂慮。」

王僧辯加緊圍攻長沙。四月初二日辛巳，攻破長沙，抓住了河東王蕭譽，把他殺了，割下首級送到江陵，湘東王蕭繹把蕭譽首級送回長沙安葬了他。當初，蕭繹世子蕭方等戰死，蕭譽部將臨蒸人周鐵虎功勞最多，蕭譽信任和看重他。王僧辯抓獲了周鐵虎，下令烹殺他，周鐵虎呼叫說：「侯景還沒有消滅，為什麼要殺害勇士？」王僧辯欣賞周鐵虎的壯語，釋放了他，把原有的部屬交還了他。蕭繹任命王僧辯為左衛將軍，加官侍中、鎮西長史。

蕭繹從去年聽說梁武帝去世的消息，因為長沙還沒有攻下，所以隱瞞了消息。四月二十三日壬寅，才公開為梁武帝舉辦喪事，用檀木雕刻了高祖的形像，安放在百福殿，奉侍十分恭謹，大小事情一定到像前請示。蕭繹認為簡文帝受制於侯景，不願承認大寶年號，仍稱大寶元年叫太清四年。二十七日丙午，蕭繹下令大舉討伐侯景，向遠近各地發出聲討檄文。

鄱陽王蕭範到了湓城，改晉熙郡為晉州，派他的世子蕭嗣為刺史，江州所屬郡縣守令多被更換。尋陽王蕭大心政令所行，出不了尋陽一郡。蕭大心派兵攻擊莊鐵，蕭嗣與莊鐵一向交好，請求發兵救援，蕭範派侯瑱率領精銳甲兵五千人援助莊鐵。由此兩個藩王互相猜忌，再沒有討伐叛賊侯景的心思。蕭大心派徐嗣徽領兵兩千，在稽亭築起營壘防備蕭範，蕭範的糧食購買渠道阻斷了，蕭範幾萬部隊，沒有地方得到糧食，大多餓死了。蕭範非常氣憤，背上長出毒瘡，五月初七日乙卯去世。蕭範的部眾封鎖蕭範死亡的消息，推舉蕭範的弟弟安南侯蕭恬為軍主，有部眾幾千人。

五月初八日丙辰，侯景任命元思虔為東道大行臺，鎮守錢唐。初九日丁巳，任命侯子鑒為南兗州刺史。

東魏齊王洋之為開府❶也，勃海高德政為管記❷，由是親昵，言無不盡。金紫光祿大夫丹楊徐之才❸、北平太守廣宗宋景業❹，皆善圖讖，以為太歲在午❺，當有革命，因德政以白洋，勸之受禪。洋以告婁太妃，太妃曰：「汝父如龍，兄如虎，猶以天位不可妄據，終身北面，汝獨何人，欲行舜、禹之事乎？」洋以告之才，之才曰：「正為不及父兄，故宜早升尊位耳。」洋鑄像卜之而成，乃使開府儀同三司段韶問肆州刺史斛律金，金來見洋，固言不可，以宋景業首陳符命，請殺之。洋與諸貴議於太妃前，太妃曰：「吾兒懦直，必無此心，高德政樂禍，教之耳。」洋以人心不壹，使[1]高德政如鄴察公卿之意，未還，洋擁兵而東，至平都城❻，召諸勳貴議之，莫敢對。長史杜弼曰：「關西，國之勍敵，若受魏禪，恐彼挾天子，自稱義兵而東向，王何以待之？」徐之才曰：「今與王爭天下者，彼亦欲為王所為，縱其屈彊，不過隨我稱帝耳。」弼無以應。高德政至鄴，諷公卿，莫有應者。司馬子如逆洋於遼陽❼，固言未可。洋欲還，倉丞❽李集曰：「王來為何事，而今欲還？」洋偽使於東門殺之，而別令賜絹十匹，遂還晉陽。自是居常不悅。徐之才、宋景業等日陳陰陽雜占⑨，云宜早受命，高德政亦敦勸不已。洋使術士李密卜之，遇大橫⑩，曰：「漢文之卦⑪也。」又使宋景業筮之，遇乾之鼎⑫，曰：「乾，君也。鼎，五月卦也。宜以仲夏受禪。」或曰：「五月不可入官⑬，犯之，終於其位。」景業曰：「王為天子，無復下期，豈得不終於其位乎？」洋大悅，乃發晉陽。

高德政錄在鄴諸事，條進於洋，洋令左右⑭陳山提馳驛齎事條，并密書與楊愔。是月，山提至鄴，楊愔即召太常卿邢卲⑮等[2]議撰[3]儀注⑯，祕書監魏收草九錫、禪讓、勸進諸文。引魏宗室諸王入北宮，留於東齋。甲寅⑰，東魏進洋位相國，總百揆，備九錫。洋行至前亭⑱，所乘馬忽倒，意甚惡之，至平都城，不復肯進。高德政、徐之才苦請曰：「山提先去，恐其漏泄。」即命司馬子如、杜弼馳驛續入，觀察物情。子如等至鄴，眾人以事勢已決，無敢異言。洋至鄴，召夫⑲齎築具⑳集城南。高隆之請曰：「用此何為？」洋作色曰：「我自有事，君何問為？欲族滅邪？」隆之謝而退。於是作圜丘，備法物。

丙辰㉑，司空潘樂、侍中張亮、黃門郎趙彥深等求入啓事，東魏孝靜帝在昭陽殿見之。亮曰：「五行遞運㉒，有始有終，齊王聖德欽明，萬方歸仰，願陛下遠法堯、舜。」帝斂容曰：「此事推挹㉓已久，謹當遜避。」又曰：「若爾，須作制書。」中書郎㉔崔劼㉕、裴讓之曰：「制已作訖。」使侍中楊愔進之。東魏主既署，曰：「居朕何所？」愔對曰：「北城別有館宇㉖。」乃下御坐，步就東廊，詠范蔚宗㉗後漢書贊㉘曰：「獻生不辰㉙，身播㉚國屯㉛，終我四百㉜，永作虞賓㉝。」所司請發㉞，帝曰：「古人念遺簪弊履，朕欲與六宮別，可乎？」高隆之曰：「今日天下猶陛下之天下，況在六宮？」帝步入，與妃嬪已下別，舉宮皆哭。趙國李嬪㉟誦陳思王㊱詩云：「王其愛玉體，俱享黃髮期㊲。」直長㊳趙道德㊴以故犢[4]車一乘候於東閤，帝登車，道德超上㊵抱之，帝叱之曰：「朕自畏天順人，何物奴敢逼人如此？」道德猶不下。出雲龍門，王公百僚拜辭，高隆之灑泣。遂入北城，居司馬子如南宅㊶，遣太尉彭城王韶等奉璽綬，禪位于齊。

戊午㊷，齊王即皇帝位于南郊，大赦，改元天保。自魏敬宗以來，百官絕祿，至是始復給之。己未㊸，封東魏主為中山王，待以不臣之禮。追尊齊獻武王為獻武皇帝，廟號太祖，後改為高祖㊹，文襄王為文襄皇帝，廟號世宗。辛酉㊺，尊王太后婁氏為皇太后。乙丑㊻，降魏朝封爵有差，其宣力霸朝㊼及西、南投化者㊽，不在降限。

文成侯寧起兵於吳，有眾萬人，己巳(49)，進攻吳郡，行吳郡事侯子榮逆擊，殺之。寧，範之弟也。子榮因縱兵大掠郡境。

自晉氏(50)渡江，三吳最為富庶，貢賦商旅，皆出其地。及侯景之亂，掠金帛既盡，乃掠人而食之，或賣於北境，遺民殆盡矣。

是時，唯荊、益所部尚完實，太尉、益州刺史武陵王紀移告征、鎮(51)，使世子圓照(52)帥兵三萬受湘東王節度。圓照軍至巴水(53)，繹授以信州刺史，令屯白帝(54)，未許東下。

六月辛巳(55)，以南郡王大連行揚州事。○江夏王大款、山陽王大成、宜都王大封自信安(56)間道奔江陵。

齊主封宗室高岳等十人(57)、功臣庫狄干等七人皆為王(58)。癸未(59)，封弟浚(60)為永安王，淹(61)為平陽王，浟(62)為彭城王，演(63)為常山王，渙(64)為上黨王，淯(65)為襄城王，湛(66)為長廣王，湝(67)為任城王，湜(68)為高陽王，濟(69)為博陵王，凝(70)為新平王，潤(71)為馮翊王，洽(72)為漢陽王。

【章　旨】以上為第二段，寫東魏禪位高洋，北齊建立。

【注　釋】❶洋之為開府　事在東魏天平二年（西元五三五年）。詳見本書卷一百五十七。❷管記　官名，記室參軍的別稱。❸徐之才　丹楊（今安徽宣城市）人，隨南齊豫章王蕭綜投北魏，封昌安縣侯。入北齊官至尚書令，封西陽郡王。傳見《魏書》卷九十一、《北齊書》卷三十三、《北史》卷九十。❹宋景業　廣宗（今河北威縣）人，明《周易》，善陰陽緯候之學。北齊初，位散騎侍郎。傳見《北齊書》卷四十九、《北史》卷八十九。❺太歲在午　太歲，舊曆紀年所用值歲干支的別稱。時值庚午年，所以說太歲在午。❻平都城　城名，在今山西和順西。❼遼陽　城名，在今山西左權。❽倉丞　官名。東魏司農所轄有太倉、梁州水次倉、石濟水次倉，都設有丞，不詳李集任何倉丞。又《北史》卷七作「尚食丞」，則是中侍中省的中尚食局丞，疑《通鑑》誤「尚食丞」為「倉丞」。❾陰陽雜占　占卜術。❿大橫　卦兆名。⓫漢文之卦　漢時周勃等功臣平定諸呂，推舉代王劉恆為帝。劉恆疑大臣有詐，以卜筮決吉凶。結果卜兆得〈大橫〉，文作「大橫庚庚，余為天王，夏啟以光。」卜人解釋「王」為「天子」。於是代王決然進京，繼承帝位。事見《漢書》卷四〈文帝紀〉。李密之卦，與漢文卦同。⓬遇乾之鼎　得到〈乾卦〉「初九」的「潛龍勿用」和「九五」的「飛龍在天，利見大人」爻辭，經變化而到〈鼎卦〉，有去舊更新、相反相成的意思。⓭五月不可入官　按陰陽家的說法，上等官吏忌諱正月、五月、九月。⓮左右　近侍。⓯邢卲　字子才，河間鄚（今河北任丘北）人，東魏時曾任著作佐郎、中書侍郎，頗有文才。入北齊，以太常卿兼中書監和國子祭酒。傳見《魏書》卷六十五、《北齊書》卷三十六、《北史》卷四十三。⓰儀注　此指有關禪讓的禮儀制度。⓱甲寅　五月六日。⓲前亭　地名，在今太原西南偏東一帶。⓳召夫　召集民夫。⓴齎築具　攜帶杵等版築工具。㉑丙辰　五月八日。㉒五行遞運　古代方士以木、火、水、土、金五種物質相生相剋的道理，來附會政權的興替。㉓推挹　推讓。㉔中書郎　官名，即中書侍郎，是中書省中協助令、監處理朝政、詔命的官員。從四品。㉕崔劼　字彥玄，出身清河崔氏，貝丘（今山東臨清）人，東魏末，以祕書丞修撰起居注。北齊初，以黃門侍郎值內省，典掌機密。後官至中書令。傳見《魏書》卷六十七、《北齊書》卷四十二、《北史》卷四十四。㉖別有館宇　即下文所說司馬子如在鄴都的住宅。㉗范蔚宗　即范曄（西元三九八—四四五年），字蔚宗，順陽（今河南淅川縣）人，南朝宋著名史學家，撰《後漢書》。官至左衛將軍、太子詹事，以謀反罪被殺。傳見《宋書》卷六十九、《南史》卷三十三。㉘後漢書贊　指《後漢書》卷九〈獻帝紀贊〉。㉙生不辰　生不逢時。㉚身播　被董卓逼迫，從洛陽播遷到長安。㉛國屯　國家處於艱難之中。㉜四百　兩漢延續了四百多年，此言四百，取其整數。㉝虞賓　堯不能傳位給子丹朱，而推舉虞舜為君，讓丹朱據於賓位。孝靜帝以此說明國家讓給他姓，自己成為新朝的賓臣。[34]所司請發　執掌有關禪代事宜的楊愔等官員，請孝靜帝出宮，前往別館。[35]李嬪　孝靜帝的妃子，趙國（今河北趙縣）人。[36]陳思王　即曹植（西元一九二—二三二年），曹操之子。封陳王，謚號思。傳見《三國志》卷十九。[37]黃髮期　古人以黃髮比喻高壽。此指同享高年。詩出自〈贈白馬王彪〉，見《三國志》曹植本傳注及《文選》卷二十四。[38]直長　胡三省注認為是尚乘直長，執掌宮中車輿。[39]趙道德　原為高歡的倉頭奴，後成為高氏安插在宮中的耳目。傳見《北史》卷九十二。[40]超上　躍上車，防止孝靜帝做出不良舉動。[41]南宅　司馬子如在北方的晉陽有宅，所以稱鄴都的住宅為南宅。[42]戊午　五月十日。[43]己未　五月十一日。[44]後改為高祖　天統元年（西元五六五年），高湛讓位於後主高緯，自稱太上皇，下詔改高歡謚號為神武皇帝，廟號高祖。[45]辛酉　五月十三日。[46]乙丑　五月十七日。[47]宣力霸朝　指追隨高歡征戰的所有勳貴。霸朝，指高歡執政時期。[48]西南投化者　指過去從西魏和南朝前來投奔的受封者。[49]己巳　五月二十一日。[50]晉氏　指晉朝皇族司馬氏。[51]征鎮　征指征東、征西、征南、征北等四征將軍；鎮指鎮東、鎮西、鎮南、鎮北、鎮左、鎮右、鎮前、鎮後等八鎮將軍。這裡指上述諸將中仍忠於梁朝，抗擊侯景的將領。[52]圓照　蕭圓照，字明周，蕭紀世子。蕭紀稱帝，立圓照為皇太子。後被蕭繹派兵俘獲，餓死於獄中。傳見《南史》卷五十三。[53]巴水　河名，時在巴郡巴縣，即今重慶市巴南區。[54]白帝　城名，是信州州治，在今重慶市奉節。[55]辛巳　六月三日。[56]信安　縣名，縣治在今湖北麻城。[57]封宗室高岳等十人　即封宗室高岳為清河王，高隆之為平原王，高歸彥為平秦王，高思宗為上洛王，高長弼為廣武王，高普為武興王，高子瑗為平昌王，高顯國為襄樂王，高叡為趙郡王，高孝緒為修城王。[58]功臣庫狄干等七人皆為王　即封庫狄干為章武王，斛律金為咸陽王，賀拔仁為安定王，韓軌為安德王，可朱渾道元為扶風王，彭樂為陳留王，潘相樂為河東王。以上封宗室及功臣事，見《北齊書》卷四〈文宣帝紀〉。[59]癸未　六月初五日。[60]浚　高浚（？—西元五五八年），字定樂，高歡第三子。高洋晚年貪酒好色，浚多次勸諫，激怒高洋，被置於鐵籠中活活燒死。傳見《北齊書》卷十、《北史》卷五十一。[61]淹　高淹（？—西元五六四年），字子邃，高歡第四子。初封平陽郡公，任尚書左僕射。入北齊，歷任尚書令、太尉、太宰。傳見《北齊書》卷十、《北史》卷五十一。[62]浟　高浟（西元五三三—五六四年），字子深，高歡第五子。初封長樂郡公，曾任滄州刺史。入北齊，歷任尚書令、太保。傳見《北齊書》卷十、《北史》卷五十一。[63]演　高演（西元五三五—五六一年），字延安，高歡第六子。北齊孝昭帝，西元五六〇—五六一年在位。事詳《北齊書》卷六、《北史》卷七。[64]渙　高渙（西元五三三—五五八年），字敬壽，高歡第七子，材武超群。入北齊，任中書令、尚書左僕射。被高洋所畏忌，與高浚一同被燒死。傳見《北齊書》卷十、《北史》卷五十一。[65]淯　高淯（？—西元五五一年），高歡第八子。初封章武郡公。傳見《北齊書》卷十、《北史》卷五十一。(66)湛　高湛（西元五三七—五六八年），高歡第九子。北齊武成帝，西元五六一—五六五年在位。晚年讓位於後主高緯，稱太上皇。事詳《北齊書》卷七、《北史》卷八。(67)湝　高湝（？—西元五七八年），高歡第十子。入北齊，歷任司徒、太尉，錄尚書事。北齊後主時，任大丞相。北周滅北齊，命他隨後主到長安，後賜死。傳見《北齊書》卷十、《北史》卷五十一。(68)湜　高湜（？—西元五五九年），高歡第十一子。入北齊，官至尚書令。在高洋喪禮期間行為不檢，被太后杖責而死。傳見《北齊書》卷十、《北史》卷五十一。(69)濟　高濟（？—西元五六九年），高歡第十二子。入北齊，歷任太尉、定州刺史。後主立，口出怨言，被殺。傳見《北齊書》卷十、《北史》卷五十一。(70)凝　高凝，高歡第十三子。入北齊，後改封安定王、華山王，位至中書令。傳見《北齊書》卷十、《北史》卷五十一。(71)潤　高潤，字子澤，高歡第十四子。曾任太尉、太保，死於定州刺史任。傳見《北齊書》卷十、《北史》卷五十一。(72)洽　高洽（西元五四二—五五四年），字敬延，高歡第十五子。傳見《北齊書》卷十、《北史》卷五十。

【校記】[1]使　原作「遣」。據章鈺校，十二行本、乙十一行本、孔天胤本皆作「使」，今據改。[2]等　原無此字。據章鈺校，十二行本、乙十一行本、孔天胤本皆有此字，張敦仁《通鑑刊本識誤》同，今據補。[3]撰　原作「造」。據章鈺校，十二行本、乙十一行本、孔天胤本皆作「撰」，今據改。按，《北齊書・高德政傳》、《北史・高祐傳附高德正傳》皆作「撰」。[4]故犢　原無此二字。據章鈺校，十二行本、乙十一行本、孔天胤本皆有此二字，張敦仁《通鑑刊本識誤》同，今據補。按，《魏書・孝靜帝紀》有此二字。

【語譯】東魏齊王高洋任開府時，勃海人高德政任記室參軍，因此兩人十分親密，無話不談。金紫光祿大夫丹楊人徐之才、北平太守廣宗人宋景業，都精通圖讖，認為太歲星運行到午年，應當改朝換代，通過高德政轉告高洋，勸他接受禪讓。高洋將此事告知母親婁太妃。婁太妃說：「你的父親像龍，你的哥哥像虎，尚且認為皇帝大位，不可妄自據有，終身北面為臣。你是什麼樣的人，竟想做虞舜、大禹受禪那樣的事？」高洋把母親的話告訴徐之才，徐之才說：「正因為趕不上父兄，所以應當早日登上皇帝大位。」高洋鑄了一個神像來占卜，是成功的吉兆，便派開府儀同三司段韶去詢問肆州刺史斛律金，斛律金來見高洋，堅持說不可，認為宋景業挑頭陳說符命，請求殺了他。高洋與各位勳臣貴族在婁太妃面前商議，婁太妃說：「我兒柔懦憨直，一定沒有這個心思，高德政喜歡製造事端，是他教唆的。」高洋因為人心不齊，派高德政到鄴城觀察公卿們的心意，人還沒回來，高洋便率軍東進，到達平都城，召集各位勳臣貴戚商議，沒有一個人敢應答。長史杜弼說：「潼關西面，是我國的勁敵，如果接受東魏的禪讓，恐怕他要挾持天子，自稱忠義之師向東挺進，大王用什麼辦法來對付他們？」徐之才說：「現在和大王爭天下的人，他們也想做大王要做的事，縱然他們不服氣，不過也會跟在我們後面稱帝。」杜弼無言以對。高德政到鄴城，向公卿們暗示要東魏主禪讓，卻沒有附和的人。司馬子如在遼陽迎接高洋，堅持說不可以。高洋打算回到晉陽，倉丞李集說：「大王來是幹什麼的，而今卻想回去？」高洋假意派人在東門處死他，而另外傳令賞賜他十匹絹，於是回到晉陽。從此高洋平時常常不高興。徐之才、宋景業等天天講陰陽雜占有靈驗的事，說應該及早接受天命，高德政也不停地敦促勸說。高洋讓術士李密占卜這件事，得到卦兆是〈大橫〉。李密說：「這是漢文帝登位卜得的卦兆。」又派宋景業用蓍草占筮，得到〈乾卦〉向〈鼎卦〉變化的吉兆。宋景業說：「〈乾卦〉是象徵國君，〈鼎卦〉是表示五月的卦，應當在五月接受禪位。」有人說：「五月不可以進升官位，如果違犯了，就要死在職位上。」宋景業說：「大王當天子，天子沒有免職的，這難道不就是要死在職位上嗎？」高洋大為高興，便從晉陽出發了。

高德政草擬了到達鄴城應當辦理的各項事務，一條一條地進呈高洋，高洋派身邊的陳山提乘驛站快馬，帶著高德政草擬的條目和祕密書信，到鄴城交給楊愔。當月，陳山提到了鄴城，楊愔立即召太常卿邢卲等商議草擬禪讓的禮儀制度，祕書監魏收草擬九錫、禪讓、勸進等各種文章。楊愔把東魏宗室諸王帶入北宮，扣留在東齋。五月初六日甲寅，東魏提升高洋職位為相國，總領百官，配備九錫儀仗。高洋行進到前亭，他騎的馬突然倒地，心裡很討厭，到達平都城，不願再往前走。高德政、徐之才苦苦請求說：「陳山提已先離開到達鄴城，恐怕他把事情洩漏出去。」高洋立即派司馬子如、杜弼乘驛站快馬繼陳山提之後進入鄴城，觀察事態人心。司馬子如等到了鄴城，大家認為大局已定，沒人敢有異議。高洋到達鄴城，徵調民夫帶著築牆工具集中到鄴城南。高隆之請問高洋，說：「用民夫幹什麼？」高洋變了臉色說：「我當然有事，你問這幹什麼？想要被滅族嗎？」高隆之道歉退走。於是建築圜丘，備辦登基典禮的禮儀器物。

五月初八日丙辰，司空潘樂、侍中張亮、黃門郎趙彥深等人請求入宮奏事，東魏孝靜帝在昭陽殿接見他們。張亮說：「五行循環運行，有始就有終，齊王高洋聖明有德，萬方欽仰，希望陛下效法遠古的堯舜禪讓帝位。」孝靜帝嚴肅地說：「這件事推讓很久了，朕應當恭敬地退位讓賢。」又說：「如果這樣，必須撰寫禪讓詔書。」中書郎崔劼、裴讓之說：「禪讓詔書已經寫好。」讓侍中楊愔呈上詔書，孝靜帝簽署後說：「把朕安排在哪裡？」楊愔回答說：「北城另有樓館屋宇。」孝靜帝便走下御座，步行到東廂走廊，吟詠范蔚宗寫的《後漢書》中〈獻帝紀〉的贊語說：「漢獻帝生不逢時，自身播遷，國家遭難，終結了漢家四百年天下，永遠像堯的兒子丹朱一樣做虞舜的賓客。」主管的人請孝靜帝動身離開宮殿，孝靜帝說：「古人尚且懷念掉下的一根簪子和舊鞋，朕想與六宮妃子告別，可以嗎？」高隆之說：「今天的天下仍然是陛下的天下，何況是六宮？」孝靜帝步入後宮，與妃嬪以下告別，整個後宮都哭泣。趙國人李嬪誦讀陳思王曹植的詩說：「王其愛玉體，俱享黃髮期。」直長趙道德備了一輛過去的牛車等候在東閣，孝靜帝上車，趙道德躍上車抱住孝靜帝，孝靜帝斥責他，說：「朕自己畏天命，順民意，你這奴才竟敢如此逼迫我？」趙道德仍然不下車。車子馳出雲龍門，王公百官向孝靜帝拜辭，高隆之流淚哭泣。車子便進入北城，孝靜帝居住在司馬子如的南宅，派太尉彭城王元韶等人捧著玉璽印綬禪位給齊王。

五月初十日戊午，齊王高洋在南郊即皇帝位，大赦天下，改年號為天保。北魏自從敬宗以來，百官沒有俸祿，到這時才又供給百官俸祿。十一日己未，封孝靜帝為中山王，優待他不按臣下的禮儀。追尊齊獻武王高歡為獻武皇帝，廟號太祖，後改為高祖，文襄王高澄為文襄皇帝，廟號世宗。十三日辛酉，尊王太后婁氏為皇太后。十七日乙丑，把東魏大臣們的封爵，按不同情況分別降級，那些為北齊政權建立出了力，以及從西魏、梁朝來歸附的人不在降爵的範圍內。

梁朝文成侯蕭寧在吳郡起兵，有部眾一萬人。五月二十一日己巳，進攻吳郡，侯景委任的代行吳郡政事侯子榮迎戰，殺了蕭寧。蕭寧，是蕭範的弟弟。侯子榮便放縱士兵在全郡內大肆搶掠。

自從東晉司馬氏遷都江東以來，三吳是最富裕、人口最多的地區，朝廷貢品、租賦，以及客商行旅，都出於這裡。到侯景作亂時，金帛資財已被搶掠光了，就搶奪人來吃，有的把人賣到北朝，剩下的百姓幾乎沒有了。

這時，只有荊州、益州管轄的地區基本完好充實。梁朝太尉、益州刺史武陵王蕭紀向四征、八鎮將軍發布移文，派世子蕭圓照率領兵士三萬接受湘東王的節制調度。蕭圓照的軍隊到達巴水，蕭繹任命他為信州刺史，讓他駐軍白帝城，不允許他東下。

六月初三日辛巳，梁朝任命南郡王蕭大連代行揚州政務。〇江夏王蕭大款、山陽王蕭大成、宜都王蕭大封從信安走小道逃奔江陵。

北齊國主高洋封宗室高岳等十人、功臣庫狄干等七人全部為王。六月初五日癸未，封弟高浚為永安王，高淹為平陽王，高浟為彭城王，高演為常山王，高渙為上黨王，高淯為襄城王，高湛為長廣王，高湝為任城王，高湜為高陽王，高濟為博陵王，高凝為新平王，高潤為馮翊王，高洽為漢陽王。

鄱陽王範既卒，侯瑱往依莊鐵，鐵忌之。瑱不自安，丙戌❶，詐引鐵謀事，因殺之，自據豫章。

尋陽王大心遣徐嗣徽夜襲湓城，安南侯恬、裴之橫等擊走之。

齊主娶趙郡李希宗❷之女，生子殷❸及紹德❹。又納段韶之妹。及將建中宮，高隆之、高德政欲結勳貴之援，乃言漢婦人不可為天下母，宜更擇美配，帝不從。丁亥❺，立李氏為皇后，以段氏為昭儀❻，子殷為皇太子。庚寅❼，以庫狄干為太宰，彭樂為太尉，潘相樂為司徒，司馬子如為司空。辛卯❽，以清河王岳為司州牧。

侯景以羊鴉仁為五兵尚書。庚子❾，鴉仁出奔江西❿，將赴江陵，至東莞⓫，盜疑其懷金，邀殺之。

魏人欲令岳陽王詧發哀嗣位，詧辭，不受。丞相泰使榮權冊命詧為梁王，始建臺⓬，置百官。

陳霸先修崎頭⓭古城，徙居之。

初，燕昭成帝奔高麗⓮，使其族人馮業⓯以三百人浮海奔宋，因留新會⓰。自業至孫融，世為羅州刺史，融子寶⓱為高涼⓲太守。高涼洗氏，世為蠻酋，部落十餘萬家，有女⓳，多籌略，善用兵，諸洞皆服其信義，融聘以為寶婦。融雖累世為方伯⓴，非其土人，號令不行。洗氏約束本宗，使從民禮，每與寶參決辭訟，首領有犯，雖親戚無所縱舍，由是馮氏始得行其政。

高州㉑刺史李遷仕據大皋口㉒，遣使召寶，寶欲往，洗氏止之曰：「刺史無故不應召太守，必欲詐君共反耳。」寶曰：「何以知之？」洗氏曰：「刺史被召援臺，乃稱有疾，鑄兵聚眾而後召君，此必欲質君㉓以發君之兵也，願且無往以觀其變。」數日，遷仕果反，遣主帥杜平虜將兵入灨石㉔，城魚梁㉕以逼南康㉖，陳霸先[1]使周文育擊之。洗氏謂寶曰：「平虜，驍將也，今入灨石與官軍相拒，勢未得還，遷仕在州，無能為也。君若自往，必有戰鬭，宜遣使卑辭厚禮告之曰：『身未敢出，欲遣婦參。』彼聞之，必憙而無備。我將千餘人，步擔雜物，唱言㉗輸賧㉘，得至柵下，破之必矣。」寶從之。遷仕果不設備，洗氏襲擊，大破之，遷仕走保寧都㉙。文育亦擊走平虜，據其城。洗氏與霸先會于灨石，還謂寶曰：「陳都督非常人也，甚得眾心，必能平賊，君宜厚資之。」

湘東王繹以霸先為豫州刺史，領豫章內史。○辛丑㉚，裴之橫攻稽亭，徐嗣徽擊走之。

秋，七月辛亥㉛，齊立世宗㉜妃元氏為文襄皇后，宮曰靜德。又封世宗子孝琬為河間王，孝瑜為河南王。乙卯㉝，以尚書令封隆之錄尚書事，尚書左僕射平陽王淹為尚書令。

辛酉㉞，梁王詧入朝于魏。

初，東魏遣儀同武威牒雲洛㉟等迎鄱陽世子嗣，使鎮皖城。嗣未及行，任約軍至，洛等引去；嗣遂失援，出戰，敗死。約遂略地至湓城，尋陽王大心遣司馬韋質出戰而敗，帳下猶有戰士千餘人，咸勸大心走保建州㊱，大心不能用，戊辰㊲，以江州降約。先是，大心使前[2]太子洗馬韋臧㊳鎮建昌㊴，有甲士五千，聞尋陽不守，欲帥眾奔江陵，未發，為麾下所殺。臧，粲之子也。

于慶略地至豫章，侯瑱力屈，降之，慶送瑱於建康。景以瑱同姓，待之甚厚，留其妻子及弟為質，遣瑱隨慶徇蠡南㊵諸郡，以瑱為湘州刺史。

初，巴山㊶人黃法氍㊷有勇力，侯景之亂，合徒眾保鄉里。太守賀詡㊸下江州，命法氍監郡事。法氍屯新淦㊹，于慶自豫章分兵襲新淦，法氍敗之。陳霸先使周文育進軍擊慶，法氍引兵會之。

邵陵王綸聞任約將至，使司馬蔣思安將精兵五千襲之，約眾潰，思安不設備，約收兵襲之，思安敗走。

湘東王繹改宜都為宜州㊺，以王琳為刺史。○是月，以南郡王大連為江州刺史。

魏丞相泰以齊主稱帝，帥諸軍討之。以齊王廓㊻鎮隴右，徵秦州刺史宇文導為大將軍、都督二十三州諸軍事，屯咸陽，鎮關中。

益州㊼沙門㊽孫天英帥徒數千人夜攻州城，武陵王紀與戰，斬之。

邵陵王綸大脩鎧仗，將討侯景。湘東王繹惡之，八月甲午㊾，遣左衛將軍王僧辯、信州刺史鮑泉等帥舟師一萬東趣江、郢。聲言拒任約，且云迎邵陵王還江陵，授以湘州。

齊主③初立，勵精為治。趙道德以事屬㊿黎陽太守清河房超(51)，超不發書(52)，棓殺(53)其使，齊主善之，命守宰各設棓以誅屬請之使。久之，都官中郎(54)宋軌奏曰：「若受使請賕，猶致大戮，身為枉法，何以加罪？」乃罷之。

司都功曹(55)張老上書請定齊律，詔右僕射薛琡(56)等取魏麟趾格，更討論損益之。

齊主簡練(57)六坊(58)之人，每一人必當百人，任其臨陳必死(59)，然後取之，謂之「百保鮮卑(60)」。又簡華人之勇力絕倫者，謂之「勇士」，以備邊要(61)。

始立九等之戶(62)，富者稅其錢，貧者役其力。

九月丁巳(63)，魏軍發長安(64)。

王僧辯軍至鸚鵡洲(65)，郢州司馬劉龍虎(66)等潛送質於僧辯，邵陵王綸聞之，遣其子威正侯礩(67)將兵擊之，龍虎敗，奔于僧辯。綸以書責僧辯曰：「將軍前年殺人之姪(68)，今歲伐人之兄(69)，以此求榮，恐天下不許。」僧辯送書於湘東王繹，繹命進軍。辛酉(70)，綸集其麾下於西園(71)，涕泣言曰：「我本無佗，志在滅賊，湘東常謂與之爭帝，遂爾見伐。今日欲守則交(72)絕糧儲，欲戰則取笑千載(73)，不容無事受縛，當於下流避之。」麾下壯士爭請出戰，綸不從，與礩自倉門(74)登舟北出。僧辯入據郢州。繹以南平王恪為尚書令、開府儀同三司，世子方諸為郢州刺史，王僧辯為領軍將軍(75)。

綸遇鎮東將軍裴之高於道，之高之子畿(76)掠其軍器，綸與左右輕舟奔武昌灊欽寺，僧法馨(77)匿綸於巖穴之下。綸長史韋質、司馬姜律(78)等聞綸尚存，馳往迎之，說七柵流民(79)以求糧仗。綸出營巴水，流民八九千人附之，稍收散卒，屯于齊昌(80)。遣使請降[4]于齊，齊以綸為梁王。

湘東王繹改封皇子大款為臨川王，大成為桂陽王，大封為汝南王。○癸亥(81)，魏軍至潼關。○庚午(82)，齊主如晉陽，命太子殷居涼風堂(83)監國。

南郡王(84)中兵參軍張彪(85)等起兵於若邪山(86)，攻破浙東諸縣，有眾數萬。

吳郡人陸令公等說太守南海王大臨往依之，大臨曰：「彪若成功，不資(87)我力；如其橈敗，以我自解(88)，不可往也。」

任約進寇西陽、武昌。初，寧州刺史彭城徐文盛募兵數萬人討侯景，湘東王繹以為秦州刺史，使將兵東下，與約遇於武昌。繹以廬陵王應[89]為江州刺史，以文盛為長史行府州事[90]，督諸將拒之。應，續之子也。邵陵王綸引齊兵未至，移營馬柵[91]，距西陽八十里，任約聞之，遣儀同叱羅子通等將鐵騎二百襲之，綸不為備，策馬亡走。時湘東王繹亦與齊連和，故齊人觀望，不助綸，定州刺史田祖龍[92]迎綸，綸以祖龍為繹所厚，懼為所執，復歸齊昌。行至汝南[93]，魏所署汝南城主李素[94]，綸之故吏也，開城納之，任約遂據西陽、武昌。

裴之高帥子弟部曲千餘人至夏首[95]，湘東王繹召之，以為新興[96]、永寧[97]二郡太守。又以南平王恪為武州刺史，鎮武陵[98]。

初，邵陵王綸以衡陽王獻為齊州刺史，鎮齊昌，任約擊擒之，送建康，殺之。獻，暢[99]之孫也。

乙亥[100]，進侯景位相國，封二十郡為漢王，加殊禮。○岳陽王詧還襄陽。黎州[101]民攻刺史張賁，賁棄城走。州民引氐酋[102]北益州[103]刺史楊法琛[104]據黎州，命王、賈二姓詣武陵王紀請法琛為刺史。紀深責之，囚法琛質子崇顒、崇虎。冬，十月丁丑[105]朔，法琛遣使附魏。

己卯[106]，齊主至晉陽宮[107]。廣武王長弼[108]與并州刺史段韶不協，齊主將如晉陽，長弼言於帝曰：「部擁彊兵在彼，恐不如人意，豈可徑往投之？」帝不聽。既至，以長弼語告之，曰：「如君忠誠，人猶有讒，況其餘乎？」長弼，永樂之弟也。

乙酉[109]，以特進元韶為尚書左僕射，段韶為右僕射。

乙未[110]，侯景自加宇宙大將軍[111]、都督六合諸軍事，以詔文呈上。上驚曰：「將軍乃有宇宙之號乎？」

立皇子大鈞為西陽王，大威為武寧王，大球為建安王，大昕為義安王，大摯為綏建王，大圜為樂梁王。

齊東徐州刺史行臺辛術鎮下邳。十一月，侯景徵租入建康，術帥眾度淮斷之，燒其穀百萬石，遂圍陽平，景行臺郭元建引兵救之。壬戌[112]，術略三千餘家，還下邳。

武陵王紀帥諸軍發成都，湘東王繹遣使以書止之曰：「蜀人勇悍，易動難安，弟可鎮之，吾自當滅賊。」又別紙云[5]：「地擬孫、劉[113]，各安境界，情深魯、衛[114]，書信恆通。」

甲子[115]，南平王恪帥文武拜牋[116]推湘東王繹為相國，總百揆，繹不許。

魏丞相泰自弘農為橋，濟河，至建州。丙寅[117]，齊主自將出頓東城[118]。泰聞其軍容嚴盛，歎曰：「高歡不死矣！」會久雨，自秋及冬，魏軍畜產多死，乃自蒲阪還。於是河南自洛陽，河北自平陽已東，皆入于齊。

丁卯[119]，徐文盛軍貝磯，任約帥水軍逆戰，文盛大破之，斬叱羅子通、趙威方，仍進軍大舉口[120]。侯景遣宋子仙等將兵二萬助約，以約守西陽，久不能進，自出屯晉熙。

南康王會理以建康空虛，與太子左衛將軍柳敬禮、西鄉侯勸[121]、東鄉侯勔[122]謀起兵誅王偉。安樂侯乂理[123]出奔長蘆[124]，集眾得千餘人。建安侯賁[125]、中宿世子子邕[126]知其謀，以告偉。偉收會理、敬禮、勸、勔及會理弟祁陽侯通理，俱殺之。乂理為左右所殺。錢塘褚冕[127]，以會理故舊，捶掠千計，終無異言。會理隔壁謂之曰：「褚郎，卿豈不為我致此？卿雖忍死明我，我心實欲殺賊。」冕竟不服，景乃宥之。勸，昺之子。賁，正德之弟[128]子。子邕，憺之孫也。

帝自即位以來，景防衛甚嚴，外人莫得進見，唯武林侯諮及僕射王克、舍人殷不害，並以文弱得出入臥內，帝與之講論而已。及會理死，克、不害懼禍，稍自疏。諮獨不離帝，朝請無絕，景惡之，使其仇人刁戍刺殺諮於廣莫門外。帝之即位也，景與帝登重雲殿[129]，禮佛為誓云：「自今君臣兩無猜貳，臣固不負陛下，陛下亦不得負臣。」及會理謀泄，景疑帝知之，故殺諮。帝自知不久，指所居殿謂殷不害曰：「龐涓(130)當死此下。」

景自帥眾討楊白華于宣城，白華力屈而降，景以其北人(131)，全之，以為左民尚書(132)，誅其兄子彬以報來亮之怨。

十二月丙子朔(133)，景封建安侯賁為竟陵王，中宿世子子邕為隨王，仍賜姓侯氏。○辛丑(134)，齊主還鄴。

邵陵王綸在汝南，脩城池，集士卒，將圖安陸。魏安州刺史馬祐以告丞相泰，泰遣楊忠將萬人救安陸。

武陵王紀遣潼州刺史楊乾運(135)、南梁州刺史譙淹合兵二萬討楊法琛，法琛發兵據劍閣(136)以拒之。

侯景還建康。

初，魏敬宗以爾朱榮為柱國大將軍，位在丞相上。榮敗，此官遂廢。大統三年(137)，文帝復以丞相泰為之。其後功參佐命，望實俱重者，亦居此官，凡八人，曰安定公宇文泰，廣陵王欣，趙郡公李弼，隴西公李虎，河內公獨孤信，南陽公趙貴，常山公于謹，彭城公侯莫陳崇，謂之八柱國。泰始籍(138)民之才力者為府兵(139)，身租庸調[140]，一切蠲之，以農隙講閱戰陳，馬畜糧備，六家供之。合為百府，每府一郎將主之，分屬二十四軍。泰任總百揆，督中外諸軍，欣以宗室宿望，從容禁闥[141]而已。餘六人[142]各督二大將軍，凡十二大將軍[143]，每大將軍各統開府二人，開府各領一軍。是後功臣位至柱國大將軍、開府儀同三司、儀同三司者甚眾，率為散官[144]，無所統御，雖有繼掌其事者，聞望皆出諸公之下云。

齊主命散騎侍郎宋景業造天保曆[145]，行之。

【章　旨】以上為第三段，寫南朝蕭梁全境各方繼續混戰，湘東王蕭繹在軍閥混戰中逐步取得優勢；侯景轄區，反抗聲浪日漸增高。北朝，西魏宇文泰發動大軍聲討高洋稱帝，結果兵敗地削，北齊穩固。宇文泰創設府兵制。

【注　釋】❶丙戌　六月八日。❷李希宗　字景玄，趙郡平棘（今河北趙縣）人。北魏時任金紫光祿大夫，後卒於上黨太守任。傳見《魏書》卷三十六、《北史》卷三十三。❸殷　高殷（西元五四五—五六一年），字正道，北齊廢帝，西元五六〇年在位不足一年，被貶為濟南王。轉年被高演密令殺於晉陽宮。事詳《北齊書》卷五、《北史》卷七。❹紹德　高紹德，北齊天保末，曾任開府儀同三司，封太原王。後被武成帝高湛所殺。傳見《北齊書》卷十二、《北史》卷五十二。❺丁亥　六月九日。❻昭儀　宮中女官之一。漢魏時較貴顯，晉以後地位漸低下。❼庚寅　六月十二日。❽辛卯　六月十三日。❾庚子　六月二十二日。❿江西　指南京西邊長江以西的地區。⓫東莞　縣名，屬南徐州東莞郡，縣治在今江蘇武進。然而該縣地屬江東，與文意不符。胡三省認為是東關之誤。東關在今安徽巢縣東南，是江西之地。⓬始建臺　開始設置臺省等首腦機構。⓭崎頭　古城名，在今江西大餘。⓮燕昭成帝奔高麗　燕昭成帝，即北燕王馮弘。傳見《魏書》卷九十七、《北史》卷九十三。北魏太武帝拓跋燾在太延二年（西元四三六年），以馮弘屢次詐稱送侍子求和，而實際不施行，於是大舉伐燕。馮弘大敗，隨高麗援將葛盧光撤往高麗。⑮馮業　事見《北史》卷九十一〈列女譙國夫人洗氏傳〉。⑯新會　郡名，治所盆允，在今廣東新會。⑰寶馮寶，隋時追封譙國公。⑱高涼　郡名，治所高涼，在今廣東陽江縣西。⑲有女　即譙國夫人洗氏，俗稱洗夫人。南越族的女首領。馮寶死後，協助陳朝統一嶺南。後歸順隋朝，封譙國夫人。傳見《北史》卷九十一。⑳方伯　古代諸侯的別稱。此指掌一州軍政的刺史。㉑高州　州名，梁置，原治所在高涼，此時移治巴山，在今江西崇仁。㉒大皋口　即大皋城，在大皋渡口附近，即今江西吉安南。㉓質君　指扣押馮寶為人質。㉔灨石　贛江十八灘所在，在今江西萬安附近。㉕魚梁　城名，在今江西萬安南。㉖南康　郡名，治所贛縣，在今江西贛縣。㉗唱言　揚言。㉘輸賧　出財物以贖罪。是當時東南及嶺南百越人的一種請罪方式。㉙寧都　縣名，縣治在今江西寧都。㉚辛丑　六月二十三日。㉛辛亥　七月三日。㉜世宗　高澄死後，其弟洋即皇帝位，追尊高澄為文襄皇帝，廟號世宗。見《北史》卷六。㉝乙卯　七月七日。㉞辛酉　七月十三日。㉟牒雲洛武威人，複姓牒雲。㊱建州　州名，治所殷城，在今河南商城。時已歸北齊，蕭大心部下都想投靠北齊。㊲戊辰　七月二十日。㊳韋臧　字君理，韋粲之子。侯景初圍建康時，臧奉命守衛西華門。傳見《梁書》卷四十三。㊴建昌　縣名，縣治在今江西永修。㊵蠡南　指彭蠡湖以南，即今鄱陽湖以南。㊶巴山　郡名，治所新建，在今江西崇仁。㊷黃法氍　（西元五一八—五七六年）字仲昭，巴山新建人，梁元帝封他為巴山縣子，敬帝時進爵為新建縣侯。連敗蕭勃、王琳、熊曇朗，屢立戰功。入陳，歷任南徐州、江州、郢州、南豫州、合州、豫州刺史，封義陽郡公。傳見《陳書》卷十一、《南史》卷六十六。㊸賀詡《南史》作「賀翊」。會稽山陰（今浙江紹興）人，賀琛之子，死於巴山太守任。傳見《梁書》卷三十八、《南史》卷六十二。㊹新淦　縣名，縣治在今江西清江縣。㊺宜州　州名，治所宜都，在今湖北宜都。㊻廓　元廓，又稱拓跋廓，西魏恭帝。大統十四年（西元五四八年）封齊王。廢帝三年（西元五五四年）即帝位，在位三年。後遜位於周閔帝宇文覺。事詳《北史》卷五。㊼益州　州名，梁置，治所蜀郡，在今四川成都。㊽沙門　依照戒律出家的佛教徒。㊾甲午　八月十七日。㊿以事屬有私事託付。(51)房超　字伯穎，清河（今山東臨清東北）人，東魏末任司徒錄事參軍、濟州大中正。傳見《魏書》卷七十二。(52)不發書　此指不打開請託信。(53)棓殺　用木棒打死。(54)都官中郎　官名，北齊時掌京畿之內的違法事的處理。胡三省注認為依齊制此官名當作「都官郎中」。(55)司都功曹　官名，即司州的功曹，因州府在鄴都，所以稱司都功曹。(56)薛琡　字曇珍，河南（今河南洛陽）人，祖先出自於代地，本姓叱干氏。琡外示方正，內實輕浮。官至尚書右僕射。傳見《魏書》卷四十四、《北齊書》卷二十六、《北史》卷二十五。(57)簡練　精選並訓練。(58)六坊　自北魏以來，北軍的六軍宿衛軍士分為六坊，駐守京師。(59)必死　敢死，即敢死隊。(60)百保鮮卑　因這批勇士保證以一當百，又都是鮮卑族人而得名。(61)邊要　邊疆要塞。(62)九

等之戶　把民戶分為上、中、下三大等，每一大等又各分上、中、下三等，合為九等。用來區別貧富，並相應徵收賦稅和徭役。63丁巳　九月十日。64發長安　從長安出發，討伐北齊。65鸚鵡洲　長江上的一個江心洲，在今湖北武漢。66劉龍虎　人名，《梁書》和《南史》均作「劉龍武」，或是避唐諱改。67磧　蕭磧，封威正侯。《梁書》卷三十五、《南史》卷四十二均作「蕭確」，不當與在建康謀刺侯景的永安侯蕭確同名，恐當以《通鑑》為是。68殺人之姪　指攻殺河東王蕭譽。譽是蕭繹的姪子。69伐人之兄　蕭綸是蕭繹的哥哥。70辛酉　九月十四日。71西園　在郢州城西的名園，與東湖的東園相對。都在今湖北武漢的武昌城內。72交　碰到；趕上。73取笑千載　因兄弟相爭，自相殘殺，容易被後人傳為笑柄。74倉門　地名，是武昌北門之一，面臨長江。75領軍將軍　官名，梁時是禁軍六軍的首要將領。十五班。76畿　裴畿（？—西元五五四年），河東聞喜（今山西聞喜）人，曾任雋州刺史，西魏攻陷江陵時戰死。傳見《梁書》卷二十八、《南史》卷五十八。77法馨　僧人的法名。78姜律　人名，《南史》卷五十三作「姜偉」。79七柵流民　當時不少百姓為逃避賦稅、徭役和戰爭，流亡到北江州。該州州治鹿城關，在今湖北麻城，轄義陽、齊昌、新昌、梁安、齊興、光城等六郡。流民在此自動建立七個營地。80齊昌　郡名，治所齊昌縣，在今湖北蘄春。81癸亥　九月十六日。82庚午　九月二十三日。83涼風堂　在鄴都宮中的玄都苑。84南郡王　梁簡文帝之子蕭大連，封南郡王。85張彪　自稱襄陽（今湖北襄樊）人，一說是蘭欽的表弟。初在若邪山為盜，後投奔蕭大連，深受重用。後轉投梁元帝，梁末與陳霸先父子對抗，兵敗被殺。傳見《南史》卷六十四。86若邪山　山名，在今浙江紹興南。87不資　不依靠；不憑藉。88以我自解　歸罪於我而自求解脫免罪。蕭大臨擔心張彪會歸罪於他，而向侯景求得解脫。89廬陵王應　蕭應，封廬陵王。90行府州事　代理廬陵王府和江州的軍政事務。91馬柵　地名，在今湖北黃岡北。92田祖龍　《梁書》卷二十九、《南史》卷五十三均作「田龍祖」，《通鑑》下卷同，疑此誤倒。93汝南　郡名，梁置，郡治在今河南息縣東。94李素　《南史》卷五十三作「李素孝」。95夏首　地名，在今湖北沙市東南。96新興　郡名，治所江陵，在今湖北江陵。97永寧　郡名，治所南漳，在今湖北南漳。98武陵　郡名，治所武陵，在今湖南常德。99暢　蕭暢，梁武帝弟弟。傳見《梁書》卷二十三、《南史》卷五十一。100乙亥　九月二十八日。101黎州　州名，梁置，治所興安，在今四川廣元。102氐酋　氐族人的首領。從殷周到南北朝，氐人生活在陝、甘、川等省，以畜牧業為主，兼事農業。在兩晉時，建立過仇池、前秦、後涼等割據政權。103北益州　州名，梁置，治所白水，在今四川廣元西北。104楊法琛　氐人首領。初，附北魏。西魏廢帝時為黎州刺史。傳見《周書》卷四十九、《北史》卷九十六。《周書》、《梁書》、《南史》均作「楊法深」，唯《北史》與《通鑑》同。105丁丑　十月一日。106己卯　十月三日。107晉陽宮　原齊獻武王高歡的王宮。108廣武王長弼　高長弼，小名阿伽，以宗室封廣武王，兇殘好鬥。後從南營州叛亡到突厥中。傳見《魏書》卷三十二、《北齊書》卷十四、《北史》卷五十一。(109)乙酉　十月九日。(110)乙未　十月十九日。(111)宇宙大將軍　官名，侯景自創。(112)壬戌　十一月十六日。(113)地擬孫劉　蕭繹控制荊襄，蕭紀控制蜀地，與原孫權、劉備轄地相仿，所以有此比擬。(114)情深魯衛　周初封周公旦於魯國，封旦弟康叔於衛國，各為一方諸侯，又是兄弟之國。所以繹用來比喻他和蕭紀的兄弟之情。(115)甲子　十一月十八日。(116)拜牋　上奏表章。(117)丙寅　十一月二十日。(118)東城　晉陽的東城。(119)丁卯　十一月二十一日。(120)大舉口　舉水入江之口，在今湖北黃岡。(121)西鄉侯勸　蕭勸，字文肅，梁宗室，封西鄉侯，曾任太舟卿。傳見《南史》卷五十一。(122)東鄉侯勔　蕭勔，字文袛，蕭勸之弟，封東鄉侯。傳見《南史》卷五十一。(123)安樂侯乂理　蕭乂理（西元五三〇—五五〇年），字季英，梁武帝之孫，封安樂侯。傳見《梁書》卷二十九、《南史》卷五十三。(124)長蘆　鎮名，在今江蘇高淳。(125)建安侯賁　蕭賁（？—西元五五〇年），字世文，梁武帝弟臨川王蕭宏之孫，以向侯景告密功封竟陵王，並改姓侯。後被侯景部下所殺。傳見《南史》卷五十一。(126)子邕　蕭子邕，中宿侯的法定繼承人。他是始興王蕭憺的孫子，蕭亮的姪子，但中宿侯的名字已無考。(127)褚冕　錢塘（今浙江杭州西南）人。傳見《南史》卷五十三。(128)正德之弟　蕭正立，初封羅平侯，改封建安侯。傳見《南史》卷五十一。(129)重雲殿　宮殿名，在華林園中。(130)龐涓　戰國時魏國的將軍，被齊將孫臏所敗，死於馬陵道。梁簡帝以此喻指侯景必死於非命。(131)北人　楊白華是北魏名將楊大眼的兒子，故視為「北人」。因與魏胡太后私通，怕事洩被誅而逃奔梁朝。事見《梁書》卷三十九〈楊華傳〉。(132)左民尚書　官名，梁尚書省屬官，掌天下戶籍賦稅。十三班。(133)丙子朔　十二月一日。(134)辛丑　十二月二十六日。(135)楊乾運　字玄邈，初仕北魏，後入梁，歷黎州、梁州刺史。太清五年（西元五五一年），降於西魏將尉遲迥。(136)劍閣　在安南縣境，是蜀地的北部門戶，在今四川劍閣。(137)大統三年　即西元五三七年。時元寶炬任西魏主。(138)籍　登記。(139)府兵　宇文泰首創的兵制。後雖有改革，但一直沿用到唐玄宗天寶年間，是維護中央集權的重要軍事制度。(140)租庸調　租，田賦。庸，徭役。每年二十天，閏年加二天，不願出役可以按每天出絹三尺來代替。調，戶調。養蠶之地出絹帛，不養蠶之地出麻布，或以銀代帛。(141)從容禁闥　謂元欣悠閒於宮禁之中，不參與府兵事。(142)餘六人　指李弼等其他六柱國。(143)十二大將軍　即廣平王元贊、淮王元育、齊王元廓、章武郡公宇文導、平原郡公侯莫陳順、高陽郡公達奚武、陽平公李遠、范陽公豆盧寧、化政公宇文貴、博陵公賀蘭祥、陳留公楊忠、武威公王雄。(144)散官　只表示級別，不一定有實際職務相對應。(145)天保曆　以天保年號命名的北齊新曆法。從天保二年（西元五五一年）開始使用，到幼主承光元年（西元五七七年），共施行了二十七年。

【校　記】①陳霸先　原無「陳」字。據章鈺校，十二行本、乙十一行本、孔天胤本皆有「陳」字，張敦仁《通鑑刊本識誤》同，今據補。②前　原無此字。據章鈺校，十二行本、乙十一行本、孔天胤本皆有此字，今據補。③主　原作「王」。據章鈺校，十二行本、乙十一行本皆作「主」，熊羅宿《胡刻資治通鑑校字記》同，今據改。④降　原作「和」。據章鈺校，十二行本、乙十一行本、孔天胤本皆作「降」，今據改。⑤云　原作「曰」。據章鈺校，十二行本、乙十一行本、孔天胤本皆作「云」，今據改。

【語　譯】鄱陽王蕭範死後，侯瑱前去投靠莊鐵，莊鐵猜忌他。侯瑱心裡不安穩，六月初八日丙戌，假稱請莊鐵商議事情，趁機殺了莊鐵，自己佔據了豫章郡。

尋陽王蕭大心派徐嗣徽乘夜偷襲湓城，安南侯蕭恬、裴之橫等人打跑了徐嗣徽。

北齊國主高洋娶了趙郡人李希宗之女，生下兒子高殷和高紹德。又娶了段韶的妹妹。等到高洋將要建立中宮立皇后時，高隆之、高德政想交結功臣貴戚為後援，就說漢族婦人不能做天下之母，應當另選美好的婚配，高洋不聽從。六月初九日丁亥，冊立李氏為皇后，段氏為昭儀，皇子高殷為皇太子。十二日庚寅，任命庫狄干為太宰，彭樂為太尉，潘相樂為司徒，司馬子如為司空。十三日辛卯，任命清河王高岳為司州牧。

侯景任命羊鴉仁為五兵尚書。六月二十二日庚子，羊鴉仁出逃到江西，將要前往江陵，到達東莞，強盜懷疑他懷有金子，截殺了他。

西魏想讓岳陽王蕭詧為梁武帝發喪舉哀，即皇帝位，蕭詧推辭，不接受。丞相宇文泰派榮權冊命蕭詧為梁王，開始建立行臺，設置百官。

陳霸先修繕崎頭古城，移居到那裡。

當初，北燕昭成帝馮弘逃到高麗，派他的族人馮業帶領三百人渡海逃到南朝宋國，因而留居新會。從馮業到他的孫子馮融世襲羅州刺史，馮融兒子馮寶為高涼太守。高涼大姓洗氏，世代為蠻族首領，部落民眾有十多萬家。洗氏首領有一個女兒，足智多謀，善於用兵，各蠻洞都欽服她的信義，馮融聘她做兒子馮寶的妻子。馮融雖然世代為一州長官，但因為不是當地蠻人，號令不被執行。洗夫人約束本族的人，要他們遵從平民禮儀，每次和馮寶一起審問案件，首領如果犯法，雖是親戚也絕不寬大放縱，因此馮氏才得推行他的政令。

高州刺史李遷仕佔據大皋口，派使者宣召馮寶，馮寶打算前往，洗夫人制止他，說：「刺史沒有緣由不應宣召太守，一定是想騙你共同造反。」馮寶說：「憑什麼知道是這樣？」洗夫人說：「李刺史被徵召救援朝廷，卻聲稱有病，鑄造兵器聚集部眾，然後召你去，這一定是扣押你做人質以便調動你的兵馬，希望你暫不要去以觀察他的變化。」過了幾天，李遷仕果然造反，派主帥杜平虜率領軍隊進入灨石，在魚梁築城逼近南康，陳霸先派周文育攻擊他。洗夫人對馮寶說：「杜平虜是一員勇將，現今進入灨石與官軍對抗，看形勢是回不去的，李遷仕在州城，不可能有什麼作為。你如親自前往，一定打仗，應當派一個使者帶著厚禮，用謙恭的言辭告訴他說：『我自己不敢離開郡城，想派夫人前來參見。』他聽了這話，一定很高興不作防備。我帶領一千多人，挑著各種貨物，步行前往，聲稱輸送財物以贖罪過，這樣得以到達李遷仕的軍營柵欄下，必定打敗他。」馮寶聽從了洗夫人。李遷仕果然沒做防備，洗夫人襲擊，大敗李遷仕，李遷仕退到寧都防守。周文育也打跑了杜平虜，佔據了灨石城。洗夫人與陳霸先在灨石城會師，還軍高涼對馮寶說：「陳都督不是平常人，很得人心，一定能夠平定叛賊，你應當全力資助他。」

湘東王蕭繹任命陳霸先為豫州刺史，領豫章內史。〇六月二十三日辛丑，裴之橫進攻稽亭，徐嗣徽打跑了他。

秋，七月初三日辛亥，北齊冊立世宗的妃子元氏為文襄皇后，皇后宮叫靜德殿。又封世宗的兒子高孝琬為河間王，高孝瑜為河南王。初七日乙卯，任命尚書令封隆之為錄尚書事，尚書左僕射平陽王高淹為尚書令。

七月十三日辛酉，梁王蕭詧進入西魏朝見魏文帝。

當初，東魏派儀同武威人牒雲洛等迎接鄱陽王世子蕭嗣，讓他鎮守皖城。蕭嗣還沒有出發，侯景部將任約的軍隊到了，牒雲洛等退走，蕭嗣於是失去了援軍，出兵交戰，戰敗而死。任約於是攻佔土地到達湓城，尋陽王蕭大心派司馬韋質出兵交戰失敗，手下還有戰士一千多人，都勸蕭大心退守建州，蕭大心不採納，七月二十日戊辰，蕭大心獻出江州投降任約。此前，蕭大心派前太子洗馬韋臧鎮守建昌，有甲士五千人，得知尋陽失守，想率領部眾投奔江陵，沒有出發，就被部下殺害。韋臧，是韋粲的兒子。

侯景部將于慶攻佔土地到達豫章，侯瑱力竭，投降了于慶，于慶把侯瑱送到建康。侯景因為侯瑱是同姓，待他很優厚，扣留他的妻兒和弟弟做人質，派侯瑱隨同于慶攻打彭蠡湖以南各郡，任命侯瑱為湘州刺史。

當初，巴山人黃法氍有勇力，侯景作亂時，他聚合民眾保衛鄉里。巴山郡太守賀詡到江州，委派他監管郡中事務。黃法氍駐屯在新淦，于慶從豫章分兵襲擊新淦，黃法氍打敗了他。陳霸先派周文育進軍攻擊于慶，黃法氍率軍與他會合。

邵陵王蕭綸聽到任約將要到來，派司馬蔣思安率領精兵五千襲擊任約，任約部眾潰敗，蔣思安不做防備，任約搜集散兵偷襲他，蔣思安戰敗逃走。

湘東王蕭繹改宜都為宜州，任命王琳為刺史。○這一月，梁朝任命南郡王蕭大連為江州刺史。

西魏丞相宇文泰因為北齊國主高洋稱帝，率領各路軍隊討伐高洋。宇文泰任命齊王元廓鎮守隴右，徵調秦州刺史宇文導為大將軍、都督二十三州諸軍事，屯駐咸陽，鎮守關中。

益州和尚孫天英率領僧徒數千人乘夜攻打益州城，武陵王蕭紀與他交戰，殺了孫天英。

邵陵王蕭綸大修鎧甲儀仗，將要討伐侯景，湘東王蕭繹厭惡他。八月十七日甲午，蕭繹派左衛將軍王僧辯、信州刺史鮑泉等率領水軍一萬向東奔赴江州、郢州，聲稱抵抗任約，並且說要迎接邵陵王返回江陵，把湘州授給他。

北齊國主高洋初登大位，勵精圖治。趙道德以私事請託黎陽太守清河人房超，房超不打開請託信，用木棒打死了趙道德派來的使者，北齊國主高洋讚賞房超，命令郡縣長官各自設置木棒打殺請託的使者。過了很久，都官中郎宋軌上奏說：「如果受長官指使去請託，尚且要遭到殺戮，親身枉法的人，怎樣加罪呢？」高洋就停止了這種做法。

司都功曹張老上書請求制定北齊的法令，高洋下詔右僕射薛琡等人採納北魏的《麟趾格》，加以討論增減。

北齊國主高洋精選京師六坊的宿衛兵士，每一個必須能抵擋一百人，保證臨陣必拼死命的人，才能入選，稱為「百保鮮卑」。又精選漢人中勇力超凡的人，稱為「勇士」，以備邊防要地之需。

北齊開始推行九等戶籍制度，富人納稅繳錢，窮人服役出力。

九月初十日丁巳，西魏軍隊從長安出發。

王僧辯軍到達鸚鵡洲，郢州司馬劉龍虎等暗中送禮給王僧辯，邵陵王蕭綸聽到消息，派他的兒子威正侯蕭礩領兵去攻擊劉龍虎，劉龍虎失敗，逃跑到王僧辯那裡。蕭綸寫信斥責王僧辯說：「將軍前年殺了人家的姪兒，今天又來討伐人家的兄長，用這來求榮，恐怕全天下的人都不答應。」王僧辯把信送給湘東王蕭繹，蕭繹命令他進軍。九月十四日辛酉，蕭綸把他的部下集合到西園，流著眼淚說：「我本來沒有別的想法，一心要消滅叛賊，湘東王常常認為我要與他爭奪帝位，所以討伐我。今天想要守住城池，但糧食供應斷絕，想要出戰，就要取笑千載，我不能無所作為地被俘受縛，應當到下游迴避。」部下壯士爭著請求出戰，蕭綸不聽從，與蕭礩從倉門乘船向北出逃。王僧辯進佔郢州。蕭繹任命南平王蕭恪為尚書令、開府儀同三司，世子蕭方諸為郢州刺史，王僧辯為領軍將軍。

蕭綸在路上遇見鎮東將軍裴之高，裴之高的兒子裴畿搶掠了蕭綸的兵器，蕭綸與身邊的人乘快船逃往武昌澗飲寺，和尚法馨把蕭綸藏在巖洞下面。蕭綸長史韋質、司馬姜律等聽說蕭綸還活著，便騎馬跑去迎接蕭綸，勸說七柵的流民資助糧草兵器。蕭綸出來在巴水紮營，流民八九千人來歸附他，漸漸收聚散卒，屯駐在齊昌。派使者到北齊投降，北齊封蕭綸為梁王。

湘東王蕭繹改封皇子蕭大款為臨川王，蕭大成為桂陽王，蕭大封為汝南王。〇九月十六日癸亥，西魏軍到達潼關。〇二十三日庚午，北齊國主高洋往晉陽，命令皇太子高殷居住在涼風堂監理國事。

南郡王中兵參軍張彪等在若邪山起兵，攻破浙東幾個縣城，有部眾數萬人。

吳郡人陸令公等勸說太守南海王蕭大臨前往依附張彪。蕭大臨說：「張彪如果成功，不需要借助我的力量，如果他失敗了，就會拿我當替罪羊解脫自己，不可以前往。」

任約進兵侵犯西陽、武昌。當初，寧州刺史彭城人徐文盛募兵數萬人討伐侯景，湘東王蕭繹任命他為秦州刺史，派他領兵東下，與任約在武昌遭遇。蕭繹任命廬陵王蕭應為江州刺史，任命徐文盛為長史代理廬陵王管理軍政事務，督諸將抵抗任約。蕭應，是蕭續的兒子。邵陵王蕭綸招引的北齊軍隊還沒到達，就把兵營轉移到馬柵，距離西陽八十里。任約聽到這個消息，派儀同叱羅子通等率領鐵甲騎兵二百人偷襲他，蕭綸沒有防備，策馬逃亡。當時湘東王蕭繹也與北齊聯合，所以北齊人觀望不前，沒有援助蕭綸。定州刺史田祖龍迎接蕭綸，蕭綸因為田祖龍被蕭繹厚待，害怕被他抓獲，又返回齊昌。行進到汝南，西魏任命的汝南城主李素，是蕭綸的老部下，打開城門接納蕭綸，任約於是佔據了西陽、武昌。

裴之高率領子弟部屬一千多人到達夏首，湘東王蕭繹召請他，任命他為新興、永寧兩郡的太守。蕭繹又任命南平王蕭恪為武州刺史，鎮守武陵。

當初，邵陵王蕭綸任命衡陽王蕭獻為齊州刺史，鎮守齊昌，任約進擊抓獲了蕭獻，送到建康，殺了他。蕭獻，是蕭暢的孫子。

九月二十八日乙亥，梁朝進位侯景為相國，封二十郡，任命為漢王，給以殊禮待遇。○岳陽王蕭詧回到襄陽。

黎州民眾攻打刺史張賁，張賁棄城逃走。黎州民眾請來氐人酋長北益州刺史楊法琛佔據黎州，楊法琛派出王氏、賈氏兩大姓到武陵王蕭紀那裡請求任命楊法琛為黎州刺史。蕭紀對使者深加責備，抓捕了楊法琛的質子楊崇顒、楊崇虎。冬，十月初一日丁丑，楊法琛派使者請求歸附西魏。

十月初三日己卯，北齊國主高洋到達晉陽宮。廣武王高長弼與并州刺史段韶不和，高洋將往晉陽，高長弼對他說：「段韶在那裡手握強兵，恐怕不會像想的一樣，怎麼能逕直到他那兒去？」高洋不聽。到達晉陽以後，高洋把高長弼的話告訴了段韶，說：「像你這樣忠誠，還有人進讒言，何況別的人呢？」高長弼，是高永樂的弟弟。初九日乙酉，高洋任命特進元韶為尚書左僕射，段韶為尚書右僕射。

十月十九日乙未，侯景給自己加官宇宙大將軍、都督六合諸軍事，把詔文呈奏給簡文帝，簡文帝吃驚地說：「將軍竟有加宇宙稱號的嗎？」

梁朝立皇子蕭大鈞為西陽王，蕭大威為武寧王，蕭大球為建安王，蕭大昕為義安王，蕭大摰為綏建王，蕭大圜為樂梁王。

北齊東徐州刺史行臺辛術鎮守下邳。十一月，侯景徵收租穀運入建康，辛術率領部眾渡過淮水攔截他們，燒毀他們的租穀百萬石，於是包圍陽平，侯景行臺郭元建帶兵救援。十六日壬戌，辛術劫持三千多戶民眾，返回下邳。

武陵王蕭紀率領諸軍從成都出發，湘東王蕭繹派使者用書信阻止他，說：「蜀人英勇剽悍，易於行動難以安靜，弟只管鎮守蜀地，我自會消滅叛賊。」又在另一紙上說：「我們兩人的領地，就像當年孫權、劉備兩國，各自安守境界，情誼如同魯周公、衛康叔兄弟，經常寫信溝通感情。」

十一月十八日甲子，南平王蕭恪率領文武官員共同上奏表章推舉湘東王蕭繹為相國，統領百官，蕭繹不同意。

西魏丞相宇文泰自弘農造橋，渡過黃河，到達建州。十一月二十日丙寅，北齊國主高洋親自率領軍隊屯駐東城。宇文泰聽說高洋的軍隊軍容嚴整盛大，感歎說：「高歡沒死啊！」恰遇久雨，從秋到冬，西魏軍的家畜大多死亡，宇文泰便從蒲阪返回長安。到這時，河南從洛陽已東，河北從平陽已東，全都歸入了北齊。

十一月二十一日丁卯，徐文盛駐軍貝磯，任約率領水軍迎戰，徐文盛大敗任約，殺了叱羅子通、趙威方，乘勝進軍大舉口。侯景派宋子仙等率領二萬軍隊援助任約，讓任約守衛西陽，任約很久不能向前推進，侯景自己出軍屯駐晉熙。

南康王蕭會理因建康空虛，與太子左衛將軍柳敬禮、西鄉侯蕭勸、東鄉侯蕭勔謀劃起兵誅殺王偉。安樂侯蕭乂理出逃到長蘆，集結民眾有一千多人。建安侯蕭賁、中宿世子蕭子邕知道蕭會理等人的謀劃，向王偉告發。王偉抓捕了蕭會理、柳敬禮、蕭勸、蕭勔，以及蕭會理的弟弟祁陽侯蕭通理，全部處死。蕭乂理被身邊的人所殺。錢塘人褚冕，因為是蕭會理的舊交，被王偉嚴刑拷打，始終沒有二話。蕭會理在隔壁房中對他說：「褚郎，你難道不就是為了我而到了這個地步？你雖然拼死為我開脫，我的內心確實是想殺死叛賊。」

褚冕始終不屈服，侯景便寬免了他。蕭勸，是蕭昺的兒子。蕭賁，是蕭正德弟弟的兒子。蕭子邕，是蕭憺的孫子。

簡文帝自從即位以來，侯景防衛他非常嚴密，外人沒有人能夠見到他，只有武林侯蕭諮，以及僕射王克、舍人殷不害，都因為是文弱書生，所以才能進出臥室內，而簡文帝也只是與他們談論文義而已。等到蕭會理死後，王克、殷不害害怕禍患及身，漸漸與皇帝疏遠，只有蕭諮不離開簡文帝，每天朝見請安沒有斷絕，侯景厭惡他，派蕭諮的仇人刁戌在廣莫門外殺害了蕭諮。簡文帝即位時，侯景與簡文帝登上重雲殿，向著佛祖叩拜發誓說：「從今以後，我們君臣兩人不要互相猜忌和有二心，我一定不會辜負陛下，陛下也不要辜負我。」等到蕭會理謀劃洩漏，侯景懷疑簡文帝知道這一謀劃，所以殺了蕭諮。簡文帝知道自己活不了多久，指著自己居住的宮殿對殷不害說：「龐涓當死在這裡。」

侯景親自率領軍隊在宣城征討楊白華，楊白華力竭投降，侯景因楊白華是北方人，保全了他，任命他為左民尚書，但把他哥哥的兒子楊彬殺了以報楊白華殺來亮的仇恨。

十二月初一日丙子，侯景封建安侯蕭賁為竟陵王，中宿世子蕭子邕為隨王，還賜他們姓侯。○二十六日辛丑，北齊國主高洋返回鄴城。

邵陵王蕭綸在汝南，修築城池，集結軍隊，將攻打安陸。西魏安州刺史馬祐將此事報告給丞相宇文泰，宇文泰派楊忠率兵一萬人救援安陸。

武陵王蕭紀派潼州刺史楊乾運、南梁州刺史譙淹合兵兩萬人討伐楊法琛，楊法琛發兵據守劍閣來對抗他們。

侯景返回建康。

當初，北魏敬宗皇帝任命爾朱榮為柱國大將軍，位在丞相之上。爾朱榮敗亡後，這個官職就廢除了。大統三年，西魏文帝又任命丞相宇文泰擔任。此後，有輔佐皇帝登位之功，名望和功績都很高的人，也任這個官職，一共八個人，他們是安定公宇文泰、廣陵王元欣、趙郡公李弼、隴西公李虎、河內公獨孤信、南陽公趙貴、常山公于謹、彭城公侯莫陳崇，叫做八柱國。宇文泰這時開始登記平民中才智勇力出眾的人作為府兵，他們本身的租庸調，全部免除，府兵在農閒時操練武功，學習戰爭陣法，所需要的馬匹糧草，由六家平民供應。共設有一百個府，每府由一個郎將率領，一百個府分屬於二十四個軍。宇文泰為總統領，督中外諸軍事，元欣作為宗室中的名高望重人物，悠閒地出入宮禁而已，不參與府兵事。其餘六柱國，每人督率兩個大將軍，共十二個大將軍，每一個大將軍各統兩個開府，每一個開府統領一個軍。此後，其他功臣職位到了柱國大將軍、開府儀同三司、儀同三司的人很多，一律都是沒有實際執掌的散官，沒有統率的軍隊，即使有個別繼續統率軍隊的，但聲名威望都在八柱國之下。

北齊國主高洋命令散騎侍郎宋景業制定《天保曆》，頒布實行。

【研　析】西元五〇〇年，《通鑑》所記錄的歷史事件，仍以南方為主。侯景在江南所引發的動盪進一步發酵。侯景佔據建康，控制皇帝，自為丞相，號稱「宇宙大將軍」，但他控制的梁朝建康政府，已失去地方勢力的支持。荊州刺史蕭繹即「以為天子制於賊臣，不肯從大寶之號，猶稱太清四年」，即是其代表。面對這種局面，侯景不得不親自出馬，或派部將，削平直接威脅建康的敵對勢力。而「勤王」不過是各地方勢力擴張政治、軍事影響力的藉口，長江中上游州鎮武裝以荊州刺史蕭繹為首，開始為爭奪最高權力大打出手。

諸侯王掌控地方軍政威脅中央，曾是西漢前期著力解決的政治問題，而從西晉開始，皇帝卻利用宗室，特別是子弟以宗王的身分擔任地方軍政長官。在史學家唐長孺先生看來，這是因為士族特權階層興起，皇室作為第一家族，只有這樣才能保證自己陵駕於其他世家大族之上。南朝各政權將這一辦法推而廣之，以確保皇室對地方軍政的控制。但每當皇位更替，地方州鎮刺史舉兵問鼎者前仆後繼，新皇帝為了讓自己的子弟出鎮地方，也往往對舊君一系子弟大開殺戒。與西晉宗室出鎮地方帶來「八王之亂」的政治後果一樣，南朝宗室內亂成為常態。《魏書》卷九十七〈島夷劉裕傳〉記錄反映劉宋中期皇室內部皇權爭奪的民歌說：「遙望建康城，小江逆流縈，前見子殺父，後見弟殺兄。」也極好地反映了梁末宗室相互殘殺的狀況。

更為可悲的是，這些相爭的兄弟子姪，為了權力，甚至違背「兄弟鬩於牆，外禦其侮」的古訓，紛紛拉攏或屈從於外部勢力。雍州刺史蕭詧與其叔荊州刺史蕭繹相爭，引西魏軍入境，「於是漢東之地盡入於魏」，蕭詧在西魏的卵翼下做起了梁王；蕭繹為了打敗其姪湘州刺史蕭譽，亦投靠西魏，送子為人質，承認西魏軍進佔漢水中游地區的事實，自甘附庸，與西魏訂下盟約：「魏以石城為封，梁以安陸為界，請同附庸，并送質子，貿遷有無，永敦鄰睦。」蕭綸在被弟蕭繹擊潰後，則投靠北齊，亦做起了梁王。

俗話說：「神仙打仗，百姓遭殃。」戰亂使在南方社會正常運轉中極為重要的商業活動陷於停歇，「市糴不通」，致使鄱陽王蕭範屯駐今九江的數萬之眾，「無所得食，多餓死。」戰亂更加深了自然的破壞性影響，使原本資源豐富，百姓易於為生的江南，出現「千里絕烟，人迹罕見，白骨成聚，如丘隴焉」的慘狀。這些事件表明，南方傳統政治勢力已喪失了獨立控制江南的能力，而六朝南方社會經濟發展過程中，江南腹地不斷孕育的地方豪族開始活躍起來，卷中所述侯景亂中聚眾屯於新淦、後附於陳霸先的巴山人黃法氍，便是其代表。他們在南方新政權的成長中，將會發揮前所未有的作用。

高洋在兄高澄被殺後，取得軍政大權，並急匆匆地創立北齊，無疑是本年最為重要的事件。北齊建立的程式，仿照漢魏以來前後政權和平移交的「禪讓」方式進行，卻又有明顯的差異，反映出新興北齊政權內部政治分裂狀態。

通常的「禪讓」模式，為新皇帝功震天下，並被視為「德允天人」，內部各種人物和勢力在仔細掂量形勢之後，同聲擁戴，舊政權皇帝下詔讓位。但高洋在父兄執掌政權時，默默無聞，並無足以服人的功業。他即位稱帝，最初是身邊幾個親信高德政、徐之才、宋景業張羅出來的，其母婁氏對其貿然行事加以斥責，勳貴如斛律金、司馬子如等「固言不可」。及其從軍事重鎮晉陽率大軍進至都城鄴城外圍，仍心有顧慮，「不肯復進」。鄴城中政治人物對於高洋稱帝代魏的動作，原本沒有思想準備，只是格於形勢，「以事勢已決，無敢異言。」這也就是說，北齊建立，並非於各種政治勢力思想統一基礎上進行的。儘管有人擔心西魏方面會有所行動，而且宇文泰確實也做出了大軍進討的姿態，但這並非主要原因，根源還在於鮮卑勳貴擁戴的高洋，並非漢族世家大族理想的政治領袖。

從北齊建立後高洋的軍事上的一個重要措施，我們也可以看出上述政治上的分歧：「齊主簡練六坊之人，每一人必當百人，任其臨陳必死，然後取之，謂之『百保鮮卑』。又簡華人之勇力絕倫者，謂之『勇士』，以備邊要。」軍隊截然分為鮮卑與漢人兩類，而作為軍隊核心的鮮卑兵士地位顯然優越於「備邊要」的漢人兵士。尤其需要注意的是，相關史實表明，通過簡選漢人勇士備邊，北齊政權將北魏末動盪以來河北世家大族聚集的大族武裝，連同指揮這些武裝的世族人士，巧妙地從政治中心地帶河北排擠至河南、淮南等邊地，從而進一步削弱了世家大族在政治上的影響，保證了鮮卑勳貴對於政權的控制。當然，這實際上是消弱北齊政權自身的政治基礎，成為這個政權短命而亡的重要原因。

長於政治過程記述，短於制度詳細交代的司馬光，在本卷末以簡短的文字敘述了西魏北周的府兵制度。府兵制有一個較長的形成過程，自然不一定是在本年定型，其後也歷經變化，並成為隋朝與唐朝前期基本的軍事制度。以府統兵，並不是西魏的首創，北魏時邊鎮軍人已被稱作「府戶」。府兵制對於西魏北周來說，重要意義有三：一是將關隴各種武裝整合為一個統一的指揮系統，二是提高了兵士的社會地位，三是妥善地處理了匯聚關隴的各種政治勢力的關係，使之形成一種向心力，陳寅恪先生所說的西魏北周迄於唐前期高居政治上層的「關隴集團」因之形成。下面稍加說明。

西魏初創，軍隊主要是通過千餘武川鎮軍人入關平叛過程中收編而成，這支原本人數不大的軍隊在西魏初年與東魏數次大戰中消耗很大，宇文泰從俘虜選編的軍士，而他們利用西魏爭奪洛陽失利之機，在關中發動暴動，差點顛覆了西魏政權。西元五四三年，宇文泰實行「廣募關、隴豪右以增軍旅」的政策，授予率眾投軍者以鄉都督、帥都督的名號，將關隴豪族與少數族部族武裝，納入國家軍隊。入軍者有專門的軍籍，設軍府予以管理，不再受地方行政機構管轄。府兵父子世襲，國家保證其有耕種的土地，但不承擔平民應承擔的租調力役，農閒時須在軍府首領即「郎將」的帶領下進行軍事訓練，戰事發生時須輪番服兵役，所需資糧甚至基本武器必須自備。北朝民歌〈木蘭辭〉中木蘭代父從軍前，須於市場上購置駿馬、鞍韉、長鞭，大致反映的便是府兵應召從軍的情形。

作為府兵的指揮系統，一開始設置了八個柱國大將軍，但如《通鑑》所說，宇文泰與西魏皇室代表元欣，雖為柱國大將軍，並不實際統領軍府。其他李弼、李虎等六人，以及他們各自所統二位大將軍，或是在西魏創立前後從各地匯聚關隴，或是早已在關隴紮根的地方豪族，府兵制給他們安排了適當的位置。據毛漢光先生的研究，最初的六柱國有著大致的軍事轄區，他們指揮由當地人改編的府兵，分時各管地方軍務，合時成為一個整體，既有利於地方的穩定，又保證了大的軍事行動有效進行，同時也保證了都督中外諸軍事宇文泰對軍隊的全權指揮。從這一個角度說，府兵制最初的設計，不只是一種軍事制度，也是西魏各方代表人物權力的協調與分配。

西魏政治與軍隊的核心自然是北魏末武川鎮為中心的北鎮軍人，他們對於孝文帝漢化改革所推行的措施並沒有好感。正是出於這種背景，西魏在政治重新尊拓跋鮮卑部落聯盟的創立者拓跋力微為始祖，恢復部落聯盟時代的部落名號。後來又令「以諸將功高者為三十六國後，次功者為九十九姓後，所統軍人，亦改從其姓。」對原本漢姓者也賜與一個鮮卑姓氏，如唐高祖李淵的祖父、首批柱國大將軍之一的李虎，改姓大野氏；隋高祖楊堅的父親、首批十二個大將軍之一的楊忠，改姓普六茹氏。將領與所統軍人同一姓氏，如同一個血緣性的部落。從北朝後期開始，兵士被稱作「兒郎」，迄今尚無解釋，個人認為與西魏的府兵制關係頗大。兵士來源於相同地域甚至同一個軍府，出入相扶持，與主帥享有同一個姓氏，在特定的歷史時期，有助於提高軍隊的戰鬥力。

如果我們將西魏府兵制與北齊「百保鮮卑」作一個比較，更能理解府兵制在整合政治勢力與社會資源方面的意義，這成為西魏即隨後的北周政權穩定發展，後來居上的一個重要原因。

卷第一百六十四

梁紀二十

起重光協洽（辛未　西元五五一年），盡玄黓涒灘（壬申　西元五五二年），凡二年。

【題解】本卷載述西元五五一、五五二年南北朝兩年史事。時當梁簡文帝大寶二年、梁元帝承聖元年，西魏文帝大統十七年、廢帝元年，北齊文宣帝天保二年、三年。本卷重點詳述侯景之覆滅。

太宗簡文皇帝下

大寶二年（辛未　西元五五一年）

春，正月，新吳余孝頃❶舉兵拒侯景，景遣于慶攻之，不克。

庚戌❷，湘東王繹遣護軍將軍尹悅、安東將軍杜幼安、巴州刺史王珣將兵二萬自江夏趣武昌，受徐文盛節度。

楊乾運攻拔劍閣，楊法琛[1]退保石門❸，乾運據南陰平❹。

辛亥❺，齊主祀圜丘。

張彪遣其將趙稜圍錢塘，孫鳳圍富春，侯景遣儀同三司田遷、趙伯超救之，稜、鳳敗走。稜，伯超之兄子也。

癸亥❻，齊主耕藉田。乙丑❼，享太廟。

魏楊忠圍汝南，李素戰死。二月乙亥❽，城陷，執邵陵攜王綸，殺之，投尸江岸，岳陽王詧取而葬之。

或告齊太尉彭樂謀反，壬辰❾，樂坐誅。

齊遣散騎常侍曹文皎使于江陵，湘東王繹使兼散騎常侍王子敏報之。

侯景以王克為太師，宋子仙為太保，元羅為太傅，郭元建為太尉，支化仁[2]為司徒，任約為司空，王偉為尚書左僕射，索超世為右僕射。景置三公官，動以十數，儀同尤多。以子仙、元建、化仁為佐命元功，偉、超世為謀主，于子悅、彭雋❿主擊斷，陳慶、呂季略、盧暉略、丁和等為爪牙。梁人為景用者，則故將軍趙伯超，前制局監⓫周石珍，內監⓬嚴亶，邵陵王記室伏知命。自餘王克、元羅及侍中殷不害、太常周弘正等，景從人望，加以尊位，非腹心之任也。

北兗州刺史蕭邕謀降魏，侯景殺之。

楊乾運進據平興⑬，平興者，楊法琛所治也。法琛退保魚石洞⑭，乾運焚平興而歸。

李遷仕收眾還擊南康，陳霸先遣其將杜僧明等拒之，生擒遷仕，斬之。湘東王繹使霸先進兵取江州，以為江州刺史。

三月丙午⑮，齊襄城王淯卒。◯庚戌⑯，魏文帝殂，太子欽立。◯乙卯⑰，徐文盛等克武昌，進軍蘆洲⑱。◯己未⑲，齊以湘東王繹為梁相國，建梁臺，總百揆，承制。◯齊司空司馬子如自求封王，齊主怒，庚子⑳，免子如官。

任約告急，侯景自帥眾西上，攜太子大器從軍以為質，留王偉居守。閏月，景發建康，自石頭至新林㉑，舳艫相接。約分兵襲破定州刺史田龍祖於齊安㉒。壬寅㉓，景軍至西陽，與徐文盛夾江築壘。癸卯㉔，文盛擊破之，射其右丞庫狄式和㉕，墜水死，景遁走還營。

夏，四月甲辰㉖，魏葬文帝于永陵。

郢州刺史蕭方諸，年十五，以行事鮑泉和弱，常侮易之，或使伏牀，騎背為馬。恃徐文盛軍在近，不復設備，日以蒱酒為樂。侯景聞江夏空虛，乙巳㉗，使宋子仙、任約帥精騎四百，由淮內襲郢州㉘。丙午㉙，大風疾雨，天色晦冥，有登陴望見賊者，告泉曰：「虜騎至矣。」泉曰：「徐文盛大軍在下，賊何由得至？當是王珣軍人還耳。」既而走告者稍眾，始命閉門，子仙等已入城。方諸方踞泉腹，以五色綵㉚辮其髯，見子仙至，方諸迎拜，泉匿于牀下。子仙俯窺見泉素髯間綵，驚愕，遂擒之，及司馬虞豫，送於景所。景因便風，中江舉帆，遂越文盛等軍，丁未㉛，入江夏。文盛眾懼而潰，與長沙王韶㉜等逃歸江陵。王珣、杜幼安以家在江夏，遂降於景。

湘東王繹以王僧辯為大都督，帥巴州刺史丹楊淳于量㉝、定州刺史杜龕、宜州刺史王琳、郴州㉞刺史裴之橫東擊景，徐文盛以下並受節度。戊申㉟，僧辯等軍至巴陵，聞郢州已陷，因留戍之。繹遺僧辯書曰：「賊既乘勝，必將西下㊱，不勞遠擊；但守巴丘㊲，以逸待勞，無慮不克。」又謂將僚[3]曰：「景[4]若水步兩道，直指江陵，此上策也。據夏首，積兵糧，中策也。悉力攻巴陵，下策也。巴陵城小而固，僧辯足可委任。景攻城不拔，野無所掠，暑疫時起，食盡兵疲，破之必矣。」乃命羅州刺史徐嗣徽自岳陽，武州刺史杜崱自武陵引兵會僧辯。

景使丁和將兵五千守夏首，宋子仙將兵一萬為前驅，趣巴陵，分遣任約直指江陵，景帥大兵水步繼進。於是緣江戍邏㊳，望風請服，景拓邏㊴至于隱磯㊵。僧辯乘城固守，偃旗臥鼓，安若無人。壬戌㊶，景眾濟江，遣輕騎至城下，問：「城內為誰？」答曰：「王領軍。」騎曰：「何不早降？」僧辯曰：「大軍但向荊州，此城自當非礙。」騎去。頃之，執王珣等至城下，使說其弟琳。琳曰：「兄受命討賊，不能死難，曾不內慚，翻㊷欲賜誘㊸。」取弓射之，珣慚而退。景肉薄㊹百道攻城，城中鼓譟，矢石雨下，景士卒死者甚眾，乃退。僧辯遣輕兵出戰，凡十餘返，皆捷。景被甲在城下督戰，僧辯著綬㊺、乘輿、奏鼓吹巡城，景望之，服其膽勇。

岳陽王詧聞侯景克郢州，遣蔡大寶將兵一萬進據武寧㊻，遣使至江陵，詐稱赴援。眾議欲答以侯景已破，令其退軍。湘東王繹曰：「今語以退軍，是趣之令進也。」乃使謂大寶曰：「岳陽累啟連和，不相侵犯，卿那忽據武寧？今當遣天門太守胡僧祐㊼精甲二萬、鐵馬五千頓湕水，待時進軍。」詧聞之，召其軍還。僧祐，南陽人也。

五月，魏隴西襄公李虎卒。

侯景晝夜攻巴陵，不克，軍中食盡，疾疫死傷太半。湘東王繹遣晉州刺史蕭惠正㊽將兵援巴陵，惠正辭不堪，舉胡僧祐自代。僧祐時坐謀議忤旨繫獄㊾，繹即出之，拜武猛將軍，令赴援，戒之曰：「賊若水戰，但以大艦臨之，必克。若欲步戰，自可鼓棹直就巴丘，不須交鋒也。」僧祐至湘浦[50]，景遣任約帥銳卒五千據白塉[51]以待之。僧祐由它路西上，約謂其畏己，急追之，及於芊口[52]，呼僧祐曰：「吳兒，何不早降，走何所之？」僧祐不應，潛引兵至赤沙亭[53]，會信州刺史陸法和[54]至，與之合軍。法和有異術，先[5]隱於江陵百里洲[55]，衣食居處，一如苦行沙門，或豫言吉凶，多中[56]，人莫能測。侯景之圍臺城也，或問之曰：「事將何如？」法和曰：「凡人取果，宜待熟時，不撩自落。」固問之，法和曰：「亦克亦不克。」及任約向江陵，法和自請擊之，繹許之。

壬寅[57]，約至赤亭[58]。六月甲辰[59]，僧祐、法和縱兵擊之，約兵大潰，殺溺死者甚眾，擒約送江陵。景聞之，乙巳[60]，焚營宵遁。以丁和為郢州刺史，留宋子仙等，眾號二萬，戍郢城，別將支化仁鎮魯山[61]，范希榮行江州事，儀同三司任延和、晉州刺史夏侯威生守晉州。景與麾下兵數千，順流而下。丁和以大石磕殺鮑泉及虞預[62]，沈於黃鶴磯[63]。任約至江陵，繹赦之。徐文盛坐怨望，下獄死。

巴州刺史余孝頃遣兄子僧重將兵救鄱陽，于慶退走。

繹以王僧辯為征東將軍、尚書令，胡僧祐等皆進位號，使引兵東下。陸法和請還，既至，謂繹曰：「侯景自然平矣，蜀賊[64]將至，請守險以待之。」乃引兵屯峽口[65]。庚申[66]，王僧辯至漢口[67]，先攻魯山，擒支化仁送江陵。辛酉[68]，攻郢州，克其羅城，斬首千級。宋子仙退據金城[69]，僧辯四面起土山攻之。

豫州刺史荀朗[70]自巢湖出濡須邀景，破其後軍，景奔歸，船前後相失。太子船入樅陽浦，船中腹心[71]皆勸太子因此入北[72]，太子曰：「自國家喪敗，志不圖生，主上蒙塵，寧忍違離左右？吾今若去，乃是[6]叛父，非避賊也。」因涕泗嗚咽，即命前進。

甲子[73]，宋子仙等困蹙，乞輸郢城，身還就景，王僧辯偽許之，命給船百艘以安其意。子仙謂為信然，浮舟將發，僧辯命杜龕帥精勇千人攀堞而上，鼓譟奄進，水軍主[74]宋遙帥樓船，暗江雲合[75]。子仙且戰且走，至白楊浦[76]，大破之，周鐵虎生擒子仙及丁和，送江陵，殺之。

庚午[77]，齊主以司馬子如，高祖之舊，復以為太尉。

江安侯圓正[78]為西陽太守，寬和好施，歸附者眾，有兵一萬。湘東王繹欲圖之，署為平南將軍。及至，弗見，使南平王恪與之飲。醉，因囚之內省，分其部曲，使人告其罪。荊、益之釁自此起矣。

陳霸先引兵發南康，灨石[79]舊有二十四灘，會水暴漲數丈，三百里間，巨石皆沒，霸先進頓西昌[80]。

鐵勒將伐柔然，突厥酋長土門邀擊，破之，盡降其眾五萬餘落[81]。土門恃其彊盛，求婚於柔然，柔然頭兵可汗大怒，使人詈辱之曰：「爾，我之鍛奴也，何敢發是言？」土門亦怒，殺其使者，遂與之絕，而求婚於魏，魏丞相泰以長樂公主[82]妻之。

秋，七月乙亥[83]，湘東王繹以長沙王韶監郢州事。丁亥[84]，侯景還至建康。于慶自鄱陽還豫章，侯瑱閉門拒之，慶走江州，據郭默城[85]。繹以瑱為兗州[86]刺史。景悉殺瑱子弟[87]。

辛丑[88]，王僧辯乘勝下湓城，陳霸先帥所部三萬人將會之，屯于巴丘[89]。西軍[90]乏食，霸先有糧五十萬石，分三十萬〔7〕以資之。八月壬寅朔[91]，王僧辯前軍襲于慶，慶棄郭默城走，范希榮亦棄尋陽城走。晉熙王僧振[92]等起兵圍郡城[93]，僧辯遣沙州刺史丁道貴[94]助之，任延和等棄城走。湘東王繹命僧辯且頓尋陽以待諸軍之集。

初，景既克建康，常言吳兒怯弱，易以掩取，當須拓定中原，然後為帝。景尚帝女溧陽公主，嬖之，妨於政事[95]。王偉屢諫，景[8]以告主，主有惡言，偉恐為所讒，因說景除帝。及景自巴陵敗歸，猛將[96]多死，自恐不能久存，欲早登大位。王偉曰：「自古移鼎[97]，必須廢立，既示我威權，且絕彼民望。」景從之。使前壽光殿學士[98]謝昊為詔書，以為「弟姪爭立[99]，星辰失次，皆由朕非正緒[100]，召亂致災，宜禪位於豫章王棟[101]。」使呂季略齎入，逼帝書之。棟，歡[102]之子也。

戊午[103]，景遣衛尉卿彭雋等帥兵入殿，廢帝為晉安王，幽於永福省，悉撤內外侍衛，使突騎左右守之，牆垣悉布枳棘。庚申[104]，下詔迎豫章王棟。棟時幽拘，廩餼甚薄，仰蔬茹為食。方與妃張氏鉏葵[105]，法駕[106]奄至，棟驚，不知所為，泣而升輦。

景殺哀太子大器、尋陽王大心、西陽王大鈞、建平王大球、義安王大昕及王侯在建康者[107]二十餘人。太子神明端嶷[108]，於景黨未嘗屈意，所親竊問之，太子曰：「賊若於事義[109]，未須見殺，吾雖陵慢呵叱，終不敢言。若見殺時至，雖一日百拜，亦無所益。」又曰：「殿下今居困阨，而神貌怡然，不貶[110]平日，何也？」太子曰：「吾自度死日必在賊前，若諸叔能滅賊，賊必先見殺，然後就死。若其不然，賊亦殺我以取富貴，安能以必死之命為無益之愁乎？」及難，太子顏色不變，徐曰：「久知此事，嗟其晚耳！」刑者將以衣帶絞之，太子曰：「此不能見殺。」命取繫[9]帳繩絞之而絕。

壬戌(111)，棟即帝位，大赦，改元天正。太尉郭元建聞之，自秦郡馳還，謂景曰：「主上先帝太子，既無愆失，何得廢之？」景曰：「王偉勸吾，云『早除民望』，吾故從之以安天下。」元建曰：「吾挾天子令諸侯，猶懼不濟，無故廢之，乃所以自危，何安之有？」景欲迎帝復位，以棟為太孫(112)。王偉曰：「廢立大事，豈可數改邪？」乃止。

乙丑(113)，景又使使[10]殺南海王大臨於吳郡，南郡王大連於姑孰，安陸王大春於會稽，高唐王大壯(114)於京口。以太子妃賜郭元建，元建曰：「豈有皇太子妃乃為人妾乎？」竟不與相見，聽使入道(115)。

丙寅(116)，追尊昭明太子為昭明皇帝，豫章安王(117)為安皇帝，金華敬妃(118)為敬太皇太后，豫章太妃王氏(119)為皇太后，妃張氏為皇后。以劉神茂為司空。

九月癸巳(120)，齊主如趙、定(121)二州，遂如晉陽。

己亥(122)，湘東王繹以尚書令王僧辯為江州刺史，江州刺史陳霸先為東揚州刺史。

王偉說侯景弒太宗[123]以絕眾心，景從之。冬，十月壬寅[124]夜，偉與左衛將軍彭雋、王脩纂進酒於太宗曰：「丞相以陛下幽憂既久，使臣等來上壽。」太宗笑曰：「已禪帝位，何得言陛下？此壽酒，將不盡此乎？」於是雋等齎曲項琵琶[125]，與太宗極飲。太宗知將見殺，因盡醉，曰：「不圖為樂之至於斯也！」既醉而寢。偉乃出，雋進土囊，脩纂坐其上而殂。偉撤門戶[11]為棺，遷殯於城北酒庫中。太宗自幽縶之後，無復侍者及紙，乃書壁及板障[126]，為詩及文數百篇，辭甚悽愴。景諡曰明皇帝，廟號高宗。

侯景之逼江陵也，湘東王繹求援於魏，命梁、秦二州刺史宜豐侯循[127]以南鄭[128]與魏，召循還江陵。循以無故輸城，非忠臣之節，報曰：「請待改命。」魏太師泰遣大將軍達奚武將兵三萬取漢中，又遣大將軍王雄出子午谷[129]攻上津[130]。循遣記室參軍沛人劉璠[131]求援於武陵王紀，紀遣潼州刺史楊乾運救之。循，恢之子也。

王僧辯等聞太宗殂，丙辰[132]，啓湘東王繹，請上尊號，繹弗許。

司空、東道行臺劉神茂聞侯景自巴丘敗還，陰謀叛景，吳中士大夫咸勸之。乃與儀同三司尹思合、劉歸義、王曄、雲麾將軍元頵[133]等據東陽以應江陵，遣頵及別將李占下據建德江口[134]。張彪攻永嘉[135]，克之。新安[136]民程靈洗[137]起兵據郡以應神茂。於是浙江以東皆附江陵。湘東王繹以靈洗為譙州刺史，領新安太守。

十一月乙亥(138)，王僧辯等復上表勸進，湘東王繹不許。戊寅(139)，繹以湘州刺史安南侯方矩(140)為中衛將軍以自副。方矩，方諸之弟也。以南平王恪為湘州刺史。侯景以趙伯超為東道行臺，據錢塘；以田遷為軍司，據富春；以李慶緒(141)為中軍都督，謝答仁為右廂都督，李遵為左廂都督，以討劉神茂。

己卯(142)，加侯景九錫，漢國(143)置丞相以下官。己丑(144)，豫章王棟禪位于景，景即皇帝位于南郊。還，登太極殿，其黨數萬，皆吹脣呼譟而上。大赦，改元太始。封棟為淮陰王，并其二弟橋、樛(145)同鎖於密室。

王偉請立七廟，景曰：「何謂七廟？」偉曰：「天子祭七世祖考。」并請七世諱(146)，景曰：「前世吾不復記，唯記我父名標，且彼在朔州，那得來啖此？」眾咸笑之。景黨有知景祖名乙羽周者，自外皆王偉制其名位，追尊父標為元皇帝。

景之作相也，以西州為府，文武無尊卑皆引接，及居禁中，非故舊不得見，由是諸將多怨望。景好獨乘小馬，彈射飛鳥，王偉每禁止之，不許輕出。景鬱鬱不樂，更成(147)失志，曰：「吾無事為帝，與受擯不殊(148)。」

壬辰(149)，湘東王以長沙王韶為郢州刺史。

益州長史劉孝勝[150]等勸武陵王紀稱帝，紀雖未許，而大造乘輿車服。十二月丁未[151]，謝答仁、李慶緒攻建德[152]，擒元頵、李占送建康，景截其手足以徇，經日乃死。

齊主每出入，常以中山王自隨，王妃太原公主[153]恆為之嘗[12]飲食，護視之。是月，齊主飲公主酒，使人鴆中山王，殺之，并其三子，諡王曰魏孝靜皇帝，葬於鄴西漳北[154]。其後齊主忽掘其陵，投梓宮於漳水。齊主初受禪，魏神主悉寄[155]於七帝寺[156]，至是，亦取焚之。

彭城公元韶以高氏壻，寵遇異於諸元。開府儀同三司美陽公元暉業以位望隆重，又志氣不倫，尤為齊主所忌，從齊主在晉陽。暉業於宮門外罵韶曰：「爾不及一老嫗，負璽與人。何不擊碎之？我出此言，知即死，爾亦詎得幾時？」齊主聞而殺之，及臨淮公元孝友[157]，皆鑿汾水冰，沈其尸。孝友，彧[158]之弟也。齊主嘗剃元韶鬢鬚，加之粉黛以自隨，曰：「吾以彭城為嬪御。」言其懦弱如婦人也。

【章旨】以上為第一段，寫侯景兵敗，廢帝自立，垂死掙扎的心態暴露無遺。北齊國主高洋，弒殺東魏孝靜帝，陵辱北魏宗廟神主，殘暴猜忌之主的品性初露端倪。

【注釋】❶余孝頃（？—西元五六七年）新吳（今江西奉新）人，初投蕭勃，轉靠王琳，後降於陳霸先。陳廢帝時以謀反罪被殺。❷庚戌　正月五日。❸石門　石門關，在今四川廣元西南。❹南陰平　縣名，縣治在今四川梓潼。❺辛亥　正月六日。❻癸亥　正月十八日。❼乙丑　正月二十日。❽乙亥　二月一日。❾壬辰　二月十八日。❿彭儁　即彭俊，曾任衛尉，與王偉纂一起殺死梁簡文帝。事見《梁書》卷四〈簡文帝紀〉、《南史》卷八〈梁本紀〉。⓫制局監　侍衛武官。掌宮廷兵器、禁兵，侍衛皇帝，地位較低而權勢頗重。⓬內監　宦官，掌宮中器械儀仗。⓭平興　郡名，治所平興，在今四川廣元西北，北益州州治。⓮魚石洞　地名，在今四川廣元西北。⓯丙午　三月二日。⓰庚戌　三月六日。⓱乙卯　三月十一日。⓲蘆洲　地名，在今湖北鄂城西。隔江與江北漢邾縣故城（今湖北黃岡）相對。⓳己未　三月十五日。⓴庚子　閏三月二十七日。㉑新林　即新林浦，因南齊建新林苑而得名。故址在今江蘇南京江寧西南。㉒齊安　縣名，縣治在今湖北黃岡。南齊曾置齊安郡。㉓壬寅　閏三月二十九日。㉔癸卯　閏三月三十日。㉕庫狄式和　人名。庫狄為複姓。㉖甲辰　四月一日。㉗乙巳　四月二日。㉘由淮內襲郢州　淮內，即淮汭，即今與安徽接境之鄂東一帶，西陽郡即在該地區。胡三省認為從西陽出發襲擊郢州州治所在的江夏，渡江點當在蘆洲上流。㉙丙午　四月三日。㉚五色綵　五色綢帶。㉛丁未　四月四日。㉜長沙王韶　即原上甲侯蕭韶，大寶元年被蕭繹改封長沙王。㉝淳于量　（西元五一一—五八二年）字思明，丹楊人，祖先本居濟北（今山東長清西南）。梁元帝時，以平侯景功，封謝沐縣侯，出任桂州刺史。元帝敗亡，改投陳霸先，累遷侍中，歷任南徐州、郢州、南兗州刺史，封始安郡公。傳見《陳書》卷十一、《南史》卷六十六。㉞郴州　州名，梁置，治所桂陽，在今湖南郴州。㉟戊申　四月五日。㊱西下　順長江西南行，便到巴陵，與蕭繹水軍決戰，所以稱「西下」。㊲巴丘　即巴陵，因境內有巴丘山，所以也稱巴丘。㊳緣江戍邏　沿江的原屬梁元帝的戍所和巡邏部隊。㊴拓邏　派出巡邏隊擴大巡邏區域。㊵隱磯　地名，在今湖南臨湘境。㊶壬戌　四月十九日。㊷翻　反過來。㊸賜誘　誘降。㊹肉薄　即肉搏。㊺著綬　佩帶印綬。㊻武寧　郡名，治所樂鄉，在今湖北荊門北。㊼胡僧祐　（西元四九一—五五三年）字願果，南陽冠軍（今河南鄧縣西北）人，仕梁，累官至車騎將軍、開府儀同三司。後死於江陵之役。傳見《梁書》卷四十六、《南史》卷六十四。㊽蕭惠正　《梁書》卷五、卷二十八作「蕭慧正」。㊾坐諫議忤旨繫獄　此前西沮蠻族叛亂，梁元帝命僧祐斬盡蠻人首領。僧祐再三陳述不同意見，觸怒元帝而關入獄中。事詳《梁書》卷四十六。㊿湘浦　湘江進入洞庭湖的江口，今屬湖南湘陰。(51)白塉　地名，在巴陵境內。(52)芊口　地名，在今湖南華容。(53)赤沙亭　地名，在今湖南華容南赤沙湖地區。(54)陸法和　籍貫不詳，隱居江陵。梁元帝時官至司徒。敬帝即位，法和降於北齊。號荊山居士，雖任太尉，一心禮佛。傳見《北齊書》卷三十二、《北史》卷八十九。(55)百里洲　長江的江心洲，在今湖北枝江縣。(56)多中　大多應驗。(57)壬寅　五月三十日。(58)赤亭　即赤沙亭。(59)甲辰　六月二日。(60)乙巳六月三日。(61)魯山　城名，在今湖北武漢漢陽區。(62)虞預　即上文所言郢州司馬「虞豫」。(63)黃鶴磯　地名，在今湖北武漢黃鶴樓一帶。(64)蜀賊　指武陵王蕭紀。紀為益州刺史，侯景亂，紀僭號於蜀，故稱。(65)峽口　巫峽峽口，在今湖北巴東官渡口。(66)庚申　六月十八日。(67)漢口　漢水入長江口，在今湖北武漢漢口區。(68)辛酉　六月十九日。(69)金城　在江夏縣，即今湖北武漢武昌東南。(70)荀朗　（西元五一八—五六五年）字深明，潁川潁陰（今河南許昌）人，侯景之亂，簡文帝密詔授朗豫州刺史，討景。侯景平定後，隨陳霸先入都，大破北齊軍，以功封興寧縣侯。傳見《陳書》卷十三、《南史》卷六十七。(71)腹心　親信。(72)入北　指投奔北齊。(73)甲子　六月二十二日。(74)水軍主　水軍主帥。(75)暗江雲合　高大的樓船如雲一般從四面包圍上來，使江面變得十分昏暗。(76)白楊浦　地名，在今湖北武昌城東。(77)庚午　六月二十八日。(78)圓正　蕭圓正，字明允，蕭紀第二子，封江安侯。傳見《南史》卷五十三。(79)瀼石　地名，在今江西贛江上。瀼，即贛水。(80)西昌　縣名，縣治在今江西泰和。(81)落　家。(82)長樂公主　西魏宗室之女。(83)乙亥　七月四日。(84)丁亥　七月十六日。(85)郭默城　城名，東晉咸和四年（西元三二九年），郭默謀反，為對抗陶侃的討伐，用布袋盛米築此城。城在今江西九江市東北。(86)兗州　當作南兗州（今江蘇揚州西北）。(87)瑱子弟　指留在侯景處做人質的侯瑱子弟。(88)辛丑　七月三十日。(89)巴丘　縣名，梁置，屬廬陵郡，縣治在今江西峽江縣。與前又稱巴丘的巴陵異。(90)西軍　指由西而東的王僧辯軍。(91)壬寅朔　八月一日。(92)王僧振　據《梁書》卷四〈簡文帝紀〉，八月丙午，王僧振與郭寵起兵襲郡城。(93)郡城　謂晉熙郡治，在今安徽潛山縣。(94)丁道貴　時任沙州刺史，後任衡州刺史。(95)妨於政事　影響對政事的處理。(96)猛將　指宋子仙、丁和等人。(97)移鼎　周武王克商，移商鼎到洛邑。以後凡奪取他人天下，都可被稱作移鼎。鼎，國家政權的象徵。(98)壽光殿學士　官名，梁置，掌典禮、撰述等事宜，值勤於壽光殿。(99)弟姪爭立　弟指簡文帝的弟弟蕭繹、蕭紀。姪指蕭譽、蕭詧。為爭奪帝位，他們之間互相攻伐。(100)朕非正緒　謂簡文帝不是原太子蕭統的後代。正緒，嫡傳的繼承人。(101)豫章王棟　蕭棟（？—西元五五一年），字元吉，封豫章王。被逼即位後不久，即禪位給侯景，改封淮陰王。侯景敗亡，棟與二位弟弟一起被梁元帝密令沉入長江而死。傳見《南史》卷五十三。(102)歡　蕭歡，字孟孫，昭明太子蕭統的長子。原封華容公，任南徐州刺史。梁武帝怕他將來年少嗣位，對梁朝不利，改立太子，封他為豫章王。傳見《南史》卷五十三。(103)戊午　八月十七日。(104)庚申　八月十九日。(105)葵　古代一種最常見的蔬菜。今只見於福建、江西、湖南、四川等南方省分。(106)法駕　皇帝的乘輿儀仗。(107)王侯在建康者　留在建康與簡文帝一支血緣親近的蕭氏皇族封為王侯的人。(108)端嶷　莊重。(109)事義　行事顧全大義。(110)不貶　不損；不減。(111)壬戌　八月二十一日。(112)太孫　即皇太孫，為未來帝位的合法繼承人。(113)乙丑　八月二十四日。(114)高唐王大壯　蕭大壯（西元五三四—五五一年），字仁禮，初封高唐縣公。大寶元年改封始興郡公。《通鑑》作「高唐王」，胡三省注作「高唐郡公」，均誤。後死於南徐州刺史任。傳見《梁書》卷四十四、《南史》卷五十四。又二史均作「大莊」，也與《通鑑》異。(115)入道　削髮為尼。(116)丙寅　八月二十五日。(117)豫章安王　即豫章王蕭歡，安是諡號。(118)金華敬妃　即昭明太子蕭統的正妃蔡氏。昭明太子死了以後，別立金華宮，供她居住，所以稱金華妃。敬是諡號。參《梁書》卷二十七〈陸襄傳〉、卷五十六〈侯景傳〉。胡三省注認為，敬妃已去世，按禮法應追諡皇后，以與昭明皇帝相應，不當稱太皇太后。(119)王氏　蕭棟的母親。(120)癸巳　九月二十三日。(121)趙定　趙，趙州。北齊置，治所廣阿，在今河北隆堯。東魏時稱殷州。定，定州。北齊置，治所中山，在今河北定縣。(122)己亥　九月二十九日。(123)太宗　指梁簡文帝蕭綱。綱被害，梁元帝即位，追尊為簡文皇帝，廟號太宗。見《梁書》卷四。(124)壬寅　十月二日。(125)曲項琵琶　五絃，與四絃的琵琶不同，是傳自北方少數民族的一種彈撥樂器。(126)板障　間隔房子的木牆板，一般塗紅漆。(127)循　蕭循（西元五〇五—五五六年），字世和，蕭範的弟弟。封宜豐侯，守南鄭。曾降於西魏，後南返，敬帝時襲封鄱陽王。傳見《南史》卷五十二。又《南史》、《北史》均作「蕭修」。《通鑑》與《梁書》、《陳書》同。(128)南鄭　北梁州治，在今陝西漢中市。(129)子午谷　在今陝西長安南，漢時開闢有子午道。順谷南下，可抵今陝西洋縣。(130)上津　郡名，梁置，治所上津，在今湖北鄖西縣。(131)劉璠　（西元五一〇—五六八年）字寶義，沛國沛（今江蘇沛縣）人，蕭紀稱制，璠為隨郡王蕭循府長史，加蜀郡太守。後降於達奚武，仕西魏至黃門侍郎。傳見《周書》卷四十二、《北史》卷七十。(132)丙辰　十月十六日。(133)元顒　（？—西元五五五年）封桑乾王，後被侯景處死。(134)建德江口　即東陽江、新安江交匯口，在今浙江金華。(135)永嘉　郡名，梁置，治所永寧，在今浙江溫州。(136)新安　郡名，治所始新，在今浙江淳安西北。(137)程靈洗　（西元五一四—五六八年）字玄滌，新安海寧（今安徽休寧）人，侯景之亂，靈洗聚徒抵抗，梁元帝任命他為譙州刺史、領新安太守，封巴丘縣侯。後降於陳霸先，封遂安縣侯，改封重安縣公。傳見《陳書》卷十、《南史》卷六十七。(138)乙亥　十一月五日。(139)戊寅　十一月八日。(140)方矩　蕭方矩（？—西元五五四年），字德規，初封南安縣侯。梁元帝即位，立為皇太子。西魏攻破江陵時遇害。傳見《梁書》卷八、《南史》卷五十四。(141)李慶緒　《梁書》卷五十六、《南史》卷八十均作「李慶」，侯景將中無有作李慶緒者。李慶緒唯見《南史》卷七十四〈孝義傳〉下，字孝緒，廣漢郪（今四川三臺）人，父被人所殺，慶緒手刃仇人，因此聞名，歷任東莞、巴郡太守，官至衛尉，封安陸縣侯。死於侯景之亂前，與此李慶緒無涉。疑《通鑑》誤衍一「緒」字。(142)己卯　十一月九日。(143)漢國　侯景於大寶元年自封為漢王，所以稱漢國。(144)己丑　十一月十九日。(145)橋樛　蕭橋、蕭樛，後被侯景下令殺害。(146)七世諱　上七代先輩的名字。(147)更成　更加變得。(148)與受擯不殊　與受擯斥的人沒有差別。此指侯景不能隨便與部下來往，如同被人拋棄一樣。(149)壬辰　十一月二十二日。(150)劉孝勝　彭城（今江蘇徐州）人，仕梁，曾任尚書右丞、兼散騎常侍。蕭紀稱帝後，任尚書僕射。與元帝戰，兵敗被俘，被起用為司徒右長史。傳見《梁書》卷四十一、《南史》卷三十九。(151)丁未　十二月八日。(152)建德　縣名，縣治在今浙江建德。(153)太原公主　即孝靜皇后，高歡之女。禪位後，依例降為公主。(154)鄴西漳北　鄴城以西，漳水以北。(155)寄　暫存。(156)七帝寺　因存有北魏七廟神主而得名，原寺名失傳。(157)元孝友　（？—西元五五一年）北魏太武帝的後代，襲兄元彧爵為臨淮王，曾任滄州刺史。北齊初，降爵臨淮縣公。傳見《魏書》卷十八、《北齊書》卷二十八、《北史》卷十六。(158)彧　元彧，字文若，封臨淮王。爾朱榮入洛，殺害元氏，彧投奔梁朝。魏莊帝時返國，歷任尚書令、大司馬、司徒。死於爾朱兆之亂。傳見《魏書》卷十八、《北史》卷十六。

【校　記】[1]琛　原作「昌」。據章鈺校，十二行本作「琛」，又本卷下文作「琛」，今據改。[2]支化仁　原作「張化仁」。據章鈺校，乙十一行本作「支化仁」，張瑛《通鑑校勘記》同，今據改。按，胡三省注云：「或曰『張化仁』即『支化仁』。」《梁書・侯景傳》載「景以……張化仁為司徒」，後景「以丁和為郢州刺史，留宋子仙、時靈護等助和守，以張化仁、閻洪慶守魯山城」，同書〈王僧辯傳〉云「魯山城主支化仁，景之騎將也」，則侯景之司徒「張化仁」、與閻洪慶同守魯山城之「張化仁」與魯山城主「支化仁」乃係一人。又本卷下文有「別將支化仁鎮魯山」，則此處當作「支化仁」。[3]僚　原作「佐」。據章鈺校，十二行本、乙十一行本、孔天胤本皆作「僚」，張敦仁《通鑑刊本識誤》同，今據改。[4]景　原作「賊」。據章鈺校，十二行本、乙十一行本、孔天胤本皆作「景」，今據改。[5]先　原無此字。據章鈺校，十二行本、乙十一行本、孔天胤本皆有此字，張敦仁《通鑑刊本識誤》同，今據補。[6]乃是　原作「是乃」。據章鈺校，十二行本、乙十一行本、孔天胤本二字皆互乙，今據改。[7]三十萬　原作「三十萬石」。據章鈺校，十二行本、乙十一行本、孔天胤本皆無「石」字，今據刪。[8]景　「景」字原重。據章鈺校，十二行本、乙十一行本、孔天胤本「景」字皆不重，今據刪。[9]繫　原無此字。據章鈺校，十二行本、乙十一行本、孔天胤本皆有此字，張敦仁《通鑑刊本識誤》同，今據補。[10]使使　「使」字原不重。據章鈺校，十二行本、乙十一行本、孔天胤本皆重「使」字，今據補。[11]戶　原作「扉」。據章鈺校，十二行本、乙十一行本、孔天胤本皆作「戶」，今據改。[12]嘗　原無此字。據章鈺校，十二行本、乙十一行本、孔天胤本皆有此字，張敦仁《通鑑刊本識誤》同，今據補。

【語　譯】太宗簡文皇帝下

大寶二年（辛未　西元五五一年）

春，正月，新吳人余孝頃起兵抗擊侯景，侯景派于慶攻打他，沒有取勝。

正月初五日庚戌，湘東王蕭繹派護軍將軍尹悅、安東將軍杜幼安、巴州刺史王珣率領兩萬士兵從江夏趕赴武昌，接受徐文盛指揮。

楊乾運攻取了劍閣，楊法琛退守石門，楊乾運又佔領了南陰平。

正月初六日辛亥，北齊國主高洋在圜丘舉行祭祀典禮。

張彪派他的將領趙稜圍攻錢塘，孫鳳圍攻富春，侯景派儀同三司田遷、趙伯超救援他們，趙稜、孫鳳敗逃。趙稜，是趙伯超哥哥的兒子。

正月十八日癸亥，北齊國主高洋舉行親耕藉田典禮。二十日乙丑，祭祀太廟。

西魏楊忠圍攻汝南，梁將李素戰死。二月初一日乙亥，汝南城陷落，抓了邵陵攜王蕭綸，把他殺了，拋屍江岸，岳陽王蕭詧收屍埋葬。

有人揭發北齊太尉彭樂謀反，二月十八日壬辰，彭樂獲罪被殺。

北齊派散騎常侍曹文皎出使江陵，湘東王蕭繹派兼散騎常侍王子敏回訪。

侯景任命王克為太師、宋子仙為太保、元羅為太傅、郭元建為太尉、支化仁為司徒、任約為司空、王偉為尚書左僕射、索超世為右僕射。侯景設置三公官，動輒十幾個，儀同更多。侯景以宋子仙、郭元建、張化仁為輔佐王命的頭等功臣，王偉、索超世為軍師謀主，于子悅、彭雋主持軍務攻戰，陳慶、呂季略、盧暉略、丁和等為手下幹將。梁朝官員被侯景重用的有前將軍趙伯超、前制局監周石珍、宦官嚴亶、邵陵王的記室參軍伏知命。其他如王克、元羅，以及侍中殷不害、太常周弘正等人，侯景只是順從眾望，給他們尊貴的職位，不把他們當做腹心使用。

北兗州刺史蕭邕謀劃投降西魏，侯景殺了他。

楊乾運進兵佔據平興，平興是楊法琛的北益州治所。楊法琛退守魚石洞，楊乾運焚毀平興城後返回。

李遷仕搜集散兵回軍攻打南康，陳霸先派他的將領杜僧明等抵抗他，活捉了李遷仕，殺了他。湘東王蕭繹派陳霸先進兵攻取江州，任命他為江州刺史。

三月初二日丙午，北齊襄城王高淯去世。○初六日庚戌，西魏文帝元寶炬去世，太子元欽即皇帝位。○十一日乙卯，徐文盛等攻下武昌，進軍蘆洲。○十五日己未，北齊任命湘東王蕭繹為梁朝相國，設置梁朝臺省，總領百官，代行皇帝頒旨。○北齊司空司馬子如自己要求封王，北齊國主高洋很生氣，閏三月二十七日庚子，罷免了司馬子如的官職。

任約向侯景告急，侯景親自率領部眾西上，隨軍帶著皇太子蕭大器作為人質，留王偉駐守建康。閏三月，侯景從建康出發，從石頭城到達新林，兵船首尾相接。在齊安任約分兵偷襲並打敗了定州刺史田龍祖。二十九日壬寅，侯景的軍隊到達西陽，與徐文盛的軍隊隔著長江各築營壘。三十日癸卯，徐文盛打敗侯景，射中了侯景的軍府右丞庫狄式和，庫狄式和落水而死。侯景逃跑回到軍營。

夏，四月初一日甲辰，西魏在永陵安葬了魏文帝。

梁朝郢州刺史蕭方諸，年十五歲，因為行事鮑泉溫和懦弱，經常玩弄欺負鮑泉，有時讓鮑泉趴在床上，當做馬騎在背上。依仗徐文盛大軍在近旁，自己不做防備，每天以賭博飲酒為快樂。侯景聽說江夏空虛，四月初二日乙巳，派宋子仙、任約率領精銳騎兵四百人，從淮汭襲擊郢州。初三日丙午，颳大風下暴雨，天色晦暗，有登上州城女牆望見敵軍衝過來的人，報告鮑泉說：「敵人騎兵到了。」鮑泉說：「徐文盛大軍擋在下面，敵人怎麼能到來？應當是王珣軍隊的人回來了。」接著跑來報告的人漸漸多了，這才下令關閉城門，宋子仙等已進了城。蕭方諸正坐在鮑泉肚子上，用五色絲線編織鮑泉的鬍子，看見宋子仙到來，蕭方諸跪地迎接，鮑泉躲到床底下。宋子仙彎腰看見鮑泉的白鬍子上掛著彩絲，十分驚訝，於是擒獲了他。宋子仙把鮑泉以及司馬虞豫，押送到侯景那裡。侯景趁著順風，在長江中張起船帆，於是越過徐文盛等人的軍隊，初四日丁未，進入江夏城。徐文盛的軍隊惶恐，便潰散了，徐文盛與長沙王蕭韶等逃回江陵。王珣、杜幼安因為家在江夏，於是投降了侯景。

湘東王蕭繹任命王僧辯為大都督，率領巴州刺史丹楊人淳于量、定州刺史杜龕、宜州刺史王琳、郴州刺史裴之橫等東進抗擊侯景，徐文盛以下都接受王僧辯指揮。四月初五日戊申，王僧辯等人的軍隊到達巴陵，得知郢州已經陷落，就留在巴陵鎮守。蕭繹送信給王僧辯說：「敵人憑藉勝利的氣勢，一定沿長江西進，你不要勞師遠行出戰，只要守在巴丘，以逸待勞，不愁不取勝。」蕭繹又對將領、屬僚們說：「侯景如果水陸兩路直指江陵，這是上策；如果據守夏首，屯積兵糧，這是中策；如果全力進攻巴陵，這是下策。巴陵城小卻十分堅固，王僧辯足可以勝任。侯景攻城不能攻下，城外搶掠不到糧食，盛暑疾病興起，糧食用盡，士兵疲憊，打敗他是必然的。」於是命令羅州刺史徐嗣徽從岳陽、武州刺史杜崱從武陵帶兵到巴陵與王僧辯會合。

侯景派丁和領兵五千人守衛夏首，讓宋子仙領兵一萬為前鋒，趕赴巴陵，分派任約直指江陵，侯景自己率領大軍水陸兩路隨後跟進。這時，沿長江兩岸的戍所及巡江士兵，紛紛歸降侯景。侯景擴展巡邏警戒的範圍到達隱磯。王僧辯登城堅守，放倒旗子停息鼓聲，安靜得好像沒有人一樣。四月十九日壬戌，侯景部眾渡過長江，派遣輕騎兵到巴陵城下，問道：「城內守將是哪一個？」回答說：「是王僧辯將軍。」侯景的輕騎兵說：「為何不早早投降？」王僧辯回答說：「大軍只管向荊州，這座小城理應不礙事。」輕騎兵士離開了。不一會兒，把王珣等抓到巴陵城下，讓他勸說他的弟弟王琳。王琳說：「兄長接受命令討伐叛賊，不能死於國家危難，竟不感到慚愧，反倒想勸誘我投敵。」說著取出弓箭射向王珣，王珣羞愧退了下去。侯景指揮部隊赤膊上陣，從四面八方同時攻城，城中擊鼓吶喊，箭矢石塊如雨點般落下，侯景士兵死傷累累，只好後退。王僧辯派出輕裝部隊出城反擊，一共十多次，全都打了勝仗。侯景穿上鎧甲在城下督戰，王僧辯佩帶印綬，坐在轎上，吹奏軍樂在城牆上巡視，侯景望見他，佩服他的膽量和勇敢。

岳陽王蕭詧聽說侯景攻下了郢州，派蔡大寶領兵一萬進兵佔據了武寧，派遣使者到江陵，謊稱派兵救援。眾人商議欲回答使者說，侯景已被打敗，讓蕭詧回軍。湘東王蕭繹說：「如今回答讓他們退軍，恰恰是催促他讓他進軍。」便派人對蔡大寶說：「岳陽王多次來信要求和好，互不侵犯，你怎麼突然佔據了武寧？現正在委派天門太守胡僧祐率領精甲二萬、鐵馬五千屯駐㵐水，等待時機進軍。」蕭詧聽了，召蔡大寶的軍隊返回。胡僧祐，是南陽郡人。

五月，西魏隴西襄公李虎去世。

侯景晝夜進攻巴陵城，沒有攻下，軍中糧食沒了，疾病死傷折了一大半。湘東王蕭繹派晉州刺史蕭惠正領兵援救巴陵，蕭惠正辭謝不能勝任，推薦胡僧祐代替自己。胡僧祐當時因謀議冒犯了蕭繹旨意被關在獄中，蕭繹立即把他釋放出來，拜為武猛將軍，派他去增援巴陵，告誡他說：「叛軍如果水戰，只須用大戰船對抗他們，一定能戰勝，如果叛軍步戰，你就可以逕直鼓帆抵巴丘，不必與叛軍交戰。」胡僧祐抵達湘浦，侯景派任約率領精銳士兵五千人據守白塉防備他。胡僧祐改道西上，任約認為胡僧祐害怕自己，急速追擊胡僧祐，追到芊口，任約呼叫胡僧祐說：「吳兒，何不快快投降，想逃到哪裡去？」胡僧祐不回答，暗中帶兵到赤沙亭，剛好信州刺史陸法和到達，與胡僧祐軍會合。陸法和有奇異的法術，原先隱居在江陵的百里洲，衣食居住，完全像一個苦行僧，有時預言吉凶，大多應驗，沒有人摸得透他。侯景圍攻皇城的時候，有人問他說：「事態將怎樣發展？」陸法和說：「凡是人要摘取果實，總是等到果子成熟的時候，不用撩打自動脫落。」再三問他，陸法和說：「可能攻下，也可能攻不下。」等到任約向江陵進軍，陸法和自己請求攻打任約，蕭繹同意了他。

五月三十日壬寅，任約到達赤亭。六月初二日甲辰，胡僧祐、陸法和發動軍隊大舉攻打任約，任約軍隊大潰，被殺死和落水淹死的人很多，活捉了任約押送到江陵。侯景聽說此事，初三日乙巳，燒了營壘連夜逃走。侯景任命丁和為郢州刺史，留下宋子仙等，號稱有眾二萬，戍守郢州城，別將支化仁鎮守魯山，范希榮代行江州政事，儀同三司任延和、晉州刺史夏侯威生守衛晉州。侯景與部下數千士兵順流而下。丁和用大石頭砸死鮑泉和虞預，沉屍黃鶴磯。任約到江陵，蕭繹釋放了他。徐文盛因為發牢騷，被下獄處死。巴州刺史余孝頃派哥哥的兒子余僧重領兵救援鄱陽，于慶退兵逃走。

蕭繹任命王僧辯為征東將軍、尚書令，胡僧祐等都晉升了官職和爵位，讓他們領兵向東進發。陸法和請求回江陵，到達江陵後，對蕭繹說：「侯景自然可以平定了，巴蜀賊兵將要到來，請讓我去守住險要地方以防禦他們。」便領兵駐守峽口。六月十八日庚申，王僧辯到達漢口，首先進攻魯山，抓獲了支化仁押往江陵。

十九日辛酉，進攻郢州，攻下了外城，殺敵一千人。宋子仙退守金城，王僧辯在四面築土山進攻宋子仙。

豫州刺史荀朗從巢湖出兵到濡須截擊侯景，打敗了侯景的後衛部隊，侯景逃回建康，船隊前後失去聯繫。皇太子坐的船駛入樅陽浦，船中的親信都勸太子趁此機會逃入北齊，太子說：「自從朝廷喪敗以來，我心裡就沒想過苟且偷生，皇上蒙難，怎能忍心離開他身邊？我今天如果離去，是背叛父親，不是逃避賊人。」說完嗚咽流淚，立即命令開船前進。

六月二十二日甲子，宋子仙等力竭困頓，請求交出郢州城，自身回到侯景那裡，王僧辯假裝同意，命令給宋子仙一百艘戰船穩住他的心緒。宋子仙信以為真，乘上船正準備出發，王僧辯命令杜龕率領精銳勇敢的士兵一千人爬上城牆，擂鼓吶喊突然進擊，水軍主宋遙率領樓船，樓船四合如雲，江面變得昏暗。宋子仙且戰且退，到達白楊浦，遭到慘敗，周鐵虎活捉了宋子仙和丁和，押送江陵，把他們殺了。

六月二十八日庚午，北齊國主高洋因司馬子如是高祖高歡的老朋友，恢復了他的太尉官職。

江安侯蕭圓正為西陽太守，寬厚和氣，樂於施捨，歸附他的人很多，有兵一萬人。湘東王蕭繹想除掉他，安置他為平南將軍。等他到了江陵，蕭繹不接見，派南平王蕭恪與他飲酒。他醉了，將他囚禁在內省，解散了他的部屬，派人控告他的罪行。蕭繹、蕭紀的仇恨從此產生。

陳霸先帶兵從南康出發，灨石原本有二十四個灘，正趕上江水飛漲幾丈，在三百里長的河段，巨石都被淹沒，陳霸先進軍屯駐西昌。

鐵勒將要討伐柔然，突厥酋長土門截擊，打敗了鐵勒，全部收降鐵勒人五萬多戶。土門酋長依仗他的強盛，向柔然求婚，柔然頭兵可汗大怒，派人去辱罵土門說：「你是我的打鐵奴隸，怎敢說出這樣的話？」土門也生氣了，殺了柔然的來使，於是與柔然斷絕了關係，轉而向西魏求婚，西魏丞相宇文泰把皇室宗親長樂公主嫁給土門為妻。

秋，七月初四日乙亥，湘東王蕭繹任命長沙王蕭韶監理郢州事務。十六日丁亥，侯景回到建康。于慶從鄱陽返回豫章，侯瑱關閉城門拒絕他入城，于慶逃到江州，佔據郭默城。蕭繹任命侯瑱為南兗州刺史。侯景把侯瑱的兒子弟弟全都處死。

七月三十日辛丑，王僧辯乘勝攻下湓城，陳霸先率領所部三萬人將要與王僧辯會合，屯駐在巴丘。王僧辯軍缺少糧米，陳霸先有糧五十萬石，分三十萬石資助王僧辯。八月初一日壬寅，王僧辯的先鋒部隊襲擊于慶，于慶放棄郭默城逃走，范希榮也放棄尋陽城逃走。晉熙人王僧振等起兵圍攻晉熙郡城，王僧辯派沙州刺史丁道貴援助他，任延和等也棄城逃走。湘東王蕭繹命王僧辯暫時屯駐尋陽等待各路兵馬會集。

當初，侯景攻下建康後，常常說吳人膽怯懦弱，容易掩襲取勝，應等平定中原，然後稱帝。侯景娶簡文帝女溧陽公主，十分寵愛她，影響處理政事。王偉多次諫阻，侯景轉告公主，公主口出惡言，王偉害怕被公主讒害，便勸說侯景除掉簡文帝。等到侯景從巴陵戰敗回來，猛將大多已死，自己擔心在世日子不多了，想早日登上皇位。王偉說：「從古以來，改朝換代，必須廢除當今皇帝，既顯示我們的威權，又杜絕民眾對他的希望。」侯景聽從了。派前壽光殿學士謝旲撰寫詔書，認為「兄弟姪兒互相爭奪帝位，天上星辰運行失去正常秩序，都因為朕不是嫡傳繼承人，導致了禍亂和災害。應當禪位給豫章王蕭棟。」派呂季略帶入宮中，逼迫簡文帝抄寫。蕭棟，是蕭歡的兒子。

八月十七日戊午，侯景派衛尉卿彭雋等率兵進入宮殿，廢簡文帝為晉安王，關押在永福省，全部撤走永福省內外的侍衛，派出強悍騎兵守衛在周圍，牆頭上都布下荊棘。十九日庚申，下詔迎立豫章王蕭棟。蕭棟當時被禁閉，供給的食品很少，以蔬菜為食。蕭棟正在與妃子張氏種蔬菜，皇帝車駕突然來到，蕭棟大驚，不知所措，流著眼淚上了車。

侯景殺了哀太子蕭大器、尋陽王蕭大心、西陽王蕭大鈞、建平王蕭大球、義安王蕭大昕，以及在建康的宗室王侯二十多人。太子蕭大器神色端莊凝重，對侯景的黨羽未曾屈意逢迎，他親近的人偷偷問他，太子說：「叛賊如果行事顧全大義，不須殺我，我即使對他們欺慢辱罵，他們也不敢吭氣。如果殺我的時候到了，即使一天拜他們一百次，也沒有什麼益處。」又問：「殿下現今處在艱苦危難之中，而神色泰然自若，不比平日差，為什麼？」太子說：「吾自料死的日子一定在叛賊的前頭，如果各位叔叔能夠消滅叛賊，叛賊一定先殺我，然後才被消滅。如果不是這樣，叛賊也會殺死我以取得富貴，我怎能以必死的生命去做無益的憂愁呢？」等到遇難時，太子面色不變，平緩地說：「早知此事，可歎來得晚了！」行刑的人將用衣帶絞殺太子，太子說：「這東西殺不死我。」命取繫帳的繩子來絞殺氣絕。

八月二十一日壬戌，蕭棟即帝位，大赦天下，改元天正。太尉郭元建聽到消息，從秦郡騎快馬趕回建康，對侯景說：「皇上是先帝的太子，既然沒有過失，為什麼要廢掉他？」侯景說：「王偉勸告我，說『早點斷絕百姓對舊朝的希望』，我所以聽從他以便安定天下。」郭元建說：「我們挾天子以令諸侯，仍擔心不成功，無故廢掉皇帝，這是自取滅亡，有什麼安定？」侯景想迎接簡文帝復位，讓蕭棟做皇太孫。王偉說：「廢立皇帝是國家大事，哪能多次改變呢？」侯景只好作罷。

八月二十四日乙丑，侯景又派人在吳郡殺死南海王蕭大臨，在姑孰殺死南郡王蕭大連，在會稽殺死安陸王蕭大春，在京口殺死高唐王蕭大壯。把太子妃賜給郭元建，郭元建說：「哪有太子妃竟做別人侍妾的道理？」終究不和太子妃見面，聽憑她入觀當道姑。

八月二十五日丙寅，蕭棟追尊昭明太子蕭統為昭明皇帝，豫章安王蕭歡為安皇帝，金華敬妃為敬太皇太后，豫章太妃王氏為皇太后，冊立自己的妃子張氏為皇后。任命劉神茂為司空。

九月二十三日癸巳，北齊國主高洋往趙州、定州，隨後去晉陽。

九月二十九日己亥，湘東王蕭繹任命尚書令王僧辯為江州刺史，改任江州刺史陳霸先為東揚州刺史。

王偉勸說侯景弒梁太宗簡文帝以斷絕眾人的希望，侯景聽從了。冬，十月初二日壬寅夜晚，王偉與左衛將軍彭雋、王脩纂進酒給太宗，說：「丞相因陛下幽居在這裡憂愁很久，派臣等來祝壽敬酒。」太宗笑著說：「我已禪讓了帝位，怎麼能稱陛下？這祝壽酒，怕是不止是祝壽吧？」於是彭雋等拿出曲頸琵琶，與太宗盡情痛飲。太宗知道將被殺害，因此盡情酣醉，說：「沒想到今天的快樂到這種程度！」醉後就入睡了。王偉便退了出去，彭雋把一個裝滿土的袋子壓在太宗身上，王脩纂坐在土袋子上，簡文帝死了。王偉拆下門板當棺材，把屍體移到城北的酒庫中停放。太宗自從幽閉以後，沒有陪侍的人和紙，就在牆壁和木隔板上寫字，作詩和文章數百篇，文辭非常淒慘悲愴。侯景給太宗的諡號叫明皇帝，廟號高宗。

侯景逼近江陵時，湘東王蕭繹向西魏求援，命令梁州、秦州兩州刺史宜豐侯蕭循把南鄭割讓給西魏，召蕭循返回江陵。蕭循認為無故割讓城池，不是忠臣的節操，回報說：「請讓我等待改變命令。」西魏太師宇文泰派大將軍達奚武領兵三萬攻取漢中，又派大將軍王雄出兵子午谷攻打上津。蕭循派記室參軍沛郡人劉璠向武陵王蕭紀求援，蕭紀派潼州刺史楊乾運救援。蕭循，是蕭恢的兒子。

王僧辯等得知太宗已死，就在十月十六日丙辰，上書湘東王蕭繹，請求他加尊號即皇帝位，蕭繹沒同意。

司空、東道行臺劉神茂得知侯景從巴丘戰敗回到建康，暗中謀劃背叛侯景，吳中士大夫都勉勵他。劉神茂就與儀同三司尹思合、劉歸義、王曄、雲麾將軍元頵等據守東陽策應江陵，派元頵及別將李占進軍下游佔據建德江口。張彪進攻永嘉，攻下了永嘉城。新安豪民程靈洗起兵佔據了郡城響應劉神茂。這時浙江以東地區全都歸附江陵。湘東王蕭繹任命程靈洗為譙州刺史，領新安太守。

十一月初五日乙亥，王僧辯等人又上表勸蕭繹登上皇位，湘東王蕭繹不同意。初八日戊寅，蕭繹任命湘州刺史安南侯蕭方矩為中衛將軍作為自己的副手。蕭方矩，是蕭方諸的弟弟。任命南平王蕭恪為湘州刺史。侯景任命趙伯超為東道行臺，據守錢塘；任命田遷為軍司，據守富春；任命李慶緒為中軍都督，謝答仁為右廂都督，李遵為左廂都督，以討伐劉神茂。

十一月初九日己卯，梁朝給侯景加九錫，侯景的封國漢國設置丞相以下官職。十九日己丑，豫章王蕭棟禪讓皇帝位給侯景，侯景在南郊即皇帝位。侯景回宮，登上太極殿，他的黨羽幾萬人，都吹著口哨，呼喊著擁上去。大赦天下，改年號為太始。封蕭棟為淮陰王，把蕭棟連同他的兩個弟弟蕭橋、蕭樛一同關押在密室中。

王偉請求設立七廟，侯景說：「什麼叫七廟？」王偉說：「七廟是天子祭祀的七代祖先。」並請求侯景告訴七代祖先的名字。侯景說：「前幾代我不再記得，只記下我父親名標，況且他在朔州，哪能到這裡來吃祭品？」大家都笑他。侯景的黨羽有知道侯景的祖父叫侯乙羽周的人，此外的幾代都由王偉給他們制定名位，追尊父親侯標為元皇帝。

侯景做丞相時，把西州作為相府，文武百官無論尊卑他都接見，等到居住在皇宮中，不是故舊不得相見，因此各位將領多有怨言。侯景喜歡獨自騎一匹小馬，彈射飛鳥，王偉常常禁止他，不讓他隨便出宮。侯景悶悶不樂，更加變得失望，說：「我沒事幹當了皇帝，和被人拋棄沒有什麼不同。」

十一月二十二日壬辰，湘東王蕭繹任命長沙王蕭韶為郢州刺史。

益州長史劉孝勝等勸武陵王蕭紀稱帝，蕭紀雖然沒有同意，卻大肆製造皇帝用的車駕服飾。

十二月初八日丁未，謝答仁、李慶緒進攻建德，抓獲了元頵、李占押送建康，侯景砍斷他們的手腳示眾，過了一整天才死。

北齊國主高洋每次出巡，總是讓中山王元寶炬跟隨自己，中山王妃太原公主高氏常常親自替他嘗飯，保護照看他。這一月，高洋請公主飲酒，派人用鴆酒毒害中山王，害死了他以及他的三個兒子，給中山王加諡號叫魏孝靜皇帝，葬在鄴城西邊漳水的北岸。事後，高洋突然又挖開孝靜帝的陵墓，把棺材扔進漳水。高洋初受禪時，北魏七廟的神主靈位都寄放在七帝寺，到這時，也取出燒毀。

彭城公元韶因為是高氏的女婿，受到的恩寵不同於其他元氏皇室成員。開府儀同三司美陽公元暉業因為位高望重，再加上志氣不凡，特別被高洋猜忌，他隨從高洋在晉陽。元暉業在宮門外罵元韶說：「你不如一個老嫗，竟親手捧著玉璽送給別人，為什麼不把它打碎？我說出這話，知道會立即被處死，但你又能活得了幾天？」北齊國主高洋聽到這話殺了元暉業，以及臨淮公元孝友，派人挖開汾水河面冰，沉下他們的屍體。元孝友，是元彧的弟弟。北齊國主高洋曾經剃了元韶的鬢角及鬍鬚，給他塗脂抹粉帶在身邊，說：「我把彭城公當做嬪妃。」意思是說元韶懦弱得像一個婦人。

世祖孝元皇帝上

承聖元年（壬申　西元五五二年）

春，正月，湘東王以南平內史王褒❶為吏部尚書。褒，騫❷之孫也。

齊人屢侵侯景邊地，甲戌❸，景遣郭元建帥步軍趣小峴❹，侯子鑒帥舟師向濡須，己卯❺，至合肥，齊人閉城[1]不出，乃引還。

丙申❻，齊主伐庫莫奚❼，大破之，俘獲四千人，雜畜十餘萬。

齊主連年出塞，給事中兼中書舍人唐邕練習軍書❽，自督將以降勞效本末❾及四方軍士彊弱多少，番代❿往還，器械精粗，糧儲虛實，靡不諳悉。或於帝前簡閱，雖數千人，不執文簿，唱其姓名，未嘗謬誤。帝常曰：「唐邕彊幹，一人當千。」又曰：「邕每有軍事，手作文書，口且處分，耳又聽受，實異人也！」寵待賞賜，羣臣莫及。

魏將王雄取上津、魏興⓫，東梁州刺史安康李遷哲⓬軍敗，降之。

突厥土門襲擊柔然，大破之。柔然頭兵可汗自殺，其太子菴羅辰⓭及阿那瓌從弟登注俟利、登注子庫提並帥眾奔齊，餘眾復立登注次子鐵伐⓮為主。土門自號伊利可汗，號其妻為可賀敦，子弟謂之特勒⓯，別將兵者皆謂之設⓰。

湘東王命王僧辯等東擊侯景，二月庚子⓱，諸軍發尋陽，舳艫⓲數百里。陳霸先帥甲士三萬，舟艦二千，自南江⑲出湓口⑳，會僧辯於白茅灣㉑，築壇歃血，共讀盟文，流涕慷慨。癸卯㉒，僧辯使侯瑱襲南陵㉓、鵲頭㉔二戍，克之。戊申㉕，僧辯等軍于大雷㉖，丙辰㉗，發鵲頭。戊午㉘，侯子鑒還至戰鳥㉙，西軍奄至，子鑒驚懼，奔還淮南。

侯景儀同三司謝答仁攻劉神茂於東陽，程靈洗、張彪皆勒兵將救之，神茂欲專其功，不許，營於下淮㉚。或謂神茂曰：「賊長於野戰，下淮地平，四面受敵，不如據七里瀨㉛。賊必不能進。」不從。神茂偏裨多北人，不與神茂同心，別將王曄、酈通並據外營，降於答仁，劉歸義、尹思合等棄城走。神茂孤危，辛未㉜，亦降於答仁，答仁送之建康。

癸酉㉝，王僧辯等至蕪湖，侯景守將張黑棄城走。景聞之，甚懼，下詔赦湘東王繹、王僧辯之罪，眾咸笑之。侯子鑒據姑孰南洲以拒西師，景遣其黨史安和等將兵二千助之。三月己巳朔㉞，景下詔欲自至姑孰，又遣人戒子鑒曰：「西人善水戰，勿與爭鋒，往年任約之敗，良為此也。若得步騎一交，必當可破，汝但結營岸上，引船入浦以待之。」子鑒乃捨舟登岸，閉營不出。僧辯等停軍蕪湖十餘日，景黨大喜，告景曰：「西師畏吾之彊，勢將遁矣，不擊，且失之。」景乃復命子鑒為水戰之備。

丁丑㉟，僧辯至姑孰，子鑒帥步騎萬餘人度洲，於岸挑戰，又以鵃舠㊱千艘載戰士。僧辯麾細船㊲皆令退縮，留大艦夾泊兩岸。子鑒之眾謂水軍欲退，爭出趨之，大艦斷其歸路，鼓譟大呼，合戰中江，子鑒大敗，士卒赴水死者數千人。子鑒僅以身免，收散卒走還建康，據東府。僧辯留虎臣將軍㊳莊丘慧達鎮姑孰，引軍而前，歷陽戍迎降。景聞子鑒敗，大懼，涕下覆面，引衾而臥，良久方起，歎曰：「誤殺乃公！」

庚辰㊴，僧辯督諸軍至張公洲，辛巳㊵，乘潮入淮，進至禪靈寺前。景召石頭津主張賓，使引淮中艖𦨭㊶及海艟㊷，以石縋之，塞淮口，緣淮作城，自石頭至于朱雀街，十餘里中，樓堞相接。僧辯問計於陳霸先，霸先曰：「前柳仲禮數十萬兵隔水而坐，韋粲在青溪，竟不度岸，賊登高望之，表裏俱盡，故能覆我師徒。今圍石頭，須度北岸。諸將若不能當鋒，霸先請先往立柵。」壬午㊸，霸先於石頭西落星山㊹築柵，眾軍次連八城，直出石頭西北。景恐西州㊺路絕，自帥侯子鑒等亦於石頭東北築五城以遏大路。景使王偉等[2]守臺城。乙酉㊻，景殺湘東王世子方諸、前平東將軍杜幼安。

劉神茂至建康，丙戌(47)，景命為大剉碓(48)，先進其足，寸寸斬之，以至於頭。留異外同神茂而潛通於景，故得免禍。

丁亥(49)，王僧辯進軍招提寺(50)北，侯景帥眾萬餘人、鐵騎八百餘匹陳於西州之西。陳霸先曰：「我眾賊寡，應分其兵勢，以彊制弱，何故聚其鋒銳，令致死於我？」乃命諸將分處置兵。景衝將軍王僧志陳，僧志小縮，霸先遣將軍安陸徐度(51)將弩手二[3]千橫截其後，景兵乃卻。霸先與王琳、杜龕等以鐵騎乘之，僧辯以大軍[4]繼進，景兵敗退，據其柵。龕，岸之兄(52)子也。景儀同三司盧暉略守石頭城，開北門降，僧辯入據之。景與霸先殊死戰，景帥百餘騎，棄矟執刀，左右衝陳，陳不動，眾遂大潰，諸軍逐北至西明門(53)。

景至闕下，不敢入臺，召王偉責之曰：「爾令我為帝，今日誤我！」偉不能對，繞闕而藏。景欲走，偉執鞚(54)諫曰：「自古豈有叛天子邪？宮中衛士，猶足一戰，棄此，將欲安之？」景曰：「我昔敗賀拔勝，破葛榮，揚名河、朔，度江平臺城，降柳仲禮如反掌，今日天亡我也！」因仰觀石闕(55)，歎息久之。以皮囊盛其江東(56)所生二子，掛之鞍後，與房世貴等百餘騎東走，欲就謝答仁於吳。侯子鑒、王偉、陳慶奔朱方。

僧辯命裴之橫、杜龕屯杜姥宅，杜崱入據臺城。僧辯不戢[57]軍士，剽掠居民。男女裸露，自石頭至于東城，號泣滿道。是夜，軍士遺火，焚太極殿及東西堂，寶器、羽儀、輦輅無遺。

戊子[58]，僧辯命侯瑱等帥精甲五千追景。王克、元羅等帥臺內舊臣迎僧辯於道，僧辯勞克曰：「甚苦，事夷狄之君。」克不能對。又問：「璽紱[59]何在？」克良久曰：「趙平原[60]持去。」僧辯曰：「王氏百世卿族，一朝而墜[61]。」僧辯迎太宗梓宮升朝堂，帥百官哭踊如禮。

己丑[62]，僧辯等上表勸進，且迎都建業。湘東王答曰：「淮海[63]長鯨[64]，雖云授首，襄陽短狐[65]，未全革面。太平玉燭[66]，爾乃議之。」

庚寅[67]，南兗州刺史郭元建、秦郡戍主郭正買、陽平戍主魯伯和、行南徐州事郭子仲並據城降。

僧辯之發江陵也，啓湘東王曰：「平賊之後，嗣君[68]萬福，未審何以為禮[69]？」王曰：「六門[70]之內，自極兵威[71]。」僧辯曰：「討賊之謀，臣為己任，成濟之事，請別舉人[72]。」王乃密諭宣猛將軍[73]朱買臣[74]，使為之所。及景敗，太宗已殂，豫章王棟及二弟橋、樛相扶出於密室，逢杜崱於道，為去其鎖。二弟曰：「今日始免橫死矣！」棟曰：「倚伏[75]難知，吾猶有懼。」辛卯[76]，遇朱買臣，呼之就船共飲，未竟，並沈於水。

僧辯遣陳霸先將兵向廣陵受郭元建等降，又遣使者往安慰之。諸將多私使別索[77]馬仗，會侯子鑒度江至廣陵，謂元建等曰：「我曹，梁之深讎，何顏復見其主？不若投北，可得還鄉。」遂皆降齊。霸先至歐陽，齊行臺辛術已據廣陵。

王偉與侯子鑒相失，直瀆[78]戍主黃公喜獲之，送建康。王僧辯問曰：「卿為賊相，不能死節，而求活草間[79]邪？」偉曰：「廢興，命也。使漢帝早從偉言[80]，明公豈有今日？」尚書左丞虞騭嘗為偉所辱，乃唾其面。偉曰：「君不讀書，不足與語。」騭慚而退。

僧辯命羅州刺史徐嗣徽鎮朱方。

壬辰[81]，侯景至晉陵，得田遷餘兵，因驅掠居民，東趣吳郡。

夏，四月，齊主使大都督潘樂與郭元建將兵五萬攻陽平，拔之。

王僧辯啟陳霸先鎮京口。

益州刺史、太尉武陵王紀，頗有武略，在蜀十七年，南開寧州[82]、越巂[83]，西通資陵[84]、吐谷渾，內脩耕桑鹽鐵之政，外通商賈遠方之利，故能殖其財用，器甲殷積，有馬八千匹。聞侯景陷臺城，湘東王將討之，謂僚佐曰：「七官[85]文士，豈能匡濟？」內寢柏殿柱繞節生花，紀以為己瑞。乙巳[86]，即皇帝位，改元天正，立子圓照為皇太子，圓正為西陽王，圓滿[87]為竟陵王，圓普為譙王[88]，圓肅[89]為宜都王。以巴西、梓潼二郡太守永豐侯撝為征西大將軍[90]、益州刺史，封秦郡王。司馬王僧略、直兵參軍[91]徐怦[92]固諫，不從。僧略，僧辯之弟。怦，勉之從子也。

初，臺城之圍，怦勸紀速入援，紀意不欲行，內銜之。會蜀人費合告怦反，怦有與將帥書云：「事事往人口具[93]。」紀即以為反徵，謂怦曰：「以卿舊情，當使諸子無恙。」對曰：「生兒悉如殿下，留之何益？」紀乃盡誅之，梟首於市，亦殺王僧略。永豐侯撝歎曰：「王事不成矣。善人，國之基也，今先殺之，不亡何待？」

紀徵宜豐侯諮議參軍劉璠為中書侍郎，使者八反[94]，乃至。紀令劉孝勝深布[95]腹心，璠苦求還。中記室韋登私謂璠曰：「殿下忍而蓄憾，足下不留，將致大禍，孰若共構大廈[96][5]，使身名俱美哉？」璠正色曰：「卿欲緩頰[97]於我邪？我與府侯[98]分義[99]已定，豈以夷險[100]易其心乎？殿下方布大義於天下，終不逞志於一夫。」

紀知必不為己用，乃厚禮遣之。以宜豐侯循為益州刺史，封隨郡王，以瑤為循府長史、蜀郡太守。

謝答仁討劉神茂還，至富陽，聞侯景敗走，帥萬人欲北出侯之，趙伯超據錢塘拒之。侯景進至嘉興[101]，聞伯超叛之，乃退據吳。己酉[102]，侯瑱追及景於松江[103]，景猶有船二百艘，眾數千人，瑱進擊，敗之，擒彭雋、田遷、房世貴、蔡壽樂、王伯醜。瑱生剖雋腹，抽其腸，雋猶不死，手自收之，乃斬之。

景與腹心數十人單舸走，推墮二子於水，將入海，瑱遣副將焦僧度[104]追之。景納羊侃之女為小妻，以其兄鵾為庫直都督，待之甚厚。鵾隨景東走，與景所親王元禮、謝葳蕤密圖之。葳蕤，答仁之弟也。景下海，欲向蒙山[105]。己卯[106]，景晝寢，鵾語海師[107]：「此中何處有蒙山，汝但聽我處分。」遂直向京口。至胡豆洲[108]，景覺，大驚，問岸上人，云「郭元建猶在廣陵」，景大喜，將依之。鵾拔刀，叱海師向京口，因謂景曰：「吾等為王効力多矣，今至於此，終無所成，欲就乞頭以取富貴。」景未及答，白刃交下。景欲投水，鵾以刀斫之。景走入船中，以佩刀抉船底，鵾以矟刺殺之。尚書右僕射索超世在別船，葳蕤以景命召而執之。南徐州刺史徐嗣徽斬超世，以鹽內景腹中，送其尸於建康。僧辯傳首江陵，截其手，使謝葳蕤送於齊。暴景尸於市，士民爭取食之，并骨皆盡，溧陽公主亦預食[109]焉。初，景之五子在北齊，世宗[110]剝其長子面而烹之，幼者皆下蠶室[111]。齊顯祖[112]即位，夢獼猴坐其御牀，乃盡烹之。趙伯超、謝答仁皆降於侯瑱，瑱并田遷等送建康。王僧辯斬房世貴於市，送王偉、呂季略、周石珍、嚴亶、趙伯超、伏知命於江陵。

丁巳[113]，湘東王下令解嚴。○乙丑[114]，葬簡文帝于莊陵[115]，廟號太宗。

侯景之敗也，以傳國璽自隨，使其侍中兼平原太守趙思賢掌之，曰：「若我死，宜沈於江，勿令吳兒復得之。」思賢自京口濟江，遇盜，從者棄之草間，至廣陵，以告郭元建。元建取之，以與辛術，壬申[116]，術送之至鄴。

甲申[117]，齊以吏部尚書楊愔為右僕射，以太原公主妻之。公主，即魏孝靜帝之后也。

楊乾運至劍北[118]，魏達奚武逆擊之，大破乾運於白馬[119]，陳其俘馘[120]於南鄭城下，且遣人辱宜豐侯循。循怒，出兵與戰，都督楊紹伏兵擊之，殺傷殆盡。劉璠還至白馬西，為武所獲，送長安。太師泰素聞其名，待之如舊交。時南鄭久不下，武請屠之，泰將許之。璠請之於朝，泰怒，不許，璠泣請不已，泰曰：「事人當如是。」乃從其請。

五月庚午[121]，司空南平王恪等復勸進，湘東王猶不受，遣侍中豐城侯泰[122]等 [6] 謁山陵[123]，脩復廟社。

戊寅[124]，侯景首至江陵，梟之於市三日，煮而漆之，以付武庫。庚辰[125]，以南平王恪為揚州刺史。甲申[126]，以王僧辯為司徒、鎮衛將軍[127]，封長寧公。陳霸先為征虜將軍[128]、開府儀同三司，封長城縣侯。

乙酉[129]，誅侯景所署尚書僕射王偉、左民尚書呂季略、少府周石珍、舍人嚴亶於市。趙伯超、伏知命餓死於獄。以謝荅仁不失禮於太宗，特宥之。王偉於獄中上五百言詩，湘東王愛其才，欲宥之。有嫉之者言於王曰：「前日[130]偉作檄文甚佳。」王求而視之，檄云：「項羽[131]重瞳[132]，尚有烏江之敗，湘東一目[133]，寧為赤縣[134]所歸？」王大怒，釘其舌於柱，剜腹、臠肉而殺之。

丙戌[135]，齊合州刺史斛斯昭攻歷陽，拔之。

丁亥[136]，下令，以王偉等既死，自餘衣冠舊貴，被逼偷生，猛士勳豪，和光[137]苟免者，皆不問。

扶風[138]民魯悉達[139]，糾合鄉人以保新蔡[140]，力田蓄穀。時江東饑亂，餓死者什八九，遺民攜老幼歸之。悉達分給糧廩，全濟甚眾，招集晉熙等五郡，盡有其地。使其弟廣達⑭¹將兵從王僧辯討侯景，景平，以悉達為北江州刺史。

【章旨】以上為第二段，詳載湘東王蕭繹平定禍亂，懲治國賊侯景及其黨羽的經過。在討賊征戰中，陳霸先異軍突起。

【注釋】❶王褒　字子淵，琅邪臨沂（今山東臨沂）人，博覽文史，是當時著名文學家。梁時襲封南昌侯。元帝時位至尚書左僕射。江陵淪陷，臣於北周，任車騎大將軍、儀同三司。此後北周主要詔冊都由他起草。傳見《梁書》卷四十一、《南史》卷二十二、《周書》卷四十一、《北史》卷八十三。❷騫　王騫，字思寂，本名玄成，避齊諱改名。仕齊，官至司徒右長史。入梁，歷官東陽太守、吳郡太守、太常卿、中書令、度支尚書等。封南昌侯。傳見《梁書》卷四十一、《南史》卷二十二。❸甲戌　正月初五日。❹小峴　山名，在今安徽金山縣北。❺己卯　正月初十日。❻丙申　正月二十七日。❼庫莫奚　游牧部族名。唐時單稱奚，主要分布於今內蒙古西拉木倫河流域。傳見《周書》卷四十九、《北史》卷九十四。❽練習軍書　精通軍事文書。❾勞効本末　功勞的原委。❿番代　輪流戍守京師或重要駐地。⓫魏興　郡名，梁置，治所西城，在今陝西安康。⓬李遷哲　（西元五一一－五七四年）字孝彥，安康（今陝西石泉東南）人，初仕梁，歷任安康郡守、東梁州刺史，襲父爵沌陽侯。後降西魏，以軍功，官侍中、驃騎大將軍、開府儀同三司、直州刺史。入北周，歷任信州、平州刺史。進爵安康郡公。傳見《周書》卷四十四、《北史》卷六十六。⓭菴羅辰　此人以及下文登注俟利、庫提，三人之傳均見《北史》卷九十八。⓮鐵伐　人名。傳見《北史》卷九十八。⓯特勒　有關南北朝各家正史均作「特勤」。出土的〈唐契苾明碑〉和〈闕特勤碑〉也作「特勤」。《通鑑》從《新唐書》作「特勒」，誤。⓰設　類似將軍。⓱庚子　二月二日。⓲舳艫　用來形容船隻頭尾相連，數量很多。舳是船後掌舵處，艫是船前搖棹處。⓳南江　即贛江。⓴湓口　贛江進入長江處，在今江西九江市。㉑白茅灣　在湓口江心桑落洲的西南。㉒癸卯　二月五日。㉓南陵　縣名，縣治在今安徽繁昌。㉔鵲頭　在今安徽銅陵西北長江上的鵲尾洲。㉕戊申　二月十日。㉖大雷　即大雷戍，在今安徽望江縣。㉗丙辰　二月十八日。㉘戊午　二月二十日。㉙戰鳥　山名，在今安徽繁昌西北。本名孤圻山，東晉桓溫舉兵東下，屯兵於山下，晚上群鳥齊鳴，引起驚擾。事後，此山便被稱作戰鳥山。㉚下淮　戍所名，在今浙江桐廬東北。㉛七里瀨　地名，在今浙江桐廬西南。㉜辛未　二月己亥朔，無辛未日。當是三月三日。㉝癸酉　當是三月五日。㉞己巳朔　三月初一日。㉟丁丑　三月九日。㊱鵃䑠　一種快船，兩邊共八十把棹，棹手都是越地的水手，划起來快如風電。㊲細船　小船。㊳虎臣將軍　官名。㊴庚辰　三月十二日。㊵辛巳　三月十三日。㊶舴艋　亦作「艖艋」。船身短而船艙特深的戰船。㊷海艟　大型戰船。㊸壬午　三月十四日。㊹落星山　山名，在南京石頭城西沿江處。㊺西州　即西州城，在石頭城與都城之間。㊻乙酉　三月十七日。㊼丙戌　三月十八日。㊽大剉碓　大鍘刀。㊾丁亥　三月十九日。㊿招提寺　佛寺名，在石頭城北。(51)徐度　（西元五〇九—五六八年）字孝節，安陸（今湖北安陸）人，以平侯景功封廣德縣侯，遷散騎常侍。江陵失陷，轉依陳霸先。入陳，屢立戰功，封湘東郡公，進位司空。傳見《陳書》卷十二、《南史》卷六十七。(52)岸之兄　指杜岑。(53)西明門　建康宮城外城西面的中門。(54)執鞚　捉住有嚼口的馬絡頭。(55)石闕　梁宮城端門外有石闕，為懸法之處，天監七年（西元五〇八年）建。詳《文選》卷五十六陸倕〈石闕銘〉。(56)江東　江南。(57)不戢　不約束。(58)戊子　三月二十日。(59)紱　繫印的絲帶。這裡與璽連用，專指皇帝的玉璽。(60)趙平原　即趙思賢，侯景的侍中，兼任平原太守，所以稱趙平原。(61)百世卿族二句　琅邪王氏是興起於東漢末年、鼎盛於兩晉的高等門閥，世代公卿。而王克卻喪失臣節，所以王僧辯下此評語。(62)己丑　三月二十一日。(63)淮海　《尚書・禹貢》說「淮海惟揚州」。建康正在揚州刺史部。(64)長鯨　指侯景。(65)短狐　古代稱含沙射影的蜮為短狐，此喻指蕭詧。岳陽王蕭詧時據守襄陽。(66)玉燭　四時和順的太平之世，被稱作玉燭。(67)庚寅　三月二十二日。(68)嗣君　指豫章王蕭棟。(69)何以為禮　請示如何處理蕭棟，是奉為國君，還是除掉。(70)六門　臺城有大司馬門、萬春門、東華門、西華門、太陽門、承明門等六門。此指整個臺城。(71)自極兵威　暗示除掉蕭棟。(72)成濟之事二句　成濟為三國魏人，司馬昭時，奉命殺死國君魏高貴鄉公，事後成濟被司馬昭下令族誅。事詳《三國志》卷四〈高貴鄉公紀〉。僧辯不想落個弒君之名，所以推託此事。(73)宣猛將軍　官名，梁雜號將軍之一。(74)朱買臣　宦官出身，元帝親信。後任武昌太守，勸說元帝從江陵遷都建康，未果。西魏圍攻江陵，買臣戰敗，下落不明。(75)倚伏　典出《老子》，文作「禍兮福之所倚，福兮禍之所伏」。蕭棟以此說明權力鬥爭前途難料，恐怕凶多吉少。(76)辛卯　三月二十三日。(77)私使別索　私下派人另外索要。(78)直瀆　戍所名，在今南京燕子磯一帶。(79)草間　民間。(80)使漢帝早從偉言　漢帝，指侯景，建國為漢，所以稱漢帝。侯景破臺城，王僧辯投降。當時王偉力勸及早除掉王僧辯，侯景不聽，派僧辯駐守竟陵。「早從偉言」即處死王僧辯。(81)壬辰　三月二十四日。(82)寧州　州名，治所建寧，在今雲南曲靖。(83)越嶲　郡名，治所邛都，在今四川西昌。(84)資陵　不詳。按，太清年間，蕭紀於蠶陵縣（今四川松潘）置鐵州，不久罷除，轉屬湔州。該縣與吐谷渾接壤，疑此即「資陵」。85七官　蕭繹在兄弟中排行老七，所以蕭紀稱他為「七官」。86乙巳　四月八日。87圓滿　蕭圓滿（？—西元五五三年），蕭紀第五子，於西陵峽戰敗被殺。88圓普為譙王　蕭圓普，封南譙王。《通鑑》脫「南」字。89圓肅　蕭圓肅（西元五三九—五八四年），字明恭，後降西魏，封安化縣公。入周，改封棘城郡公。隋時，任貝州刺史。傳見《周書》卷四十二、《北史》卷二十九。90征西大將軍　官名，較征西將軍高一階。征西將軍，梁四征將軍之一，位僅次於鎮、衛、驃騎、車騎將軍。武職二十四班之二十三班。蕭紀加「大」字以示重用。91直兵參軍　即中直兵參軍，官名，是蕭紀王府衛隊的將官。92徐怦　梁初名相徐勉的姪子。93口具　口頭陳述。94八反　走了八趟。反，通「返」。95深布　深刻表達。96大廈　大殿。此喻指新的國家。97綏頰　婉轉勸說。98府侯　指宜豐侯蕭循。99分義　上下名分。100夷險　偏義複詞，特指險境。101嘉興　縣名，縣治在今浙江嘉興。102己酉　四月十二日。103松江　河名，在今江蘇吳縣。104焦僧度　入陳，仕至合州刺史，封南固縣侯。105蒙山　山名，在南青州東安郡新泰縣，即今山東蒙陰。106己卯　四月戊戌朔，無己卯日。下有丁巳日，此前有乙卯，即四月十八日。疑己、乙形近而訛。107海師　熟悉海上航路的人。108胡豆洲　長江口上的一個沙洲。在今江蘇南通附近，現已成陸地。109預食　參與食用。一說城中士民把溧陽公主也殺了烹食，以發洩對侯景的仇恨。110世宗　北齊文襄帝高澄的廟號。111蠶室　受腐刑的地方。侯景幼子都被割去生殖器，成為宮奴。112齊顯祖　即高洋。顯祖是廟號。113丁巳　四月二十日。114乙丑　四月二十八日。115莊陵　在今江蘇丹陽荊林鎮。116壬申　四月戊戌朔，無壬申，疑誤。117甲申　四月無甲申日。疑誤。118劍北　劍閣以北。119白馬　城名，有戍所，在今陝西勉縣西。120俘馘　俘虜和被殺敵人的左耳。此為偏義在馘（左耳）上，指首級。一個首級以一隻左耳代。121庚午　五月三日。122豐城侯泰　蕭泰，字世怡，梁宗室，封豐城侯。曾任譙州刺史。傳見《南史》卷五十二。123山陵　在建康的梁武帝等人的陵墓。124戊寅　五月十一日。125庚辰　五月十三日。126甲申　五月十七日。127鎮衛將軍　武官名，十六國後趙曾置，梁武帝時亦置此名號，為武職中最高班次二十四班。罕見授人，元帝特以授王僧辯，以彰顯其平侯景之功。128征虜將軍　官名，同武職二十四班之十六班。129乙酉　五月十八日。130前日　過去；先前。131項羽　（西元前二三二—前二〇二年）西楚霸王，名籍，字羽，以字行，下相（今江蘇宿遷西南）人，滅秦之後，與劉邦爭奪天下，垓下大敗，自刎烏江。事見《史記》卷七〈項羽本紀〉。132重瞳　眼中有兩個瞳子。古人認為是帝王之相。133湘東一目　蕭繹瞎了一隻眼。134赤縣　神州。135丙戌　五月十九日。136丁亥　五月二十日。137和光　隱匿才華，不露鋒芒。138扶風　郡名，據《陳書》，魯悉達是扶風郿縣（今陝西眉縣）人。139魯悉達　字志通，敬帝時，搖擺於梁朝與王琳之間，擁地自保。後投靠陳霸先，歷任江州、吳州刺史，封彭澤縣侯。傳見《陳書》卷十三、《南史》卷六十七。140新蔡郡名，南朝僑置於江州。梁時稱南新蔡郡，治所苞信，在今湖北黃梅。141廣達　魯廣達（西元五三一—五八九年），字遍覽，梁元帝承制，授假節、壯武將軍、晉州刺史。入陳，歷任吳州、南豫州、巴州、北徐州、北兗州、晉州、合州刺史，屢建功勳。陳後主時，封綏越郡公。隋滅陳，憂憤而死。傳見《陳書》卷三十一、《南史》卷六十七。

【校記】①城　原作「門」。據章鈺校，十二行本、乙十一行本、孔天胤本皆作「城」，今據改。②等　原無此字。據章鈺校，十二行本、乙十一行本、孔天胤本皆有此字，今據補。③二　原作「三」。《通鑑紀事本末》卷二三、《通鑑綱目》卷三三皆作「二」，當是，今據改。④軍　原作「兵」。據章鈺校，十二行本、乙十一行本、孔天胤本皆作「軍」，今據改。⑤廈　原作「夏」。據章鈺校，十二行本、乙十一行本、孔天胤本皆作「廈」，今據改。⑥等　原無此字。據章鈺校，十二行本、乙十一行本、孔天胤本皆有此字，張敦仁《通鑑刊本識誤》同，今據補。

【語譯】世祖孝元皇帝上

承聖元年（壬申　西元五五二年）

春，正月，梁湘東王蕭繹任命南平內史王褒為吏部尚書。王褒，是王騫的孫子。

北齊多次侵犯侯景的邊境地區。正月初五日甲戌，侯景派郭元建率領步兵奔赴小峴，侯子鑒率領水軍向濡須進發，初十日己卯，到達合肥，北齊人閉城不出，便引軍退還。

正月二十七日丙申，北齊國主高洋討伐庫莫奚，大敗庫莫奚，俘虜四千人，繳獲雜畜十餘萬頭。

北齊國主高洋連年出塞作戰，給事中兼中書舍人唐邕精通軍事文書，從督將以下在軍中效力建功的始末，以及各地駐防士兵的強弱多少，輪番駐防調動，兵器好壞，糧儲多少，沒有不熟悉的。有時在國主高洋面前檢閱軍隊，即使有幾千人，不拿花名冊，高聲點名，未曾有差錯。高洋常常說：「唐邕精明幹練，一人頂一千人。」又說：「唐邕每次有軍事行動，手寫文書，口還布置任務，耳朵又聽別人講話，真是個奇人！」因此，唐邕受到的寵信和賞賜，群臣沒有人趕得上。

西魏將軍王雄攻佔了上津、魏興，東梁州刺史安康人李遷哲兵敗，投降了王雄。

突厥土門襲擊柔然，大敗柔然。柔然頭兵可汗自殺，頭兵可汗的太子菴羅辰，以及阿那瓌從弟登注俟利、登注的兒子庫提一起率領部眾投奔北齊，其餘部眾又擁立登注俟利次子鐵伐為首領。土門自號伊利可汗，給其妻的稱號是可賀敦，子弟叫做特勒，其他帶兵將領都叫做設。

湘東王蕭繹命令王僧辯等向東進擊侯景。二月初二日庚子，各路軍隊從尋陽出發，兵船首尾相接數百里。陳霸先率領甲士三萬人，兵船二千艘，從南江出發指向湓口，在白茅灣與王僧辯會師，築壇歃血訂盟，共同宣讀盟文，慷慨激昂，聲淚俱下。初五日癸卯，王僧辯派侯瑱襲擊南陵、鵲頭兩個哨所，攻了下來。初十日戊申，王僧辯等駐軍大雷，十八日丙辰，從鵲頭出發。二十日戊午，侯景部將侯子鑒退軍到戰鳥山，王僧辯的大軍突然殺來，侯子鑒驚恐，逃回淮南。

侯景的儀同三司謝答仁在東陽攻擊劉神茂，程靈洗、張彪都整頓部隊準備救援，劉神茂想獨佔大功，不允許他們救援，自己在下淮紮營。有人對劉神茂說：「叛軍擅長在曠野作戰，下淮地勢平坦，容易四面受敵，不如佔據七里瀨，叛軍一定不敢進逼。」劉神茂不聽從。劉神茂的手下將官大多數是北方人，不與劉神茂一條心，其他將領王曄、酈通據守外營，投降了謝答仁；劉歸義、尹思合等放棄東陽城逃走，劉神茂孤立危殆，辛未日，也投降了謝答仁，謝答仁把他押送建康。

癸酉日，王僧辯等到達蕪湖，侯景守將張黑棄城逃走。侯景聽到消息，十分害怕，下詔赦免湘東王蕭繹、王僧辯的罪過，大家都笑話他。侯子鑒據守姑孰南洲抵抗王僧辯，侯景派他的黨羽史安和等人領兵二千增援他。三月初一日己巳，侯景下詔打算親自到姑孰，又派人告誡侯子鑒說：「荊州人善於水戰，不要和他們在水上交鋒，去年任約的失敗，原因在此。如果能和他們的步兵騎兵交戰，一定可以取勝。你只在岸上紮營，把戰船擺在水邊等待他們。」侯子鑒就放下舟船登上河岸，閉營不出戰。王僧辯等把軍隊在蕪湖停留十多天，侯景黨羽十分高興，向侯景報告說：「荊州軍害怕我軍強大，看樣子要逃跑，不攻擊他，將失掉戰機。」侯景就重新命令侯子鑒做好水戰的準備。

三月初九日丁丑，王僧辯到達姑孰，侯子鑒率領步騎一萬多人渡過南洲，在岸上挑戰，又用快船千艘裝載戰士。王僧辯指揮小船都退到後邊，留下大兵船在兩岸夾江停泊。侯子鑒的部隊誤認荊州水軍想退卻，爭著追趕他們，王僧辯的大兵船切斷敵軍的歸路，擊鼓吶喊在長江中心合擊敵人，侯子鑒大敗，士兵跳入江中淹死的有幾千人。侯子鑒僅隻身逃脫，搜集散兵逃回建康，據守東府。王僧辯留下虎臣將軍莊丘慧達鎮守姑孰，領兵向前推進，歷陽哨所望風投降。侯景聽到侯子鑒戰敗，驚恐萬分，淚流滿面，蓋著被子躺在床上，很長時間才起床，感歎地說：「這一次錯誤可要了老子的命！」

三月十二日庚辰，王僧辯統領各路兵馬到達張公洲。十三日辛巳，趁著漲潮進入秦淮河，推進到禪靈寺前。侯景召見石頭津軍主張賓，派他帶領秦淮河中的小船和大型戰船，用大石塊將船沉入水中，堵塞秦淮河水口，沿著秦淮河築牆，從石頭城直到朱雀街，在十多里長的沿河岸城牆上碉樓和堞垛相連。王僧辯向陳霸先詢問計策，陳霸先說：「先前柳仲禮數十萬兵力隔水觀望，韋粲在青溪，始終不敢渡過秦淮河，叛賊登高觀望他們，軍營裡裡外外一覽無餘，所以能夠打敗我軍。今天兵圍石頭城，必須渡河到北岸。各位將軍如果沒有人首當其衝，我陳霸先請求首先前往北岸紮營。」十四日壬午，陳霸先在石頭城西落星山修築柵欄，各路軍隊依次在北岸連著修築了八座營柵，一直延伸到石頭城西北。侯景害怕西州城退路被切斷，親自率領侯子鑒等也在石頭城的東北面築城五座，用以阻斷大路。侯景派王偉等人守臺城。十七日乙酉，侯景殺了湘東王世子蕭方諸、前平東將軍杜幼安。

劉神茂到了建康。三月十八日丙戌，侯景下令造大鍘刀，先把劉神茂的腳放進去，一寸一寸切斷，最後到頭顱。留異表面上與劉神茂同謀，暗中則與侯景勾結，所以避免了殺身之禍。

三月十九日丁亥，王僧辯進軍到招提寺北，侯景率領一萬餘人、鐵甲戰馬八百多匹，在西州城的西面列陣。陳霸先說：「我軍多，敵人少，應當再分散敵人的兵力，以強擊弱，為什麼要讓敵人把精銳兵力集中在一起，使他們與我軍拼命呢？」於是命令各路將領分幾處部署軍隊。侯景衝擊將軍王僧志的軍陣，王僧志的軍隊略略後退，陳霸先派將軍安陸人徐度帶領弓箭手兩千人從侯景軍背後攔腰攻擊，景軍這才後退。陳霸先與王琳、杜龕等用鐵甲騎兵趁勢追擊，王僧辯率領大軍隨後跟進，侯景的軍隊戰敗退入軍營據守。杜龕，是杜岸哥哥的兒子。侯景的儀同三司盧暉略據守石頭城，打開北門投降，王僧辯進軍佔據了石頭城。侯景與陳霸先拼命死戰，侯景率領一百多名騎兵，丟下長矛手執短刀，左衝右突地攻擊陳霸先的軍陣，但陳霸先的軍陣穩穩不動，侯景部隊於是全面崩潰，各路軍隊追趕敗兵到了西明門。

侯景退到皇城下面，不敢進城，召見王偉斥責他說：「你讓我做皇帝，今天害了我！」王偉無言以對，繞著宮牆躲藏。侯景想逃走，王偉拉住他的馬籠頭諫阻說：「從古以來，哪有叛逃的天子呢？宮中衛士，還足以決一死戰，丟了皇城，你想到哪裡去安身呢？」侯景說：「我從前打敗賀拔勝，戰勝葛榮，揚名河朔，渡江平定皇城，降服柳仲禮，易如反掌，今日是天要滅亡我！」隨即抬頭仰望著宮城端門外石闕，歎息了好一陣。侯景用皮袋子裝上他到江南所生的兩個兒子，掛在馬鞍後頭，與房世貴等一百餘騎向東逃亡，想到吳郡去投靠謝答仁。侯子鑒、王偉、陳慶逃往朱方。

王僧辯命令裴之橫、杜龕屯駐杜姥宅，命令杜崱入據皇城。王僧辯不約束士兵，士兵搶掠建康居民。城中男女赤身裸體，從石頭城到東城，一路上到處是哭喊聲。這一夜，因軍士失火，燒毀了太極殿和東西堂，宮殿的珍寶神器、儀仗羽飾、車輛等全部燒光。

三月二十日戊子，王僧辯命令侯瑱等率領精銳甲士五千人追擊侯景。王克、元羅等率領皇城中舊臣在大道上迎接王僧辯，王僧辯慰勞王克說：「很辛苦，侍奉夷狄之君。」王克無言以對。王僧辯又問：「皇帝玉璽在什麼地方？」王克過了很久才回答說：「平原太守趙思賢拿走了。」王僧辯說：「王氏百代公卿家族，今天到你這裡算是墮落了。」王僧辯把簡文帝的靈柩迎入到朝堂上，率領百官按喪禮哭拜祭奠。

三月二十一日己丑，王僧辯等上表勸湘東王蕭繹即皇帝位，並且迎接他定都建業。湘東王蕭繹回答說：「揚州的大鯨魚侯景雖然要掉腦袋，但襄陽的短尾巴狐狸蕭詧還沒有改過自新。等到天下太平，四時調和，你再來談論這件事吧。」

三月二十二日庚寅，南兗州刺史郭元建、秦郡戍主郭正買、陽平戍主魯伯和、代理南徐州政務的郭子仲等，都佔據城池投降。

王僧辯從江陵出發時，上書湘東王說：「平定叛賊之後，如果皇位繼承人還活著，不知用什麼禮節對待？」

湘東王說：「皇城六門之內，一律按軍法從事。」王僧辯說：「討滅叛賊的謀劃，臣自應擔當，三國時曹魏成濟所做的那種事，請大王另外派人。」湘東王蕭繹就密令宣猛將軍朱買臣，讓他處置侯景所立的傀儡皇帝。等到侯景失敗，太宗簡文帝已死，豫章王蕭棟和他的兩個弟弟蕭橋、蕭樛互相牽扶從密室出來，在路上碰到杜崱，杜崱替他們去掉了鎖鍊。兩個弟弟說：「今天算是避免暴死之禍了。」蕭棟說：「是福是禍還很難說，我仍然恐懼！」三月二十三日辛卯，遇到朱買臣，招呼他們上船一起飲酒，席還沒有散，朱買臣就把他們兄弟三人一起沉入了水中。

王僧辯派陳霸先領兵到廣陵接受郭元建等人投降，又派使者前往安慰。各路將領多人私下派使者去向郭元建索要兵器馬匹，正遇侯子鑒渡江到了廣陵，對郭元建說：「我們都是梁朝最痛恨的仇人，有什麼臉面再去見他們的君主？不如投降北朝，還可以回到故鄉。」於是都投降了北齊。陳霸先到達歐陽，北齊行臺辛術已經佔據了廣陵。

王偉與侯子鑒失去了聯繫，直瀆戍主黃公喜抓獲了他，押往建康。王僧辯問王偉說：「你當叛賊的丞相，不能殉職死節，還想在草野間求活嗎？」王偉說：「失敗與成功，是命中註定的，假如漢帝侯景聽從我的話，明公怎能有今天？」尚書左丞虞騭曾經被王偉侮辱，就向他臉上吐唾沫。王偉說：「你不讀書，我不值得與你說話。」虞騭慚愧地退了下去。

王僧辯命令羅州刺史徐嗣徽鎮守朱方。

三月二十四日壬辰，侯景逃到晉陵，得到田遷的殘兵，便用他們驅趕掠奪居民，向東逃向吳郡。

夏，四月，北齊國主高洋派大都督潘樂與郭元建領兵五萬進攻陽平，攻取了陽平城。

王僧辯上書湘東王蕭繹，讓陳霸先鎮守京口。

益州刺史、太尉武陵王蕭紀很有軍事才略，在巴蜀十七年，向南開拓了寧州、越巂，向西打通了資陵、吐谷渾，對內整治耕桑與鹽鐵政務，對外流通商貿以獲遠方之利，所以能增殖財富，兵器鎧甲大量蓄積，有戰馬八千匹。蕭紀得知侯景攻陷皇城，湘東王蕭繹準備討伐侯景，就對僚佐說：「老七是個文士，怎能挽救危局保全國家？」蕭紀臥室中的柏木樑柱環繞著樹節開了花，蕭紀認為是自己得到的祥瑞。四月初八日乙巳，即皇帝位，改年號為天正，冊立兒子蕭圓照為皇太子，封兒子蕭圓正為西陽王、蕭圓滿為竟陵王、蕭圓普為譙王、蕭圓肅為宜都王。任命巴西、梓潼兩郡太守永豐侯蕭撝為征西大將軍、益州刺史，封為秦郡王。司馬王僧略、直兵參軍徐怦竭力諫阻，蕭紀不聽從。王僧略，是王僧辯的弟弟。徐怦，是徐勉的姪兒。

當初，皇城被圍困的時候，徐怦勸蕭紀迅速進兵救援，蕭紀本意不想出兵，所以內心記恨徐怦。正好蜀郡人費合告發徐怦謀反，徐怦有給將帥的信說：「各種事項，我派去的人當面口頭陳述。」蕭紀就把這句話作為徐怦造反的證據，對徐怦說：「憑著你我的交情，會使你的兒子平安。」徐怦說：「如果我生的兒子都和你一個樣，留下他們有什麼用？」蕭紀把他們全部殺了，割下人頭在市場示眾，也殺了王僧略。永豐侯蕭撝歎息說：「大王的事不會成功。善良的人，是立國的根基，如今先殺了這些人，不滅亡還能等到什麼呢？」

蕭紀徵召宜豐侯的諮議參軍劉璠為中書侍郎，使者派出了八次，劉璠才到，蕭紀派劉孝勝去向劉璠表達自己要待他為心腹的心意，劉璠還是苦苦要求回去。中記室參軍韋登私下對劉璠說：「武陵王殿下殘忍而記仇，你不留下來，將要招致大禍，哪裡比得上留下來共建帝業，使自己身貴名揚呢？」劉璠嚴肅地說：「你想婉轉勸說我嗎？我與宜豐侯的名分情義已經確定，豈能因為安危而變心呢？武陵王殿下正在向全天下的人施行仁義，終不至於在我一個人身上求得快意。」蕭紀知道劉璠一定不為自己所用，就送給他厚禮，讓他回去。蕭紀任命宜豐侯蕭循為益州刺史，封隨郡王，任命劉璠為蕭循府長史、蜀郡太守。

謝答仁討伐劉神茂回來，到達富陽，聽到侯景敗逃，領兵萬人想北上迎侯景，趙伯超佔據錢塘阻擋他。侯景行進到嘉興，聽到趙伯超反叛，便退回佔據吳郡。四月十二日己酉，侯瑱在松江追上侯景，侯景還有戰船二百艘，兵眾數千人。侯瑱進攻，打敗了侯景，活捉了彭雋、田遷、房世貴、蔡壽樂、王伯醜。侯瑱活活剖開彭雋的肚子，抽出他的腸子，彭雋還沒有死，親手收回腸子，侯瑱這才殺了他。

侯景與親信幾十個人乘了一艘船逃走，把他的兩個兒子推入江中，將要進入大海，侯瑱派副將焦僧度追擊侯景。侯景娶羊侃之女為妾，任命羊氏女的哥哥羊鵾為庫直都督，待他很優厚。羊鵾隨著侯景東逃，與侯景的親信王元禮、謝葳蕤密謀除掉侯景。謝葳蕤，是謝答仁的弟弟。侯景下海後，想逃向蒙山。四月己卯日，侯景白天睡覺，羊鵾對航海舵手說：「海上哪裡有蒙山，你只管聽我的吩咐。」便指揮船隻逕直向京口駛去。船到胡豆洲，侯景發覺，大驚，問岸上的人，回答說「郭元建還在廣陵」，侯景非常高興，打算去依附他。羊鵾拔出刀來，喝令舵手向京口駛去，接著對侯景說：「我們替大王效力已經很多，如今到了這個地步，終究不會成功，想借你的人頭去取得富貴。」侯景沒有來得及答話，刀鋒交下。侯景想跳入水中，羊鵾用刀砍他，侯景逃進船艙，用佩刀挖船底，羊鵾用長矛刺死了侯景。尚書右僕射索超世在另一艘船上，謝葳蕤假借侯景的命令召他過來活捉了他。南徐州刺史徐嗣徽殺了索超世，又用鹽塞進侯景的肚子中，把他的屍體送到建康。王僧辯割下侯景首級送到江陵，砍下侯景雙手，派謝葳蕤送到北齊。把侯景的屍體暴露在鬧市中，士民爭著拿他的肉吃，連骨頭都被搶光了，溧陽公主也參與分吃侯景的肉。當初，侯景的五個兒子在北齊，世宗高澄剝了侯景長子的臉皮然後下鍋煮死，幾個小的兒子都閹割了生殖器。齊顯祖高洋即位後，夢見獼猴坐在他的御床上，便把侯景的幾個兒子全部下鍋煮死。趙伯超、謝答仁都投降了侯瑱，侯瑱把他們和田遷等一併送到建康，王僧辯在鬧市上殺了房世貴，把王偉、呂季略、周石珍、嚴亶、趙伯超、伏知命等人押送到江陵。

四月二十日丁巳，湘東王蕭繹下令解除了戒嚴。〇二十八日乙丑，在莊陵安葬了簡文帝，廟號太宗。侯景敗逃時，把傳國玉璽帶在身邊，讓他的侍中兼平原太守趙思賢掌管，說：「如果我死了，應當把它沉到江中，不要讓吳兒重新得到它。」趙思賢從京口渡江，碰上強盜，隨從的人將玉璽拋棄在草叢中，趙思賢到達廣陵後，把這事告訴了郭元建。郭元建找回玉璽，獻給了北齊將領辛術。壬申日，辛術把玉璽送到了鄴城。

甲申日，北齊任命吏部尚書楊愔為右僕射，把太原公主嫁給他為妻。太原公主高氏是孝靜帝的皇后。

楊乾運到達劍閣北面，西魏達奚武迎擊他，在白馬大敗楊乾運。把被殺敵人的耳朵和俘獲的敵人陳列在南鄭城牆下，並且派人侮辱宜豐侯蕭循。蕭循發怒，出兵與敵人交戰，都督楊紹埋伏士兵襲擊他，蕭循的士兵被殺傷殆盡。劉璠回到白馬西邊，被達奚武抓獲，送往長安。太師宇文泰早就知道劉璠的名聲，對待他如同老朋友。當時南鄭久攻不下，達奚武請求城破屠殺全城軍民，宇文泰將要答應，劉璠在朝堂上請求不要這樣做，宇文泰大怒，不同意，劉璠不停地流淚請求，宇文泰說：「為人做事應該這樣。」便答應了劉璠的請求。

五月初三日庚午，司空南平王蕭恪等又勸蕭繹即皇帝位，湘東王蕭繹還是不接受，派侍中豐城侯蕭泰等人去拜祭祖宗陵墓，修復宗廟祭壇。

五月十一日戊寅，侯景首級送到江陵，在鬧市懸掛示眾三日，把它煮爛，留下頭骨塗上油漆後交付武庫。十三日庚辰，任命南平王蕭恪為揚州刺史。十七日甲申，任命王僧辯為司徒、鎮衛將軍，封長寧公。任命陳霸先為征虜將軍、開府儀同三司，封長城縣侯。

五月十八日乙酉，在市場處決侯景所署的尚書僕射王偉、左民尚書呂季略、少府周石珍、舍人嚴亶。趙伯超、伏知命餓死在監獄中。由於謝答仁在太宗皇帝面前不失臣子的禮節，特地赦免了他。王偉在獄中獻上了五百字的長詩，湘東王蕭繹愛惜他的才華，想寬免他。有嫉恨王偉的人對湘東王蕭繹說：「前些時王偉寫的討梁檄文很好。」湘東王蕭繹要來檄文看，檄文說：「項羽是重瞳子，尚且有烏江的慘敗，湘東王一隻眼，怎麼能贏得天下人歸服？」湘東王蕭繹大怒，把王偉的舌頭釘在柱子上，剖開他的肚子，把他身上的肉一塊一塊地割下，處死了他。

五月十九日丙戌，北齊合州刺史斛斯昭進攻歷陽，攻取了歷陽城。

五月二十日丁亥，下令說，因為王偉等人已經處死，其餘舊日的達官顯貴，被迫偷生，還有那些勇士豪傑，以及隨波逐流求活的人，一概不追究。

扶風豪民魯悉達糾聚鄉里平民保衛新蔡，努力耕種，蓄積糧食。當時江東饑荒動亂，百姓餓死的有十之八九，幸存的百姓扶老攜幼歸附魯悉達。魯悉達分給他們糧食，救活的人很多，安撫招集了晉熙等五郡的民眾，全部佔有了五郡的土地。魯悉達派他的弟弟魯廣達領兵隨從王僧辯征討侯景，侯景被平定後，湘東王蕭繹任命魯悉達為北江州刺史。

齊主使其散騎常侍曹文皎等來聘，湘東王使散騎常侍柳暉等報之，且告平侯景，亦遣舍人魏彥告于魏。

齊主使潘樂、郭元建將兵圍秦郡，行臺尚書辛術諫曰：「朝廷與湘東王信使不絕。陽平，侯景之土，取之可也。今王僧辯已遣嚴超達❶守秦郡，於義何得復爭之？且水潦方降，不如班師。」弗從。陳霸先命別將徐度❷引兵助秦郡固守。齊眾七萬，攻之甚急。王僧辯使左衛將軍杜崱救之，霸先亦自歐陽來會，與元建大戰於士林❸，大破之，斬首萬餘級，生擒千餘人。元建收餘眾北遁，猶以通好，不窮追也。

辛術遷吏部尚書。自魏遷鄴以來[1]，大選❹之職，知名者數人，互有得失：齊世宗❺少年高朗，所弊者疏；袁叔德❻沉密謹厚，所傷者細；楊愔❼風流辯給，取士失於浮華。唯術性尚貞明❽，取士必以才器，循名責實，新舊參舉，管庫❾必擢，門閥不遺，考之前後，最為折衷。

魏達奚武遣尚書左丞柳帶韋❿入南鄭，說宜豐侯循曰：「足下所固者險，所恃者援，所保者民。今王旅深入，所憑之險不足固也；白馬破走，酋豪⓫不進，所望之援不可恃也；長圍四合，所部之民不可保也。且足下本朝喪亂，社稷無主，欲誰為為忠乎？豈若轉禍為福，使慶流子孫邪？」循乃請降。帶韋，慶之子也。開府儀同三司賀蘭德願聞城中食盡，請攻之，大都督赫連達曰：「不戰而獲城，策之上者，豈可利其子女，貪其貨財，而不愛民命乎？且觀其士馬猶彊，城池尚固，攻之縱克，必②彼此俱傷，如困獸猶鬬，則成敗未可知也。」武曰：「公言是也。」乃受循降，獲男女二萬口而還，於是劍北皆入於魏。

六月丁未⑫，齊主還鄴。乙卯⑬，復如晉陽。○庚寅⑭，立安南侯方矩為王太子。○齊遣散騎常侍謝季卿來賀平侯景。○衡州刺史王懷明⑮作亂，廣州刺史蕭勃討平之。

齊政煩賦重，江北之民不樂屬齊，其豪傑數請兵於王僧辯，僧辯以與齊通好，皆不許。秋，七月，廣陵僑人⑯朱盛等潛聚黨數千人，謀襲殺齊刺史溫仲邕，遣使求援於陳霸先，云已克其外城，霸先使告僧辯，僧辯曰：「人之情偽，未易可測，若審⑰克外城，亟須應援，如其不爾，無煩進軍。」使未報，霸先已濟江，僧辯乃命武州刺史杜崱等助之。會盛等謀泄，霸先因進軍圍廣陵。

八月，魏安康⑱人黃眾寶反，攻魏興，執太守柳檜⑲，進圍東梁州⑳。令檜誘說城中，檜不從而死。檜，虯之弟也。太師泰遣王雄與驃騎大將軍武川宇文虯㉑

討之。

武陵王紀舉兵由外水㉒東下，以永豐侯撝為益州刺史，守成都，使其子宜都王圓肅副之。

九月甲戌㉓，司空南平王恪卒。甲申㉔，以王僧辯為揚州刺史。

齊主使告王僧辯、陳霸先曰：「請釋廣陵之圍，必歸廣陵、歷陽兩城。」霸先引兵還京口，江北之民從霸先濟江者萬餘口。湘東王以霸先為征北大將軍、開府儀同三司、南徐州刺史，徵霸先世子昌㉕及兄子頊㉖詣江陵，以昌為員外[3]散騎常侍，頊為領直㉗。

宜豐侯循之降魏也，丞相泰許其南還，久而未遣，從容問劉璠曰：「我於古誰比？」對曰：「璠常以公為湯、武，今日所見，曾桓、文之不如。」泰曰：「我安敢比湯、武，庶幾望伊、周，何至不如桓、文？」對曰：「齊桓存三亡國㉘，晉文[4]不失信於伐原㉙。」語未竟，泰撫掌曰：「我解爾意，欲激我耳。」乃謂循曰：「王欲之荊，為之益？」循請還江陵，泰厚禮遣之。循以文武千家自隨，湘東王疑之，遣使覘察㉚，相望於道㉛。始至之夕，命劫竊其財，及旦，循啟輸馬仗，王乃安之，引入，對泣。以循為侍中、驃騎將軍、開府儀同三司。

冬，十月，齊主自晉陽如離石[32]，自黃櫨嶺[33]起長城[34]，北至社平戍[35]，四百餘里，置三十六戍。

戊申[36]，湘東王執湘州刺史王琳於殿中，殺其副將殷晏。琳本會稽兵家，其姊妹皆入王宮，故琳少在王左右。琳好勇，王以為將帥。琳傾身下士，所得賞賜，不以入家。麾下萬人，多江、淮羣盜，從王僧辯平侯景，與杜龕功居第一。在建康，恃寵縱暴，僧辯不能禁。僧辯以宮殿之燒[37]，恐得罪，欲以琳塞責，乃密啓王，請誅琳。王以琳為湘州，琳自疑及禍，使長史陸納帥部曲赴湘州，身詣江陵陳謝，謂納等曰：「吾若不返，子將安之？」咸曰：「請死之。」相泣而別。至江陵，王下琳吏。

辛酉[38]，以王子方略為湘州刺史，又以廷尉黃羅漢[39]為長史，使與太舟卿張載至巴陵，先據琳軍。載有寵於王，而御下峻刻，荊州人疾之如讎。羅漢等至琳軍，陸納及士卒並哭，不肯受命，執羅漢及載。王遣宦者陳旻往諭之，納對旻刳載腹，抽腸以繫馬足，使繞而走，腸盡氣絕。又臠割，出其心，向之抃舞[40]，焚其餘骨。以黃羅漢清謹而免之。納與諸將引兵襲湘州，時州中無主，納遂據之。

公卿藩鎮數勸進於湘東王，十一月丙子[41]，世祖即皇帝位於江陵，改元[42]，大赦。是日，帝不升正殿，公卿陪列而已。

丁丑(43)，以宜豐侯循為湘州刺史。

己卯(44)，立王太子方矩為皇太子，更名元良。皇子方智為晉安王，方略為始安王，方等之子莊(45)為永嘉王。追尊母阮脩容(46)為文宣皇后。

侯景之亂，州郡太半入魏，自巴陵以下至建康，以長江為限，荊州界北盡武寧(47)，西拒硤口(48)，嶺南復為蕭勃所據，詔令所行，千里而近，民戶著籍者(49)，[5]不盈三萬而已。

陸納襲擊衡州刺史丁道貴於淥口(50)，破之。道貴奔零陵(51)，其眾悉降於納。上聞之，遣使徵司徒王僧辯、右衛將軍杜崱、平北將軍裴之橫與宜豐侯循共討納，循軍巴陵以待之。侯景之亂，零陵人李洪雅據其郡，上即以為營州刺史。洪雅請討陸納，上許之。丁道貴收餘眾與之俱。納遣其將吳藏襲擊，破之，洪雅等退保空雲城(52)，藏引兵圍之。頃之，納請降，求送妻子(53)，上遣陳旻至納所，納眾皆泣，曰：「王郎(54)被囚，故我曹逃罪於湘州，非有他志也。」乃出妻子付旻。旻至巴陵，循曰：「此詐也，必將襲我。」乃密為之備。納果夜以輕兵繼旻後，約至城下鼓譟。十二月壬午(55)晨，去巴陵十里，眾謂已至，即鼓譟，軍中皆驚。循坐胡牀，於壘門望之，納乘水來攻，矢下如雨，循方食甘蔗，略無懼色，徐部分將士擊之，獲其一艦。納退保長沙。

壬午[56]，齊主還鄴。戊午[57]，復如晉陽。

【章旨】以上為第三段，寫北齊國主高洋經略北方，南面與梁修好。湘東王蕭繹在戰亂初平後即皇帝位，剛愎自用，外失漢中地於西魏，內激陸納反叛於湘州。

【注釋】❶嚴超達　《梁書》卷四十六〈杜崱傳〉作「嚴超遠」。❷徐度　（西元五〇九—五六八年）字孝節，安陸人，梁元帝時任合州刺史，封廣德縣侯，遷散騎常侍。入陳，以平王琳功，封湘東郡公。廢帝時，進位司空。傳見《陳書》卷十二、《南史》卷六十七。❸士林　地名，在今江蘇六合境。❹大選　指吏部尚書。南北朝時，別稱吏部尚書為大選，尚書吏部侍郎為小選。❺齊世宗　高澄，興和二年（西元五四〇年），攝吏部尚書。❻袁叔德　即袁聿修（西元五一一—五八二年），字叔德，陳郡陽夏（今河南太康）人，北齊武平初年，兼吏部尚書，不久，即真。任職尚書十年，在任清廉，號稱「清郎」。傳見《魏書》卷八十五、《北齊書》卷四十二、《北史》卷四十七。❼楊愔　東魏武定末年，任吏部尚書，至北齊乾明元年被殺，一直典選。❽貞明　正直賢明。❾管庫　管理庫藏的小官。❿柳帶韋　（西元五二三—五七七年）字孝孫，柳慶之子。北周時官至上開府儀同大將軍，封唐城縣公。傳見《周書》卷二十二、《北史》卷六十四。⓫酋豪　指楊乾運。⓬丁未　六月十一日。⓭乙卯　六月十九日。⓮庚寅　六月丁酉朔，無庚寅。⓯王懷明　此前曾任成州刺史，隨陳霸先討平侯景。⓰僑人　僑居於異鄉的人。⓱審　確定。⓲安康　郡名，郡治在今陝西漢陰，梁置，時已屬西魏。⓳柳檜　（？—西元五五二年）字季華，解（今山西解縣）人，西魏大統年間，曾守鄀州，屢敗吐谷渾。後隨王雄奪取上津、魏興二郡，於是留守於此。傳見《周書》卷四十六、《北史》卷六十四。⓴東梁州　州名，西魏置，治所西城，在今陝西安康西北。㉑宇文虯　字樂仁，武川（今內蒙古武川縣西北）人，魏時封南安縣侯，一度隨獨孤信投奔梁朝。大統三年（西元五三七年），歸西魏，進爵為公。傳見《周書》卷二十九、《北史》卷六十六。㉒外水　指岷江。㉓甲戌　九月九日。㉔甲申　九月十九日。㉕世子昌　陳昌（西元五三七—五六〇年），字敬業，陳霸先第六子，長城縣侯世子，並任吳興太守。西魏攻陷江陵，帶往關中。王琳平定後，北周放回陳昌，渡江時翻船而死。傳見《陳書》卷十四、《南史》卷六十五。㉖項　陳頊（西元五三〇—五八二年），字紹世，小字師利，即陳宣帝，西元五六九—五八二年在位。事詳《陳書》卷五、《南史》卷十。㉗領直　官名，梁置，宮中有六廂領直，掌領值班宿衛軍士，即此官。㉘齊桓存三亡國　春秋初一度滅亡的魯、衛、邢三國，都在齊桓公的幫助下復國。見《左傳》僖公十九年及杜預注。㉙晉文不失信於伐原　晉文公攻打原國，命令帶三日口糧，三日之內，原國不投降就撤回。期限到了之後，原國已準備投降，晉軍將領也請求再等幾天，但文公仍下令撤軍，於是原國心悅誠服地歸降。事詳《左傳》僖公二十五年。㉚覘察　窺探。㉛相望於道　一個接一個地奔走於路上。㉜離石　縣名，縣治在今山西離石。㉝黃櫨嶺　山名，在今山西汾陽西北，和離石接壤，嶺西是烏突戍。㉞長城　北齊長城，用以防禦西魏。㉟社平戍　戍所名，在今山西五寨北。㊱戊申　十月十四日。㊲宮殿之燒　指奪回建康後，軍士因搶劫焚燒太極殿和東、西堂事。㊳辛酉　十月二十七日。㊴黃羅漢　曾兼任中書舍人。㊵抃舞　拍手跳舞。㊶丙子　十一月十二日。㊷改元　改年號太清為承聖。㊸丁丑　十一月十三日。㊹己卯　十一月十五日。㊺莊　蕭莊（西元五四八—五七七年），江陵失陷，入北齊為人質。陳朝建立，被北齊立為梁主，稱帝於郢州。北齊滅，憂憤而死。傳見《南史》卷五十四。㊻阮脩容　即阮令嬴（西元四七四—五四〇年），本姓石，會稽餘姚人，初為南齊始安王蕭遙光妃，後沒入宮中。梁朝初，為彩女。生元帝後，拜為脩容，是九大嬪妃之一。傳見《梁書》卷七、《南史》卷十二。㊼北盡武寧　武寧以北梁地為蕭詧所統轄。㊽西拒硤口　峽口以西地由蕭紀所控制。硤，通「峽」。㊾著籍者　登記的戶籍。㊿淥口　戍所名，在今湖南醴陵西。(51)零陵　郡名，治所泉陵，在今湖南永州。(52)空雲城　城名，在今湖南湘潭北。胡三省注認為是「空靈城」之誤。因該城靠近湘江的空靈灘。(53)求送妻子　請求允許送妻和子為人質，表示歸降的誠意。(54)王郎　指王琳。(55)壬午　十二月甲午朔，無壬午。《梁書・元帝紀》作「壬子」，是十二月十九日。(56)壬午　也是「壬子」之誤。《北齊書・文宣紀》作「壬子」。(57)戊午　十二月二十五日。

【校　記】1來　原作「後」。據章鈺校，十二行本、乙十一行本、孔天胤本皆作「來」，今據改。2必　原作「則」。據章鈺校，十二行本、乙十一行本、孔天胤本皆作「必」，今據改。3員外　原無此二字。據章鈺校，十二行本、乙十一行本、孔天胤本皆有此二字，張敦仁《通鑑刊本識誤》同，今據補。按，《通鑑紀事本末》卷二四有此二字。4晉文　原作「晉文公」。據章鈺校，十二行本、乙十一行本、孔天胤本皆無「公」字，今據刪。5者　原無此字。據章鈺校，十二行本、乙十一行本、孔天胤本皆有此字，今據補。

【語　譯】北齊國主高洋派他的散騎常侍曹文皎等出使江陵，湘東王蕭繹派散騎常侍柳暉等回訪北齊，並且通告平定了侯景，還派舍人魏彥通告西魏。

北齊國主高洋派潘樂、郭元建率兵包圍秦郡，行臺尚書辛術諫阻說：「朝廷與湘東王使者往來不斷。陽平郡，原是侯景的土地，奪取它是可以的。如今王僧辯已經派嚴超達守衛秦郡，從友好道義上怎麼能夠再去爭奪呢？況且大水正在降臨，不如乘勝回師。」高洋不聽從。陳霸先命令將軍徐度領兵幫助秦郡堅守。北齊軍隊七萬，攻城很猛烈。王僧辯派左衛將軍杜崱救援他們，陳霸先也從歐陽出兵來會合，與郭元建在士林大戰，大敗北齊軍隊，斬首一萬餘級，俘虜一千多人。郭元建收拾殘兵向北逃跑，南軍因與北齊交好，沒有窮追。

辛術升遷為北齊吏部尚書。自從東魏遷都鄴城以來，吏部尚書的職位，知名的已有好幾個人，各有得失：北齊世宗高澄少年有為，志氣高遠，不足之處是粗疏；袁叔德沉穩嚴密，謹慎敦厚，不足之處是瑣細；楊愔風流倜儻，口齒伶俐，不足之處是取士浮華。只有辛術生性崇尚正直賢明，取士一定要求有才能器局，循名責實，新人與舊臣兼用，管庫房的小吏，有才一定提拔，門閥世族也不遺漏。考校前後幾任吏部尚書，辛術最為公正。

西魏達奚武派尚書左丞柳帶韋進入南鄭，勸宜豐侯蕭循說：「足下固守，所依靠的是險要地勢，所依仗的是援軍，所依恃的是民眾。如今我們王道之師已經深入，你依靠的險要地勢不足固守。在白馬戰敗逃走，豪酋楊乾運不能前來，你盼望的援軍不能依賴了。城池已被四面圍攻住，你管轄區的民眾不能依靠了。再說足下所處的朝廷遭遇喪亂，國家無主，你想替誰效忠呢？哪比得上轉禍為福，使子孫後代受惠呢？」蕭循於是請求投降。柳帶韋，是柳慶的兒子。開府儀同三司賀蘭德願聽說城中糧盡，請求攻城，大都督赫連達說：「不戰而得城，這是上策，怎麼能掠人子女，貪其財物，而不愛惜民眾生命呢？再說看來對方兵馬仍然強盛，城池仍然堅固，進攻即使能夠破城，兩方必定都要傷亡，如果城內困獸猶鬥，那麼勝敗還很難說。」達奚武說：「你的話很對。」於是接受蕭循投降，俘獲男女二萬人返回，這一來劍閣以北土地都歸入了西魏。

六月十一日丁未，北齊國主高洋回到鄴城。十九日乙卯，高洋又往晉陽。○庚寅日，湘東王蕭繹立安南侯蕭方矩為王太子。○北齊派散騎常侍謝季卿出使江陵祝賀平定侯景。○衡州刺史王懷明叛亂，廣州刺史蕭勃討平了王懷明。

北齊政令繁多，賦稅苛重，江北的平民不願意歸屬北齊，當地豪傑多次請求王僧辯出兵，王僧辯因為與北齊通好，一直沒有答應。秋，七月，廣陵僑民朱盛等暗中聚集了同黨數千人，謀劃偷襲殺掉北齊刺史溫仲邕，派使者向陳霸先求援，說已經攻破了廣陵城外城。陳霸先派人通報王僧辯，王僧辯說：「人心真偽，不容易看透，如果確實攻破了外城，就應盡快救援，如果不是這樣，就別勞師動眾了。」使者還未回來報告，陳霸先已經渡江，王僧辯就命令武州刺史杜崱等援助他。恰逢朱盛等人的計謀洩露，陳霸先就藉機進兵包圍廣陵。

八月，西魏安康人黃眾寶反叛，攻打魏興郡，活捉了太守柳檜，乘勝進兵包圍東梁州，讓柳檜勸說城中人投降，柳檜不聽從被殺死。柳檜，是柳虯的弟弟。太師宇文泰派王雄與驃騎大將軍武川人宇文虯討伐黃眾寶。

武陵王蕭紀率軍從外水沿江東下，任命永豐侯蕭撝為益州刺史，鎮守成都，派自己的兒子宜都王蕭圓肅為蕭撝的副手。

九月初九日甲戌，司空南平王蕭恪去世。十九日甲申，湘東王蕭繹任命王僧辯為揚州刺史。

北齊國主高洋派使者通告王僧辯、陳霸先，說：「請解除對廣陵的包圍，一定歸還廣陵、歷陽兩座城。」陳霸先率軍返回京口，江北民眾隨從陳霸先渡江的有一萬餘人。湘東王蕭繹任命陳霸先為征北大將軍、開府儀同三司、南徐州刺史，徵調陳霸先世子陳昌和他哥哥的兒子陳頊到江陵，任命陳昌為員外散騎常侍，陳頊為領直。

宜豐侯蕭循投降西魏時，丞相宇文泰許諾他回南朝，拖延很久仍沒有放他走。宇文泰從容地問劉璠說：「我和古代哪個人類似？」劉璠回答說：「我常把你看作商湯王、周武王，今天看到的你，竟然不如齊桓公、晉文公。」宇文泰說：「我哪敢比商湯王、周武王，或許和伊尹、周公差不多吧，何至於連齊桓公、晉文公都不如呢？」劉璠回答說：「齊桓公保存了魯、衛、邢三個快要滅亡的國家，晉文公在攻打原國問題上不失信。」話還沒有說完，宇文泰拍著手說：「我知道你的心意，想激我罷了。」便對蕭循說：「蕭王你想去荊州，還是去益州？」蕭循請求回江陵，宇文泰贈厚禮打發他上路。蕭循帶了文武一千多家跟隨自己，湘東王疑心他，派使者暗中觀察，路上一個接一個。蕭循到達江陵的當天夜晚，蕭繹派人劫掠了蕭循的財物，等到天一亮，蕭循上書獻出兵器馬匹，湘東王蕭繹才放下心來，引他入內，相對而泣。任命蕭循為侍中、驃騎將軍、開府儀同三司。

冬，十月，北齊國主高洋從晉陽往離石，從黃櫨嶺起修築長城，向北到達社平戍，四百餘里長，設置了三十六個防守據點。

十月十四日戊申，湘東王蕭繹在宮殿中抓捕了湘州刺史王琳，殺了他的副將殷晏。王琳出身會稽擁兵之家，他的姐妹都被選入湘東王宮中，因此王琳從小在湘東王左右。王琳勇武好鬥，湘東王蕭繹用他做了將帥。王琳禮賢下士，得到的賞賜從不拿回家。部屬一萬人，大多是江、淮一帶的一幫強盜，王琳跟隨王僧辯平定侯景，與杜龕兩人功勞平列第一。王琳在建康，仗恃自己受到湘東王的寵愛而恣縱殘暴，王僧辯不能禁止。王僧辯因為宮殿失火，害怕獲罪，想用王琳搪塞責任，就祕密啟奏湘東王，請求誅殺王琳。湘東王任命王琳為湘州刺史，王琳自己也疑心會有災禍，派長史陸納率領部屬去湘州，自己則往江陵解釋請罪，並對陸納等人說：「我如果回不來，你們將到哪裡去？」都說：「願為你而死。」互相流淚而別。王琳到了江陵，湘東王蕭繹把他逮捕下獄。

十月二十七日辛酉，湘東王蕭繹任命王子蕭方略為湘州刺史，又任命廷尉黃羅漢為長史，派他與太舟卿張載一同去巴陵，先控制王琳的軍隊。張載得到湘東王的寵信，而管理下屬嚴厲苛刻，荊州人痛恨他如同仇敵。黃羅漢等人到了王琳軍中，陸納和士兵們一起大哭，不肯接受命令，抓了黃羅漢和張載。湘東王蕭繹派宦官陳旻前去開導他們，陸納當著陳旻的面把張載的肚子剖開，抽出腸子繫在馬腳上，使馬繞著跑，直到抽完陽子張載才斷氣。又用刀割張載的肉，挖出心臟，對著陳旻拍手跳舞，再燒掉剩下的骨頭。因為黃羅漢為人清廉謹慎得免一死。陸納與諸將帶兵襲擊湘州，當時湘州城中無主，陸納於是佔領了州城。

公卿藩鎮多次上書勸湘東王蕭繹登上帝位。十一月十二日丙子，梁世祖蕭繹在江陵即皇帝位，改年號為承聖，大赦天下。這一天，皇上不登正殿，公卿只是陪同在左右而已。

十一月十三日丁丑，梁元帝任命宜豐侯蕭循為湘州刺史。

十一月十五日己卯，冊立王太子蕭方矩為皇太子，改名元良。封皇子蕭方智為晉安王，蕭方略為始安王，蕭方等的兒子蕭莊為永嘉王。梁元帝追尊母親阮脩容為文宣皇后。

侯景叛亂，梁朝州郡大半歸入西魏，從巴陵以下到建康，以長江為界，荊州地界北面止於武寧，西面到三峽之口，嶺南又被蕭勃佔據，梁元帝詔令到達的地方，不過千里以內，登記的民戶，不到三萬戶罷了。

陸納在淥口襲擊衡州刺史丁道貴，打敗了丁道貴，丁道貴逃奔零陵，他的部眾都投降了陸納。孝元帝聽到消息，派遣使者徵召司徒王僧辯、右衛將軍杜崱、平北將軍裴之横與宜豐侯蕭循共同討伐陸納，蕭循駐軍巴陵等待他們。侯景叛亂時，零陵人李洪雅佔據郡城，梁元帝也就任命李洪雅為營州刺史。李洪雅請求征討陸納，孝元帝同意了。丁道貴搜集散兵與李洪雅一起出發。陸納派將領吳藏襲擊，打敗了李洪雅，李洪雅等退守空雲城，吳藏率兵圍城。不久，陸納請求投降，乞求送妻兒為人質。孝元帝派陳旻到陸納駐地，陸納部眾都哭泣，說：「王將軍被囚禁，所以我們逃到湘州避難，沒有別的野心。」於是送出妻兒交給了陳旻。陳旻到了巴陵，蕭循說：「這是詐降，陸納一定來偷襲我。」於是祕密部署了防禦。陸納果然在夜晚用輕兵緊跟在陳旻後面，約定到了巴陵城下就擊鼓吶喊。十二月壬午日早晨，離巴陵十里，大家認為已到城下，就擊鼓吶喊，蕭循軍中都驚恐。蕭循坐在胡床上，從壘門向外瞭望，看到陸納從水路來進攻，箭下如雨，蕭循正在吃甘蔗，沒有一點害怕的神色，慢慢部署將士反擊對方，繳獲了他們的一艘戰船。陸納退守長沙。

壬午日，北齊國主高洋返回鄴城。十二月二十五日戊午，高洋又往晉陽。

【研　析】西元五五一至五五二年，《通鑑》所記諸事，侯景的覆滅與陳霸先的興起，值得特別關注。本卷中第一個問題的過程，有詳細交代，而後一個問題文字較少，間雜於各種事件之中，易於被讀者忽視。下面就侯景覆滅的原因以及陳霸先興起的意義，予以深入地分析。

侯景敗滅，政治與軍事上的失策是其重要原因。

侯景攻佔建康，先是維持梁武帝的皇位，後又立太子蕭綱為帝，儘管不能有效行使號令於梁境各地，但畢竟享有名義上的合法性，並曾以一紙詔書斥退梁各路援軍。東晉南朝，所重者為荊、揚二州，如《宋書》卷六十六〈何尚之傳〉所說：「荊、揚二州，戶口半天下，江左以來，揚州根本，委荊以閫外。」對於侯景來說，如能切實尊重蕭梁法統，以軍事與政治兩手，協調與江東大族的關係，穩定地控制「三吳」即今江浙地區財源之地，坐觀梁上游方鎮自相殘殺，並不時以朝廷的名義，拉攏中上游勢力，漸以圖之，南方的歷史過程，必將是另一種面貌。

侯景錯誤地在控制建康之後，在三吳仍未實際控制的情況下，派任約等率本自不多的軍隊，向長江中游軍鎮展開攻擊行動，既師出無名，又分兵勢弱。而要進攻中游，必須依靠強大的水軍，北鎮軍人來自草原，習於平原長驅，水戰非其強項，這正是東晉南朝能長期立國的軍事原因。侯景軍西進，佔據郢城，威脅荊州，迫使蕭繹在與兄弟子姪鏖兵之際，分兵應敵。蕭繹令胡僧祐赴援巴丘，戒之曰：「賊若水戰，但以大艦臨之，必克。若欲步戰，自可鼓棹直就巴丘，不須交鋒也。」亦即強調用己之長，克敵之短。巴丘一戰，「約兵大潰，殺溺死者甚眾」，主將任約被俘，荊州軍趁機東下。郢城一戰，王僧辯又利用其水軍俘獲侯景將宋子仙。

侯景困獸猶鬥，廢梁帝而建漢，完全喪失了統治的合法性，蕭繹遂命諸軍向建康進發。《梁書》卷四十五〈王僧辯傳〉載陳霸先所擬與王僧辯出軍盟誓之辭說：「賊臣侯景，凶羯小胡，逆天無狀，構造姦惡，違背我恩義，破掠我國家，毒害我生民，移毀我社廟」，又稱「皇枝繈抱已上，緦功以還，窮刀極俎，既屠且膾。豈有率土之濱，謂為王臣，食人之禾，飲人之水，忍聞此痛，而不悼心？」表示盟軍將「瀝膽抽腸，共誅姦逆，雪天地之痛，報君父之仇」。誅殺蕭綱及在建康的皇室子孫，侯景這一毫無意義的最後瘋狂，反倒激起了盟軍同仇敵愾之氣，在侯景最初圍攻臺城時，我們根本看不到梁朝各路援軍有這種同心同德的氣勢。

盟軍進至蕪湖，侯景先是命守將侯子鑒「西人善水戰，勿與爭鋒」，「但結營岸上，引船入浦以待之。」當盟軍停軍待機十餘日後，侯景又命侯子鑒「為水戰之備」。盟軍成功誘使侯景軍於大江中合戰，結果不言自明。可笑的是，習於騎射的侯景，在逃亡途中，竟亦不得不棄其所長，入於孤舟之中，一世梟雄落得任人宰割的下場。

侯景覆滅，表面上看是政治、軍事失策所致，而更深層次的原因，則是以其為代表的北鎮武人缺乏文化底蘊所致。

侯景初佔臺城，見梁武帝後對人說：「吾常跨鞍對陳，矢刃交下，而意氣安緩，了無怖心。今見蕭公，使人自慴，豈非天威難犯？吾不可以再見之。」此時的梁武帝蕭衍，足以震懾侯景的「天威」，無疑是其深厚的文化底蘊所支撐的鎮靜從容中所體現的內心強大。侯景要做「宇宙大將軍」，蕭綱驚言：「將軍乃有宇宙之號乎？」所驚亦當是侯景之無文妄行。即其稱帝建漢，理應立天子七廟，享用廟祭，而他只記得父親名諱，竟不知立廟祭祀的意義，稱「且彼在朔州，那得來噉此？」引來眾人嘲笑。他以為當皇帝會更為快活，及入禁中不得輕易出行，便「鬱鬱不樂，更成失志」，其部將因不能如昔日尊卑無分，也「多怨望」。毫無文化修養的侯景，可以是一個好戰將，而無論是做丞相，還是做皇帝，確實勉為其難。他只得一切聽從陳留人王偉的安排，最後認為自己受到王偉的愚弄，也就可以理解了。

在平侯景的軍事行動中，陳霸先積極推動，且戰功、謀略均可稱述，奠定了隨後創立陳朝的基礎。關於陳霸先早先事跡，《通鑑》前後分述於數卷之中，致使陳霸先創立功業的時代背景與社會基礎不明。下面略予疏解。

《陳書．高祖紀》記錄了陳霸先的血緣世系，稱其為東漢名士陳寔後人，祖上在永嘉之亂中南遷，居於吳興長城下若里，地當今浙江義興縣境。〈紀〉稱他「少俶儻有大志，不治生產。既長，讀兵書，多武藝，明達果斷，為當時所推服。」無論他是否是陳寔後人，在東晉南朝門閥士族高居政治與社會上層的時代，早年做過油庫吏的陳霸先，只能算是一個有條件接觸到文化知識的寒人。當然，寒人在當時的語境中，指的是他們社會地位不高，並不是說他們缺乏錢財，事實上南朝寒人多出自商賈，論財富，他們甚至比不少門閥士族更為闊綽。與念念不忘北方傳統的門閥士族相比，南朝寒人無論其祖上來自何處，他們在心理上已完全江南本地化了。

寒人在政治上的崛起，是南朝政治上的一種極為引人注目的現象。因門閥士族人士逐漸喪失實際的政治軍事才幹，加上皇權有意壓制門閥士族的政治影響力，從劉宋中期開始，寒人在政治上日漸活躍，但他們無論多有權勢，仍很難躋身於士族行列。

陳霸先起兵於嶺南，這也與時代背景有很大關係。南朝中期，北魏穩定發展，孝文帝遷都洛陽，南方退守秦嶺、淮河一線也頗感吃力。東晉以來向北發展的政治目標，轉而變成強化對於江南腹地以及嶺南地區的管理與控制，而江南腹地及嶺南地區也因此加速了華夏化的進程。陳霸先以廣州刺史蕭映中直兵參軍的身分進入嶺南，利用其軍事才幹，多有軍功，特別是在率軍討平交州豪族叛亂時，顯示出卓越的軍事才能。陳霸先在嶺南軍事活動的成功，使其擁有了一支訓練有素的部隊，而這支部隊的構成，除了與他一樣受時代潮流驅使南下尋找機會的底層寒人外，兵士的主體無疑是不斷招募而來的嶺南當地人。

正是利用這一支在嶺南組建的部隊，侯景亂中，陳霸先「集義兵於南海」，攻殺出自「北人」的廣州刺史元景仲，擁梁宗室蕭勃為刺史，舉兵北進。蕭勃勸其頓軍始興（今廣東韶關），坐觀形勢，他泣稱「今京都覆沒，主上蒙塵，君辱臣死，誰敢愛命」。他顯得比宗室蕭勃更關注建康的淪陷，不計個人得失，這種忠誠在筆者看來，體現的是南方人對於本地政權的心理皈依。受其感召，始興豪族「同謀義舉」，始興人侯安都、張偲率千人從軍，當其進入江西境內後，「南川豪帥」也紛紛加入。擁有十餘萬家部屬的黎族首領洗夫人也親自參與陳霸先北進途中平定李遷仕的行動，並「厚資之」，大力支持陳霸先北上。

當陳霸先率嶺南軍隊、合高涼黎族、始興及贛江流域的豪族武裝而達潯陽時，已是「甲士三萬人、彊弩五千張、舟艦二千乘」的隊伍，備有五十萬石軍糧，擁有與蕭繹將王僧辯分庭抗禮、結為同盟的勢力。陳霸先的興起，可以看成是南朝寒人在政治上的全面勝利，也是六朝江南腹地與嶺南地區社會經濟發展以及文化進步的結果。

卷第一百六十五

梁紀二十一

起昭陽作噩（癸酉　西元五五三年），盡閼逢閹茂（甲戌　西元五五四年），凡二年。

【題解】本卷載述西元五五三、五五四年南北朝兩年史事。時當梁元帝承聖二年、三年，西魏廢帝二年、三年，北齊文宣帝天保四年、五年。本卷三方穿插記事。北朝西魏擴張，吞巴蜀，破江陵，至是其疆域與北齊等。北齊國主高洋，為政苛酷，庶民多怨；而經略北方，身冒矢石，一個高洋，身兼兩重性，既為殘虐之主，而又有雄主之風。梁元帝蕭繹，本卷重心所載，卻無一長可稱。所述為兄弟相殘，覆敗亡國，驟興驟亡之始末。

世祖孝元皇帝下

承聖二年（癸酉　西元五五三年）

春，正月，王僧辯發建康，承制使陳霸先代鎮揚州。

丙子❶，山胡圍齊離石。戊寅❷，齊主討之，未至，胡已走，因巡三堆❸，大獵而歸。

以吏部尚書王褒為左僕射。○己丑❹，齊改鑄錢❺，文曰「常平五銖」。

二月庚子❻，李洪雅力屈，以空雲城降陸納。納因洪雅，殺丁道貴。納以沙門寶誌❼詩讖❽有「十八子」，以為李氏當王，甲辰❾，推洪雅為主，號大將軍，使乘平肩輿，列鼓吹，納帥眾數千，左右翼從。

魏太師泰去丞相、大行臺，為都督中外諸軍事。

王雄至東梁州，黃眾寶帥眾降。太師泰赦之，遷其豪帥於雍州。

齊主送柔然可汗鐵伐之父登注及兄庫提還其國。鐵伐尋為契丹❿所殺，國人立登注為可汗。登注復為其大人阿富提所殺，國人立庫提。

突厥伊利可汗卒，子科羅⓫立，號乙息記可汗。三月，遣使獻馬五萬于魏。柔然別部又立阿那瓌叔父鄧叔子為可汗，乙息記擊破鄧叔子於沃野⓬北木賴山⓭。乙息記卒，捨其子攝圖而立其弟俟斤⓮，號木杆可汗。木杆狀貌奇異，性剛勇，多智略，善用兵，鄰國畏之。

上聞武陵王紀東下，使方士畫版為紀像，親釘支體以厭之，又執侯景之俘以報紀。初，紀之舉兵，皆太子圓照之謀也。圓照時鎮巴東，執留使者，啟紀云：「侯景未平，宜急進討，已聞荊鎮為景所破。」紀信之，趣兵東下。上甚懼，與魏書曰：「子糾，親也，請君討之⑮。」太師泰曰：「取蜀制梁，在茲一舉。」諸將咸難之。大將軍代人尉遲迥⑯，泰之甥⑰也，獨以為可克。泰問以方略，迥曰：「蜀與中國隔絕百有餘年，恃其險遠[1]，不虞我至，若以鐵騎兼行襲之，無不克矣。」泰乃遣迥督開府儀同三司原珍等六軍⑱，甲士萬二千，騎萬匹，自散關⑲伐蜀。

陸納遣其將吳藏、潘烏黑、李賢明等下據車輪⑳。王僧辯至巴陵，宜豐侯循讓都督於僧辯，僧辯弗受。上乃以僧辯、循為東、西都督。夏，四月丙申㉑，僧辯軍于車輪。

吐谷渾可汗夸呂，雖通使於魏而寇抄不息，宇文泰將騎三萬踰隴，至姑臧㉒，討之。夸呂懼，請服，既而復通使於齊。涼州刺史史寧覘知其還，襲之於赤泉㉓，獲其僕射乞伏觸狀。

陸納夾岸為城，以拒王僧辯。納士卒皆百戰之餘，僧辯憚之，不敢輕進，稍作連城以逼之。納以僧辯為怯，不設備。五月甲子㉔，僧辯命諸軍水陸齊進，急攻之，僧辯親執旗鼓，宜豐侯循身[2]受矢石，拔其二城，納眾大敗，步走，保長沙。乙丑㉕，僧辯進圍之。僧辯坐壟㉖上視築圍壘，吳藏、李賢明帥銳卒千人開門突出，蒙楯直進，趨僧辯。時杜崱、杜龕並侍左右，甲士衛者止百餘人，力戰拒之。僧辯據胡牀不動，裴之橫從旁擊藏等，藏等敗退，賢明死，藏脫走入城。

武陵王紀至巴郡，聞有魏兵，遣前梁州刺史巴西譙淹還軍救蜀。初，楊乾運求為梁州刺史，紀以為潼州[3]；楊法琛求為黎州刺史，以為沙州：二人皆不悅。乾運兄子略㉗說乾運曰：「今侯景初平，宜同心戮力，保國寧民，而兄弟尋戈，此自亡之道也。夫木朽不雕，世衰難佐，不如送款關中，可以功名兩全。」乾運然之，令略將二千人鎮劍閣，又遣其壻樂廣㉘鎮安州㉙，與法琛皆潛通於魏。魏太師泰密賜乾運鐵券，授驃騎大將軍、開府儀同三司、梁州刺史。尉遲迥以開府儀同三司侯呂陵始㉚為前軍，至劍閣，略退就樂廣，翻城應始，始入據安州。甲戌㉛，迥至涪水，乾運以州降。迥分軍守之，進襲成都。時成都見兵不滿萬人，倉庫空竭，永豐侯撝嬰城自守，迥圍之。譙淹遣江州㉜刺史景欣、幽州㉝刺史趙拔扈㉞援成都，迥使原珍等擊走之。

武陵王紀至巴東，聞侯景已平，乃自悔，召太子圓照責之，對曰：「侯景雖平，江陵未服。」紀亦以既稱尊號，不可復為人下，欲遂東進。將卒日夜思歸，其江州刺史王開業以為宜還救根本，更思後圖，諸將皆以為然。圓照及劉孝勝固言不可，紀從之，宣言於眾曰：「敢諫者死！」己丑㉟，紀至西陵，軍勢甚盛，舳艫翳川㊱。護軍陸法和築二城於峽口兩岸，運石填江，鐵鎖斷之。

帝拔㊲任約於獄，以為晉安王㊳司馬，使助法和拒紀，謂之曰：「汝罪不容誅，我不殺汝[4]，本為今日。」因撤禁兵以配之，仍許妻以廬陵王續之女，使宣猛將軍劉棻㊴與之俱。

庚辰㊵，巴州刺史余孝頃將兵萬人會王僧辯於長沙。

豫章太守觀寧侯永㊶，昏而少斷㊷，左右武蠻奴㊸用事，軍主文重疾之。永將兵討陸納，至宮亭湖㊹，重殺蠻奴，永軍潰，奔江陵。重將其眾奔開建侯蕃㊺，蕃殺之而有其眾。

六月壬辰㊻，武陵王紀築連城，攻絕鐵鎖，陸法和告急相繼。上復拔謝答仁於獄，以為步兵校尉㊼，配兵使助法和。又遣使送王琳，令說諭陸納。乙未㊽，琳至長沙，僧辯使送示之，納眾悉拜且泣，使謂僧辯曰：「朝廷若赦王郎，乞聽㊾入城。」僧辯不許，復送江陵。陸法和求救不已，上欲召長沙兵，恐失陸納，乃復遣琳許其入城。琳既入，納遂降，湘州平。上復琳官爵，使將兵西援峽口。

甲辰(50)，齊章武景王庫狄干卒。

武陵王紀遣將軍侯叡將眾七千築壘與陸法和相拒。上遣使與紀書，許其還蜀，專制一方，紀不從，報書如家人禮(51)。陸納既平，湘州諸軍相繼西上，上復與紀書曰：「吾年為一日之長，屬(52)有平亂之功，膺此樂推(53)，事歸當璧(54)。儻遣使乎，良所遲也。如曰不然，於此投筆。友于兄弟，分形共氣(55)，兄肥弟瘦(56)，無復相見之期，讓棗推梨(57)，永罷懽愉之日。心乎愛矣(58)，書不盡言。」紀頓兵日久，頻戰不利，又聞魏寇深入，成都孤危，憂懣不知所為。乃遣其度支尚書樂奉業(59)詣江陵求和，請依前旨還蜀。奉業知紀必敗，啟上曰：「蜀軍乏糧，士卒多死，危亡可待。」上遂不許其和。

紀以黃金一斤為餅，餅百為篋，至有百篋，銀五倍於金，錦罽、繒綵稱是(60)，每戰，懸示將士，不以為賞。寧州刺史陳智祖請散之以募勇士，弗聽，智祖哭而死。有請事者，紀辭[5]疾不見，由是將卒解體。

秋，七月辛未(61)，巴東民苻昇等斬峽口城主公孫晃，降於王琳。謝答仁、任約進攻侯叡，破之，拔其三壘。於是兩岸十四城俱降。紀不獲退(62)，順流東下，遊擊將軍[63]南陽[6]樊猛[64]追擊之，紀眾大潰，赴水死者八千餘人，猛圍而守之。上密敕猛曰：「生還，不成功也。」猛引兵至紀所，紀在舟中繞牀而走，以金囊擲猛曰：「以此雇卿，送我一見七官。」猛曰：「天子何由可見？殺足下，金將安之？」遂斬紀及其幼子圓滿。陸法和收太子圓照兄弟三人送江陵。上絕紀屬籍，賜姓饕餮氏[65]。下劉孝勝獄，已而釋之。上使謂江安侯圓正曰：「西軍已敗，汝父不知存亡。」意欲使其自裁。圓正聞之號哭，稱世子不絕聲[66]。上頻使覘之，知不能死，移送廷尉獄，見圓照，曰：「兄何乃亂人骨肉，使痛酷如此？」圓照唯云計誤。上並命絕食於獄，至齧臂啖之，十三日而死，遠近聞而悲之。

乙未[67]，王僧辯還江陵。詔諸軍各還所鎮。

【章旨】以上為第一段，詳載梁朝荊、益兄弟相殘始末，武陵王蕭紀，自矜勇武，狂愚而貪，違時而動，導致闔門遭屠。

【注釋】❶丙子　正月十三日。❷戊寅　正月十五日。❸三堆　戍所名，在今山西靜樂。❹己丑　正月二十六日。❺改鑄錢　原用「永安五銖」。現改鑄較舊錢貴重又精緻的新錢。❻庚子　二月七日。❼寶誌　和尚法名，本姓朱，金城人。年少出家，涉歷南朝宋、齊、梁三代，是著名神異高僧。傳見《南史》卷七十六、《高僧傳》第十。❽詩讖　用詩的形式宣布的預言。全詩說：「太歲龍，將無理。蕭經霜，草應死。餘人散，十八子。」說的是蕭氏當滅，李氏當興。❾甲辰　二月十一日。❿契丹　古族名，東胡的一支，當時生活在遼河流域。⓫科羅　一作乙息計可汗。傳見《周書》卷五十、《北史》卷九十九。⓬沃

野　沃野鎮，在今內蒙古杭錦後旗南。⑬木賴山　山名，即今狼山。⑭俟斤　又名燕都。《周書》作「木汗可汗」，《北史》作「木杆可汗」，與《通鑑》同；而《隋書》則作「木扞可汗」。他西破嚈噠，東敗契丹，北併契骨。所控制的疆域，東起遼河，西至西海，凡沙漠以北地區，全都被吞併。他得到宇文泰同意，把逃到北周的鄧叔子及其部下，全帶回殺死。又襲擊吐谷渾，還多次協助北周討伐北齊，並嫁女給北周，結為盟好。傳見《周書》卷五十、《北史》卷九十九。⑮請君討之　語出《左傳》莊公九年。當時齊人殺死謀害齊襄公的公孫無知，逃亡於莒的公子小白回到齊國，立為齊桓公。魯國支持公子糾，但被齊人打敗。齊國鮑叔牙率軍壓境，寫信告誡魯莊公除掉公子糾，與齊通好。魯國於是照辦。元帝引此語，也希望西魏能在消滅蕭紀一事上，助一臂之力。⑯尉遲迥　（？—西元五八〇年）字薄居羅，代人。原鮮卑尉遲部，所以用尉遲為姓。迥仕西魏，為大將軍，討伐蕭紀，奪取蜀地，任益州刺史，封寧蜀公。北周靜帝立，楊堅輔政，迥謀反，兵敗自殺。傳見《周書》卷二十一、《北史》卷六十二。⑰泰之甥　尉遲迥的母親是宇文泰的姐姐昌樂大長公主。⑱原珍等六軍　原珍，《周書》、《北史》均作「元珍」，與此異。原珍之外，其餘五將軍是乙弗亞、俟呂陵始、叱奴興、綦連雄、宇文升。見《周書》卷二十一〈尉遲迥傳〉。⑲散關　大散關，在今陝西寶雞西南。⑳車輪　城名，在今湖南長沙北湘江岸，是通往長沙的水上要隘。㉑丙申　四月四日。㉒姑臧　縣名，縣治在今甘肅武威。㉓赤泉　地名，在今甘肅張掖東南。㉔甲子　五月三日。㉕乙丑　五月四日。㉖壟　田埂。㉗略　楊略，投西魏後，官至開府儀同大將軍，封上庸縣伯。傳見《周書》卷四十四、《北史》卷六十六。㉘樂廣　投西魏後，官至車騎大將軍，封安康縣公。傳見《周書》卷四十四、《北史》卷六十六。㉙安州　州名，蕭紀所置，治所南安，在今四川劍閣西北。㉚侯呂陵始　人名，複姓侯呂陵。㉛甲戌　五月十三日。㉜江州　州名，梁置，治所犍為，在今四川犍為。㉝幽州　梁無此州。按，蕭紀曾於新城郡設新州，疑此「幽州」或係「新州」之誤。㉞趙拔扈　新城（今四川三臺）人，為兄趙震動報仇，殺死新城太守樊文茂，後降梁。傳見《南史》卷七十四。㉟己丑　五月二十八日。㊱翳川　遮蔽江面。㊲拔　放出。㊳晉安王　即皇子蕭方智。㊴劉棻　《陳書》卷三十四〈文學・何之元傳〉作「劉恭」。㊵庚辰　五月十九日。㊶觀寧侯永　蕭永，爵觀寧侯。㊷昏而少斷　昏庸而又缺乏決斷。㊸武蠻奴　人名，宦官。㊹宮亭湖　在今鄱陽湖中。一說通南昌，一說通九江。㊺開建侯蕃　蕭蕃，爵開建侯。㊻王辰　六月一日。㊼步兵校尉　即太子步兵校尉，官名，東宮三校尉之一，掌步兵。十八班之七班。㊽乙未　六月四日。㊾乞聽　請求允許。㊿甲辰　六月十三日。(51)如家人禮　即以兄弟之禮回信，不接受君臣名分。(52)屬　適值；恰好。(53)樂推　眾人樂於擁戴。語出《老子》：「聖人處上而民不重，處前而民不害，是以天下樂推而不厭。」(54)事歸當璧　典出《左傳》昭公十三年。楚共王沒有嫡嗣，有庶子五人，於是遍祭名山大川，把一塊玉璧祕密埋在祖廟的院裡，讓五子依次下拜，誰拜在璧上誰就是神所選擇的繼承人。結果康王下拜，璧在他的兩腿之間，靈王的一隻臂肘壓在璧上，而平王最小，兩次下拜都壓在璧紐上。他們先後成為楚國的國君。蕭繹引此典故，是為說明他繼承帝位，上順天意，下順民心。[55]分形共氣　指骨肉之親，形體雖分而氣血相同。常用以指同胞兄弟。語出《文選》卷三十七曹植〈求自試表〉。[56]兄肥弟瘦　西漢末天下大亂，人相食。沛國人趙孝之弟趙禮為賊所得。趙孝自縛詣賊，說「兄肥弟瘦」，請以身代弟。賊感動，釋放了兩兄弟。事詳《東觀漢記》卷十七、《後漢書》卷三十九。後世用以表兄弟情深。[57]讓棗推梨　指兄弟之間友愛推讓。漢末孔融兄弟七人，融排行第六。有一次一起吃棗和梨，融專挑小的，把大的讓給哥哥。有人問他為什麼這樣做，他說：「我是小孩，當然應該吃小的。」大家十分驚奇。事見《後漢書》卷七十〈孔融傳〉李賢注引〈孔融家傳〉。[58]心乎愛矣　兄弟之愛全在心中。[59]樂奉業　蕭紀使者。[60]錦罽繒綵稱是　各種精美絲織品和毛織品的數量和價值，與五倍於金的銀器大致相當。罽，毛織的地氈。[61]辛未　七月十一日。[62]不獲退　後路已斷，無法撤退。[63]遊擊將軍　官名，屬雜號將軍，是武散官。[64]樊猛　字智武，南陽湖陽（今河南唐河縣湖陽鎮）人，以平蜀功封安山縣侯。後投王琳，琳敗，轉歸陳朝，改封富川縣侯，任荊州刺史。隋滅陳，又為隋臣。傳見《周書》卷三十一、《南史》卷六十七。[65]饕餮氏　傳說中三苗縉雲氏的兒子，既貪財，又貪吃，被稱作饕餮。梁元帝改蕭紀姓，有羞辱、懲罰的意思。[66]稱世子不絕聲　不停地叫圓照的名字。因此次慘禍均由圓照而起，所以圓正忿恨不已，連呼其名。[67]乙未　七月辛酉朔，無乙未。或係八月事。

【校　記】[1]遠　原無此字。據章鈺校，十二行本、乙十一行本、孔天胤本皆有此字，張敦仁《通鑑刊本識誤》同，今據補。[2]身　原作「親」。據章鈺校，十二行本、乙十一行本皆作「身」，今據改。按，《通鑑紀事本末》卷二四作「身」。[3]潼州　「州」下原有「刺史」二字。據章鈺校，十二行本、乙十一行本皆無此二字，張敦仁《通鑑刊本識誤》同，今據刪。[4]汝　原無此字。據章鈺校，十二行本、乙十一行本、孔天胤本皆有此字，張瑛《通鑑校勘記》同，今據補。[5]辭　原作「稱」。據章鈺校，十二行本、乙十一行本皆作「辭」，今據改。按，《通鑑紀事本末》卷二四作「辭」。[6]南陽　原無此二字。據章鈺校，十二行本、乙十一行本、孔天胤本皆有此二字，張瑛《通鑑校勘記》同，今據補。

【語　譯】世祖孝元皇帝下

承聖二年（癸酉　西元五五三年）

春，正月，王僧辯從建康出發，稟承梁元帝的旨意讓陳霸先代為鎮守揚州。

正月十三日丙子，山胡人包圍北齊離石。十五日戊寅，北齊國主高洋討伐山胡人，還沒到達離石，山胡人已經退走，高洋便巡視三堆，大規模狩獵後返回。

梁朝任命吏部尚書王褒為左僕射。〇正月二十六日己丑，北齊改鑄新錢，面上文字為「常平五銖」。

二月初七日庚子，李洪雅力竭，獻出空雲城投降陸納。陸納囚禁了李洪雅，殺了丁道貴。陸納因僧人寶誌的讖語詩有「十八子」三個字，認為李氏應當稱王。十一日甲辰，陸納擁戴李洪雅為首領，號稱大將軍，讓他乘坐平肩輿，陳列儀仗鼓吹，陸納率領數千人，在左右隨從護衛。

西魏太師宇文泰辭去丞相、大行臺，只擔任都督中外諸軍事的職務。

西魏王雄到達東梁州後，黃眾寶率領部眾投降。太師宇文泰赦免了他，但把他手下的豪帥遷移到雍州。

北齊國主高洋遣送柔然可汗鐵伐的父親登注以及登注的哥哥庫提回國。鐵伐不久被契丹人殺掉，柔然國人擁立登注為可汗，登注又被柔然國大人阿富提殺死，柔然國人就擁立庫提為可汗。

突厥伊利可汗去世，他的兒子科羅繼立，號稱乙息記可汗。三月，派使者向西魏進獻五萬匹馬。柔然另一部落又立阿那瓌叔父鄧叔子為可汗，乙息記可汗在沃野北木賴山打敗了鄧叔子。乙息記可汗死時，沒有讓自己的兒子攝圖繼位而立弟弟俟斤，號稱木杆可汗。木杆可汗形貌奇異，性情剛強勇猛，足智多謀，善於用兵，鄰國都害怕他。

梁元帝聽說武陵王蕭紀東下，讓方士在木板上畫蕭紀像，親自用鐵釘在蕭紀像的肢體上釘釘子，詛咒他，又抓來侯景的俘虜送給蕭紀。當初，蕭紀舉兵，都是太子蕭圓照策劃的。蕭圓照當時鎮守巴東，扣留了蕭繹的使者，向蕭紀報告說：「侯景還沒有平定，應當急速進軍討伐，已聽到江陵被侯景攻破。」蕭紀相信了，便催促軍隊東下。梁元帝很害怕，給西魏寫信說：「蕭紀好比是春秋時齊國的公子糾，是我的親族，請你們去討伐他。」太師宇文泰說：「奪取巴蜀，控制梁朝，在此一舉。」眾將領都認為這次行動很艱難。大將軍代郡人尉遲迥是宇文泰的外甥，獨自認為可以取勝。宇文泰向他詢問用兵策略，尉遲迥說：「蜀地人與中原隔絕一百多年了，依仗著他的地勢險要偏遠，沒有預想我軍會去攻打，如果用鐵騎精兵倍道兼程偷襲他們，沒有不成功的。」宇文泰就派尉遲迥督統開府儀同三司原珍等六軍，共有甲士一萬二千人，戰馬一萬匹，從散關進兵討伐巴蜀。

陸納派他的部將吳藏、潘烏黑、李賢明等佔據湘江下游的車輪。王僧辯到達巴陵，宜豐侯蕭循讓王僧辯任大都督，王僧辯不接受。梁元帝於是任命王僧辯、蕭循為東、西都督。夏，四月初四日丙申，王僧辯駐軍車輪。

吐谷渾可汗夸呂，雖然和西魏互通使者，卻不斷侵擾西魏邊境，宇文泰率領三萬騎兵越過隴山，到達姑臧，討伐吐谷渾。夸呂害怕了，請求臣服，不久又向北齊派使者。涼州刺史史寧探知吐谷渾使者返回，在赤泉襲擊使者，俘獲了吐谷渾的僕射乞伏觸狀。

陸納夾湘江兩岸築城，來抵禦王僧辯。陸納的士兵都是身經百戰活下來的，王僧辯畏懼他們，不敢輕率進軍，便逐漸連營築城壓迫對方。陸納認為王僧辯膽怯，不設防備。五月初三日甲子，王僧辯命令各路人馬水陸齊進，急攻陸納，王僧辯親自舉旗擊鼓，宜豐侯蕭循也親自衝鋒陷陣，攻佔了陸納的兩個城堡，陸納部眾大敗，步行逃走，退守長沙。初四日乙丑，王僧辯進兵圍攻長沙。王僧辯坐在田埂上注視士兵們修築圍城土山，陸納的將領吳藏、李賢明率領精銳士兵一千多人打開城門，突然衝出，手執盾牌，直接撲向王僧辯。當時杜崱、杜龕陪坐在王僧辯身旁，警衛士兵只有一百多人，奮力戰鬥抵擋敵人。王僧辯端坐胡床不動，裴之橫從他旁邊攻擊吳藏等人，吳藏等人敗退，李賢明戰死，吳藏脫身跑回城中。

武陵王蕭紀到達巴郡，聽到西魏進兵，派前梁州刺史巴西人譙淹回軍救蜀。當初，楊乾運請求為梁州刺史，蕭紀任命他為潼州刺史；楊法琛請求為黎州刺史，蕭紀任命他為沙州刺史，兩人都不滿意。楊乾運哥哥的兒子楊略勸楊乾運說：「如今侯景剛剛平定，應當同心合力，保衛國家，安定黎民，而兄弟之間卻互相殘殺，這是自取滅亡的道路。木頭朽了不可以雕飾，世道衰微難以輔佐，不如歸附西魏，可以功名兩全。」楊乾運認為說得對，便命令楊略領兵兩千鎮守劍閣，又派他的女婿樂廣鎮守安州，與楊法琛兩人都暗自與西魏聯絡。西魏太師宇文泰祕密賜給楊乾運鐵券，授予驃騎大將軍、開府儀同三司、梁州刺史。尉遲迥命令開府儀同三司侯呂陵始為先鋒，到達劍閣，楊略退軍到樂廣，出城接應侯呂陵始，侯呂陵始入城佔據了安州。五月十三日甲戌，尉遲迥到達涪水，楊乾運獻出州城投降。尉遲迥分兵守城，進軍襲擊成都。當時成都現有的全部兵力不足萬人，倉庫空虛，永豐侯蕭撝環城自守，尉遲迥包圍了成都。譙淹派江州刺史景欣、幽州刺史趙拔扈援救成都，尉遲迥派原珍等人打跑了景欣等。

武陵王蕭紀抵達巴東，聽到侯景已經平定，於是後悔，召見太子蕭圓照斥責他，太子回答：「侯景雖然平定，但江陵沒有順服。」蕭紀也認為已經稱帝，不可再居於人下，想繼續東進。部下將士日夜想回到成都。江州刺史王開業認為應當還軍救援成都保住根本，再考慮以後進取，眾將領都認為這是對的。蕭圓照和劉孝勝堅持說不能退軍，蕭紀聽從了，對部眾宣告說：「敢諫阻進軍的就處死！」五月二十八日己丑，蕭紀到達西陵，軍隊氣勢旺盛，戰船遮蔽了江面。湘東王護軍將軍陸法和在峽口兩岸各築一城，運石填江，用鐵鍊隔斷江面。

梁元帝從監獄中放出任約，任命他為晉安王司馬，派他援助陸法和抵抗蕭紀，對任約說：「你的罪行不能寬容，我不殺你，就是為了今天用你。」於是把宮衛禁軍撤出交給任約，還承諾把廬陵王蕭續的女兒嫁給他為妻，派宣猛將軍劉棻與他在一起。

五月十九日庚辰，巴州刺史余孝頃領兵一萬在長沙與王僧辯會師。

豫章太守觀寧侯蕭永，糊塗又缺乏決斷力，身邊的武蠻奴當權，軍主文重痛恨武蠻奴。蕭永領兵討伐陸納，到達宮亭湖，文重殺了武蠻奴，蕭永的軍隊潰散，蕭永逃奔江陵。文重率領他的部眾投奔開建侯蕭蕃，蕭蕃殺了文重收編了他的部眾。

六月初一日壬辰，武陵王蕭紀修築連城，攻斷鐵索，陸法和接連不斷的告急。梁元帝又從獄中放出謝答仁，任命他為步兵校尉，配給他軍隊讓他援助陸法和。又派使者送王琳到長沙，讓他勸降陸納。初四日乙未，王琳到長沙，王僧辯派人送王琳到城下讓城中人看，陸納和部眾都向王琳跪拜並哭泣。陸納派人對王僧辯說：

「朝廷如果赦免王郎，就慫求讓他進城。」王僧辯不同意，又把王琳送回江陵。陸法和求救不止，梁元帝想召回長沙的軍隊，又怕陸納逃走，於是再次送王琳到長沙，允許他進城。王琳進城後，陸納便投降了，湘州平定。梁元帝恢復王琳官職，讓他帶兵西援峽口。

六月十三日甲辰，北齊章武景王庫狄干去世。

武陵王蕭紀派將軍侯叡領兵七千修築營壘與陸法和對抗。梁元帝派使者送信給蕭紀，許諾他回到巴蜀，專制一方，蕭紀不聽從，以兄弟之間的禮節給梁元帝回信。陸納被平定後，在湘州的各路軍隊相繼西上，梁元帝再次寫信給蕭紀說：「我年齡比你大點，恰巧又有平定侯景之亂的功勞，因此順應大眾的推舉繼承了帝位，順理成章。如果派使者與你商量，實在是來不及。如果你不相信，從此擱筆，斷絕關係。兄弟之間本應友愛，形體雖分而氣血相同，如果刀兵相見，那麼兄弟之間像漢代趙孝、趙禮『兄肥弟瘦』那樣的情誼就徹底斷絕，不可能相見了。像漢代孔融與兄弟們讓棗推梨那樣的友愛歡樂就一去不復返了。兄弟之愛在我心中，不是一封信所能表達完的。」蕭紀屯兵日久，屢戰不利，又聽到西魏兵已經深入，成都孤立危急，憂愁氣憤不知道怎麼辦才好。於是派出他的度支尚書樂奉業到江陵求和，請求按照前一封信說的讓他回到巴蜀。樂奉業知道蕭紀一定會失敗，上表梁元帝說：「蜀軍缺糧，士兵死亡很多，敗亡日子隨時到來。」梁元帝於是不同意蕭紀求和。

蕭紀用一斤黃金做成一個餅，一百個金餅裝一箱，共有一百箱，銀子五倍於金餅，錦緞、繒綵價值與金餅、銀餅相當。每次戰鬥，都把這些東西擺出來給戰士們看，可是不用來作獎賞。寧州刺史陳智祖請求拿出來招募勇士，蕭紀不聽，陳智祖痛哭而死。部下有事求見，蕭紀假託生病不見，因此將士渙散瓦解。

秋，七月十一日辛未，巴東豪民苻昇等殺了峽口城守將公孫晃，投降了王琳。謝答仁、任約進兵攻擊侯叡，打敗了侯叡，奪取了三座軍壘，於是兩岸蜀軍的十四座軍壘全部投降。蕭紀沒有了退路，順流東下，遊擊將軍南陽人樊猛追擊他，蕭紀的部眾崩潰，投水而死的有八千多人，樊猛把蕭紀包圍後守住他。梁元帝密令樊猛說：「如果蕭紀活著來見我，你就沒有功勞。」樊猛帶兵攻上蕭紀的船隻，蕭紀在船上繞著床躲避，他把金囊投向樊猛說：「拿這些金銀雇請你，送我去和七官兄長見一面。」樊猛說：「天子你怎麼能見到？殺了你，金銀還能跑哪裡去？」於是殺了蕭紀和他的小兒子蕭圓滿。陸法和抓獲了太子蕭圓照兄弟三人送到江陵，梁元帝取消蕭紀的族籍，給他賜姓饕餮氏。把劉孝勝關入牢中，不久又釋放了他。梁元帝派人對江安侯蕭圓正說：「巴蜀軍隊已經戰敗，你父親不知是死是活。」意思是讓蕭圓正自殺。蕭圓正聽到後放聲號哭，不停地叫著大哥蕭圓照的名字。梁元帝不斷派人去窺視，知道他不可能自殺，就把他移交給廷尉下獄。蕭圓正見到蕭圓照，說：「兄長你為什麼挑動父輩他們相殘，使人慘痛到今天這樣的地步？」蕭圓照只是說計策錯誤。梁元帝下令在獄中餓死他們，他們餓得啃自己的臂膀，過了十三天才死，遠近的人聽說後感到悲哀。

乙未日，王僧辯還軍江陵。梁元帝命令各路軍隊回到原來鎮守的地方。

魏尉遲迥圍成都五旬，永豐侯撝屢出戰，皆敗，乃請降。諸將欲不許，迥曰：「降之則將士全，遠人悅；攻之則將士傷，遠人懼。」遂受之。八月戊戌❶，撝與宜都王圓肅帥文武詣軍門降，迥以禮接之，與盟於益州城北。吏民皆復其業，唯收奴婢及儲積以賞將士，軍無私焉。魏以撝及圓肅並為開府儀同三司，以迥為大都督益・潼等十二州諸軍事、益州刺史。

庚子❷，下詔將還建康，領軍將軍胡僧祐、太府卿黃羅漢、吏部尚書宗懍、御史中丞劉瑴❸諫曰：「建業王氣已盡，與虜正隔一江❹，若有不虞，悔無及也！且古老相承云：『荊州洲數滿百，當出天子。』今枝江生洲，百數已滿，陛下龍飛，是其應也。」上令朝臣議之。黃門侍郎周弘正、尚書右僕射王褒曰：「今百姓未見輿駕入建康，謂是列國諸王，願陛下從四海之望。」時羣臣多荊州人，皆曰：「弘正等東人❺也，志願東下，恐非良計。」弘正面折之曰：「東人勸東，謂非良計；君等[1]西人欲西，豈成長策？」上笑。又議於後堂，會者五百人，上問之曰：「吾欲還建康，諸卿以為如何？」眾莫敢先對。上曰：「勸吾去者左袒❻。」左袒者過半。武昌太守朱買臣言於上曰：「建康舊都，山陵所在；荊鎮邊疆，非王者之宅。願陛下勿疑，以致後悔。臣家在荊州，豈不願陛下居此？但恐是臣富貴，非陛下富貴耳！」上使術士杜景豪卜之，不吉，對上曰：「未去。」退而言曰：「此兆為鬼賊所留也。」上以建康彫殘，江陵全盛，意亦安之，卒從僧祐等議。

以湘州刺史王琳為衡州刺史。

九月庚午❼，詔王僧辯還鎮建康，陳霸先復還京口。丙子❽，以護軍將軍陸法和為郢州刺史。法和為政，不用刑獄，專以沙門法❾及西域幻術❿教化，部曲數千人，通謂之弟子。

契丹寇齊邊。壬午⓫，齊主北巡冀、定、幽、安⓬，遂伐契丹。

齊主使郭元建治水軍二萬餘人於合肥，將襲建康，納湘潭侯退⑬，又遣將軍邢景遠⑭、步大汗薩⑮帥眾繼之。陳霸先在建康聞之，白上，上詔王僧辯鎮姑孰以禦之。

冬，十月丁酉⑯，齊主至平州⑰，從西道趣長塹⑱，使司徒潘相樂帥精騎五千自東道趣青山⑲。辛丑⑳，至白狼城㉑。壬寅㉒，至昌黎城㉓，使安德王韓軌帥精騎四千東斷契丹走路。癸卯㉔，至陽師水㉕，倍道兼行，掩襲契丹。齊主露髻肉袒，晝夜不息，行千餘里，踰越山嶺，為士卒先，唯食肉飲水，壯氣彌厲。甲辰㉖，與契丹遇，奮擊，大破之，虜獲十餘萬口，雜畜數百萬頭。潘相樂又於青山破契丹別部。丁未㉗，齊主還至營州。

己酉㉘，王僧辯至姑孰，遣婺州刺史侯瑱、吳郡太守張彪、吳興太守裴之橫築壘東關，以待齊師。

丁巳㉙，齊主登碣石山㉚，臨滄海，遂如晉陽。以肆州刺史斛律金為太師，召[2]還晉陽，拜其子豐樂㉛為武衛大將軍，命其孫武都㉜尚義寧公主㉝，寵待之厚，羣臣莫及。

閏月丁丑㉞，南豫州刺史侯瑱與郭元建戰於東關，齊師大敗，溺死者萬計。

湘潭侯退復歸于郢，王僧辯還建康。

吳州刺史開建侯蕃，恃其兵彊，貢獻不入，上密令其將徐佛受圖之。佛受使其徒詐為訟者，詣蕃，遂執之。上以佛受為建安太守，以侍中王質為吳州刺史。質至鄱陽，佛受置之金城㉟，自據羅城，掌門管㊱，繕治舟艦甲兵，質不敢與爭。故開建侯部曲㊲數千人攻佛受，佛受奔南豫州，侯瑱殺之，質始得行州事。

十一月戊戌㊳，以尚書右僕射王褒為左僕射，湘東太守張綰為右僕射。○己未㊴，突厥復攻柔然，柔然舉國奔齊。

癸亥㊵，齊主自晉陽北擊突厥，迎納柔然，廢其可汗庫提，立阿那瓌子菴羅辰為可汗，置之馬邑川㊶，給其廩餼繒帛。親追突厥於朔州㊷，突厥請降，許之而還。自是貢獻相繼。

魏尚書元烈謀殺宇文泰，事泄，泰殺之。

丙寅㊸，上使侍中王琛㊹使於魏。太師泰陰有圖江陵之志，梁王詧聞之，益重其貢獻。

十二月，齊宿預㊺民東方白額㊻以城降，江西㊼州郡皆起兵應之。

【章旨】以上為第二段，寫梁朝巴蜀地陷西魏，梁元帝建都江陵，北齊國主高洋威服北方柔然、突厥之民。

【注釋】❶戊戌 八月八日。❷庚子 八月十日。❸劉瑴 字仲寶，沛國蕭（今安徽蕭縣西北）人。任蕭繹中記室，書檄多由他起草。後歷任吏部尚書、國子祭酒。江陵失陷，入西魏為臣。傳見《梁書》卷四十一、《南史》卷五十。❹正隔一江 《周書》卷四十一〈王褒傳〉作「止隔一江」，胡三省注同。按，「正」、「止」義同，僅也。❺東人 周弘正是周顗之後，王褒是王導之後，都是東晉時自北方南渡的高等士族，世代住在建康。對荊州而言，建康在東方，所以稱作東人。❻左袒 露出左胳膊。❼庚午 九月十一日。❽丙子 九月十七日。❾沙門法 佛規。❿西域幻術 從中亞傳來的帶有魔術性的法術。⓫壬午 九月二十三日。⓬冀定幽安 四州州名。⓭納湘潭侯退 送湘潭侯蕭退到建康稱帝。⓮邢景遠 《梁書》、《南史》作「邢杲遠」，《陳書》則作「邢杲」，未知孰是。⓯步大汗薩 複姓步大汗，太安狄那（今山西壽陽）人，曾追隨爾朱榮父子，後降於高歡，任車騎大將軍。入齊，封義陽郡公。傳見《北齊書》卷二十、《北史》卷五十三。⓰丁酉 十月八日。⓱平州 州名，治所肥如，在今河北盧龍北。⓲長塹 山谷名，在盧龍塞外。⓳青山 地名，在今遼寧義縣東。⓴辛丑 十月十二日。㉑白狼城 城名，在今遼寧建昌。㉒壬寅 十月十三日。㉓昌黎城 即龍城，是昌黎郡郡治和營州州治所在，在今遼寧朝陽。㉔癸卯 十月十四日。㉕陽師水 河名，今地不詳。一說在今北京市房山區境，恐非。㉖甲辰 十月十五日。㉗丁未 十月十八日。㉘己酉 十月二十日。㉙丁巳 十月二十八日。㉚碣石山 山名，在今河北昌黎境。㉛豐樂 斛律羨（？—西元五七二年），字豐樂，仕北齊，曾任幽州刺史，於東西二千餘里內建戍所五十餘處，突厥不敢犯邊，封高城縣侯。齊後主時，進爵荊山郡王，不久被殺。傳見《北齊書》卷十七、《北史》卷五十四。㉜武都 斛律武都（？—西元五七二年），斛律光長子，位太子太保、開府儀同三司、梁兗二州刺史。後與父一起被北齊後主下詔處死。傳見《北齊書》卷十七、《北史》卷五十四。㉝義寧公主 本名及所出不詳。㉞丁丑 閏十一月己丑朔，無丁丑日，疑為十一月十九日。㉟金城 城內的牙城。㊱掌門管 掌握城門鑰匙。㊲故開建侯部曲 原開建侯蕭蕃的部下。㊳戊戌 十一月己未朔，無戊戌日，疑為閏十一月十日。㊴己未 十一月一日。㊵癸亥 十一月五日。㊶馬邑川 河名，發源於山西寧武天池附近，向北流經馬邑城，即今山西朔州。柔然所居當在此段河兩岸。河再向東北行，稱桑乾河。㊷朔州 州名，此指原北魏所置朔州，治所盛樂，在今內蒙古和林格爾。㊸丙寅 十一月八日。㊹王琛 疑即《南史》所說出自琅邪郡的善於書法的王琛。《梁書》卷三十三作「王深」。㊺宿預 縣名，縣治在今江蘇宿遷。㊻東方白額　人名，複姓東方。《梁書》卷五、《南史》卷八皆作「東方光」。㊼江西　長江南京以西，淮河以南原梁朝的州郡。

【校　記】①君等　原無此二字。據章鈺校，十二行本、乙十一行本皆有此二字，《陳書・周弘正傳》亦同，今據補。②召　原作「乃」。據章鈺校，十二行本、乙十一行本、孔天胤本皆作「召」，今據改。

【語　譯】西魏尉遲迥包圍成都五十天，永豐侯蕭撝多次出戰，都失敗了，於是請求投降。西魏眾將領想不同意，尉遲迥說：「接受他們投降，我軍將士完好，遠方百姓也高興。強行進攻，我軍將士損傷，遠方百姓也擔驚受怕。」便接受了蕭撝的投降。八月初八日戊戌，蕭撝與宜都王蕭圓肅率領文武官員到西魏軍營門投降，尉遲迥按禮節接待他們，與蕭撝等人在益州城北面訂立盟約。官民都恢復原來的工作，只收繳奴婢和倉儲用來獎賞戰士，全軍沒有私自搶掠的。西魏任命蕭撝和蕭圓肅均為開府儀同三司，任命尉遲迥為大都督益州・潼州等十二州諸軍事、益州刺史。

八月初十日庚子，梁元帝下詔將回建康，領軍將軍胡僧祐、太府卿黃羅漢、吏部尚書宗懍、御史中丞劉瑴諫阻說：「建業的帝王氣數已盡，與北齊只隔著一條江，萬一有不測，後悔就來不及了！況且自古以來就傳說：『荊州的沙洲滿了一百個，就會出皇帝。』如今枝江生出了沙洲，一百個數量已經滿了，陛下登上皇位，這就是傳說的印證。」梁元帝讓朝臣們討論。黃門侍郎周弘正、尚書右僕射王褒說：「如今百姓沒看到皇帝車駕進入建康，會認為江陵是列國諸侯王，希望陛下順從天下百姓的心願定都建康。」當時群臣大多數是荊州人，都說：「周弘正等是江東人，一心想回建康，恐怕不是好計策。」周弘正當面駁斥他們說：「江東人勸說建都建康，你們說不是好計策；你們荊州人想定都荊州，難道就是長遠之策？」梁元帝大笑。又轉到後堂討論，參加會議的有五百人，梁元帝問他們說：「我想回到建康，你們認為怎麼樣？」與會的人沒有人敢先回答。梁元帝說：「勸我離開這裡的人露出左臂來。」結果，露出左臂的人過了半數。武昌太守朱買臣對梁元帝說：「建康是舊都城，是皇上祖宗陵墓所在地，荊州江陵地處邊疆，不是帝王所居住的地方。希望陛下不要遲疑，以致將來後悔。臣家在荊州，怎會不希望陛下住在這裡？這樣做，只怕是我這個臣子富貴，而不是皇上富貴罷了！」梁元帝讓術士杜景豪占卜此事，結果是不吉利。杜景豪對梁元帝說：「不要離開。」杜景豪退朝後說：「這次占卜的徵兆表明皇上被鬼賊留住了。」梁元帝因建康破敗，江陵全盛，內心也安於江陵，最後聽從了胡僧祐等人的意見。

梁元帝任命湘州刺史王琳為衡州刺史。

九月十一日庚午，梁元帝詔王僧辯返回建康鎮守，陳霸先還是回京口。十七日丙子，任命護軍將軍陸法和為郢州刺史。陸法和處理政務，不用刑法監獄，專門用佛法和西域幻術進行教化，部下幾千人，全都稱為弟子。

契丹侵犯北齊邊境。九月二十三日壬午，北齊國主高洋往北巡視冀、定、幽、安四州，於是討伐契丹。

北齊國主高洋派郭元建在合肥訓練水軍兩萬多人，將襲擊建康，送湘潭侯蕭退到建康做皇帝，又派出將軍邢景遠、步大汗薩率領部眾隨後跟進。陳霸先在建康聽到這消息，報告梁元帝，梁元帝命令王僧辯鎮守姑孰以抵禦北齊軍。

冬，十月初八日丁酉，北齊國主高洋到達平州，從西路趕赴長塹，派司徒潘相樂率領精銳騎兵五千從東路趕往青山。十二日辛丑，高洋到達白狼城。十三日壬寅，到達昌黎城，派安德王韓軌率領精銳騎兵四千在東邊切斷契丹逃跑的道路。十四日癸卯，北齊大軍抵達陽師水，倍道兼程，突襲契丹。北齊國主高洋披髮露胸，晝夜不停，行走一千餘里，翻山越嶺，身先士卒，只是吃肉喝水，越來越膽壯氣昂。十五日甲辰，與契丹相遇，奮勇攻擊，大獲全勝，擄獲十餘萬口，各種牲畜數百萬頭。潘相樂又在青山打敗契丹的另一部落。十八日丁未，北齊國主高洋回到營州。

十月二十日己酉，王僧辯到達姑孰，派婺州刺史侯瑱、吳郡太守張彪、吳興太守裴之橫在東關修築城壘，防備北齊軍隊。

十月二十八日丁巳，北齊國主高洋登上碣石山，面對大海，然後去往晉陽。高洋任命肆州刺史斛律金為太師，命令他回晉陽。封他的兒子斛律豐樂為武衛大將軍，命令他的孫子斛律武都娶義寧公主為妻，寵信優待的深厚，文武百官沒有人能趕得上。

閏十一月丁丑日，南豫州刺史侯瑱與郭元建在東關交戰，北齊軍隊大敗，淹死的人以萬計。湘潭侯蕭退又回到鄴城，王僧辯返回建康。

吳州刺史開建侯蕭蕃依仗自己兵力強盛，不向朝廷進貢，梁元帝密令蕭蕃的部將徐佛受除掉蕭蕃。徐佛受指使他手下人裝作打官司的人，到蕭蕃那兒，於是抓了蕭蕃。梁元帝任命徐佛受為建安太守，任命侍中王質為吳州刺史。王質到了鄱陽，徐佛受把他安置在牙城，自己據守在外城，掌管城門鑰匙，修繕船隻，訓練士兵，王質不敢與他相爭。原開建侯蕭蕃的部屬數千人攻擊徐佛受，徐佛受逃到南豫州，侯瑱殺了他，王質開始掌管了吳州的政務。

十一月戊戌日，梁朝任命尚書右僕射王褒為左僕射，湘東太守張綰為右僕射。○初一日己未，突厥再次進攻柔然，柔然整個部落投奔北齊。

十一月初五日癸亥，北齊國主高洋從晉陽向北出擊突厥，迎接柔然，廢了柔然的庫提可汗，立阿那瓌的兒子菴羅辰為可汗，將他安置在馬邑川，供給他糧食繒帛。高洋親自追擊突厥直到朔州，突厥請求投降，高洋答應了然後返回。從此，突厥不斷向北齊進貢。

西魏尚書元烈謀殺宇文泰，消息走漏，宇文泰殺了元烈。

十一月初八日丙寅，梁元帝派侍中王琛出使西魏。西魏太師宇文泰暗中懷有奪取江陵的打算，梁王蕭詧得到消息，愈益加多了對西魏的進貢。

十二月，北齊宿預縣民東方白額獻出縣城投降梁朝，江北各州郡都起兵響應他。

三年（甲戌　西元五五四年）

春，正月癸巳❶，齊主自離石道討山胡，遣斛律金從顯州❷道，常山王演從晉州道夾攻，大破之，男子十三以上皆斬，女子及幼弱以賞軍，遂平石樓❸。石樓絕險，自魏世所不能至，於是遠近山胡莫不懾服。有都督戰傷，其什長❹路暉禮不能救，帝命刳其五藏，令九人食之，肉及穢惡皆盡。自是始為威虐。

陳霸先自丹徒濟江，圍齊廣陵，秦州刺史嚴超達自秦郡進圍涇州❺，南豫州刺史侯瑱、吳郡太守張彪皆出石梁，為之聲援。辛丑❻，使晉陵太守杜僧明帥三千人助東方白額。

魏太師泰始作九命❼之典，以敘內外官爵，改流外品❽為九秩❾。

魏主自元烈之死，有怨言，密謀誅太師泰，臨淮王育、廣平王贊垂涕切諫，不聽。泰諸子皆幼，兄子章武公導、中山公護皆出鎮❿，唯以諸婿為心膂，大都督清河公李基⓫、義城公李暉⓬、常山公于翼⓭俱為武衛將軍⓮，分掌禁兵。基，遠之子。暉，弼之子。翼，謹之子也。由是魏主謀泄，泰廢魏主，置之雍州，立其弟齊王廓⓯，去年號⓰，稱元年，復姓拓跋氏，九十九姓改為單者⓱，皆復其舊。

魏初統國三十六，大姓九十九，後多滅絕。泰乃以諸將功高者為三十六國⓲[1]，次者為九十九姓，所將士卒亦改從其姓⓳。

三月丁亥⑳，長沙王韶取巴郡。○甲辰㉑，以王僧辯為太尉、車騎大將軍。

丁未㉒，齊將王球攻宿預，杜僧明出擊，大破之，球歸彭城。

郢州刺史陸法和上啓自稱司徒，上怪之。王褒曰：「法和既有道術，容或先知。」戊申㉓，上就拜法和為司徒。

己酉㉔，魏侍中宇文仁恕來聘。會齊使者亦至江陵，帝接仁恕不及齊使，仁恕歸，以告太師泰。帝又請據舊圖定疆境，辭頗不遜，泰曰：「古人有言：『天之所棄，誰能興之㉕。』其蕭繹之謂乎？」荊州刺史長孫儉㉖屢陳攻取之策，泰徵儉入朝，問以經略，復命還鎮，密為之備。馬伯符㉗密使告帝，帝弗之信。

柔然可汗菴羅辰叛齊，齊主自將出擊，大破之，菴羅辰父子北走。

太保安定王賀拔仁獻馬不甚駿，齊主怒[2]，拔其髮，免為庶人，輸晉陽負炭㉘。

齊中書令魏收撰魏書，頗用愛憎為褒貶，每謂人曰：「何物㉙小子，敢與魏收作色㉚？舉之則使升天，按之則使入地。」既成，中書舍人盧潛奏收誣罔一代，罪當誅。尚書左丞盧斐㉛、頓丘李庶㉜皆言魏史不直㉝。收啓齊主云：「臣既結怨彊宗㉞，將為刺客所殺。」帝怒，於是斐、庶及尚書郎中王松年㉟皆坐謗史，鞭二百，配甲坊㊱。斐、庶死於獄中，潛亦坐繫獄。然時人終不服，謂之「穢史」。

潛，度世[37]之曾孫。斐，同[38]之子。松年，遵業[39]之子也。

夏，四月，柔然寇齊肆州，齊主自晉陽討之，至恆州，柔然散走。帝以二千餘騎為殿，宿黃瓜堆[40]。柔然別部數萬騎奄至，帝安臥，平明乃起，神色自若，指畫形勢，縱兵奮擊，柔然披靡，因潰圍而出。柔然走，追擊之，伏尸二十餘里，獲菴羅辰妻子，虜三萬餘口，令都督善無高阿那肱[41]帥騎數千塞其走路。時柔然軍猶盛，阿那肱以兵少，請益，帝更減其半。阿那肱奮擊，大破之。菴羅辰超越巖谷，僅以身免。

丙寅[42]，上使散騎常侍庾信等聘於魏。○癸酉[43]，以陳霸先為司空。○丁未[44]，齊主復自擊柔然，大破之。○庚戌[45]，魏太師泰酖殺廢帝。

五月，魏直州[46]人樂熾、洋州[47]人黃國等作亂，開府儀同三司高平田弘[48]、河南[49]賀若敦討之，不克。太師泰命車騎大將軍李遷哲與敦共討熾等，平之。仍與敦南出，徇地至巴州[50]，巴州刺史牟安民降之，巴[51]、濮[52]之民皆附於魏。蠻酋向五子王[53]等[3]陷白帝，遷哲擊之，五子王等遁去，遷哲追擊，破之。泰以遷哲為信州刺史，鎮白帝。信州先無儲蓄，遷哲與軍士共采葛根為糧，時有異味，輒分嘗之，軍士感悅。屢擊叛蠻，破之，羣蠻懾服，皆送糧餼，遣子弟入質。由是州境安息，軍儲亦贍。

柔然乙旃達官(54)寇魏廣武(55)，柱國李弼追擊[4]，破之。

廣州刺史曲江侯勃，自以非上所授，內不自安，上亦疑之。勃啓求入朝。五月乙巳(56)，上以王琳為廣州刺史，勃為晉州刺史。上以琳部眾彊盛，又得眾心，故欲遠之。琳與主書廣漢李膺(57)厚善，私謂膺曰：「琳，小人也，蒙官(58)拔擢至此。今天下未定，遷琳嶺南，如有不虞，安得琳力？竊揆官意不過疑琳，琳分望(59)有限，豈與官爭為帝乎？何不以琳為雍州刺史，鎮武寧，琳自放兵(60)作田，為國禦捍。」膺然其言而弗敢啓。

散騎郎新野庾季才(61)言於上曰：「去年八月丙申(62)，月犯心中星(63)，今月丙戌(64)，赤氣干(65)北斗。心為天王(66)，丙主楚分(67)，臣恐建子之月(68)有大兵入江陵，陛下宜留重臣鎮江陵，整旆還都以避其患。假令魏虜侵蹙，止失荊、湘，在於社稷，猶得無慮。」上亦曉天文，知楚有災，歎曰：「禍福在天，避之何益？」

六月壬午(69)，齊步大汗薩將兵四萬趣涇州，王僧辯使侯瑱、張彪自石梁引兵助嚴超達拒之，瑱、彪遲留不進。將軍尹令思將萬餘人謀襲盱眙。齊冀州刺史段韶將兵討東方白額於宿預，廣陵、涇州皆來告急，諸將患之。韶曰：「梁氏喪亂，國無定主，人懷去就，強者從之(70)。霸先等外託同德，內有離心，諸君不足憂，吾揣之熟矣！」乃留儀同三司敬顯儁(71)[5]等圍宿預，自引兵倍道趣涇州，塗出盱眙。令思不意齊兵[6]猝至，望風退走。韶進擊超達，破之，回趣廣陵，陳霸先解圍走。杜僧明還丹徒，侯瑱、張彪還秦郡。吳明徹圍海西(72)，鎮將中山郎基(73)固守，削木為箭，翦紙為羽，圍之十旬，卒不能克而還。

柔然帥餘眾東徙，且欲南寇，齊主帥輕騎邀之於金川(74)。柔然聞之，遠遁，營州刺史靈丘王峻(75)設伏擊之，獲其名王數十人。

鄧至(76)羌檐桁(77)失國，奔魏，太師泰使秦州刺史宇文導將兵納之。

齊段韶還至宿預，使辯士說東方白額，白額開門請盟，因執而斬之。

秋，七月庚戌(78)，齊主還鄴。◯魏太師泰西巡，至原州。

八月壬辰(79)，齊以司州牧清河王岳為太保，司空尉粲為司徒，太子太師侯莫陳相為司空，尚書令平陽王淹錄尚書事，常山王演為尚書令，中書令上黨王渙為左僕射。

乙亥(80)，齊儀同三司元旭坐事賜死。丁丑(81)，齊主如晉陽。齊主之未為魏相也，太保、錄尚書事平原王高隆之常侮之，及將受禪，隆之復以為不可，齊主由是銜之。崔季舒譖隆之每見訴訟者輒加哀矜之意，以示非己能裁。帝禁之尚書省(82)。隆之嘗與元旭飲，謂旭曰：「與王交，當生死不相負。」人有密言之者，帝由是發怒，令壯士築百餘拳而捨之，辛巳(83)，卒於路。久之，帝追忿隆之，執其子慧登(84)等二十人於前，帝以鞭叩鞍，一時頭絕，並投尸漳水。又發隆之冢，出其尸，斬截骸骨焚之，棄於漳水。

齊主使常山王演、上黨王渙、清河王岳、平原王段韶帥眾於洛陽西南築伐惡城、新城、嚴城、河南城。九月，齊主巡四城，欲以致魏師，魏師不出，乃如晉陽。

魏宇文泰命侍中崔猷開回車路(85)以通漢中。

【章　旨】以上為第三段，寫南北朝三國政務。梁元帝志大才疏，殘刻猜忌，內外政務皆誤。內忌良將王琳疏之於邊，外交密於北齊而疏於西魏，既結怨近鄰又錯失收復江北失地的良機。西魏宇文泰西巡安定後方，而備戰向南。北齊高洋有雄主之風，身臨戰陣，威服北疆，破柔然，降山胡，而內政酷烈，屠功臣，剝黎民，故而梁朝雖衰亂，而齊境江北之民仍心繫梁朝。

【注　釋】❶癸巳　正月六日。❷顯州　州名，治所六壁城，在今山西孝義。❸石樓　山名，在今山西石樓。❹什長　十名士兵的頭目。❺涇州　州名，原梁置，治所石梁，在今安徽天長。❻辛丑　正月十四日。❼九命　西周將官爵分為九等，叫九命。宇文泰命尚書令盧辯根據西周的規定，重新將內外官職各分為九等，數字越高者等級越高。❽流外品　即不入品，無等的小吏。❾九秩　對無等的小吏規定相應的薪俸等級，共有九等。最高的九秩是一百二十石，最低的一秩和二秩是四十石。頒發薪俸不論入品不入品，一律看年成好壞，上好的年成按規定足額頒發；中等年成發一半；下等年成發十分之一；顆粒無收，就不頒發。❿出鎮　當時宇文導任秦州刺史，駐守上邽（今甘肅天水市）。宇文護以大將軍銜，出守河東郡（今山西永濟）。⓫李基　（西元五三一—五六一年）字仲和，其先祖隴西成紀人，後家高平。妻宇文泰女義歸公主。仕西魏，爵清河郡公，官至侍中、驃騎大將軍、開府儀同三司，進爵敦煌郡公。入周，任江州刺史。傳見《周書》卷二十五、《北史》卷五十九。⓬李暉　遼東襄平（今遼寧遼陽）人，妻宇文泰女義安公主。仕西魏，爵義城郡公，官至驃騎大將軍、儀同三司、岐州刺史。入周，轉任荊州刺史，爵魏國公。後進位柱國。傳見《周書》卷十五、《北史》卷六十。又《周書》作「李輝」，《通鑑》從《北史》。⓭于翼　（？—西元五八三年）字文若，河南洛陽（今河南洛陽）人。妻宇文泰女平原公主。仕西魏，爵安平郡公。入周，改封常山郡公。（《通鑑》前二公從魏封，翼從周封，有違體例。）楊堅執政時，進位上柱國，封任國公。隋初，拜太尉。傳見《周書》卷三十、《北史》卷二十三。⓮武衛將軍　官名，時主管朱華閣以外的宿衛，為左、右衛將軍的副手。從三品。⓯齊王廓　拓跋廓，元寶炬第四子，封齊王。至此即位，即西魏恭帝，西元五五四—五五六年在位。後禪位於北周閔帝宇文覺。事詳《北史》卷五。⓰去年號　棄用年號。⓱改為單者　指北魏孝文帝改革下令鮮卑貴族複姓改為單姓，如達奚氏改姓奚氏，步六孤氏改姓陸氏，獨孤氏改姓劉氏等。事詳《魏書．官氏志》和本書卷一百四十。現宇文泰又命改單姓的恢復原姓。⓲國　宇文泰復舊姓，《周書．文帝紀下》作「以諸將功高者為三十六國後，次者為九十九姓後」，《北史．太祖文帝紀》作「以諸將功高者為三十六國後，次者為九十九姓後」。《通鑑》載此事刪「後」字而留「國」字，於義不通，此處作「姓」為佳。⓳所將士卒亦改從其姓　當時中原人士也賜給鮮卑姓，如李弼為徒河氏，趙貴為乙弗氏，楊忠為普六如氏，李虎為大野氏，李穆為擒拔氏等等。⓴丁亥　三月初一日。㉑甲辰　三月十八日。㉒丁未　三月二十一日。㉓戊申　三月二十二日。㉔己酉　三月二十三日。㉕天之所棄二句　典出《左傳》襄公二十三年，晉國胥午回答欒盈的話。首句「棄」作「廢」，文略異而義同。㉖長孫儉　（？—西元五五六年）本名慶明。先祖姓拓跋氏，北魏孝文帝時改姓長孫氏，河南洛陽（今河南洛陽東）人，以建議平定江陵，進爵昌寧公，遷大將軍。傳見《周書》卷二十六、《北史》卷二十二。㉗馬伯符　太清三年以下溠城降於西魏將領楊忠。㉘負炭　背炭。㉙何物　哪一個；什麼東西。㉚作色　生氣；不滿。㉛盧斐　字子章，范陽涿（今河北涿州）人，東魏時曾任相府刑獄參軍。入北齊，遷任尚書左丞，別掌京畿詔獄，用法苛酷。傳見《魏書》卷七十六、《北齊書》卷四十七、《北史》卷三十。㉜李庶　頓丘（今河南清豐西南）人，時任臨漳令。傳見《魏書》卷六十五、《北齊書》卷三十五、《北史》

卷四十三。㉝不直　不公正；不實。㉞彊宗　盧、李二姓是北方望族，世代為宦，權勢煊赫，所以稱強宗。彊，同「強」。㉟王松年　太原晉陽（今山西太原西南）人，仕北齊，官尚書郎中。因《魏書》事得罪。出獄後，先任臨漳令，後官侍中，加散騎常侍，兼御史中丞。傳見《魏書》卷三十八、《北齊書》卷三十五、《北史》卷三十五。㊱甲坊　官辦製造甲冑的作坊。㊲度世　盧度世，字子遷，范陽涿（今河北涿州）人。崔浩被誅，度世亡命多年。太武帝時逢赦出，襲爵惠侯，任太常卿、濟州刺史。傳見《魏書》卷四十七、《北史》卷三十。㊳同　盧同，字叔倫，范陽涿（今河北涿州）人。仕北魏，任尚書左丞時，清查出冒功竊位的官員三百多人。後封章武縣伯，官至侍中。傳見《魏書》卷七十六、《北史》卷三十。㊴遵業　王遵業，初任著作佐郎，預撰魏起居注。後轉司徒左長史，監掌儀注。與袁翻、王誦並號「三哲」。傳見《魏書》卷三十八、《北史》卷三十五。㊵黃瓜堆　地名，在今山西應縣西。㊶高阿那肱　姓高，名阿那肱，又作阿那瓌，善無（今山西右玉南）人，北齊後主時，封淮陰王，錄尚書事，總掌內省機密。後降於北周，授大將軍，出任隆州刺史，被誅死。傳見《北齊書》卷五十、《北史》卷九十二。㊷丙寅　四月十一日。㊸癸酉　四月十八日。㊹丁未　四月丙辰朔，無丁未，疑是五月事，丁未是二十二日。《北齊書》卷四〈文宣紀〉云：「（五月）丁未，北討茹茹（即柔然），大破之」。㊺庚戌　疑為五月二十五日。㊻直州　州名，治所安康，在今陝西石泉。㊼洋州　州名，治所西鄉，在今陝西西鄉。㊽田弘　（？－西元五七四年）高平（今陝西旬邑東）人，仕西魏，以軍功封鶉陰縣公，賜姓紇干氏，任原州刺史。入周，進爵雁門郡公，位柱國大將軍。傳見《周書》卷二十七、《北史》卷六十五。㊾河南　《周書》卷二十八賀若敦本傳作「代人」，《北史》卷六十八賀若敦本傳作「河南洛陽人」。前者是敘祖籍，後者是進入中原後的定居地。《通鑑》從後者。㊿巴州　州名，梁置，治所歸化，在今四川巴中市。(51)巴　春秋時巴國在此，包括東起重慶市奉節（巴東郡），西到四川閬中（巴西郡），中有重慶市巴南區到忠縣（巴郡）的「三巴」之地。(52)濮　春秋時期的百濮之地，在陝西安康（西城郡）到湖北竹山（上庸郡）之間。(53)向五子王　當地蠻族的首領，多次在白帝城一帶起兵反抗西魏和北周。傳見《周書》卷四十九、《北史》卷九十五。(54)乙旃達官　人名。(55)廣武　縣名，縣治在今陝西延安東北。(56)乙巳　五月二十日。(57)李膺　廣漢（今四川廣漢）人。(58)官　指梁元帝。(59)分望　名分與聲望。(60)放兵　安排士兵。(61)庾季才　（？－西元六〇三年）字叔奕，新野（今河南新野）人，梁時封宜昌縣伯。入周，參掌太史，封臨潁縣伯，官至驃騎大將軍、開府儀同三司。入隋，授通直散騎常侍。撰有《垂象志》和《地形志》。傳見《梁書》卷五十一、《南史》卷七十六、《北史》卷八十九。(62)丙申　八月六日。(63)心中星　即心宿，二十八宿之一，有星三顆。(64)丙戌　五月一日。(65)干　侵犯。(66)天王　天的正星。(67)楚分　楚地，指荊州。(68)建子之月　陰曆十一月。(69)壬午　六月二十七日。(70)強

者從之 唯強者是從。(71)敬顯儁 字孝英，平陽（今山西臨汾西南）人，歷任北齊都官尚書、兗州刺史。傳見《北齊書》卷二十六、《北史》卷五十五。(72)海西 縣名，縣治在今江蘇東海縣。(73)郎基 字世業，中山（今河北定州）人，起家奉朝請，累遷海西鎮將。後領潁川郡守。傳見《北齊書》卷四十六、《北史》卷五十五。(74)金川 地名，約在今內蒙古呼和浩特附近。(75)王峻 （？—西元五八〇年）字巒嵩，靈丘（今山西靈丘）人，仕北齊，以擊敗柔然功，升祕書監，後歷任都官尚書、驃騎大將軍、侍中。傳見《北齊書》卷二十五、《北史》卷五十五。(76)鄧至 城名，在今四川阿壩州九寨溝縣，是羌人的聚居區之一。(77)檐桁 人名，鄧至羌人的首領。傳見《周書》卷四十九。(78)庚戌 七月二十六日。(79)壬辰 八月乙卯朔，無壬辰。《北史》作「庚午」，是八月十六日。《通鑑》誤。《北齊書》作「庚子」，也誤。(80)乙亥 八月二十一日。(81)丁丑 八月二十三日。(82)禁之尚書省 把他軟禁在尚書省。(83)辛巳 八月二十七日。(84)慧登 高慧登。時任司徒中兵參軍。(85)開回車路 將漢代修建而梁朝又重修的子午道，加以擴建。北起長安，南抵漢中，以加強對巴蜀的控制。胡三省注認為「回」本作「通」，誤作「迴」，又省作「回」。

【校記】[1]國 原作「姓」。據章鈺校，十二行本、乙十一行本皆作「國」，《通鑑紀事本末》卷二三、《通鑑綱目》卷三三亦作「國」，今據改。[2]怒 原無此字。據章鈺校，十二行本、乙十一行本、孔天胤本皆有此字，今據補。[3]五子王等 原無「等」字。據章鈺校，十二行本、乙十一行本皆有「等」字，《周書・李遷哲傳》、《北史・李遷哲傳》亦同，今據補。下文同補。[4]追擊 原作「遣擊」。據章鈺校，十二行本、乙十一行本、孔天胤本皆作「追擊」，胡三省注云：「『遣擊』恐當作『追擊』。」今據改。按，《周書・文帝紀下》、《北史・西魏恭帝紀》皆作「追擊」。[5]敬顯儁 原作「敬顯攜」。胡三省注云：「『敬顯攜』當作『敬顯儁』。」嚴衍《通鑑補》改作「敬顯儁」，當是，今從改。按，《北齊書・段榮傳附段韶傳》、《北史・段榮傳附段韶傳》皆作「敬顯儁」。[6]兵 原作「師」。據章鈺校，十二行本、乙十一行本皆作「兵」，今據改。按，《通鑑紀事本末》卷二三作「兵」。

【語譯】三年（甲戌 西元五五四年）

春，正月初六日癸巳，北齊國主高洋從離石道討伐山胡，派斛律金從顯州道，常山王高演從晉州道夾攻，大敗山胡，男子十三歲以上都被殺死，女子和小孩用來賞賜軍人，於是平定了石樓。石樓極為險要，是從北魏以來到不了的地方，於是遠近山胡沒有不懾服的。北齊有個都督作戰受了傷，他的什長路暉禮沒有救他，高洋命令掏出路暉禮的五臟，讓其他九個人分了吃，肉和汙穢的東西都吃光了。從這以後，高洋就開始逞威酷虐。

陳霸先從丹徒渡江，包圍北齊廣陵，秦州刺史嚴超達從秦郡進兵包圍涇州，南豫州刺史侯瑱、吳郡太守張彪同時出兵石梁，聲援陳霸先。正月十四日辛丑，梁朝派晉陵太守杜僧明率領三千人援助東方白額。

西魏太師宇文泰開始製作九命典章，用來敘列朝廷內外官爵，改不入品級的小吏為九個等級。

西魏國主元欽因元烈之死，有怨言，密謀誅殺太師宇文泰，臨淮王元育、廣平王元贊流淚苦諫，元欽不聽從。宇文泰的幾個兒子都年幼，兒子章武公宇文導、中山公宇文護都在外鎮守，只能把他的幾個女婿作為得力心腹，大都督清河公李基、義城公李暉、常山公于翼都擔任武衛將軍，分別掌管禁衛軍。李基，是李遠的兒子。李暉，是李弼的兒子。于翼，是于謹的兒子。因此西魏主元欽的謀劃洩漏，宇文泰廢了元欽，把他安置在雍州，立他的弟弟齊王元廓為國主，除去年號，稱元年，恢復姓氏為拓跋氏，凡改為單姓的九十九個鮮卑姓氏，全部恢復為原來的舊姓。北魏初年，統轄三十六個小王國，鮮卑大姓九十九個，後來大多被滅絕。宇文泰就讓各位將領中功勞最大的列為三十六國之後，次一等的列為九十九姓之後，各個將領所統屬的士兵都改用主將的姓氏。

三月初一日丁亥，梁長沙王蕭韶取得了巴郡。〇十八日甲辰，梁朝任命王僧辯為太尉、車騎大將軍。

三月二十一日丁未，北齊將領王球攻打宿預，杜僧明出擊，大敗王球，王球返回彭城。

郢州刺史陸法和上表自稱司徒，梁元帝感到奇怪。王褒說：「陸法和既然有道術，也許是他預先知道要晉升司徒。」三月二十二日戊申，梁元帝就拜陸法和為司徒。

三月二十三日己酉，西魏侍中宇文仁恕出使梁朝，剛好北齊使者也到了江陵，梁元帝接待宇文仁恕不如接待北齊使者隆重。宇文仁恕回到西魏，將此情況告訴了太師宇文泰。梁元帝又請求按舊時版圖劃定疆界，措辭很不謙遜。宇文泰說：「古人說過：『上天拋棄的那個人，誰也不能把他扶起來。』說的是蕭繹這種人嗎？」荊州刺史長孫儉多次陳述攻取江陵的策略，宇文泰把他召回朝廷，向他詢問實施的方略，然後命他返回鎮所，祕密作好出兵的準備。馬伯符祕密派人告訴了梁元帝，梁元帝卻不相信他。

柔然可汗菴羅辰反叛北齊，北齊國主高洋親自率兵出擊，大敗柔然，菴羅辰父子向北逃去。

北齊太保安定王賀拔仁獻給朝廷的馬匹不太強壯，北齊國主高洋大怒，拔掉他的頭髮，免去官職，發配到晉陽去運炭。

北齊中書令魏收撰寫《魏書》，喜歡憑個人的愛恨來褒貶人物，常常對人說：「你小子是什麼東西，敢給我魏收臉色看？我抬你使你上天，按你就讓你入地。」《魏書》寫完，中書舍人盧潛上奏說魏收誣衊了一代人，罪過該殺。尚書左丞盧斐、頓丘人李庶都說魏收的《魏書》不公正。魏收上奏國主高洋說：「我已經得罪了盧、李強族，將遭到刺客謀殺。」高洋非常生氣，於是盧斐、李庶，以及尚書郎中王松年都以誹謗史書罪，鞭打二百，發配到甲坊。盧斐、李庶死在獄中，盧潛也被判罪坐牢。然而當時的人始終不服，稱魏收《魏書》為「穢史」。盧潛，是盧度世的曾孫。盧斐，是盧同的兒子。王松年，是王遵業的兒子。

夏，四月，柔然侵犯北齊肆州，北齊國主高洋從晉陽出兵討伐柔然，到達恆州，柔然潰散逃走。高洋率領兩千多騎殿後，宿營在黃瓜堆。柔然的另一部落幾萬騎兵突然襲來，高洋安穩臥床，天亮才起，神色自若，指揮部署，縱兵奮擊，柔然潰退，高洋因而打破包圍圈衝了出來。柔然逃走，高洋追擊，柔然丟下的屍體長達二十餘里，抓獲菴羅辰的妻兒，俘虜三萬多人。高洋命令都督善無人高阿那肱率領數千騎兵阻塞柔然人的逃路，當時柔然的軍隊還很強盛，阿那肱因自己兵少，請求增加，高洋反而減了他的一半兵力。阿那肱奮力出擊，大敗柔然。菴羅辰翻越巖谷，僅隻身逃脫。

四月十一日丙寅，梁元帝派散騎常侍庾信等出使西魏。〇十八日癸酉，梁元帝任命陳霸先為司空。〇丁未日，北齊國主高洋再次親自攻打柔然，把柔然打得大敗。〇庚戌日，西魏太師宇文泰用鴆酒毒殺了廢帝元欽。

五月，西魏直州人樂熾、洋州人黃國等叛亂，開府儀同三司高平人田弘、河南人賀若敦征討他們，未能取勝。太師宇文泰命令車騎大將軍李遷哲與賀若敦共同討伐樂熾等，平定了叛亂。李遷哲與賀若敦繼續向南進軍，攻城掠地直到巴州，巴州刺史牟安民投降了西魏，巴、濮民眾都歸附了西魏。蠻族酋長向五子王等人攻佔了白帝城，李遷哲攻擊他，五子王等逃走，李遷哲追擊，打敗了五子王。宇文泰任命李遷哲為信州刺史，鎮守白帝城。信州原來沒有儲蓄，李遷哲與兵士一同採集葛根作食糧，偶然得到好食品，就分給士兵享用，兵士都很感動樂為所用。多次攻擊反叛的蠻人，都打敗了對方，各部落的蠻族都降服了，紛紛送來糧食，派子弟來做人質。因此，州境安定，軍糧儲備也豐足了。

柔然乙旃達官侵擾西魏廣武，柱國李弼派兵追擊，打敗了乙旃達官。

廣州刺史曲江侯蕭勃自己認為不是梁元帝任命的刺史，自己心裡不安定，梁元帝也猜疑他。蕭勃上表請求入朝。五月二十日乙巳，梁元帝任命王琳為廣州刺史，蕭勃為晉州刺史。梁元帝因為王琳部眾強盛，又很得軍心，所以想把他調到邊遠地區。王琳與梁元帝主書廣漢人李膺友情深厚，私下對李膺說：「我王琳是個小人物，承蒙皇上提拔才到了今天的地位。如今天下還沒有平定，調我王琳到嶺南，如有不測，怎能得到我王琳的效力呢？我揣測皇上不過是疑心我，我的名分和聲望有限，怎麼敢與皇上爭當皇帝呢？何不任用我為雍州刺史，鎮守武寧，我自然會安排士兵耕田，為國家守衛邊疆。」李膺認為王琳說得對但沒敢啟奏梁元帝。

散騎郎新野人庾季才進言梁元帝說：「去年八月初六日丙申，月亮穿過心宿中星，本月五月初一日丙戌有赤氣犯北斗。心宿是天帝的正位，天干中的丙主管楚地的分野，臣擔心十一月會有大兵侵犯江陵，陛下應當留重臣鎮守江陵，自己整頓儀仗回到建康都城迴避災難。假如西魏侵犯逼迫，只是失掉荊、湘，對於國家，還可以不用憂慮。」梁元帝也通曉天文，知道楚地有災禍，歎息說：「禍福由天定，躲避它有什麼益處？」

六月二十七日壬午，北齊步大汗薩領兵四萬趕赴涇州，王僧辯派侯瑱、張彪帶兵從石梁出發，援助嚴超達抗拒北齊兵。侯瑱、張彪拖延不進兵。梁將尹令思領兵萬餘人策劃襲擊盱眙。北齊冀州刺史段韶率軍在宿預討伐東方白額，廣陵、涇州都來告急，諸將都很憂慮。段韶說：「梁朝動亂衰敗，國家沒有固定的君主，人人心懷二意，誰強大就依附誰。陳霸先等表面上與皇上同德，內懷離心，諸位不用憂慮，我對梁朝局勢揣摸透了！」於是留下儀同三司敬顯儁等包圍宿預，親自領兵倍道兼程奔赴涇州，途經盱眙。尹令思沒想到北齊軍隊突然來到，望風退走。段韶進兵攻擊嚴超達，打敗了嚴超達，回軍奔赴廣陵，陳霸先解圍退走。杜僧明回丹徒，侯瑱、張彪回秦郡。梁將吳明徹包圍海西縣，鎮將中山人郎基堅守，削木為箭，剪紙為羽，吳明徹圍攻了一百天，最後也沒有攻克，只好退兵。

柔然首領率領殘餘部眾向東遷移，還想向南侵犯。北齊國主高洋率領輕騎在金川截擊他們，柔然聽到消息，遠遠逃竄，營州刺史靈丘人王峻設下埋伏襲擊柔然，俘獲柔然名王數十人。

鄧至羌人檐桁喪失了國家，逃奔西魏，太師宇文泰派秦州刺史宇文導領兵接納了檐桁。

北齊段韶回到宿預，派能言之士勸說東方白額，東方白額打開城門請求訂立盟約，段韶趁機抓獲東方白額，把他殺了。

秋，七月二十六日庚戌，北齊國主高洋返回鄴城。〇西魏太師宇文泰西巡，到達原州。

八月壬辰日，北齊任命司州牧清河王高岳為太保、司空尉粲為司徒、太子太師侯莫陳相為司空、尚書令平原王高淹錄尚書事、常山王高演為尚書令、中書令上黨王高渙為左僕射。

八月二十一日乙亥，北齊儀同三司元旭因罪被賜死。二十三日丁丑，北齊國主高洋往晉陽。高洋還沒做東魏丞相的時候，太保、錄尚書事平原王高隆之時常欺負他，等到高洋即將受禪，高隆之又認為不可以，高洋因此懷恨高隆之。崔季舒誣陷高隆之，說高隆之每次見到訴訟的人，都表現出同情體恤的心情，暗示這不是自己能夠裁決的。高洋就把高隆之囚禁在尚書省。高隆之曾經與元旭一起飲酒，對元旭說：「與大王您交往，我生死都不會辜負您。」有人把這話告訴了高洋，高洋因此發怒，派武士打了高隆之一百多拳才放了他。二十七日辛巳，高隆之死在路上。過了很久，高洋還追恨高隆之，把高隆之的兒子高慧登等二十人抓到跟前，高洋用鞭子敲打馬鞍為號令，同時砍下他們的頭，並投屍漳水中。又挖開高隆之的墳墓，取出屍骨，砍斷屍骨焚燒，把骨灰灑在漳水中。

北齊國主高洋派常山王高演、上黨王高渙、清河王高岳、平原王段韶率領部眾在洛陽城西南修築了伐惡城、新城、嚴城、河南城。九月，高洋巡視四城，想引誘西魏軍隊，西魏沒有出兵，高洋便前往晉陽。

西魏宇文泰命令侍中崔猷拓寬梁漢舊路，以便車輛通往漢中。

帝好玄談，辛卯❶，於龍光殿講老子。

曲江侯勃遷居始興，王琳使副將孫瑒❷先行據番禺。

乙巳❸，魏遣柱國常山公于謹、中山公宇文護、大將軍楊忠將兵五萬入寇。冬，十月壬戌❹，發長安。長孫儉問謹曰：「為蕭繹之計，將如何[1]？」謹曰：「耀兵漢、沔，席卷度江，直據丹楊❺，上策也；移郭內居民退保子城❻，峻其陴堞，以待援軍，中策也；若難於移動，據守羅郭❼，下策也。」儉曰：「揣繹定出何策？」謹曰：「下策。」儉曰：「何故？」謹曰：「蕭氏保據江南，綿歷數紀❽，屬中原多故，未遑外略。又以我有齊氏❾之患，必謂力不能分。且繹懦而無謀，多疑少斷，愚民難與慮始，皆戀邑居，所以知其用下策也。」

癸亥❿，武寧太守宗均告魏兵且至，帝召公卿議之。領軍胡僧祐、太府卿黃羅漢曰：「二國通好，未有嫌隙，必應不爾。」侍中王琛曰：「臣揣宇文容色⓫，必無此理。」乃復使琛使魏。丙寅⓬，于謹至樊、鄧⓭，梁王詧帥眾會之。丁卯⓮[2]，帝停講⓯，內外戒嚴。王琛至石梵⓰，未見魏軍，馳書報黃羅漢曰：「吾至石梵，境上帖然，前言皆兒戲耳。」帝聞而疑之。庚午⑰，復講，百官戎服以聽⑱。

辛未⑲，帝使主書李膺至建康，徵王僧辯為大都督、荊州刺史，命陳霸先徙鎮揚州。僧辯遣豫州刺史侯瑱帥程靈洗等為前軍，兗州刺史杜僧明帥吳明徹等為後軍。甲戌⑳，帝夜登鳳皇閣，徙倚㉑歎息曰：「客星入翼、軫㉒，今必敗矣！」嬪御皆泣。

陸法和聞魏師至，自郢州入漢口，將赴江陵。帝使逆之曰：「此自能破賊，但鎮郢州，不須動也。」法和還州，堊其城門㉓，著衰絰㉔，坐葦席，終日，乃脫之。

十一月，帝大閱於津陽門㉕外，遇北風暴雨，輕輦還宮。癸未㉖，魏軍濟漢㉗，于謹令宇文護、楊忠帥精騎先據江津㉘，斷東路。甲申㉙，護克武寧，執宗均。是日，帝乘馬出城行柵㉚，插木為之，周圍六十餘里。以領軍將軍胡僧祐都督城東諸軍事，尚書右僕射張綰為之副。左僕射王褒都督城西諸軍事，四廂領直㉛元景亮為之副。王公已下各有所守。丙戌㉜，命太子巡行城樓，令居人助運木石。夜，魏軍至黃華㉝，去江陵四十里，丁亥㉞，至柵下。戊子㉟，巂州刺史裴畿㊱、畿弟新興太守機、武昌太守朱買臣、衡陽太守謝答仁開枇杷門㊲出戰，裴機殺魏儀同三司胡文伐。鐵，之高之子也。

帝徵廣州刺史王琳為湘州[3]刺史，使引兵入援。丁酉㊳，柵內火，焚數千家及城樓二十五，帝臨所焚樓，望魏軍濟江，四顧歎息。是夜，遂止宮外，宿民家，己亥㊴，移居祇洹寺。于謹令築長圍，中外信命㊵始絕。

庚子㊶，信州刺史徐世譜㊷、晉安王司馬任約等築壘於馬頭㊸，遙為聲援。是夜，帝巡城，猶口占為詩，羣臣亦有和者。帝裂帛為書，趣王僧辯曰：「吾忍死㊹待公，可以至矣！」壬寅㊺，還宮。癸卯㊻，出長沙寺。戊申㊼，王褒、胡僧祐、朱買臣、謝答仁等開門出戰，皆敗還。己酉㊽，帝移居天居寺。癸丑㊾，移居長沙寺。朱買臣按劍進曰：「唯斬宗懍、黃羅漢㊿，可以謝天下。」帝曰：「曩實吾意，宗、黃何罪？」二人退入眾中。

王琳軍至長沙，鎮南府(51)長史裴政(52)請間道先報江陵，至百里洲，為魏人所獲。梁王詧謂政曰：「我，武皇帝之孫也，不可為爾君乎？若從我計，貴及子孫；如或不然，腰領分矣。」政詭曰[4]：「唯命。」詧鎖之至城下，使言曰：「王僧辯聞臺城(53)被圍，已自為帝。王琳孤弱，不復能[5]來。」政告城中曰：「援兵大至，各思自勉。吾以間使(54)被擒，當碎身報國。」監者擊其口，詧怒，命[6]速殺之。西中郎參軍[55]蔡大業[56]諫曰：「此民望也，殺之，則荊州不可下矣。」乃釋之。政，之禮[57]之子。大業，大寶之弟也。

時徵兵四方，皆未至。甲寅[58]，魏人百道攻城，城中負戶[59]蒙楯，胡僧祐親當矢石，晝夜督戰，獎勵將士，明行賞罰，眾咸致死，所向摧殄，魏不得前。俄而僧祐中流矢死，內外大駭。魏悉眾攻柵，反者開西門納魏師，帝與太子、王褒、謝答仁、朱買臣退保金城，令汝南王大封、晉熙王大圓質於于謹以請和。魏軍之初至也，眾以王僧辯子侍中顗[60]可為都督，帝不用，更奪其兵，使與左右十人入守殿中，及胡僧祐死，乃用為都督城中諸軍事。裴畿、裴機、歷陽侯峻皆出降。于謹以機手殺胡文伐，并畿殺之。峻[61]，淵猷[62]之子也。時城南雖破，而城北諸將猶苦戰，日暝，聞城陷，乃散。

帝入東閣竹殿，命舍人高善寶焚古今圖書十四萬卷，將自赴火，宮人左右共止之。又以寶劍斫柱令折，歎曰：「文武之道，今夜盡矣！」乃使御史中丞王孝祀[63]作降文。謝答仁、朱買臣諫曰：「城中兵眾猶彊，乘闇突圍而出，賊必驚，因而薄之，可度江就任約。」帝素不便走馬，曰：「事必無成，祇增辱耳！」答仁求自扶，帝以問王褒，褒曰：「答仁，侯景之黨，豈足可信？成彼之勳，不如降也。」答仁又請守子城，收兵可得五千人，帝然之，即授城中大都督，配以公主。既而召王褒謀之，以為不可。答仁請入不得，歐血而去。于謹徵太子為質，帝使王褒送之。謹子以褒善書，給之紙筆，褒[7]乃書曰：「柱國常山公[64]家奴王褒。」有頃，黃門郎裴政犯門而出。帝遂去羽儀文物，白馬素衣出東門，抽劍擊闔[65]曰：「蕭世誠[66]一至此乎？」魏軍士度塹牽其轡，至白馬寺北，奪其所乘駿馬，以駑馬代之，遣長壯胡人手扼其背以行，逢于謹，胡人牽帝使拜。梁王詧使鐵騎擁帝入營，囚于烏幔[67]之下，甚為詧所詰辱。乙卯[68]，于謹令開府儀同三司長孫儉入據金城。帝紿儉云：「城中埋金千斤，欲以相贈。」儉乃將帝入城。帝因述詧見辱之狀，謂儉曰：「向聊相紿，欲言此耳，豈有天子自埋金乎？」儉乃留帝於主衣庫[69]。

帝性殘忍，且懲高祖寬縱之弊，故為政尚嚴。及魏師圍城，獄中死囚且數千人，有司請釋之以充戰士；帝不許，悉令棓殺之，事未成而城陷。

中書郎殷不害先於別所督戰，城陷，失其母，時冰雪交積，凍死者填滿溝塹，不害行哭於道，求其母尸，無所不至，見溝中死人，輒投下[70]捧視，舉體凍濕，水漿不入口，號哭不輟聲，如是七日，乃得之。

十二月丙辰[71]，徐世譜、任約退戍巴陵。于謹逼帝使為書召王僧辯，帝不可。使者曰：「王今豈得自由？」帝曰：「我既不自由，僧辯亦不由我。」又從長孫儉求宮人[72]王氏、荀氏[8]及幼子犀首，儉並還之。或問：「何意焚書？」帝曰：「讀書萬卷，猶有今日，故焚之。」

庚申[73]，齊主北巡，至達速嶺[74]，行視山川險要，將起長城。

辛未[75]，帝為魏人所殺。梁王詧遣尚書傅準[76]監刑，以土囊隕之。詧使以布帊[77]纏尸，斂以蒲席，束以白茅，葬於津陽門外。并殺愍懷太子元良[78]、始安王方略、桂陽王大成等。世祖[79]性好書，常令左右讀書，晝夜不絕，雖熟睡，卷猶不釋，或差誤及欺之[80]，帝輒驚寤[81]。作文章，援筆立就。常言：「我韜於文士[82]，愧於武夫。」論者以為得言[83]。

魏立梁王詧為梁主，資以荊州之地，延袤三百里，仍取其雍州之地[84]。詧居江陵東城，魏置防主，將兵居西城，名曰助防，外示助詧備禦，內實防之。以前儀同三司王悅留鎮江陵。于謹收府庫珍寶及宋渾天儀[85]、梁銅晷表、大玉徑四尺及諸法物。盡俘王公以下及選百姓男女數萬口為奴婢，分賞三軍，驅歸長安，小弱者皆殺之。得免者三百餘家，而人馬所踐及凍死者什二三。

魏師之在江陵也，梁王詧將尹德毅(86)說詧曰：「魏虜貪惏，肆其殘忍，殺掠士民，不可勝紀。江東之人塗炭至此，咸謂殿下為之。殿下既殺人父兄，孤人子弟，人盡讎也，誰與為國？今魏之精銳盡萃於此，若殿下為設享會，請于謹等為歡，預伏武士，因而斃之，分命諸將，掩其營壘，大殲羣醜，俾無遺類。收江陵百姓，撫而安之，文武羣寮，隨材銓授。魏人懾息，未敢送死，王僧辯之徒，折簡(87)可致。然後朝服濟江，入踐皇極(88)，晷刻之間，大功可立。古人云：『天與不取，反受其咎(89)。』願殿下恢弘遠略，勿懷匹夫之行(90)。」詧曰：「卿此策非不善也，然魏人待我厚，未可背德。若遽為卿計，人將不食吾餘(91)。」既而闔城長幼被虜，又失襄陽，詧乃歎曰：「恨不用尹德毅之言！」

王僧辯、陳霸先等共奉江州刺史晉安王方智為太宰，承制。

王褒、王克、劉瑴、宗懍、殷不害及尚書右丞吳興沈炯(92)至長安，太師泰皆厚禮之。泰親至于謹第，宴勞極歡，賞謹奴婢千口及梁之寶物并雅樂一部，別封新野公，謹固辭，不許。謹自以久居重任，功名既立，欲保優閒，乃上先所乘駿馬及所著鎧甲等。泰識其意，曰：「今巨猾(93)未平，公豈得遽爾獨善(94)？」遂不受。

是歲，魏秦州刺史章武孝公宇文導卒。

魏加益州刺史尉遲迥督六州，通前十八州，自劍閣以南，得承制封拜及黜陟。迥明賞罰，布威恩，綏輯新民，經略未附，華夷懷之。

【章　旨】以上為第四段，詳載西魏覆滅梁朝江陵政權，擄獲梁元帝事件始末。

【注　釋】❶辛卯　九月八日。❷孫瑒　（西元五一六—五八七年）字德璉，吳郡吳人，梁敬帝時，任巴州刺史。陳霸先稱帝，王琳擁立永嘉王蕭莊。瑒到建康，任太府卿，出為郢州刺史，對抗王琳及周軍，以功封定襄縣侯。後曾平定留異的叛亂。傳見《陳書》卷二十五、《南史》卷五十七。❸乙巳　九月二十二日。❹壬戌　十月九日。❺直據丹楊　逕直佔據丹楊。意謂回到舊都建康。因建康地屬丹楊郡，故云。❻子城　內城。❼羅郭　羅城和郭城，都是外城。❽紀　十二年為一紀。從梁朝初建至此年，已有五十二年。❾齊氏　指北齊。❿癸亥　十月十日。⓫宇文容色　宇文泰的容貌臉色。此應理解為宇文泰的心態。去年王琛剛出使過西魏，見過宇文泰。⓬丙寅　十月十三日。⓭樊鄧　皆縣名。樊，樊城，縣治在今湖北襄樊北。鄧，鄧縣，縣治在今湖北襄樊北。⓮丁卯　十月十四日。⓯停講　停止講解《老子》。⓰石梵　沔水河口。一說在湖北漢川縣，一說在湖北潛江縣，恐後說為是。⓱庚午　十月十七日。⓲戎服以聽　身穿戰袍來聽講，以防意外。⓳辛未　十月十八日。⓴甲戌　十月二十一日。㉑徙倚　徘徊。㉒客星入翼軫　客星侵犯翼宿、軫宿星空。翼，翼宿，星名。荊州乃古楚地，當翼、軫二星之分野。㉓堊其城門　用白色土塗在城門上。陸法和是術士，史稱能知未來吉凶，此舉是說他已知將有國喪。㉔著衰絰　穿喪服，戴孝。㉕津陽門　江陵城東第二門。此時江陵城門全仿照建康命名。㉖癸未　十一月一日。㉗漢　漢水。㉘江津　城名，在今湖北江陵南。㉙甲申　十一月二日。㉚行柵　巡查營柵。㉛四廂領直　官名，梁置，禁軍主要將領之一。㉜丙戌　十一月四日。㉝黃華　地名，今址不詳。㉞丁亥　十一月五日。㉟戊子　十一月六日。㊱裴畿　仕梁，累官太子右衛率、雋州刺史。西魏攻陷江陵，畿戰死。傳見《梁書》卷二十八、《南史》卷五十八。㊲枇杷門　江陵城門之一。㊳丁酉　十一月十五日。㊴己亥　十一月十七日。㊵信命　使者所傳來的信息和傳出的命令。㊶庚子　十一月十八日。㊷徐世譜　（西元五〇九—五六三年）字興宗，巴東魚復（今重慶市奉節）人，仕梁，曾擒任約，降宋子仙，以功封魚復縣侯，拜信州刺史。

江陵失陷後，投奔陳霸先。入陳，任宣城太守。傳見《陳書》卷十三、《南史》卷六十七。[43]馬頭　在江陵城南的長江邊，又稱馬頭岸。[44]忍死　面臨死亡，猶一再期待。[45]壬寅　十一月二十日。[46]癸卯　十一月二十一日。[47]戊申　十一月二十六日。[48]己酉　十一月二十七日。[49]癸丑　十二月一日。[50]斬宗懍黃羅漢　朱買臣認為因二人堅決反對遷都建康，才導致今日的困境，所以要斬殺二人。[51]鎮南府　即鎮南將軍王琳府。[52]裴政　字德表，河東聞喜（今山西聞喜）人，江陵淪陷後，入西魏。宇文泰命他和盧辯一起依《周禮》確定六官建制，建立禮儀制度。隋時任襄州總管。傳見《梁書》卷二十八、《南史》卷五十八、《北史》卷七十七。[53]臺城　帝所居之城。此指江陵。[54]間使　暗中出使。[55]西中郎參軍　官名，即西中郎將府參軍。[56]蔡大業　（？—西元五六九年）字敬道，蕭詧稱帝，蔡大業官至散騎常侍、衛尉卿。蕭巋嗣位，改任太常卿。傳見《周書》卷四十八、《北史》卷九十三。[57]之禮　裴之禮，字子義，歷任散騎常侍、西豫州刺史、北徐州刺史、少府。傳見《梁書》卷二十八、《南史》卷五十八。[58]甲寅　十二月二日。[59]負戶　背門板以防箭。[60]頵　王頵，江陵失陷後，隨王琳投奔北齊，任竟陵太守。王琳戰死，頵悲憤而亡。傳見《梁書》卷四十五、《南史》卷六十三。[61]峻　蕭峻，封歷陽侯。[62]淵猷　蕭淵猷，《南史》避唐高祖諱作「蕭猷」。梁武帝兄長蕭懿的後代。曾任益州刺史、侍中、中護軍。傳見《南史》卷五十一。[63]王孝祀　《北齊書》卷四十五作「王孝紀」。[64]柱國常山公　時于謹任柱國大將軍，封常山公。[65]闔　城門門扇。[66]蕭世誠　蕭繹字世誠。[67]烏幔　黑色帳帷。[68]乙卯　十二月三日。[69]主衣庫　原宮中的御用服裝庫。[70]投下　跳下去。[71]丙辰　十二月四日。[72]宮人　宮中管理皇帝起居生活的女官。[73]庚申　十二月八日。[74]達速嶺　山名，在今山西五寨東北臥羊場一帶。[75]辛未　十二月十九日。[76]傅準　北地（今屬河北）人。仕梁元帝，官至度支尚書。傳見《周書》卷四十八、《北史》卷九十三。又《北史》作「傅淮」。[77]布帊　布手巾。[78]愍懷太子元良　愍懷是蕭方矩的謚號，元良是他任王太子後改的名字。[79]世祖　梁元帝的廟號。[80]或差誤及欺之　讀書的侍者有時讀錯，或者有意跳讀。[81]驚寤　驚醒過來。[82]韜於文士　意謂作文士寬綽有餘。韜，寬；緩。[83]得言　所說與實際相符。[84]取其雍州之地　蕭詧原為雍州刺史，鎮守襄樊，位居水陸要衝。現被西魏以荊州殘破之地換走。[85]宋渾天儀　南朝宋元嘉十三年（西元四三六年），由錢樂之所鑄的天象儀器。[86]尹德毅　其先天水（今甘肅天水）人。隨父尹正輔佐蕭詧，多謀略，位至大將軍，遭猜忌而死。傳見《周書》卷四十八、《北史》卷九十三。[87]折簡　寫書信。[88]入踐皇極　到舊都建康即位。皇極，帝位。[89]天與不取二句　蒯通勸韓信擺脫劉邦，自立於齊時說的話。語見《史記》卷九十二。[90]匹夫之行　指謹小慎微，鼠目寸光。[91]人將不食吾餘　典出《左傳》莊公六年。楚文王攻打申國，他是鄧祁侯的姨姪，所以在他路過鄧國時，祁侯設宴招待他。當時外甥們勸鄧侯殺掉楚王，說將來滅掉鄧國的人一定是他。鄧侯卻說：「如果這樣做了，人們會不吃我剩下的東西，輕蔑地拋棄我。」事隔一年，楚王竟滅掉了鄧國。蕭督雖熟知此典，卻與鄧侯一樣，自食其果。92沈炯　字禮明，吳興武康（今浙江德清西）人，梁敬帝紹泰二年（西元五五六年），返回建康。陳霸先登基，任御史中丞，加散騎常侍。後以明威將軍返回家鄉，對付王琳及留異。不久病死。傳見《陳書》卷十九、《南史》卷六十九。93巨猾　指北齊高洋。94獨善　保持一己的品節。此處意為獨自享樂。

【校記】[1]將如何　原作「將如之何」。據章鈺校，十二行本、乙十一行本皆無「之」字，今據刪。按，《北史・于栗磾傳附于謹傳》無「之」字。[2]丁卯　原作「辛卯」。據章鈺校，十二行本、乙十一行本皆作「丁卯」，今據改。按，《梁書・元帝紀》、《南史・簡文帝紀》皆作「丁卯」。[3]湘州　原作「湘東」。據章鈺校，十二行本、乙十一行本皆作「湘州」，今據改。按，《北齊書・王琳傳》作「湘州」。[4]曰　原作「對曰」。據章鈺校，十二行本、乙十一行本皆無「對」字，今據刪。按，《隋書・裴政傳》無「對」字。[5]復能　原作「能復」。據章鈺校，十二行本、乙十一行本二字皆互乙，今據改。按，《隋書・裴政傳》作「復能」。[6]命　原作「使」。據章鈺校，十二行本、乙十一行本皆作「命」，今據改。按，《隋書・裴政傳》作「命」。[7]褒　原無此字。據章鈺校，十二行本、乙十一行本、孔天胤本皆有此字，今據補。[8]荀氏　原作「苟氏」。據章鈺校，十二行本、乙十一行本、孔天胤本皆作「荀氏」，熊羅宿《胡刻資治通鑑校字記》同，今據改。

【語譯】梁元帝愛好玄學清談。九月初八日辛卯，在龍光殿講《老子》。

梁曲江侯蕭勃遷居始興，王琳派副將孫瑒為先鋒佔據番禺。

九月二十二日乙巳，西魏派柱國常山公于謹、中山公宇文護、大將軍楊忠率領軍隊五萬侵犯梁朝。冬，十月初九日壬戌，西魏兵從長安出發。長孫儉問于謹說：「替蕭繹設計，應當怎樣來對付？」于謹說：「在漢水、沔水一帶顯示軍力，集中全部資財、力量渡過長江，逕直佔據丹楊，這是上策；把江陵外城軍民轉移到內城防守，加高內城的城牆，等待援軍，這是中策；如果難於移動，據守外城，這是下策。」長孫儉說：「你估量蕭繹一定採用哪一計策？」于謹說：「下策。」長孫儉說：「為什麼？」于謹說：「蕭氏割據江南，延續了幾十年，正好這時中原多事，無暇向外擴張。又因為我們有北齊為患，他們一定認為我們不能分兵去打他的主意。再說，蕭繹懦弱沒有謀略，疑心重少決斷，百姓沒有智慧為國家深謀遠慮，都留戀故鄉舊居，所以推知他們會採用下策。」

十月初十日癸亥，武寧太守宗均報告西魏兵即將到來，梁元帝召集公卿大臣討論這一情況。領軍將軍胡僧祐、太府卿黃羅漢說：「兩國往來友好，沒有嫌隙，應該不會這樣。」侍中王琛說：「臣下觀察宇文泰的心態，一定沒有出兵犯境的道理。」便又派王琛出使西魏。十三日丙寅，于謹到達樊城、鄧縣，梁王蕭詧率領部眾與他會合。十四日丁卯，梁元帝停講《老子》，都城內外戒嚴。王琛到了石梵，沒有發現西魏軍，快馬向黃羅漢通報說：「我已到達石梵，境上十分安靜，前些日說西魏軍侵犯都是兒戲而已。」梁元帝聽了半信半疑。十七日庚午，重新開講《老子》，文武百官穿著軍裝聽講。

十月十八日辛未，梁元帝派主書李膺到建康，徵召王僧辯為大都督、荊州刺史，命陳霸先移鎮揚州。王僧辯派豫州刺史侯瑱率領程靈洗等為先鋒，兗州刺史杜僧明率領吳明徹等為後軍。二十一日甲戌，梁元帝夜裡登上鳳皇閣，來回踱步，歎息說：「客星侵犯翼宿、軫宿，今日必定失敗！」嬪妃侍從都哭了。

陸法和聽到西魏軍到來，從郢州進入漢口，將趕赴江陵。梁元帝派使者攔住他說：「這裡自有能力打敗敵人，你只須鎮守郢州，不要興師動眾。」陸法和回到郢州，用白色的土塗在城門上，自己穿喪服，坐葦席，過了一整天，才脫掉喪服。

十一月，梁元帝在津陽門外大規模檢閱軍隊，碰上北風暴雨，乘坐輕便車回宮。初一日癸未，西魏軍渡過漢水，于謹命令宇文護、楊忠率領精銳騎兵先行佔據江津城，切斷梁元帝向東的道路。初二日甲申，宇文護攻下武寧，抓獲了宗均。這一天，梁元帝乘馬出城巡視營柵，插木為柵欄，環繞江陵城達六十餘里。命令領軍將軍胡僧祐都督城東諸軍事，尚書右僕射張綰為副將。左僕射王褒都督城西諸軍事，四廂領直元景亮為副將。王公以下都有守備任務。初四日丙戌，命令太子巡行城樓，命令城內居民協助搬運木石。當夜，西魏軍到達黃華，距離江陵四十里。初五日丁亥，西魏軍到達梁軍柵寨。初六日戊子，嶲州刺史裴畿、畿弟新興太守裴機、武昌太守朱買臣、衡陽太守謝答仁打開枇杷門出戰，裴機殺死西魏儀同三司胡文伐。裴畿，是裴之高的兒子。

梁元帝徵調廣州刺史王琳為湘州刺史，讓他帶兵來江陵城救援。十一月十五日丁酉，柵欄內失火，燒毀了幾千家和城樓二十五座。梁元帝登上被燒毀的城樓，看西魏軍渡江，環顧四周歎息。當夜，梁元帝就停留在宮外，住宿在百姓家中，十七日己亥，移居祇洹寺。于謹下令在江陵四周修築圍牆，江陵城內外的信息開始斷絕。

十一月十八日庚子，信州刺史徐世譜、晉安王司馬任約等在馬頭修築營壘，遙為聲援。當夜梁元帝巡視江陵城，還隨口作詩，群臣中也有人和作。梁元帝撕下衣帛寫詔書，催促王僧辯說：「我忍著死亡等待你，應該到了啊！」二十日壬寅，梁元帝回到宮中。二十一日癸卯，出宮到長沙寺。二十六日戊申，王褒、胡僧祐、朱買臣、謝答仁等打開城門出戰，全都戰敗返回。二十七日己酉，梁元帝移居天居寺。十二月初一日癸丑，移居長沙寺。朱買臣提著劍進言梁元帝說：「只有殺了宗懍、黃羅漢，才可以謝罪天下。」梁元帝說：「先前定都江陵實在是我的想法，宗懍、黃羅漢有何罪過？」兩人退避到人群中。

王琳軍到達長沙，鎮南府長史裴政請求從小路先行報告江陵，到了百里洲，被西魏人抓獲。梁王蕭詧對裴政說：「我是武皇帝的孫子，不可以做你的君主嗎？如果聽從我的計謀，可使你的尊貴延及子孫；如果不這樣，你的頭顱要搬家。」裴政假意回答說：「遵命。」蕭詧把他拷起來，帶到江陵城下，讓他喊話說：「王僧辯得知皇城被包圍，已經自己做了皇帝，王琳勢單力薄，不能再來營救。」裴政卻告知城中說：「援兵大量湧來，你們各自要奮力作戰。我作為報信的密使被抓獲，當粉身碎骨報效國家。」監看他的人打他的嘴巴，蕭詧大怒，下令趕快殺死他。西中郎參軍蔡大業諫阻說：「這是民眾敬仰的人，殺了他，那麼荊州就難以攻下了。」便釋放了他。裴政，是裴之禮的兒子。蔡大業，是蔡大寶的弟弟。

當時徵調四方兵馬，都沒有到達。十二月初二日甲寅，西魏軍全線攻城，城中將士背負門板頭頂盾牌，胡僧祐身冒矢石，晝夜督戰，獎勵戰士，賞罰分明，將士們都拼死作戰，所向摧滅，西魏軍不能前進。不久，胡僧祐被亂箭射死，內外城軍民大為驚慌。西魏全軍攻城，有反叛的人打開西門接納西魏軍，梁元帝與太子、王褒、謝答仁、朱買臣退守內城，派汝南王蕭大封、晉熙王蕭大圓到于謹軍中做人質，請求講和。西魏軍初到時，大家以為王僧辯的兒子侍中王顗可以出任都督，梁元帝不用他，反而奪走了他的兵力，讓他和身邊的十個人去守衛皇宮，等到胡僧祐死後，才任命他為都督城中諸軍事。裴畿、裴機、歷陽侯蕭峻都出城投降。于謹因為裴機親手殺了胡文伐，他就把裴機、裴畿一起殺死。蕭峻，是蕭淵猷的兒子。當時城南雖然被攻破，而城北諸將仍在苦戰，當太陽下山時，聽說城被攻破，這才潰散。

梁元帝進入東閣竹殿，命令舍人高善寶燒毀了所藏古今圖書共十四萬卷，自己將要投入火中，宮人和身邊的人一起拉住了他。梁元帝又用寶劍砍柱子使寶劍折斷，說：「文武之道，今夜全完了！」於是讓御史中丞王孝祀寫投降書。謝答仁、朱買臣諫阻說：「城中兵力還很強大，趁夜色突圍出去，敵人必然驚恐，趁勢衝殺敵人，可以渡江去任約那兒。」梁元帝向來不會騎馬，說：「事情一定不會成功，只是增加羞辱罷了！」謝答仁請求親自護持梁元帝。梁元帝就這事詢問王褒，王褒說：「謝答仁是侯景的同黨，哪能完全相信？成全他的功勞，不如去求降。」謝答仁又請求守衛內城，搜集散兵可得五千人，梁元帝同意了，立即授給他城中大都督，把公主配給他為妻。過了一會，梁元帝召見王褒商議這件事，認為不可以。謝答仁請求入宮沒得到允許，氣得吐血離去。于謹徵召太子為人質，梁元帝派王褒護送太子。于謹的兒子知道王褒善書法，供給他紙和筆，王褒寫道：「柱國常山公家奴王褒。」過了一會兒，黃門郎裴政衝開門出走。梁元帝便撤去了皇帝儀仗、服飾，乘著白馬穿著白衣走出東門，拔劍砍門，說：「我蕭世誠竟然落到這地步嗎？」西魏士兵跨過壕塹牽著梁元帝的馬韁，走到白馬寺的北邊，搶了梁元帝乘坐的駿馬，換了一匹劣馬，派又高又壯的胡人抓住梁元帝的後背押著他走，碰到于謹，胡人拉著梁元帝讓他跪拜。梁王蕭詧派鐵甲騎士把梁元帝押進軍營，關閉在黑色帳幔中，頗為蕭詧所侮辱。十二月初三日乙卯，于謹派開府儀同三司長孫儉進據內城。梁元帝騙長孫儉說：「城中埋了一千斤黃金，想要送給你。」長孫儉就帶著梁元帝進入內城。梁元帝乘機陳述了自己被蕭詧詬辱的情狀，對長孫儉說：「剛才不過是騙你，就是想向你說這些話，哪有天子自己埋金子啊？」長孫儉就把梁元帝關押在主衣庫中。

梁元帝性情殘忍，又鑑於梁高祖為政寬緩的弊端，所以為政嚴厲。等到西魏師圍城時，獄中關押的死罪囚徒約有幾千人，主管部門請求釋放他們充當戰士，梁元帝不允許，下令全部用棍棒打死，這事還沒來得及辦而江陵城已被攻破。

中書郎殷不害原先在另一個地方督戰，城破以後，不見了母親，當時冰天雪地，凍死的人布滿大小壕溝，殷不害在路上一邊哭，一邊走，尋找他母親的屍體，所有的地方都找遍了，只要見到溝中有死人，他都要跳下去抱起來辨認，他全身都凍溼了，連一口水都不喝，痛哭聲不停，這樣找了七天，才找到。

十二月初四日丙辰，徐世譜、任約退守巴陵。于謹逼迫梁元帝讓他寫信招降王僧辯，梁元帝不答應。于謹的使者說：「大王現今哪裡還能自由？」梁元帝說：「我既然不自由，王僧辯也就不會聽我的話。」梁元帝又向長孫儉請求要宮人王氏、荀氏和小兒子蕭犀首，長孫儉都給了梁元帝。有人問梁元帝：「為什麼要燒書？」梁元帝說：「讀了萬卷書，還落得現在的結局，所以燒了它。」

十二月初八日庚申，北齊國主高洋巡視北方，到了達速嶺，察看山川險要，將要修築長城。

十二月十九日辛未，梁元帝被西魏人殺害。梁王蕭詧派尚書傅準監督行刑，用裝土的袋子把梁元帝壓死。蕭詧讓人用布手巾纏屍，裹在蒲席裡，包上白茅草，埋葬在津陽門外。蕭詧又殺了愍懷太子蕭元良、始安王蕭方略、桂陽王蕭大成等。梁世祖生性愛好圖書，經常讓身邊的人給他讀書，晝夜不停，即使熟睡了，書卷還不放手，有時讀錯了，或者有意跳過去讀，梁元帝隨即驚醒過來。梁元帝寫文章，拿起筆一揮而就，常常說：「我作文士綽綽有餘，作為武人就十分慚愧。」評論他的人都認為這話與實際相符。

西魏立梁王蕭詧為梁國國主，把荊州地方割給他，連綿三百里，而取走他原來佔有的雍州地區。蕭詧居住在江陵東城，西魏安置城防軍主領兵居住在西城，名叫助防，向外顯示協助蕭詧防守，內心實際是監視蕭詧。西魏任命前儀同三司王悅鎮守江陵。于謹沒收了梁朝府庫中的珍珠寶玉，以及劉宋製造的渾天儀、梁朝製造的銅晷表、四尺直徑的大玉和其他器物。把王公以下的百官和挑選出來的男女平民數萬口作為奴婢，分配獎勵給西魏軍人，驅趕他們隨軍士回到長安，幼小瘦弱的人全部殺死。幸免於難的只有三百多家，而被兵馬踐踏和凍死的有十分之二三。

西魏兵在江陵時，梁王蕭詧的部將尹德毅勸蕭詧說：「西魏人貪得無厭，肆意濫殺無辜，搶掠士民，無法計數。江東民眾遭此劫難，都說是殿下所為。殿下既然殺了人家的父兄，使人家的子女成了孤兒，人人都是你的仇敵，還有誰來替你的國家效力？如今西魏的精銳都集中在這裡，如果殿下為他們擺下宴會，請于謹等人來赴宴作樂，預先埋伏勇士，趁機誅殺他們，分別命令各位將領，襲擊西魏軍營，全殲敵軍，不放走一個。收聚江陵百姓，撫慰安定他們，原有的文武百官量才錄用。西魏畏懼不動，不敢興兵送死，王僧辯這些人，寫一封信就可以招致。然後穿著朝服渡過長江，進入建康登上皇位，頃刻之間，大功就可建立。古人說：『天與不取，反受其咎。』希望殿下高瞻遠矚，不要抱持普通人的行為。」蕭詧說：「你的這個策略不是不好，但是西魏待我很優厚，我不能忘恩負義。如果突然按你的計謀行事，人們會唾棄我以至於連我的剩餘物都不會吃。」不久，江陵全城老幼被擄掠，又丟了襄陽，蕭詧才歎息說：「悔恨沒有採用尹德毅的話！」

王僧辯、陳霸先等人共同擁立江州刺史晉安王蕭方智為太宰，承制。

王褒、王克、劉瑴、宗懍、殷不害，以及尚書右丞吳興人沈炯到了長安，太師宇文泰都以厚禮相待。宇文泰親自到于謹的府第，設宴慰勞，極盡歡樂，賞賜于謹一千口奴婢，以及梁朝寶物和雅樂一部，另加封新野公，于謹堅決推辭，宇文泰不同意。于謹自以為久居重任，功名已經建立，想保持悠閒，就獻上自己原先騎的駿馬，以及所用的鎧甲等物。宇文泰瞭解他的心意，說：「現今北齊高洋還沒有平定，你怎麼能突然去獨自享樂？」於是沒有接受于謹的辭職。

這一年，西魏秦州刺史章武孝公宇文導去世。

西魏加官益州刺史尉遲迥都督六州，加上以前所督州共十八州，從劍閣以南的地區，他可以承制自行封拜官爵，以及提升或降職官吏。尉遲迥賞罰分明，布施恩惠，安撫歸附的新增民眾，籌劃招來未附的民眾，華夷各民族都歸向他。

【研　析】本卷所記西元五四三至五四四年之事，個人認為值得深入考察者有二。

其一，突厥興起及其影響

在卷一百五十九的研析中，我們曾分析過柔然在東、西魏政權對峙背景下對於中原政局的影響，也曾述及西魏聯合柔然失敗，轉而尋求與突厥結盟的史事。

據《周書》卷五十〈突厥傳〉，突厥源出「高昌國之北山」，即今吐魯番北部山區，後部眾漸多，移至金山南麓，金山即今阿爾泰山。「金山形似兜鍪，其俗謂兜鍪為『突厥』，遂因以為號焉。」《周書》記錄了突厥源起的兩個不同傳說，均與狼有關，「此說雖殊，然終狼種也。」按今天的認識，即這是一個以狼為圖騰的族群，日後突厥雄霸草原，其白色旗幟上便繪著一個血色狼頭。

在阿爾泰山一帶居住的突厥人，受柔然役使，「為茹茹鐵工」。按《周書》所記，西魏大統十一年（西元五四五年），「部落稍盛」的突厥首領土門與剛剛和柔然成仇的西魏結上關係，次年，土門向草原上同樣役屬於柔然的鐵勒（即敕勒）族群發起攻擊行動，「降其眾五萬餘落。」土門乘勝向柔然首領阿那瓌求婚，遭到拒絕，業已強大起來的土門於是與柔然斷交，轉而於大統十七年娶西魏長樂公主為妻。《通鑑》為表明事情原委，將前後幾年發生的這些史事，綜合記述於上卷。

突厥與西魏和親之後，便向雙方共同的敵人柔然發起全面進攻。次年，阿那瓌自殺，柔然失去了對草原的控制，餘部轉而騷擾東魏邊境，結果受東魏反擊，舉族滅亡。土門稱伊利可汗，成為草原的新主人。同年土門死，其子科羅稱乙息記可汗，向西魏「獻馬五萬匹」。科羅不久亦死，其弟俟斤繼立，稱木杆可汗，征服草原及周邊部族，「其地東自遼海以西，西至西海萬里，南自沙漠以北，北至北海五六千里，皆屬焉。」從東北亞到中亞，橫跨草原，均成了突厥人的天下，突厥人迅速建立起一個遠比匈奴更為強大的草原帝國。

突厥的成功，也意味著其同盟西魏即隨後的北周的成功。如《周書》所說：「時與齊人交爭，戎車歲動，故每連結之，以為外援。」失去了草原勢力支持的北齊，從此再無力向西進攻，轉而北修長城，應對突厥人的南進。而擁有強援的西魏北周，不再有東顧之憂，開始全力進軍西南與江漢平原，同時對青海草原上的吐谷渾展開軍事行動，十餘年後即滅北齊。上卷曾予以分析的西魏剛剛組建的府兵，能夠在歷史上發揮重要作用，其實還有賴於這一「國際形勢」的有利變化。不僅西魏北周，甚至後來統一的隋、唐國家，都必須小心翼翼地處理與突厥的關係。

本卷還記載了燕山以北山地草原地帶的契丹與北齊之間的戰事，這個剛剛出現於歷史的草原部族，立即受制更為強大的突厥，他們要在中國歷史上發揮其久遠的影響，還要等上數個世紀。

其二，蕭繹失敗的根本原因

江陵為西魏攻佔前，一生喜讀書聚書的蕭繹，將十四萬卷藏書付之一炬，稱：「讀書萬卷，猶有今日，故焚之！」在那個書籍靠手抄且多是單本流傳的時代，造成文化史上的空前浩劫。其悲劇並不是書籍造成的，實乃讀書不精，嗜書而不化，加上「懦而無謀，多疑少斷」以及刻薄寡恩的性格造成的。

侯景亂前，蕭繹以梁武帝第七子、湘東郡王的身分出鎮江陵，正式官銜為使持節、都督荊雍湘司郢寧梁南北秦九州諸軍事、鎮西將軍、荊州刺史，梁武帝將長江中上游軍事指揮大權委託給他，當亦寄以厚望。及侯景攻建康，蕭繹「令所督諸州，竝發兵下赴國難」，實遲疑不進，兵至郢城，聽信張纘謊言，以為其姪湘州刺史蕭譽將不利於己，「乃鑿船沉米，斬纜而歸」，遣軍急攻湘州，又暗中結納蕭譽之弟雍州刺史蕭詧的部將劉方貴，欲襲殺蕭詧。而蕭詧亦不顧蕭繹這位「七父」名義上的指揮權，舉兵攻江陵，以救胞兄之危。建康老父繫於「賊臣」之手，上游方鎮均是蕭家兒孫，血緣親情原本可以在大難之時成為顛撲不破的政治紐帶，蕭繹竟愚蠢地挑起內戰，迫使蕭詧投靠西魏。梁室子孫棄建康而不顧，在長江中上游大打出手，蕭繹難逃其咎，這也使蕭繹曾經擁有的統一指揮長江中上游軍事的權力失效。

蕭繹原本就是刻薄寡恩，不懂親情的人，《通鑑》前後記述不少。如卷一百六十記其五兄廬陵王蕭續死於荊州刺史任上，「初，湘東王繹為荊州刺史，有微過，續代之，以狀聞，自此二王不通書問。繹聞其死，入閤而躍，屧為之破。」兄死不悲，反而歡呼雀躍，樂不可支。卷一百六十四記王僧辯奉命攻建康，「僧辯之發江陵也，啓湘東王曰：『平賊之後，嗣君萬福，未審何以為禮？』王曰：『六門之內，自極兵威。』」因擔心其兄蕭綱未死，阻其稱帝之路，讓王僧辯在臺城內大開殺戒。王僧辯表示自己幹不了這種缺德事兒，蕭繹「乃密諭宣猛將軍朱買臣，使為之所」，結果蕭綱殘餘三子還未來得及慶幸脫離虎口，便「並沈於水」。本卷記其弟蕭紀與其對陣敗散，蕭繹「密敕」部下：「生還，不成功也。」必殺之而後快。蕭紀之子圓照則被投進監獄，「命絕食於獄，至齧臂啖之，十三日而死，遠近聞而悲之」。如此泯滅人性，讀萬卷書竟有何益？他聽信張纘謊言而攻蕭譽、蕭詧兄弟，亦緣於他不相信親情。政治鬥爭或許沒有親情存在的空間，但不講親情、毫無人味的政治人物不可能成為成功的政治家。

當其於江陵稱帝，實際的統治力極其有限，如《通鑑》上卷末所說：「州郡太半入魏，自巴陵以下至建康，以長江為限，荊州界北盡武寧，西拒硤口，嶺南復為蕭勃所據，詔令所行，千里而近，民戶著籍者，不盈三萬而已。」他曾有還都建康的打算，最終卻「以建康凋殘，江陵全盛」，聽從當地人即當時所謂「西人」胡僧祐、黃羅漢等人的意見，以江陵為都。放棄民心所繫的舊都建康，無疑是政治上的極大失策。江陵在東晉以來雖為中游重鎮，但須得襄陽屏障，才得以成為中上游政治、軍事中心。梁時史學家蕭子顯在《南齊書・州郡志下》「荊州」條已經斷言：「江陵去襄陽步道五百，勢同脣齒，無襄陽則江陵受敵，不立故也。」讀書甚多且坐鎮荊州的蕭繹，理應知曉。而其時蕭詧已舉襄陽附於西魏，魏軍業已佔據漢東戰略要衝隨（州）、棗（陽）一帶，荊州城雖未受戰火蹂躪，但已是危城一座，果「全盛」乎？讀書多，而不能深思，目光短淺如是，多又何益！

卷第一百六十六

梁紀二十二

起旃蒙大淵獻（乙亥　西元五五五年），盡柔兆困敦（丙子　西元五五六年），凡二年。

【題解】本卷載述西元五五五、五五六年南北朝兩年史事。時當梁建安公紹泰元年、太平元年，西魏恭帝二年、三年，北齊文宣帝天保六年、七年。梁朝再度發生政變，江南又一次全境陷入軍閥混戰，陳霸先在建康兩次挫敗北齊入侵，重建蕭梁政權，大權獨攬。西魏宇文氏受禪建立北周。北齊國勢鼎盛，因國主高洋荒淫殘暴，使國運開始衰落。

敬皇帝

紹泰元年（乙亥　西元五五五年）

春，正月壬午朔❶，邵陵太守劉棻將兵援江陵，至三百里灘，部曲宋文徹殺之，帥其眾還據邵陵❷。

梁王詧即皇帝位於江陵，改元大定，追尊昭明太子為昭明皇帝，廟號高宗，妃蔡氏❸為昭德皇后，尊其母龔氏❹為皇太后，立妻王氏❺為皇后，子巋為皇太子。賞刑制度並同王者，唯上疏於魏則稱臣，奉其正朔❻。至於官爵其下，亦依梁氏之舊，其勳級❼則兼用柱國等名。以諮議參軍蔡大寶為侍中、尚書令，參掌選事，外兵參軍❽太原王操❾為五兵尚書。大寶嚴整有智謀，雅達❿政事，文辭贍速⓫，後梁⓬主推心任之，以為謀主，比之諸葛孔明。操亦亞之。追贈邵陵王綸太宰⓭，諡曰壯武，河東王譽丞相，諡曰武桓。以莫勇為武州⓮刺史，魏永壽為巴州⓯刺史。

湘州刺史王琳將兵自小桂⓰北下，至蒸城⓱，聞江陵已陷，為世祖發哀，三軍縞素，遣別將侯平帥舟師攻後梁。琳屯兵長沙，傳檄州郡，為進取之計。長沙王韶及上游諸將皆推琳為盟主。

齊主使清河王岳將兵攻魏安州⓲，以救江陵。岳至義陽⓳，江陵陷，因進軍臨江，郢州刺史陸法和及儀同三司宋蒞⓴舉州降之。長史江夏太守王珉不從，殺之。甲午㉑，齊召岳還，使儀同三司清都慕容儼㉒戍郢州。王僧辯遣江州刺史侯瑱攻郢州，任約、徐世譜、宜豐侯循皆引兵會之。

辛丑㉓，齊立貞陽侯淵明為梁王，使其上黨王渙將兵送之，徐陵、湛海珍等皆聽從淵明歸。

二月癸丑㉔，晉安王至自尋陽，入居朝堂，即梁王位，時年十三。以太尉王僧辯為中書監、錄尚書、驃騎大將軍、都督中外諸軍事，加陳霸先征西大將軍，以南豫州刺史侯瑱為江州刺史，湘州刺史蕭循為太尉，廣州刺史蕭勃為司徒，鎮東將軍張彪為郢州刺史。

齊主先使殿中尚書邢子才馳傳詣建康，與王僧辯書，以為「嗣主沖藐㉕，未堪負荷。彼貞陽侯，梁武猶子，長沙之胤㉖，以年以望，堪保金陵，故置為梁主，納於彼國。卿宜部分舟艦，迎接今主，并心一力，善建良圖。」乙卯㉗，貞陽侯淵明亦與僧辯書，求迎。僧辯復書曰：「嗣主體自宸極，受於文祖[1]。明公儻能入朝，同獎王室，伊、呂之任，僉曰仰歸㉘；意在主盟，不敢聞命。」甲子㉙，齊以陸法和為都督荊、雍等十州諸軍事、太尉、大都督、西南道大行臺，又以宋蒞為郢州刺史，蒞弟簉為湘州刺史。甲戌㉚，上黨王渙克譙郡。己卯㉛，淵明又與僧辯書，僧辯不從。

魏以右僕射申徽為襄州刺史。

侯平攻後梁巴、武二州，故劉棻王帥趙朗殺宋文徹，以邵陵歸于王琳。

三月，貞陽侯淵明至東關，散騎常侍裴之橫禦之。齊軍司尉瑾、儀同三司蕭軌南侵皖城，晉州刺史蕭惠以州降之。齊改晉熙為江州㉜，以尉瑾為刺史。丙戌㉝，齊克東關，斬裴之橫，俘數千人。王僧辯大懼，出屯姑孰，謀納淵明。

丙申㉞，齊主還鄴，封世宗二子孝珩㉟為廣寧王，延宗㊱為安德王。○孫瑒聞江陵陷，棄廣州還，曲江侯勃復據有之。

魏太師泰遣王克、沈炯等還江南。泰得庾季才，厚遇之，令參掌太史。季才散私財，購親舊之為奴婢者㊲，泰問：「何能如是？」對曰：「僕聞克國禮賢㊳，古之道也。今郢都㊴覆沒，其君信有罪矣，搢紳何咎，皆為皁隸？鄙人羈旅㊵，不敢獻言，誠竊哀之，故私購之耳。」泰乃悟曰：「吾之過也！微㊶君，遂失天下之望！」因出令，免梁俘為奴婢者數千口。

夏，四月庚申㊷，齊主如晉陽。

五月庚辰㊸，侯平等擒莫勇、魏永壽。江陵之陷也，永嘉王莊㊹生七年矣，尼法慕㊺匿之，王琳迎莊，送之建康。

庚寅㊻，齊主還鄴。

王僧辯遣使奉啓於貞陽侯淵明，定君臣之禮，又遣別使奉表於齊，以子顯[47]及顯母劉氏、弟子世珍為質於淵明，遣左民尚書周弘正至歷陽奉迎，因求以晉安王為皇太子，淵明許之。淵明求度衛士三千[48]，僧辯慮其為變，止[49]受散卒[50]千人。庚子[51]，遣龍舟法駕迎之。淵明與齊上黨王渙盟於江北，辛丑[52]，自采石濟江。於是梁輿南度，齊師北返。僧辯疑齊，擁檝中流[53]，不敢就西岸。齊侍中裴英起[54]衛送淵明，與僧辯會于江寧。癸卯[55]，淵明入建康，望朱雀門而哭，道[2]逆者以哭對。丙午[56]，即皇帝位，改元天成，以晉安王為皇太子，王僧辯為大司馬，陳霸先為侍中。

六月庚戌朔[57]，齊發民一百八十萬築長城，自幽州夏口[58]西至恆州九百餘里，命定州刺史趙郡王叡將兵監之。叡，琛之子也。

齊慕容儼始入郢州而侯瑱等奄至城下，儼隨方備禦，瑱等不能克。乘間出擊瑱等軍，大破之。城中食盡，煑草木根葉及靴皮帶角食之，與士卒分甘共苦，堅守半歲，人無異志。貞陽侯淵明立，乃命瑱等解圍，瑱還鎮豫章。齊人以城在江外[59]難守，因割以還梁。儼歸，望齊主，悲不自勝。齊主呼前，執其手，脫帽看髮[60]，歎息久之。

吳興太守杜龕，王僧辯之壻也。僧辯以吳興為震州(61)，用龕為刺史，又以其弟侍中僧愔(62)為豫章太守。

壬子(63)，齊主以梁國稱藩，詔凡梁民悉遣南還。

丁卯(64)，齊主如晉陽。壬申(65)，自將擊柔然。秋，七月己卯(66)，至白道(67)，留輜重，帥輕騎五千追柔然，壬午(68)，及之於懷朔鎮。齊主親犯矢石，頻戰，大破之，至于沃野，獲其酋長及生口二萬餘，牛羊數十萬。壬辰(69)[3]，還晉陽。

八月辛巳(70)，王琳自蒸城還長沙。

齊主還鄴，以佛、道二教不同，欲去其一，集二家學者[4]論難於前，遂敕道士皆剃髮為沙門，有不從者，殺四人，乃奉命。於是齊境皆無道士。

初，王僧辯與陳霸先共滅侯景，情好甚篤，僧辯為子頠(71)娶霸先女，會僧辯有母喪，未成昏。僧辯居石頭城，霸先在京口，僧辯推心待之，頠兄顗屢諫，不聽。及僧辯納貞陽侯淵明，霸先遣使苦爭之，往返數四，僧辯不從。霸先竊歎，謂所親曰：「武帝子孫甚多，唯孝元能復讎雪恥(72)，其子何罪，而忽廢之？吾與王公並處託孤之地，而王公一旦改圖，外依戎狄，援立非次，其志欲何所為乎(73)？」乃密具袍數千領及錦綵金銀為賞賜之具。

會有告齊師大舉至壽春將入寇者，僧辯遣記室江旰告霸先，使為之備。霸先因是留旰於京口，舉兵襲僧辯。九月壬寅(74)，召部將侯安都、周文育及安陸徐度、錢塘杜稜(75)謀之。稜以為難，霸先懼其謀泄，以手巾絞稜，悶絕于地，因閉於別室。部分將士，分賜金帛，以弟子著作郎曇朗(76)鎮京口，知留府事，使徐度、侯安都帥水軍趨石頭，霸先帥馬步自江乘羅落(77)會之，是夜，皆發，召杜稜與同行。知其謀者，唯安都等四將，外人皆以為江旰徵兵禦齊，不之怪也。

甲辰(78)，安都引舟艦將趣石頭，霸先控馬未進，安都大懼，追霸先罵曰：「今日作賊，事勢已成，生死須決，在後欲何所望？若敗，俱死，後期得免斫頭邪？」霸先曰：「安都嗔我！」乃進。安都至石頭城北，棄舟登岸。石頭城北接岡阜，不甚危峻，安都被甲帶長刀，軍人捧之(79)，投於女垣(80)內，眾隨而入，進及僧辯臥室。霸先兵亦自南門入。僧辯方視事，外白有兵，俄而兵自內出。僧辯遽走，遇子頠，與俱出閤，帥左右數十人苦戰于聽事前，力不敵，走登南門樓，拜請求哀。霸先欲縱火焚之，僧辯與頠俱下就執。霸先曰：「我有何辜，公欲與齊師賜討？」且曰：「何意全無備？」僧辯曰：「委公北門(81)，何謂無備？」是夜，霸先縊殺僧辯父子。既而竟無齊兵，亦非霸先之譎也。前青州刺史新安程靈洗帥所領救僧辯，力戰於石頭西門，軍敗。霸先遣使招諭，久之乃降。霸先深義之，以為蘭陵太守，使助防京口。乙巳[82]，霸先為檄布告中外，列僧辯罪狀，且曰：「資斧所指[83]，唯王僧辯父子兄弟，其餘親黨，一無所問。」

丙午[84]，貞陽侯淵明遜位，出就邸，百僚上晉安王表，勸進。冬，十月己酉[85]，晉安王即皇帝位，大赦，改元[86]，中外文武賜位一等。以貞陽侯淵明為司徒，封建安公。告齊云：「僧辯陰圖篡逆，故誅之。」仍請稱臣於齊，永為藩國。齊遣行臺司馬恭與梁人盟于歷陽。

辛亥[87]，齊主如晉陽。

【章旨】以上為第一段，寫梁朝陳霸先藉口王僧辯接納蕭淵明發動兵變，誅殺了梁朝中興功臣王僧辯，更迭梁朝皇帝，廢長立幼，控制了梁朝政權，替自己篡奪禪讓奠定基石。

【注釋】❶壬午朔　正月初一。❷邵陵　郡名，治所邵陵，在今湖南邵陵。❸蔡氏　又稱金華敬妃、敬皇后。❹龔氏　又稱元太后。見《周書》卷四十八。❺王氏　又稱宣靜皇后。見《周書》卷四十八。❻奉其正朔　使用西魏的紀年。❼勳級　表示功勳大小等級的官位。如柱國是西魏勳級的最高級官。此外還有開府儀同三司、儀同三司等。後梁兼用西魏上述任勳法。❽外兵參軍　官名，即外兵參軍事，出鎮地方的親王和持節的將軍、刺史等府中的官員，掌本府外兵曹，參議軍事，備府主諮詢，品位隨府主地位而定。❾王操　（？—西元五七六年）字子高，太原晉陽（今山西太原南）人，後梁柱國，封新康縣侯。蕭巋嗣位，任尚書僕射。以擊敗陳將吳明徹功，遷任尚書令、開府儀同三司、荊州刺史，參與選官。傳見《周書》卷四十八、《北史》卷九十三。❿雅達　一向通達。⓫贍速　淵博敏捷。⓬後梁　蕭詧所建的梁政權。⓭太宰　宇文泰仿《周禮》

制官，有太冢宰卿，為天官之首，輔佐君主治理國政。蕭督依例追贈給蕭綸此官。⑭武州　州名，蕭督置，治所在長江南岸，與江陵相對，不久即遭廢棄。⑮巴州　州名，蕭督置，在長江南岸，與武州相鄰。⑯小桂　山名，在今廣東連州境內。⑰蒸城　即臨蒸，縣名，縣治在今湖南衡陽。⑱安州　州名，治所安陸，在今湖北安陸。⑲義陽　郡名，治所江順，在今河南信陽。⑳宋蒞　投北齊後任郢州刺史，封安湘郡公。按，《北齊書》卷四和卷二十作「宋莅」，《北史》同。胡三省注說《北齊書》作「宋蒞」，或所見本與今本不同。㉑甲午　正月十三日。㉒慕容儼　字恃德，清都成安（今河北成安）人，歷任譙州、膠州、趙州刺史，進爵義安王。傳見《北齊書》卷二十、《北史》卷五十三。㉓辛丑　正月二十日。㉔癸丑　二月二日。㉕沖藐　年幼。㉖梁武猶子二句　蕭淵明父親長沙王蕭懿是武帝的哥哥，他是武帝的親姪，如同兒子一樣，所以高洋說「猶子」。㉗乙卯　二月四日。㉘仰歸　敬仰歸心。㉙甲子　二月十三日。㉚甲戌　二月二十三日。㉛己卯　二月二十八日。㉜改晉熙為江州　北齊有晉州，治平陽（今山西臨汾），所以把梁朝的晉州改為江州，治所晉熙（今安徽潛山縣）不變。㉝丙戌　三月六日。㉞丙申　三月十六日。㉟孝珩　高孝珩，高澄第二子。歷位司州牧、尚書令、司空、司徒、錄尚書、大將軍、大司馬，頗受器重。後主時，遭高阿那肱排擠，出為滄州刺史。周滅北齊，被俘憂憤而死。傳見《北齊書》卷十一、《北史》卷五十二。㊱延宗　高延宗，高澄第五子。歷位司徒、太尉。北齊滅，被俘，周武帝下詔賜死。傳見《北齊書》卷十一、《北史》卷五十二。㊲購親舊之為奴婢者　贖回親朋和同僚中被西魏掠為奴婢的人。㊳克國禮賢　滅亡他國但禮遇該國賢人。如周滅商，武王釋放了被囚的商朝賢臣箕子，探視微子的家，修建比干的墓，以爭取民心，消弭反抗。㊴郢都　指江陵，原楚國的郢都，梁元帝建都於此。㊵羈旅　作客他鄉。㊶微　非；無。㊷庚申　四月十日。㊸庚辰　五月一日。㊹永嘉王莊　蕭莊，封永嘉王，是蕭方等之子。㊺法慕　尼姑的法名。㊻庚寅　五月十一日。㊼顯　王顯，王僧辯第七子。㊽求度衛士三千　請求南下時隨身帶領衛士三千人。㊾止　僅。㊿散卒　非正式編制而在軍中服役的人。(51)庚子　五月二十一日。(52)辛丑　五月二十二日。(53)擁檝中流　持槳停船江心。(54)裴英起　（？—西元五五六年）河東（今山西永濟西）人，官至都官尚書。傳見《魏書》卷七十一、《北齊書》卷二十一、《北史》卷四十五。(55)癸卯　五月二十四日。(56)丙午　五月二十七日。(57)庚戌朔　六月初一日。(58)夏口　地名，在今北京市西北居庸關。(59)江外　江南。(60)脫帽看髮　因慕容儼辛勞過度，容顏大變。高洋脫下他的帽子，看著他稀疏的頭髮，表示慰問和讚歎。(61)震州　州名，治所吳興，在今浙江湖州。原東揚州所轄，現因地處震澤（太湖）而得名。(62)僧愔　王僧愔，梁敬帝末，南征蕭勃時，王僧辯被陳霸先所殺，於是轉道投奔北齊。傳見《南史》卷六十三。(63)壬子　六月三日。(64)丁卯　六月十八日。(65)壬申　六月二十三日。(66)己卯　七月初一日。(67)白道　地名，在今內蒙古呼和浩特北。(68)壬午　七月初四日。(69)壬辰　七月十四日。(70)辛巳　八月己酉朔，無辛巳，疑《通鑑》誤。(71)頠　王頠。後被陳霸先所殺。(72)復讎雪恥　指元帝平定侯景之亂。(73)其志欲何所為乎　他心中到底想幹什麼。言外之意，指責王僧辯有篡位的非分之想。(74)壬寅　九月二十五日。(75)杜稜　字雄盛，吳郡錢塘人，梁元帝時，任石州刺史，封上陌縣侯。陳朝建立，以中領軍獨掌禁軍。後迎立文帝，改封永城縣侯。傳見《陳書》卷十二、《南史》卷六十七。(76)曇朗　陳曇朗，霸先弟弟陳休先的兒子。後到北齊做人質。兩國再度交鋒，被害於晉陽。傳見《陳書》卷十四、《南史》卷六十五。(77)羅落　橋名，在江乘縣，即今江蘇南京東北。(78)甲辰　九月二十七日。(79)捧之　謂舉起侯安都。(80)女垣　城堞。(81)北門　指南徐州。南徐州鎮所京口是建康的北門戶。時陳霸先為南徐州刺史。(82)乙巳　九月二十八日。(83)資斧所指　刀兵所向。(84)丙午　九月二十九日。(85)己酉　十月二日。(86)改元　改年號為紹泰。(87)辛亥　十月四日。

【校　記】[1]文祖　原作「乂祖」。據章鈺校，十二行本作「父祖」，乙十一行本、孔天胤本皆作「文祖」，張敦仁《通鑑刊本識誤》、張瑛《通鑑校勘記》同，胡三省注云：「『乂』當作『文』，蓋用受終於文祖事。」今據改。[2]道　原無此字。據章鈺校，十二行本、乙十一行本、孔天胤本皆有此字，張敦仁《通鑑刊本識誤》同，今據補。[3]壬辰　原作「壬申」。據章鈺校，十二行本、乙十一行本、孔天胤本皆作「壬辰」，張敦仁《通鑑刊本識誤》、張瑛《通鑑校勘記》同，今據改。[4]學者　原無此二字。據章鈺校，十二行本、乙十一行本、孔天胤本皆有此二字，今據補。按，《通鑑綱目》卷三四有此二字。

【語　譯】敬皇帝

紹泰元年（乙亥　西元五五五年）

春，正月初一日壬午，梁邵陵太守劉棻率軍救援江陵，到達三百里灘，部將宋文徹殺了他，率領他的部眾回到邵陵據守。

梁王蕭詧在江陵即皇帝位，改年號為大定，追尊昭明太子為昭明皇帝，廟號高宗，昭明太子妃蔡氏為昭德皇后，追尊自己的母親龔氏為皇太后，冊立妻王氏為皇后，立兒子蕭巋為皇太子。賞罰制度與當王的人相同，只有上疏西魏朝廷時才稱臣，奉行西魏曆法。至於對下屬封官加爵，還是沿襲梁朝的舊制度，其中的功勳等級兼用柱國等名號。任用諮議參軍蔡大寶為侍中、尚書令，參與掌管選拔用人事務，外兵參軍太原人王操為五兵尚書。蔡大寶嚴謹清正又有智謀，一向精通政務，文辭淵博敏捷，蕭詧誠心任用他，用他為謀主，把他比為諸葛孔明。王操也僅次於蔡大寶。追贈邵陵王蕭綸為太宰，諡號為壯武，河東王蕭譽為丞相，諡號為武桓。任用莫勇為武州刺史，魏永壽為巴州刺史。

湘州刺史王琳領兵從小桂北下，到達蒸城，聽說江陵已淪陷，便為世祖蕭繹舉哀，三軍將士都穿白色喪服，派別將侯平率領水軍攻打後梁。王琳屯兵長沙，向各州郡發布檄文，制定攻取江陵的計畫。長沙王蕭韶以及上游各州郡將領全都推舉王琳為盟主。

北齊派清河王高岳領兵攻打西魏安州，用以救援江陵。高岳到達義陽，江陵淪陷，便進軍到長江邊。郢州刺史陸法和以及儀同三司宋蒞獻出州城投降。郢州長史江夏太守王珉不聽從，被殺。正月十三日甲午，北齊召高岳回軍，派儀同三司清都人慕容儼鎮守郢州。王僧辯派江州刺史侯瑱攻打郢州，任約、徐世譜、宜豐侯蕭循都領兵與他會合。

正月二十日辛丑，北齊立貞陽侯蕭淵明為梁國國主，派上黨王高渙領兵護送蕭淵明，徐陵、湛海珍等人都同意隨蕭淵明回歸。

二月初二日癸丑，梁晉安王蕭方智從尋陽抵達建康，進入朝堂，登上梁王王位，當時十三歲。任命太尉王僧辯為中書監、錄尚書、驃騎大將軍、都督中外諸軍事，加官陳霸先為征西大將軍，任命南豫州刺史侯瑱為江州刺史，湘州刺史蕭循為太尉，廣州刺史蕭勃為司徒，鎮東將軍張彪為郢州刺史。

北齊國主高洋先派殿中尚書邢子才乘驛車前往建康，給王僧辯一封信，認為「皇位繼承人年幼，不堪重任。那位貞陽侯蕭淵明，是梁武帝的姪兒，長沙王蕭懿的兒子，不論是年齡或聲望，足以保衛金陵，所以把他立為梁國國主，送回他的國家，你應該安排舟船，迎接現任的國主，同心協力，建設美好的未來。」二月初四日乙卯，貞陽侯蕭淵明也寫信給王僧辯，要求迎接自己回國。王僧辯回信說：「繼承人晉安王是梁元帝的兒子，在文祖廟接受了帝位。你如果能回朝，共同匡扶皇室，商代的伊尹、周代的呂尚那樣的位置，大家仰戴歸心；如果你意在做國主，我不敢聽從你的命令。」十三日甲子，北齊任命陸法和為都督荊・雍等十州諸軍事、太尉、大都督、西南道大行臺，又任命宋蒞為郢州刺史，宋蒞的弟弟宋簉為湘州刺史。二十三日甲戌，北齊上黨王高渙攻克了譙郡。二十八日己卯，蕭淵明再次寫信給王僧辯，王僧辯沒有聽從。

西魏任命右僕射申徽為襄州刺史。

侯平進攻後梁巴、武兩州，已故劉棻的主帥趙朗殺了宋文徹，獻出邵陵城歸附王琳。

三月，貞陽侯蕭淵明到達東關，梁朝散騎常侍裴之橫抵抗他。北齊軍司尉瑾、儀同三司蕭軌向南進犯皖城，晉州刺史蕭惠獻出州城投降。北齊把晉熙改為江州，任命尉瑾為刺史。初六日丙戌，北齊攻克了東關，殺死裴之橫，俘獲數千人。王僧辯大為恐懼，出都屯駐姑孰，考慮接納蕭淵明。

三月十六日丙申，北齊國主高洋返回鄴城，封世宗高澄的兩個兒子高孝珩為廣寧王，高延宗為安德王。

○孫瑒聽說江陵陷落，放棄廣州返回湘州，曲江侯蕭勃重新佔據了廣州。

西魏太師宇文泰派王克、沈炯等人返回江南。宇文泰得到庾季才，厚待他，讓他參掌太史。庾季才拿出個人財產，贖回親朋舊友中淪為奴婢的人，宇文泰問：「怎能這樣做？」庾季才回答說：「我聽說滅人之國要禮遇被滅國的賢人，這是古代的道理。如今江陵淪陷，國君確實有罪，士大夫有什麼過錯，全都淪為奴婢？我作客他鄉，不敢說什麼，心裡確實悲痛他們的不幸，所以私自贖買他們。」宇文泰這才醒悟過來，說：「這是我的錯誤！如果不是你，我就要讓天下人失望了！」就此下令，免除了幾千個梁朝俘虜的奴隸身分。

夏，四月初十日庚申，北齊國主高洋前往晉陽。

五月初一日庚辰，侯平等人俘獲了後梁的莫勇、魏永壽。江陵淪陷時，梁朝永嘉王蕭莊已經七歲了，尼姑法慕把他藏了起來，王琳接走蕭莊送到建康。

五月十一日庚寅，北齊國主高洋返回鄴城。

王僧辯派使者送信給貞陽侯蕭淵明，確定了君臣禮儀，又另派使者送表章給北齊，把自己的兒子王顯以及王顯的母親劉氏、自己弟弟的兒子王世珍交給蕭淵明做人質，派左民尚書周弘正到歷陽迎接蕭淵明，並要求立晉安王蕭方智為皇太子，蕭淵明同意了。蕭淵明請求帶領三千名衛士，王僧辯顧慮這麼多人會生變亂，只接受編外散兵一千名。五月二十一日庚子，王僧辯派出龍船和皇帝儀仗迎接蕭淵明。蕭淵明與北齊上黨王高渙在江北簽訂了盟約。二十二日辛丑，蕭淵明從采石渡江。於是梁國皇帝車駕南渡，北齊的軍隊返回北方。王僧辯懷疑北齊，持槳停船在長江中流，不敢到西岸。北齊侍中裴英起護送蕭淵明，與王僧辯在江寧會見。二十四日癸卯，蕭淵明進入建康，望著朱雀門痛哭，道路上迎接他的人也以哭相對。二十七日丙午，蕭淵明即皇帝位，改年號為天成，立晉安王為皇太子，任命王僧辯為大司馬，陳霸先為侍中。

六月初一日庚戌，北齊徵發民夫一百八十萬人修築長城，從幽州夏口西到恆州共九百多里，命令定州刺史趙郡王高叡領兵監督工程。高叡，是高琛的兒子。

北齊慕容儼剛剛進入郢州，而梁朝將領侯瑱等就突然到了城下，慕容儼隨機防禦，侯瑱等無法攻克。慕容儼抓住機會出擊侯瑱等軍，大敗侯瑱等。城中糧食吃光了，煮草木根葉以及靴子的皮、皮帶、牛角等為食物，慕容儼與士兵同甘共苦，堅守了半年，人們沒有二心。貞陽侯蕭淵明即位，命令侯瑱等解除包圍，侯瑱返回鎮守豫章。北齊因郢州在長江南岸很難守住，便割還給梁朝。慕容儼回到鄴城，望著北齊國主高洋，痛哭不止。高洋叫他到跟前，拉著他的手，摘下他的帽子看他的頭髮，歎息了很久。

梁朝吳興太守杜龕，是王僧辯的女婿。王僧辯改吳興郡為震州，任用杜龕為刺史，又任用自己的弟弟侍中王僧愔為豫章太守。

六月初三日壬子，北齊國主高洋因梁國已經是自己的藩國，頒布詔令，凡是梁國百姓全都遣送回國。

六月十八日丁卯，北齊國主高洋前往晉陽。二十三日壬申，高洋親自率領軍隊出擊柔然。秋，七月初一日己卯，高洋到達白道，留下輜重，率領輕騎五千追擊柔然。初四日壬午，在懷朔鎮追上了柔然，高洋親自冒著矢石，連續作戰，大敗柔然，追擊到沃野鎮，抓獲了柔然酋長和俘虜兩萬多人，牛羊數十萬頭。十四日壬辰，返回晉陽。

八月辛巳日，梁將王琳從蒸城率軍返回長沙。

北齊國主高洋返回鄴城，因佛道兩教不相同，想排除其中的一個教，召集兩教的學者在面前辯論，於是下令道士都剃髮當和尚，有不聽從的，殺了四個人，道士們才接受了命令。這樣一來，北齊境內全無道士。

當初，王僧辯與陳霸先共同滅了侯景，兩人交情深厚，王僧辯替兒子王頠娶陳霸先的女兒為妻，恰遇王僧辯母親去世服喪，沒有成婚。王僧辯居住石頭城，陳霸先居住京口，王僧辯推心置腹地對待陳霸先，王頠的哥哥王顗多次諫阻，王僧辯沒有聽從。等到王僧辯接納貞陽侯蕭淵明，陳霸先派使者竭力爭辯，往返多次，王僧辯不採納。陳霸先私下歎息，對親近的人說：「梁武帝的子孫很多，只有孝元帝蕭繹能報仇雪恨，他的兒子有什麼罪過，而突然被廢？我與王公共同處於託孤的位置，而王公卻一下子改變了主意，依靠外面的夷狄，立皇帝不講次序，他的目的到底是要幹什麼？」便暗中準備了錦袍數千件和錦緞金銀等作為賞賜物品。

正好這時有人報告北齊軍隊大批集中到達壽春將要侵犯梁朝，王僧辯派記室江旰通告陳霸先，讓他做好防備。陳霸先藉此機會把江旰扣留在京口，帶兵襲擊王僧辯。九月二十五日壬寅，陳霸先召集部將侯安都、周文育以及安陸人徐度、錢塘人杜稜商議這件事。杜稜認為很困難，陳霸先害怕謀劃洩漏，用手巾勒杜稜，杜稜昏死在地上，就把他關閉在另一房間。陳霸先部署將士，賞給他們金銀和錦緞，派弟弟的兒子著作郎陳曇朗鎮守京口，代管州府事務，派徐度、侯安都率領水軍奔赴石頭城，陳霸先率領騎兵和步兵從江乘縣羅落橋出發去會合。當天夜裡，全軍出發，陳霸先召杜稜和自己一同行動。知道這次謀劃的人，只有侯安都等四個將領，其他的人都以為是江旰來徵調兵馬去抵抗北齊，不感到奇怪。

九月二十七日甲辰，侯安都帶領舟船將要奔赴石頭城，陳霸先勒馬未進，侯安都大為恐懼，追著陳霸先罵道：「今天為賊叛亂，大勢已定，是生是死必須決斷，你落在後面指望什麼？如果失敗了，全都要死，不按期到達想不被砍頭嗎？」陳霸先說：「侯安都責怪我了！」於是前進。侯安都到了石頭城北面，下船上岸。石頭城北邊連接山崗高坡，不怎麼高峻。侯安都穿著鎧甲帶著長刀，士兵們用手托著他，把他拋到城頭的女牆內，士兵們隨後進入城中，進到王僧辯的臥室。陳霸先的軍隊也從南門進入石頭城。王僧辯正在辦公，外面有人喊軍隊進城，不一會兒有士兵從臥室出來，王僧辯急忙逃跑，碰上兒子王頠，兩人一起逃出閤門，帶領身邊幾十個人在廳堂前苦戰，寡不敵眾，逃到南門城樓上跪拜哀求。陳霸先打算放火燒城樓，王僧辯與王頠都走下城樓來束手就擒。陳霸先說：「我有什麼罪，你要和北齊軍一起討伐我？」接著又說：「北齊要興兵進犯，你怎麼完全沒有防備？」王僧辯說：「我把北大門委託給你，怎麼說沒有防備？」當夜，陳霸先絞死了王僧辯父子。這事過後，終究沒有北齊軍隊，也不是陳霸先耍的花招。前青州刺史新安人程靈洗率本部士兵來救王僧辯，在石頭城西門奮力作戰，軍隊戰敗。陳霸先派人勸他投降，過了好久才投降。陳霸先深深讚賞他的義舉，任用他為蘭陵太守，派他助防京口。二十八日乙巳，陳霸先向京師及各地州郡發布檄文，條列王僧辯的罪狀，並且說：「刀兵指向，只是王僧辯父子兄弟，其餘親朋黨羽，一概不予追究。」

九月二十九日丙午，貞陽侯蕭淵明退位，遷出皇宮住進官邸，文武百官向晉安王蕭方智上表，勸他即皇帝位。冬，十月初二日己酉，晉安王蕭方智即皇帝位，大赦天下，改年號為紹泰，朝廷內外文武百官加爵位一級。任命貞陽侯蕭淵明為司徒，封建安公。通告北齊，說：「王僧辯圖謀篡位，所以殺了他。」仍然請求稱臣於北齊，永遠為藩國。北齊派行臺司馬恭與梁朝在歷陽簽訂了友好和約。

十月初四日辛亥，北齊國主高洋前往晉陽。

壬子❶，加陳霸先尚書令、都督中外諸軍事、車騎將軍、揚・南徐二州刺史。

癸丑❷，以宜豐侯循為太保，建安公淵明為太傅，曲江侯勃為太尉，王琳為車騎將軍、開府儀同三司。

戊午❸，尊帝所生夏貴妃❹為皇太后，立妃王氏❺為皇后。

杜龕恃王僧辯之勢，素不禮於陳霸先，在吳興，每以法繩其宗族❻，霸先深怨之。及將圖僧辯，密使兄子蒨還長城，立柵以備龕。僧辯死，龕據吳興拒霸先，義興太守韋載❼以郡應之。吳郡太守王僧智❽，僧辯之弟也，亦據城拒守。陳蒨至長城，收兵纔數百人，杜龕遣其將杜泰將精兵五千奄至，將士相視失色。蒨言笑自若，部分益明，眾心乃定。泰日①夜苦攻，數旬，不克而退。霸先使周文育攻義興，義興屬縣卒皆霸先舊兵，善用弩，韋載收得數十人，繫以長鎖，命所親監之，使射文育軍，約曰：「十發②不兩中者死。」故每發輒斃一人，文育軍稍卻。載因於城外據水立柵，相持數旬。杜龕遣其從弟北叟❾將兵拒戰，北叟敗，歸于義興。霸先聞文育軍不利，辛未❿，自表東討，留高州刺史侯安都、石州刺史杜稜宿衛臺省。甲戌⓫，軍至義興，丙子⓬，拔其水柵。

譙、秦二州刺史徐嗣徽從弟嗣先，僧辯之甥也。僧辯死，嗣先亡就嗣徽，嗣徽以州入于齊。及陳霸先東討義興，嗣徽密結南豫州刺史任約，將精兵五千乘虛襲建康，是日，入③據石頭，遊騎至闕下。侯安都閉門藏旗幟，示之以弱，令城中曰：「登陴闚賊者斬！」及夕，嗣徽等收兵還石頭。安都夜為戰備，將旦，嗣徽等又至，安都帥甲士三百開東、西掖門⓭出戰，大破之，嗣徽等奔還石頭，不敢復逼臺城。

陳霸先遣韋載族弟翽⓮齎書諭載，丁丑⓯，載及杜北叟皆降，霸先厚撫之，以翦監義興郡，引載置左右，與之謀議。霸先卷甲還建康，使周文育討杜龕，救長城。

將軍黃他攻王僧智於吳郡，不克，霸先使寧遠將軍裴忌⑯助之。忌選所部精兵輕行倍道，自錢塘直趣吳郡，夜，至城下，鼓譟薄之。僧智以為大軍至，輕舟奔吳興。忌入據吳郡，因以忌為太守。

十一月己卯⑰，齊遣兵五千度江據姑孰以應徐嗣徽、任約。陳霸先使合州刺史徐度立柵於冶城⑱。庚辰⑲[4]，齊又遣安州刺史翟子崇、楚州刺史劉士榮⑳、淮州刺史柳達摩㉑將兵萬人於胡墅㉒度米三萬石、馬千匹入石頭。霸先問計於韋載，載曰：「齊師若分兵先據三吳之路，略地東境，則時事去矣。今可急於淮南因侯景故壘築城，以通東道轉輸，分兵絕彼之糧運，使進無所資[5]，則齊將之首旬日可致。」霸先從之。癸未㉓，使侯安都夜襲胡墅，燒齊船千餘艘。仁威將軍周鐵虎斷齊運輸，擒其北徐州刺史張領州。仍遣韋載於大航㉔築侯景故壘，使杜稜守之。齊人於倉門㉕、水南㉖立二柵，與梁兵相拒。壬辰㉗，齊大都督蕭軌將兵屯江北。

初，齊平秦王歸彥㉘幼孤，高祖㉙令清河昭武王岳養之，岳情禮甚薄，歸彥心銜之。及顯祖即位，歸彥為領軍大將軍㉚，大被寵遇。岳謂其德己，更倚賴之。岳屢將兵立功，有威名，而性豪侈，好酒色，起第於城南，聽事後開巷㉛。歸彥譖之於帝曰：「清河僭擬宮禁，制為永巷㉜，但無闕㉝耳。」帝由是惡之。帝納倡婦薛氏於後宮，岳先嘗因其姊迎之至第。帝夜遊於薛氏家，其姊為[6]父乞司徒。帝大怒，懸其姊，鋸殺之。讓㉞岳以姦，岳不服，帝益怒。乙亥㉟，使歸彥鴆岳。岳自訴無罪，歸彥曰：「飲之則家全。」飲之而卒，葬贈如禮。

薛嬪㊱有寵於帝。久之，帝忽思其與岳通㊲，無故斬首，藏之於懷，出東山宴飲。勸酬始合，忽探出其首，投於柈㊳上，支解其尸，弄其髀為琵琶，一座大驚。帝方收取，對之流涕曰：「佳人難再得！」載尸以出，被髮步哭而隨之。

甲辰㊴，徐嗣徽等攻冶城柵，陳霸先將精甲自西明門出擊之，嗣徽等大敗，留柳達摩等守城，自往采石迎齊援。

以郢州刺史宜豐侯循為太保，廣州刺史曲江侯勃為司空，并徵入侍。循受太保而辭不入。勃方謀舉兵，遂不受命。

鎮南將軍王琳侵魏，魏大將軍豆盧寧㊵禦之。

十二月癸丑㊶，侯安都襲秦郡，破徐嗣徽柵，俘數百人。收其家，得其琵琶及鷹，遣使送之曰：「昨至弟處得此，今以相還。」嗣徽大懼。丙辰㊷，陳霸先對冶城立航㊸，悉度眾軍，攻其水南二柵。柳達摩等度淮置陳，霸先督兵疾戰，縱火燒柵，齊兵大敗，爭舟相擠，溺死[7]者以千數，呼聲震天地，盡收其船艦。是日，嗣徽與任約引齊兵水步萬餘人還據石頭，霸先遣兵詣江寧，據要險。嗣徽等水步不敢進，頓江寧浦口㊹。霸先遣侯安都將水軍襲破之，嗣徽等單舸脫走，盡收其軍資器械。

己未㊺，霸先四面攻石頭，城中無水，升水㊻直㊼絹一匹。庚申㊽，達摩遣使請和於霸先，且求質子㊾。時建康虛弱，糧運不繼，朝臣皆欲與齊和，請以霸先從子曇朗為質。霸先曰：「今在位諸賢欲息肩㊿於齊，若違眾議，謂孤愛曇朗，不恤國家，今決遣曇朗，棄之寇庭。齊人無信，謂我微弱，必當背盟。齊寇若來，諸君須為孤力鬬也！」乃以[8]曇朗及永嘉王莊、丹楊尹王沖之子珉為質，與齊人盟於城外，將士恣其南北(51)。辛酉(52)，霸先陳兵石頭南門，送齊人歸北，徐嗣徽、任約皆奔齊。收齊馬仗船米，不可勝計。齊主誅柳達摩。壬戌(53)，齊和州長史烏丸遠(54)自南州奔還歷陽。

江寧令陳嗣、黃門侍郎曹朗據姑孰反，霸先命侯安都等討平之。霸先恐陳曇朗亡竄[55]，自帥步騎至京口迎之。

交州刺史劉元偃帥其屬數千人歸王琳。○魏以侍中李遠為尚書左僕射。魏益州刺史宇文貴使譙淹從子子嗣誘說淹以為大將軍，淹不從，斬子嗣。貴怒，攻之，淹自東遂寧[56]徙屯墊江[57]。

初，晉安[58]民陳羽，世為閩中豪姓，其子寶應[59]多權詐，郡中畏服。侯景之亂，晉安太守賓化侯雲[60]以郡讓羽，羽老，但治郡事，令寶應典兵。時東境荒饉，而晉安獨豐衍，寶應數自海道出，寇抄臨安[61]、永嘉、會稽，或載米粟與之貿易，由是能致富彊。侯景平，世祖因以羽為晉安太守。及陳霸先輔政，羽求傳郡〔9〕於寶應，霸先許之。

是歲，魏宇文泰諷淮安王育[62]上表請如古制[63]降爵為公，於是宗室諸王皆降為公。

突厥木杆可汗擊柔然王〔10〕鄧叔子，滅之，叔子收其餘燼奔魏。木杆西破嚈噠，東走契丹，北并契骨[64]，威服塞外諸國。其地東自遼海[65]，西至西海[66]，長萬里，南自沙漠以北五六千里皆屬焉。木杆恃其彊，請盡誅鄧叔子等於魏，使者相繼於道。太師泰收叔子以下三千餘人付其使者，盡殺之於青門[67]外。

初，魏太師泰以漢、魏官繁，命蘇綽及尚書令盧辯[11]依周禮更定六官。

【章旨】以上為第二段，寫陳霸先清剿王僧辯餘黨，梁朝東部全境陷入軍閥大混戰。北齊國主高洋威服北疆後，治政殘暴，行止荒淫，對外亦不武。高洋未能抓住一鼓下江南的機會，北齊兵敗建康，陳霸先站穩江南。

【注釋】❶壬子　十月五日。❷癸丑　十月六日。❸戊午　十月十一日。❹夏貴妃　會稽人，敬帝之母，紹泰二年降為江陰國太妃。傳見《南史》卷十二。❺王氏　琅邪臨沂人，紹泰二年降為江陰王妃。傳見《南史》卷十二。❻繩其宗族　陳霸先是長城縣（今浙江長興）人，屬吳興郡（今浙江湖州）管轄。當時杜龕任官吳興，所以陳霸先的宗族遭杜龕以法懲治。❼韋載　字德基，京兆杜陵（今陝西長安杜陵鎮）人，初助杜龕，後遵敬帝敕令，歸服陳霸先。入陳，官至散騎常侍。傳見《陳書》卷十八、《南史》卷五十八。❽王僧智　隨任約對抗陳霸先，兵敗被殺。傳見《南史》卷六十三。❾北叟　杜北叟。❿辛未　十月二十四日。⓫甲戌　十月二十七日。⓬丙子　十月二十九日。⓭東西掖門　臺城正南端門的東、西側門。⓮翽　韋翽，字子羽，仕陳，任驍騎將軍，領朱衣直閣，掌宮中宿衛。以平定王琳功，封清源縣侯。傳見《陳書》卷十八。⓯丁丑　十月三十日。⓰裴忌　（西元五一九—五九一年）字無畏，河東聞喜人，入陳，歷官衛尉卿、都官尚書，封樂安縣侯。隨吳明徹北伐，平淮南，出任豫州刺史。後被北周所俘，任上開府。傳見《陳書》卷二十五、《南史》卷五十八。⓱己卯　十一月二日。⓲冶城　城名，在今江蘇南京江寧西。《陳書》卷一作「冶城寺」。⓳庚辰　十一月初三日。⓴劉士榮　《梁書》卷六作「劉仕榮」。㉑柳達摩　河東解（今山西解縣）人。東魏末，曾官陽城太守。傳見《魏書》卷四十五。㉒胡墅　地名，在南京江浦，與石頭城隔江相對。㉓癸未　十一月六日。㉔大航　在秦淮河南岸。即侯景所建大浮橋處。㉕倉門　石頭城的倉城門。㉖水南　秦淮河南岸。㉗壬辰　十一月十五日。㉘歸彥　高歸彥，字仁英，高歡族弟，封平秦王。以討侯景功，別封長樂郡公，任領軍大將軍。武成帝即位後，以謀反罪處死。傳見《北齊書》卷十四、《北史》卷五十一。㉙高祖　高歡的廟號。㉚領軍大將軍　官名，原為領軍將軍，掌宮中禁衛。領軍稱大將軍，自高歸彥開始，表示優寵。北齊二品。㉛開巷　建立長巷，與後面的寢室相通。㉜永巷　帝王嬪妃的住所，在一條長巷之中。築巷為的是隔絕內外。高歸彥有意把高岳建巷與永巷相比，陷高岳犯僭越罪。㉝闕　宮門。㉞讓　責備。㉟乙亥　十一月戊寅朔，無乙亥，疑是「己亥」之誤，為十一月二十二日。《北齊書》卷四作「己亥」。㊱薛嬪　即前所言倡婦薛氏。傳見《北齊書》卷十四。㊲通　指薛嬪與高岳通姦。㊳柈　盤子。㊴甲辰　十一月二十七日。㊵豆盧寧　（西元五〇〇—五六五年）字永安，昌黎徒河（今遼寧錦州西北）人，本姓慕容氏。高祖慕容勝於北魏拓跋珪時降魏，賜姓豆盧，即歸義的意思。寧善騎射，初從爾朱天光、侯莫陳悅，後歸附宇文泰，官至尚書右僕射，封武陽郡公。入周，授柱國大將軍，封楚國公。傳見《周書》卷十九、《北史》卷六十八。㊶癸丑　十二月七日。㊷丙辰　十二月十日。㊸立航　用舟船建起浮橋。㊹浦口　地名，在今江蘇南京浦口，在江北，與南岸下關相對。㊺己未　十二月十三日。㊻升水　一升水。㊼直　價值。㊽庚申　十二月十四日。㊾且求質子　而且要求陳霸先送兒子作人質。㊿息肩　卸去負擔。(51)恣其南北　被圍齊軍將士，不論是北齊軍還是原南梁軍，聽憑他們去留。(52)辛酉　十二月十五日。(53)壬戌　十二月十六日。(54)烏丸遠　人名，可能是烏丸族人，以族為姓。(55)亡竄　從齊軍中逃回。(56)東遂寧　郡名，治所巴興，在今四川蓬溪縣。(57)墊江　縣名，縣治在今重慶市所屬墊江縣。(58)晉安　郡名，治所侯官，在今福建福州。(59)寶應　陳寶應（？—西元五六四年），為人反覆無常。陳霸先輔政時，受封侯官縣侯。陳初，任閩州刺史，領會稽太守。文帝即位，先協助平定留異，又協助周迪叛亂。後被陳軍襲破晉安，將他處死。傳見《陳書》卷三十五、《南史》卷八十。(60)賓化侯雲　蕭雲，封賓化侯。(61)臨安　縣名，縣治在今浙江臨安。當是「臨海」之誤。臨海，郡名，治所章安，在今浙江椒江市。地處台州灣，為沿海大郡。陳寶應既是從海路抄掠，不可能登陸深入到浙西的臨安。所以當以「臨海」為是。(62)淮安王育　元育，封淮安王。(63)古制　西周制度。(64)契骨　古族名，原名堅昆（今譯吉爾吉斯），或作居勿，或作結骨。生活在劍水（今俄羅斯境內的葉尼塞河）和阿輔河（今俄羅斯境內的阿巴坎河）一帶。(65)遼海　指大興安嶺地區，東南延伸到渤海。(66)西海　即鹹海，指今烏茲別克共和國的撒馬爾罕和布哈拉一帶。(67)青門　長安城東的青城門。舊作霸城門，以門色青而改，簡稱青門。在今陝西西安北青西村。

【校　記】①日　原作「晝」。據章鈺校，十二行本、乙十一行本皆作「日」，今據改。按，《陳書・世祖紀》作「日」。②發　原作「射」。據章鈺校，十二行本、乙十一行本皆作「發」，《陳書・韋載傳》、《北史・韋睿傳附韋載傳》亦皆作「發」，今據改。③入　原作「襲」。據章鈺校，十二行本、乙十一行本、孔天胤本皆作「入」，張敦仁《通鑑刊本識誤》、張瑛《通鑑校勘記》同，今據改。④庚辰　原作「庚寅」。據章鈺校，乙十一行本作「庚辰」，張瑛《通鑑校勘記》同，今據改。按，《梁書・敬帝紀》、《南史・敬帝紀》皆作「庚辰」。⑤使進無所資　原無此五字。據章鈺校，十二行本、乙十一行本、孔天胤本皆有此五字，張敦仁《通鑑刊本識誤》同，今據補。按，《通鑑紀事本末》卷三四、《通鑑綱目》卷二四皆有此五字。⑥為　原「為」下有「其」字。據章鈺校，十二行本、乙十一行本皆無「其」字，今據刪。按，《通鑑紀事本末》卷二四無「其」字。⑦死　原作「水」。據章鈺校，十二行本、乙十一行本皆作「死」，《陳書・高祖紀上》亦作「死」，今據改。⑧以　原作「與」。據章鈺校，乙十一行本作「以」，張敦仁《通鑑刊本識誤》同，胡三省注云：「『與』當作『以』，則文意明順。」今據改。⑨郡　原作「位」。據章鈺校，十二行本、乙十一行本、孔天胤本皆作「郡」，今據改。按，《陳書・陳寶應傳》、《南史・賊臣傳・陳寶應傳》亦皆作「郡」。⑩主　原無此字。據章鈺校，十二行本、乙十一行本皆有此字，今據補。按，《通鑑紀事本末》卷二一有此字。⑪盧辯　原作「盧辨」。據章鈺校，十二行本、乙十一行本、孔天胤本皆作「盧辯」，今據改。

【語譯】十月初五日壬子，梁朝加官陳霸先尚書令、都督中外諸軍事、車騎將軍、揚州・南徐州二州刺史。初六日癸丑，任命宜豐侯蕭循為太保，建安公蕭淵明為太傅，曲江侯蕭勃為太尉，王琳為車騎將軍、開府儀同三司。

十月十一日戊午，梁敬帝蕭方智尊生母夏貴妃為皇太后，冊立妃子王氏為皇后。

杜龕依仗王僧辯的權勢，一向對陳霸先無禮。杜龕在吳興任職，經常用法律來懲治陳霸先的族人，陳霸先深深懷恨杜龕。等到將要襲擊王僧辯時，陳霸先祕密派哥哥的兒子陳蒨返回長城縣，修築柵欄用來防備杜龕。王僧辯死後，杜龕佔據吳興抵抗陳霸先，義興太守韋載以義興響應杜龕。吳郡太守王僧智是王僧辯的弟弟，也佔據郡城抗拒陳霸先。陳蒨到達長城縣，搜集士兵才數百人，杜龕派他的將領杜泰率領精兵五千人突然到達，長城縣中的將士相視失色。陳蒨談笑自如，部署更為明確，軍心便安定下來。杜泰日夜苦攻，過了幾十天，不能攻克，便撤退了。陳霸先派周文育攻義興，義興各縣的守衛士兵都是陳霸先的舊時部屬，善於用弓弩，韋載抓到了幾十個人，用長鐵鏈把他們鎖起來，命令親信監視他們，讓他們用弓箭射周文育的軍隊，規定：「射十支箭若沒射中兩人的人就處死。」所以每射一箭就要射死一個人，周文育的軍隊漸漸退卻。韋載趁機在城外沿水壕岸豎立柵欄，相持了幾十天。杜龕派他的堂弟杜北叟領兵抗擊，北叟戰敗，逃回義興。陳霸先聽到周文育的軍隊作戰失利，十月二十四日辛未，親自上表東征，留下高州刺史侯安都、石州刺史杜稜守衛皇城。二十七日甲戌，陳霸先的軍隊到達義興，二十九日丙子，破了韋載的水上柵欄。

譙州、秦州兩州刺史徐嗣徽的堂弟徐嗣先，是王僧辯的外甥。王僧辯死後，徐嗣先逃到徐嗣徽那裡，徐嗣徽獻出兩州投降北齊。等到陳霸先東征討伐義興，徐嗣徽暗中聯結南豫州刺史任約，率領精兵五千趁著建康空虛偷襲，當天，佔據了石頭城，巡遊的騎兵直到皇城下。侯安都關閉城門，收藏旗幟，向對方外示虛弱，命令城中說：「登上城樓偷看敵人的處死！」到傍晚，徐嗣徽等收兵回到石頭城。侯安都夜裡做好出戰的準備，天將亮時，徐嗣徽等人又來到皇城前，侯安都率領甲士三百人，打開東、西掖門出擊，大敗徐嗣徽軍隊，徐嗣徽等逃回石頭城，不敢再逼近皇城。

陳霸先派韋載的族弟韋翽帶著信去勸說韋載。十月三十日丁丑，韋載和杜北叟都投降了，陳霸先優厚地撫慰他們，任命韋翽監理義興郡，把韋載留在身邊，與他商議謀劃。陳霸先率領全軍回到建康，派周文育征討杜龕，救援長城縣。

將軍黃他在吳郡攻擊王僧智，沒有攻下，陳霸先派寧遠將軍裴忌增援黃他。裴忌挑選自己部屬的精兵輕裝倍道兼程，從錢塘直奔吳郡，夜間到達吳郡城下，擊鼓吶喊逼近城牆。王僧智以為大軍來到，乘坐快船逃往吳興。裴忌進城佔據了吳郡，陳霸先便任命裴忌為吳郡太守。

十一月初二日己卯，北齊派兵五千渡過長江佔據姑孰以聲援徐嗣徽、任約。陳霸先讓合州刺史徐度在冶城豎立柵欄。初三日庚辰，北齊又派安州刺史翟子崇、楚州刺史劉士榮、淮州刺史柳達摩領兵一萬人在胡墅輸運米三萬石、馬一千匹進入石頭城。陳霸先向韋載詢問破敵的計謀，韋載說：「北齊軍隊如果分兵首先佔據三吳的交通要道，搶佔東邊三吳地區，那麼大局就完了。當今應當迅速在淮南依憑侯景過去駐軍的營壘修築城堡，用以確保東邊糧食運輸暢通，然後分兵切斷敵人的運輸糧道，使其失去進攻的憑藉，那麼北齊將領的人頭，十天就可拿到。」陳霸先採納了這個策略。初六日癸未，派侯安都在夜裡襲擊胡墅，燒毀北齊戰船一千多艘。仁威將軍周鐵虎切斷了北齊軍隊的運輸道路，俘獲了北齊北徐州刺史張領州。再派韋載在大航修復侯景原來的駐軍營壘，派杜稜守護。北齊軍隊在倉門和秦淮河南岸建立了兩座柵欄與梁軍對抗。十五日壬辰，北齊大都督蕭軌率軍屯駐長江北岸。

當初，北齊平秦王高歸彥年幼是孤兒，北齊高祖高歡讓清河昭武王高岳撫養他，高岳對他薄情寡恩，高歸彥懷恨在心。等到顯祖高洋即皇帝位，高歸彥當了領軍大將軍，深受寵愛和重用。高岳認為高歸彥會感戴自己，也更加依賴高歸彥。高岳多次帶兵立功，有威名，但他性情豪爽奢侈，愛好酒色，在鄴城南修建府第，廳堂後面開了一道巷子。高歸彥在高洋面前譖毀高岳說：「清河王高岳私自模仿皇宮樣式，修了一條長巷，僅僅沒有宮門罷了。」高洋從此厭惡高岳。高洋接納倡婦薛氏到後宮，在這之前，高岳曾經通過薛氏的姐姐把薛氏接到府第。高洋夜裡行遊到薛氏家，薛氏的姐姐替父親要司徒官職。高洋大怒，把薛氏的姐姐吊起來，用鋸子鋸死了她。高洋斥責高岳姦淫薛氏，高岳不服，高洋更加忿怒。乙亥日，高洋派高歸彥用鴆酒毒殺高岳，高岳自己說沒有罪過。高歸彥說：「喝了這毒酒，就能保全你的家人。」高岳飲酒死亡，朝廷按藩王的禮儀安葬了他。

薛氏受到高洋寵愛。過了很久，高洋忽然想起薛氏與高岳通姦，就無緣無故砍了薛氏的人頭，藏在自己的懷中，出城到東山宴飲。勸酒應和剛開始，高洋忽然從懷中取出人頭，扔在菜盤子上，又把薛氏的屍體切成幾大塊，把薛氏的盆骨當做琵琶彈弄，宴席上的人大為驚駭。高洋這才把薛氏的屍塊收攏起來，對著她流淚說：「這麼漂亮的女人再也不好找了！」用車子把薛氏屍體運出去，高洋披著頭髮，一邊走一邊哭，跟在後邊。

十一月二十七日甲辰，徐嗣徽等人攻打梁軍的冶城柵，陳霸先率領精銳甲士從西明門出擊，徐嗣徽等大敗。留下柳達摩守衛石頭城，自己前往采石迎接北齊的援兵。

梁朝任命郢州刺史宜豐侯蕭循為太保，廣州刺史曲江侯蕭勃為司空，同時徵調兩人入侍皇上。蕭循接受了太保的職務，但找藉口不到朝廷。蕭勃正在謀劃起兵，所以沒有接受任命。

梁朝鎮南將軍王琳侵犯西魏，西魏大將軍豆盧寧抵禦他。

十二月初七日癸丑，侯安都襲擊秦郡，攻破了徐嗣徽的軍營柵欄，俘獲了幾百人。侯安都抄沒了徐嗣徽的家，繳獲了徐嗣徽的琵琶和老鷹，派使者送給徐嗣徽說：「昨天到弟弟你家中，得了這些東西，今天把它送還給你。」徐嗣徽大為恐懼。初十日丙辰，陳霸先對著治城建浮橋，全軍渡過秦淮河，攻擊徐嗣徽在秦淮河南岸的兩座柵欄。柳達摩等人也渡過秦淮河擺開陣勢，陳霸先督軍猛烈進攻，放火燒柵欄，北齊兵大敗，搶奪船隻互相推擠，落水淹死的人以千數計，呼喊聲震天動地，北齊軍的船隻全部被繳獲。當天，徐嗣徽與任約帶領北齊兵水軍和步兵一萬多人回石頭城據守。陳霸先派兵到江寧，佔據了險要地勢。徐嗣徽等人水軍和步兵不敢前進，屯駐在江寧的浦口。陳霸先派侯安都率領水軍偷襲，攻破了浦口的北齊軍營，徐嗣徽等人乘了一艘快船逃走，侯安都全部收繳了徐嗣徽的軍資器械。

十二月十三日己未，陳霸先從四面圍攻石頭城，城中無水，一升水售價絹一匹。十四日庚申，柳達摩派人向陳霸先請求講和，要求陳霸先送兒子為人質。當時建康城內虛弱，糧食運輸跟不上，朝廷大臣都想與北齊和好，請求用陳霸先的姪兒陳曇朗作質子。陳霸先說：「今天在座各位大臣都想放下肩上的擔子與北齊講和，如果我違背大家的意願，就會認為是我愛惜陳曇朗，不顧朝廷。今天我下決心送陳曇朗為質，把他丟給敵人。北齊人不講信義，認為我們人少力弱，一定會違背盟約。北齊敵人如果再來，那時諸位可就要為我拼死戰鬥！」陳霸先就送陳曇朗以及永嘉王蕭莊、丹楊尹王沖的兒子王珉等人去做人質，和北齊人在石頭城外訂立盟約，雙方任憑將士們投奔南方或北方。十五日辛酉，陳霸先在石頭城南門擺開兵陣，送北齊人回北方，徐嗣徽、任約都投奔北齊。陳霸先收繳了北齊的戰馬、器械、舟船、糧米，不計其數。北齊國主高洋殺了柳達摩。十六日壬戌，北齊和州長史烏丸遠從南州逃回歷陽。

梁朝江寧縣令陳嗣、黃門侍郎曹朗佔據姑孰反叛，陳霸先命令侯安都等討伐平了他們。陳霸先擔心陳曇朗逃跑，親自率領步騎到京口迎接。

交州刺史劉元偃率領他的部屬數千人歸附王琳。〇西魏任命侍中李遠為尚書左僕射。

西魏益州刺史宇文貴派譙淹的姪子譙子嗣去勸說譙淹出任大將軍，譙淹沒有聽從，殺了譙子嗣。宇文貴大怒，攻打譙淹，譙淹被迫從東遂寧遷往墊江屯駐。

當初，晉安郡豪民陳羽，世代都是閩中的豪門大族，他的兒子陳寶應善於耍手段，郡中人都害怕他，服從他。侯景叛亂時，晉安太守賓化侯蕭雲把太守職位讓給陳羽。陳羽年老，只管理郡中行政事務，讓兒子陳寶應掌管軍隊。當時，梁朝東部邊境鬧饑荒，而只有晉安郡豐收有餘糧，陳寶應多次從海路出兵搶劫臨安、永嘉、會稽等郡，有時載著米糧去做買賣，因此得以富強。侯景叛亂被平定，世祖梁元帝任命陳羽為晉安太守。等到陳霸先輔政，陳羽請求把晉安太守的職位傳給兒子陳寶應，陳霸先同意了。

這一年，西魏宇文泰暗示淮安王蕭育主動上表請求按古代制度把王爵降為公爵，於是西魏皇室諸王都降為公爵。

突厥木杆可汗進攻柔然主鄧叔子，滅了柔然國。鄧叔子搜集殘餘民眾投奔西魏。木杆可汗又在西邊打敗嚈噠部落，東邊打跑了契丹人，北邊吞併了契骨部落，征服了塞外各國。突厥的國土，東邊自遼海起，西到西海，長萬里，南邊從大漠以北五六千里全都屬於突厥。木杆可汗仗恃他的強大，請求在西魏全部處死鄧叔子等人，使者在道路上一個接一個。太師宇文泰便抓捕鄧叔子以下三千多人交給突厥使者，把他們全部殺害在青門外。

當初，西魏太師宇文泰認為漢、魏的官制太繁雜，命令蘇綽以及尚書令盧辯按照《周禮》重新制定六官的體制。

太平元年（丙子　西元五五六年）

春，正月丁丑❶，魏初建六官❷，以宇文泰為太師、大冢宰，柱國李弼為太傅、大司徒，趙貴為太保、大宗伯，獨孤信為大司馬，于謹為大司寇，侯莫陳崇為大司空❸。自餘百官，皆倣周禮。

戊寅❹，大赦，其與任約、徐嗣徽同謀者，一無所問。癸未❺，陳霸先使從事中郎江旰說徐嗣徽使南歸，嗣徽執旰送齊。

陳蒨、周文育合軍攻杜龕於吳興。龕勇而無謀，嗜酒常醉，其將杜泰陰與蒨等通。龕與蒨等戰敗，泰因說龕使降，龕然之。其妻王氏❻曰：「霸先讎隙如此，何可求和？」因出私財賞募，復擊蒨等，大破之。既而杜泰降於蒨，龕尚醉未覺，蒨遣人負出，於項王寺❼前斬之。王僧智與其弟豫章太守僧愔俱奔齊❽。

東揚州刺史張彪素為王僧辯所厚，不附霸先，二月庚戌❾，陳蒨、周文育輕兵襲會稽，彪兵敗，走入若邪山中，蒨遣其將吳興章昭達❿追斬之。東陽太守留異饋蒨糧食，霸先以異為縉州⓫刺史。

江州刺史侯瑱本事王僧辯，亦擁兵據豫章及江州，不附霸先。霸先以周文育為南豫州刺史，使將兵擊湓城。庚申⓬，又遣侯安都、周鐵虎將舟師立柵於梁山，以備江州。

癸亥⓭，徐嗣徽、任約襲采石，執戍主明州⓮刺史張懷鈞⓯送於齊。

後梁主擊侯平於公安⓰，平與長沙王韶引兵還長沙。王琳遣平鎮巴州。三月壬午⓱，詔雜用古今錢。

戊戌⑱，齊遣儀同三司蕭軌、庫狄伏連⑲、堯難宗⑳、東方老㉑等與任約、徐嗣徽合兵十萬入寇，出柵口㉒，向梁山。陳霸先帳內盪主㉓黃叢逆擊，破之，齊師退保蕪湖。霸先遣定州刺史沈泰等就侯安都，共據梁山以禦之。周文育攻湓城，未克，召之還。夏，四月丁巳㉔，霸先如梁山巡撫諸軍。

乙丑㉕，齊儀同三司婁叡討魯陽蠻，破之。

侯安都輕兵襲齊行臺司馬恭於歷陽，大破之，俘獲萬計。

魏太師泰尚孝武妹馮翊公主，生略陽公覺；姚夫人生寧都公毓㉖。毓於諸子最長，娶大司馬獨孤信女。泰將立嗣，謂公卿曰：「孤欲立子以嫡㉗，恐大司馬有疑，如何？」眾默然，未有言者。尚書左僕射李遠曰：「夫立子以嫡不以長，略陽公為世子，公何所疑？若以信為嫌，請先斬之。」遂拔刀而起。泰亦起，曰：「何至於是？」信又自陳解㉘，遠乃止。於是羣公並從遠議。遠出外，拜謝信曰：「臨大事不得不爾！」信亦謝遠曰：「今日賴公決此大議。」遂立覺為世子。

太師泰北巡。

五月，齊人召建安公淵明，詐許退師，陳霸先具舟送之。癸未㉙，淵明疽發背卒。甲申㉚，齊兵發蕪湖，庚寅㉛，入丹楊縣㉜，丙申㉝，至秣稜故治㉞。陳霸先遣周文育屯方山[35]，徐度頓馬牧，杜稜頓大航南以禦之。

齊漢陽敬懷王洽[36]卒。

辛丑[37]，齊人跨淮立橋柵度兵，夜至方山，徐嗣徽等列艦於青墩[38]，至于七磯[39]，以斷周文育歸路。文育鼓譟而發，嗣徽等不能制，至旦，反攻嗣徽。嗣徽驍將鮑砰獨以小艦殿軍[40]，文育乘單舴艋[41]與戰，跳入艦中，斬砰，仍牽其艦而還。嗣徽眾大駭，因留船蕪湖，自丹楊步上。陳霸先追[42]侯安都、徐度皆還。

癸卯[43]，齊兵自方山進及兒塘[44]〔1〕，游騎至臺，建康震駭，帝總禁兵出頓長樂寺[45]，內外纂嚴[46]。霸先拒嗣徽等於白城[47]，適與周文育會。將戰，風急，霸先曰：「兵不逆風。」文育曰：「事急矣，何用古法？」抽槊上馬先進，眾軍從之〔2〕。風亦尋轉，殺傷數百人。侯安都與嗣徽等戰於耕壇[48]南，安都帥十二騎突其陳，破之，生擒齊儀同三司乞伏無勞[49]。霸先潛撤精卒三千配沈泰度江，襲齊行臺趙彥深於瓜步，獲艦百餘艘，粟萬斛。

六月甲辰[50]，齊兵潛至鍾山，侯安都與齊將王敬寶[51]戰于龍尾[52]，軍主張纂戰死。丁未[53]，齊師至幕府山[54]，霸先遣別將錢明[55]將水軍出江乘，邀擊齊人糧運，盡獲其船米。齊軍乏食，殺馬驢食之。庚戌[56]，齊軍踰鍾山，霸先與眾軍分頓樂遊苑57東及覆舟山58北，斷其衝要。王子59，齊軍至玄武湖西北，將據北郊壇，眾軍自覆舟東移頓壇北，與齊人相對。會連日大雨，平地水丈餘，齊軍晝夜坐立泥中，足指皆爛，懸鬲60以爨，而臺中及潮溝61北路燥，梁軍每得番易62。時四方壅隔，糧運不至，建康戶口流散，徵求無所。甲寅63，少霽64，霸先將戰，調市人65得麥飯，分給軍士，士皆飢疲。會陳蒨饋米三千斛、鴨千頭，霸先命炊米煮鴨，人人以荷葉裹飯，婫66以鴨肉數臠67。乙卯68，未明，蓐食。比曉，霸先帥麾下出莫府山。侯安都謂其部將蕭摩訶曰：「卿驍勇有名，千聞不如一見。」摩訶對曰：「今日令公見之。」及戰，安都墜馬，齊人圍之，摩訶單騎大呼，直衝齊軍，齊軍披靡，安都乃免。霸先與吳明徹、沈泰等眾軍首尾齊舉，縱兵大戰，安都自白下引兵橫出其後，齊師大潰，斬獲數千人，相蹂藉[3]而死者不可勝計，生擒徐嗣徽及弟嗣宗69，斬之以徇，追奔至于臨沂。其江乘、攝山70、鍾山等諸軍相次克捷，虜蕭軌、東方老、王敬寶等將帥凡四十六人。其軍士得竄至江者，縛荻筏71以濟，中江而溺，流尸至京口，翳水彌岸，唯任約、王僧愔得免。丁巳72，眾軍出南州，燒齊舟艦。

戊午73，大赦。己未74，解嚴。軍士以賞俘貿酒75，一人裁得一醉。庚申76，斬齊將蕭軌等，齊人聞之，亦殺陳曇朗。霸先啟解南徐州以授侯安都。侯平頻破後梁軍，以王琳兵威不接⑰，更不受指麾，琳遣將討之。平殺巴州助防呂旬，收其眾，奔江州，侯瑱與之結為兄弟。琳軍勢益衰，乙丑⑱，遣使奉表詣齊，并獻馴象⑲。江陵之陷也，琳妻蔡氏、世子毅皆沒于魏，琳又獻款于魏以求妻子。亦稱臣于梁。

【章旨】以上為第三段，寫陳霸先征討王僧辯殘餘勢力，鏖戰三吳，北齊趁機大發兵十萬，南下侵犯梁朝，救援王氏殘餘。建康一度告急，陳霸先全軍奮力死戰，北齊大軍全軍覆沒，梁朝政權始得穩固。

【注釋】❶丁丑　正月初一。❷六官　指六卿：大冢宰、大司徒、大宗伯、大司馬、大司寇、大司空。六官是仿《周禮》所建。六官之上有三公：太師、太傅、太保。❸以宇文泰為太師大冢宰六句　宇文泰、李弼、趙貴三人都以三公兼六卿之職。獨孤信以下三人，則是六卿官。❹戊寅　正月初二。❺癸未　正月初七。❻王氏　王僧辯之女。❼項王寺　吳興城中為紀念項羽而建的寺院。❽俱奔齊　據《南史》卷六十三，王僧智最初投奔任約。任約戰敗，王僧智因人胖行動遲緩，被霸先軍士追殺而死。❾庚戌　二月五日。❿章昭達　（西元五一八—五七一年）字伯通，吳興武康（今浙江武康）人，陳末，南討嶺南，北平蕭巋，戰功卓著。傳見《陳書》卷十一、《南史》卷六十六。⓫縉州　州名，梁末臨時設置，因境有縉雲山而得名。山在浙江縉雲，但治所仍在東陽（今浙江金華）。⓬庚申　二月十五日。⓭癸亥　二月十八日。⓮明州　州名，梁置，治所交谷，在今越南河靜省河靜以南。⓯張懷鈞　當時以明州刺史銜鎮守采石磯，為戍所主將。⓰公安　縣名，縣治在今湖北公安東北。當時稱江安，陳朝建立後才改名為公安。⓱壬午　三月七日。⓲戊戌　三月二十三日。⓳庫狄伏連　字仲山，代人。庫狄，複姓。入齊，任鄭州刺史，封宜都郡王。性嚴酷貪婪，因殺和士開而被誅。傳見《北齊書》卷二十、《北史》卷五十三。⓴堯難宗　上黨長子（今山西長子）人。東魏末曾任征西將軍、南岐州刺史，封征羌縣開國伯。傳見《魏書》卷四十二。㉑東方老　安德鬲（今山東德州南）人，東魏末曾任南益州刺史，屢有戰功。入齊，遷南兗州刺史，封陽平縣伯。後與蕭軌等渡江，戰死。傳見《北齊書》卷二十一、《北史》卷三十一。㉒柵口　即濡須口，在今安徽和縣西南，柵水入長江處。㉓盪主　敢死隊主將。㉔丁巳　四月十三日。㉕乙丑　四月二十一日。㉖寧都公毓　宇文毓（西元五三四—五六〇年），小名統萬空，宇文泰長子，即周明帝，西元五五七—五六〇年在位。武成元年（西元五五九年）親政，稱皇帝。轉年，被晉公宇文護毒殺。事詳《周書》卷四、《北史》卷九。㉗嫡　正妻所生的長子。㉘自陳解　獨孤信表明無意為女婿宇文毓爭世子位。㉙癸未　五月九日。㉚甲申　五月十日。㉛庚寅　五月十六日。㉜丹楊縣　漢朝縣名，梁稱于湖縣，縣治在今安徽當塗南。㉝丙申　五月二十二日。㉞秣稜故治　秣稜縣所屬故治村。秣稜，縣名，縣治在今南京江寧秣稜關。故治，故治村。原秣稜縣治所，晉安帝時移治京邑，於是將原縣治所改稱故治村。㉟方山　山名，在故治村東北。㊱洽　高洽（西元五四二—五五四年），字敬延，高歡第十五子。北齊初，封漢陽王，謚號敬懷。傳見《北齊書》卷十、《北史》卷五十一。㊲辛丑　五月二十七日。㊳青墩　地名，在今安徽當塗西南。㊴七磯　地名，在青墩附近。㊵殿軍　押後掩護。㊶舴艋　小船。也作「蚱蜢」，取其輕捷。㊷追　召回。此處指侯、徐二將從梁山和馬牧回到建康，以禦齊師。㊸癸卯　五月二十九日。㊹兒塘　地名，在臺城東南。㊺長樂寺　寺名，在臺城城外。㊻纂嚴　戒嚴。㊼白城　地名，當在湖熟縣，即今江蘇南京江寧湖熟鎮一帶。㊽耕壇　古時帝王開春親耕藉田，祭祀農神的地方。㊾乞伏無勞　人名，複姓乞伏。《南史》卷六十六作「乞伏無芳」。《通鑑》從《陳書》。㊿甲辰　六月一日。(51)王敬寶　王則之弟，太原人，曾任東廣州刺史。(52)龍尾　指鍾山山腳，是登山的重要道口。(53)丁未　六月四日。(54)幕府山　山名，在臺城北，長江邊。(55)錢明　本陳霸先主將，後歷湘州諸郡守。傳見《陳書》卷二十。(56)庚戌　六月七日。(57)樂遊苑　王宮的園林，在鍾山西南。(58)覆舟山　山名，在鍾山西山腳，地形如反過來的船，也叫玄武山。樂遊苑即在此山旁。(59)壬子　六月九日。(60)鬲　鼎的一種，可用來煮飯。(61)潮溝　原吳國孫權下令開挖的水渠，用以引潮水入秦淮河。(62)番易　輪換。此指輪流到乾燥地區休整。(63)甲寅　六月十一日。(64)少霽　天氣稍微放晴。(65)調市人　向市場商人徵調。(66)裛　覆蓋。指把鴨肉蓋在米飯上。(67)數臠　幾塊肉。(68)乙卯　六月十二日。(69)嗣宗　徐嗣宗。傳見《南史》卷六十三。(70)攝山　山名，即棲霞山，在南京東北。(71)荻筏　用蘆葦紮成的筏子。(72)丁巳　六月十四日。(73)戊午　六月十五日。(74)己未　六月十六日。(75)以賞俘貿酒　用賞賜的戰俘換酒喝。(76)庚申　六月十七日。(77)兵威不接　不給予軍事援助。(78)乙丑　六月二十二日。(79)馴象　受到馴練的大象，得自於越南。

【校　記】[1]兒塘　原作「倪塘」。據章鈺校，十二行本、乙十一行本皆作「兒塘」，今據改。按，《陳書・高祖紀上》、《南史・武帝紀》皆作「兒塘」。②眾軍從之 原無此四字。據章鈺校，十二行本、乙十一行本、孔天胤本皆有此四字，張敦仁《通鑑刊本識誤》、張瑛《通鑑校勘記》同，今據補。③藉 原作「踐」。據章鈺校，十二行本作「藉」、乙十一行本作「籍」，《陳書・高祖紀上》作「藉」，今據改。按，「藉」、「籍」古相通。

【語譯】太平元年（丙子 西元五五六年）

春，正月初一日丁丑，西魏開始建立六官制度，任命宇文泰為太師、大冢宰，柱國李弼為太傅、大司徒，趙貴為太保、大宗伯，獨孤信為大司馬，于謹為大司寇，侯莫陳崇為大司空。其餘百官，都按照《周禮》。

正月初二日戊寅，梁朝大赦天下，那些與任約、徐嗣徽同謀的人，一律不加追究。初七日癸未，陳霸先派從事中郎江旰勸說徐嗣徽回到南方，徐嗣徽抓捕了江旰送到北齊。

陳蒨、周文育在吳興合兵攻打杜龕。杜龕勇猛而無謀略，嗜酒常醉，他的部將杜泰暗中與陳蒨等聯絡。杜龕與陳蒨等交戰失敗，杜泰趁機勸說杜龕投降，杜龕同意了。杜龕的妻子王氏說：「你和陳霸先的仇恨如此之深，怎麼可以求和呢？」王氏隨即拿出私人錢財賞賜招募勇士，再次攻打陳蒨等，大敗陳蒨。不久，杜泰投降了陳蒨，杜龕還在醉中，不知道。陳蒨派人把杜龕背出了城，在項王寺門前殺了他。王僧智和他的弟弟豫章太守王僧愔一起逃往北齊。

東揚州刺史張彪一向受到王僧辯厚待，不依附陳霸先。二月初五日庚戌，陳蒨、周文育率領輕裝士兵偷襲會稽，張彪兵敗，逃進若邪山中，陳蒨派部將吳興人章昭達追殺了他。東陽太守留異贈送糧食給陳蒨，陳霸先任命留異為縉州刺史。

江州刺史侯瑱原本追隨王僧辯，也率軍佔據了豫章和江州，不歸附陳霸先。陳霸先任命周文育為南豫州刺史，派他領兵攻打湓城。二月十五日庚申，又派侯安都、周鐵虎率領水軍在梁山豎立柵寨，用來防備江州。

二月十八日癸亥，徐嗣徽、任約襲擊采石，抓住了采石軍主明州刺史張懷鈞送往北齊。

後梁國主蕭詧在公安攻打侯平，侯平與長沙王蕭韶帶兵返回長沙。王琳派侯平鎮守巴州。

三月初七日壬午，梁朝下詔兼用古今銅錢。

三月二十三日戊戌，北齊派儀同三司蕭軌、庫狄伏連、堯難宗、東方老等人與任約、徐嗣徽合兵十萬進犯梁朝，從柵口出動，向梁山進軍。陳霸先帳下盪主黃叢迎戰，打敗了北齊軍，北齊軍退守蕪湖。陳霸先派定州刺史沈泰等到侯安都那裡，共同據守梁山抵禦北齊軍。周文育進攻湓城，沒有攻克，陳霸先徵調他回軍。夏，四月十三日丁巳，陳霸先到梁山巡撫各路軍隊。

四月二十一日乙丑，北齊儀同三司婁叡征討魯陽蠻人，打敗了他們。

侯安都率領輕裝士兵在歷陽偷襲北齊行臺司馬恭，大敗北齊軍，俘獲以萬計。

西魏太師宇文泰娶孝武帝的妹妹馮翊公主，生略陽公宇文覺；宇文泰的姚夫人生寧都公宇文毓。宇文毓在宇文泰的幾個兒子中最年長，娶了大司馬獨孤信的女兒。宇文泰將要立嗣，對公卿們說：「我想立嫡子為繼承人，怕大司馬有疑慮，該怎麼辦？」大家沉默，沒有人說話。尚書左僕射李遠說：「確立繼承人以嫡不以長，略陽公為世子，您有什麼疑慮？如果擔心獨孤信有意見，請先殺了他。」李遠於是拔刀站了起來。宇文泰也站了起來，曰：「何至於這樣呢？」獨孤信隨後自己陳說解釋，李遠這才罷休。這時大家都聽從李遠的建議。李遠走到外面，向獨孤信行禮道歉，說：「面臨大事不能不這樣！」獨孤信也向李遠道歉說：「今天依靠你決定了這件大事。」於是立宇文覺為世子。

西魏太師宇文泰巡視北邊。

五月，北齊人召見建安公蕭淵明，假稱同意退兵。陳霸先準備了船隻護送蕭淵明。初九日癸未，蕭淵明背上毒瘡發作去世。初十日甲申，北齊軍從蕪湖出發；十六日庚寅，進入丹楊縣；二十二日丙申，到達秣稜故治村。陳霸先派周文育屯駐方山，徐度屯駐馬牧，杜稜守衛大航南岸，以便抵禦北齊軍。

北齊漢陽敬懷王高洽去世。

五月二十七日辛丑，北齊軍隊橫跨秦淮河建造橋柵渡兵，夜裡到達方山，徐嗣徽等從青墩排列兵船到七磯，藉此切斷周文育的退路。周文育擊鼓吶喊進軍，徐嗣徽等不能阻擋，到了天亮時分，周文育反攻徐嗣徽。徐嗣徽手下勇將鮑砰獨自乘坐一艘小船押後，周文育也乘一艘單人快船與鮑砰交戰，周文育跳到鮑砰的船上，殺死了鮑砰，就把鮑砰的小船牽了回去。徐嗣徽兵眾十分驚駭，把戰船丟棄在蕪湖，從丹楊上岸步行。陳霸先也把侯安都、徐度兩支軍隊追調回來抗擊北齊軍隊。

五月二十九日癸卯，北齊軍隊從方山進軍到兒塘，巡遊騎兵到了皇城。建康城驚駭，梁敬帝統領宮廷禁衛軍出皇宮屯駐長樂寺，內外戒嚴。陳霸先率軍在白城抵抗徐嗣徽等人，正好與周文育會合。即將交戰，風很大。陳霸先說：「軍隊不能逆風作戰。」周文育說：「事情緊急，怎麼能用古代戰法？」周文育拿起槊矛躍上馬背身先衝上去，眾軍跟隨他前進。大風不一會兒轉了向，周文育殺死了幾百個敵人。侯安都與徐嗣徽等在耕壇南邊交戰，侯安都率領十二個騎兵衝入敵陣，打敗了敵人，活捉了北齊儀同三司乞伏無勞。陳霸先暗中從戰場上撤下三千名精銳士兵，分給沈泰率領渡過長江，在瓜步偷襲北齊行臺趙彥深，繳獲敵人戰船一百多艘，糧食一萬斛。

六月初一日甲辰，北齊兵暗中到達鍾山，侯安都與北齊將領王敬寶在龍尾交戰，軍主張纂戰死。初四日丁未，北齊軍隊進到幕府山，陳霸先派別將錢明率領水軍從江乘出發，截擊北齊軍的糧運，繳獲了敵人全部船上的糧米。北齊軍隊缺少糧食，殺驢馬充飢。初七日庚戌，北齊軍翻過鍾山，陳霸先與諸軍分別扼守在樂遊苑東邊和覆舟山的北邊，阻斷了交通要道。初九日壬子，北齊軍到達玄武湖西北，打算佔據北郊壇，梁朝各支軍隊從覆舟山東邊移駐北郊壇北邊，與北齊軍對抗。適逢連日大雨，平地水深一丈多，北齊軍隊白天黑夜都坐立在泥水中，手指腳趾都爛了，把鍋吊起來燒飯，而皇城內以及潮溝北邊的道路卻很乾燥，梁朝軍隊可以經常更換輪替。當時四方交通阻塞，糧食運輸供不上，建康城中民戶流散，無處徵收糧食。十一日甲寅，天氣稍稍晴朗，陳霸先準備交戰，從商人手中徵調了些麥飯，分給士兵，士兵們全都飢餓疲乏。正好陳蒨送來大糧米三千斛，鴨一千隻，陳霸先命令燒飯煮鴨，人人用荷葉裹飯，蓋上幾塊鴨肉。十二日乙卯，天還沒亮，士兵就坐在睡席上用餐。等到天亮，陳霸先率領部下從莫府山出發。侯安都對部將蕭摩訶說：「你勇敢善戰出了名，千聞不如一見。」蕭摩訶回答說：「今天我讓您看一看。」等到交戰，侯安都從馬上掉了下來，北齊兵包圍了他，蕭摩訶單人獨騎大聲呼喊，直衝齊軍，北齊兵紛紛退散，侯安都才幸免於難。陳霸先與吳明徹、沈泰等各路軍從首至尾，全線大舉進攻，侯安都從白下領兵繞到北齊軍的背後橫衝過來，北齊兵大敗，被斬被擒的有幾千人，互相踐踏踩死的無法計算，活捉了徐嗣徽和他的弟弟徐嗣宗，殺了示眾，追殺北齊敗逃之兵直到臨沂。江乘、攝山、鍾山等各路軍隊相繼獲勝，抓獲蕭軌、東方老、王敬寶等北齊將帥共計四十六人。敗逃到江邊的北齊殘兵，捆縛蘆荻筏子渡江，在江中被淹死，屍體漂到京口，蓋滿了水面和岸邊，只有任約、王僧愔得以脫身。十四日丁巳，梁朝各路軍隊離開南州，燒毀了北齊的舟船。

六月十五日戊午，梁朝大赦天下。十六日己未，解除戒嚴令。軍士拿賞賜的俘虜換酒，一個戰俘才能買得一醉。十七日庚申，處死齊將蕭軌等，北齊聽說了，也殺了陳曇朗。陳霸先奏請把自己南徐州刺史的職位授給侯安都。

侯平多次打敗後梁軍隊，認為王琳軍勢衰弱沒能力援助自己，就不再接受王琳的指揮，王琳派出將領征討侯平。侯平殺了巴州助防呂旬，收編他的部眾，逃往江州，侯瑱和侯平結拜為兄弟。王琳軍勢更加衰弱。六月二十二日乙丑，王琳派使者前往北齊送上表章，並獻上馴養的大象。江陵陷落時，王琳妻子蔡氏、世子王毅都被西魏軍抓走，王琳又向西魏討好，以便要回妻兒。同時也向梁朝稱臣。

齊發丁匠三十餘萬修廣三臺❶宮殿。

齊顯祖之初立也，留心政術，務存簡靖❷，坦於任使❸，人得盡力。又能以法馭下，或有違犯，不容勳戚，內外莫不肅然。至於軍國機策，獨決懷抱。每臨行陣[1]，親當矢石，所向有功。數年之後，漸以功業自矜，遂嗜酒淫泆，肆行狂暴。或身自歌舞，盡日通宵；或散髮胡服，雜衣錦綵；或袒露形體，塗傅粉黛；

或乘牛、驢②、橐駝、白象，不施鞍勒；或令崔季舒、劉桃枝負之而行，擔胡鼓❹拍之；勳戚之第，朝夕臨幸，游行市里，街坐巷宿；或盛夏日中暴身，或隆冬去衣馳走；從者不堪，帝居之自若。三臺構木高二十七丈，兩棟❺相距二百餘尺，工匠危怯，皆繫繩自防，帝登脊疾走，殊無怖畏；時復雅儛❻，折旋中節❼，傍人見者莫不寒心。嘗於道上問婦人曰：「天子何如？」曰：「顛顛癡癡，何成天子？」帝殺之。

婁太后以帝酒狂，舉杖擊之曰：「如此父生如此兒！」帝曰：「即當嫁此老母與胡。」太后大怒，遂不言笑。帝欲太后笑，自匍匐以身舉牀，墜太后於地，頗有所傷。既醒，大慚恨，使積柴熾火，欲入其中。太后驚懼，親自持挽，強為之笑，曰：「曏汝醉耳！」帝乃設地席，命平秦王歸彥執杖，口自責數❽，脫背就罰，謂歸彥曰：「杖不出血，當斬汝。」太后前自抱之，帝流涕苦請，乃笞腳五十，然後衣冠拜謝，悲不自勝。因是戒酒，一旬，又復如初。

帝幸李后家，以鳴鏑射后母崔氏❾，罵曰：「吾醉時尚不識太后，老婢何事！」馬鞭亂擊一百有餘。雖以楊愔為宰③相，使進廁籌❿，以馬鞭鞭其背，流血浹袍。嘗欲以小刀剺⓫其腹，崔季舒託俳言⓬曰：「老小公子惡戲⓭。」因掣刀去之。又置愔於棺中，載以輀車⑭。又嘗持槊走馬，以擬左丞相斛律金之胸者三，金立不動，乃賜帛千段。

高氏婦女，不問親疏，多與之亂，或以賜左右，又多方苦辱之。彭城王浟太妃爾朱氏，魏敬宗之后也，帝欲烝之⑮，不從，手刃殺之。故魏樂安王元昂，李后之姊壻也，其妻有色，帝數幸之⑯，欲納為昭儀。召昂，令伏，以鳴鏑射之百餘下，凝血垂將一石，竟至於死。后啼不食，乞讓位於姊，太后又以為言，帝乃止。

又嘗於眾中召都督韓哲⑰，無罪，斬之。作大鑊⑱、長鋸、剉、碓之屬，陳之於庭，每醉，輒手殺人，以為戲樂。所殺者多令支解，或焚之於火，或投之於水。楊愔乃簡⑲鄴下死囚，置之仗內⑳，謂之供御囚，帝欲殺人，輒執以應命，三月不殺，則宥之。

開府參軍裴謂之㉑上書極諫，帝謂楊愔曰：「此愚人，何敢如是？」對曰：「彼欲陛下殺之，以成名於後世耳。」帝曰：「小人，我且不殺，爾焉得名？」帝與左右飲[4]，曰：「樂哉！」都督王紘曰：「有大樂，亦有大苦。」帝曰：「何謂也？」對曰：「長夜之飲，不寤國亡身隕，所謂大苦。」帝縛紘，欲斬之，思其有救世宗之功，乃捨之。

帝遊宴東山，以關、隴未平，投盃震怒，召魏收於前，立為詔書，宣示遠近，將事西行。魏人震恐，常為度隴㉒之計。然實未行。一日，泣謂羣臣曰：「黑獺不受我命，柰何？」都督劉桃枝曰：「臣得三千騎，請就長安擒之以來。」帝壯之，賜帛千匹。趙道德進曰：「東西兩國，彊弱力均，彼可擒之以來，此亦可擒之以往。桃枝妄言應誅，陛下柰何濫賞？」帝曰：「道德言是。」回絹賜之。帝乘馬欲下峻岸入于漳，道德攬轡回之，帝怒，將斬之。道德曰：「臣死不恨，當於地下啓先帝，論此兒酣酗顛狂，不可教訓。」帝默然而止。它日，帝謂道德曰：「我飲酒過，須痛杖我。」道德扶之㉓，帝走。道德逐之曰：「何物人？為此舉止！」

典御丞㉔李集面諫，比帝於桀、紂。帝令縛置流中㉕，沈沒久之，復令引出，謂曰：「吾何如桀、紂？」集曰：「向來彌不及矣！」帝又令沈之，引出，更問，如此數四，集對如初。帝大笑曰：「天下有如此癡人，方知龍逢、比干未是俊物！」遂釋之。頃之，又被引入見，似有所諫，帝令將出要斬㉖。其或斬或赦，莫能測焉，內外憯憯㉗，各懷怨毒。而素能默識彊記，加以嚴斷，羣下戰慄，不敢為非。

又能委政楊愔，愔總攝機衡，百度修敕㉘，故時人皆言主昏於上，政清於下。愔風表㉙鑒裁㉚，為朝野所重，少歷屯阨㉛，及得志，有一餐之惠者必重報之，雖先嘗欲殺己者亦不問。典選二十餘年，以獎拔賢才為己任。性復彊記，一見皆不忘其姓名，選人㉜魯漫漢自言猥賤獨不見識，愔曰：「卿前在元子思坊㉝，乘短尾牝驢，見我不下，以方麴㉞障面，我何為不識卿？」漫漢驚服。

【章　旨】以上為第四段，寫北齊國主高洋，酗酒殘暴，荒淫無度，甚於桀紂，而任屬賢相楊愔，天下稱治。北齊主昏臣明，是以不亡。

【注　釋】❶三臺　在鄴城，原曹操所建的銅爵臺、金虎臺、冰井臺。❷簡靖　簡要謙恭。❸坦於任使　對被任用和派遣的下屬坦誠相待。❹胡鼓　用手擊打的一種傳自少數民族的鼓樂器。❺棟　房屋的正樑。❻雅儛　即雅舞，郊廟祭祀時所跳的舞蹈。❼折旋中節　迴旋折返，舞姿完全符合節拍。❽口自責數　自己責怪自己所犯的罪行。❾崔氏　李希宗的妻子。❿廁籌　大便後用來拭穢的竹片。⓫剺　劃開。⓬俳言　詼諧的話；玩笑話。⓭惡戲　惡作劇玩笑。⓮轜車　喪車。⓯蒸之　與母輩女子通姦。⓰幸之　此指私通。⓱韓哲　《北齊書》卷四作「韓悊」。悊、哲二字同。⓲大鑊　無足的大鼎，類似於現在的鍋。古代是用來把人煮死的刑具。⓳簡　挑選。⓴置之仗內　編入殿庭左右的儀仗隊中。㉑裴謂之　《北史》卷三十八作「裴謁之」，疑《通鑑》誤。裴謁之係裴讓之第六弟，字士敬，有志節，好直言，卒於壺關令。㉒度隴　將國都遷到隴西去。㉓抶之　鞭打他。㉔典御丞　官名，掌尚食、尚藥，是門下省屬官。㉕流中　流水中。㉖要斬　腰斬。㉗憯憯　慘痛。㉘百度修敕　千方百計加以整頓治理。㉙風表　風度儀表。㉚鑒裁　鑑別與判斷。㉛少歷屯阨　年輕時處境艱難。早年遭遇爾朱天光誅殺弘農楊氏，楊愔僥倖逃脫。投靠高歡，又被郭秀陷害，被迫逃亡嵩山，化名劉士安。後又入海到田橫島隱居。等高歡弄清真相，才重新出仕。㉜選人　被推舉的人才。㉝元子思坊　鄴都街坊名稱。因原北魏侍中元子思曾住此坊而得名。㉞方麴　竹編的扇子。

【校記】①陣　原作「陳」。胡三省注云：「『陳』讀曰『陣』。」據章鈺校，乙十一行本作「陣」，今據改。按，《北齊書・文宣紀》、《北史・顯祖文宣帝》皆作「陣」。②牛驢　原作「驢牛」。據章鈺校，十二行本、乙十一行本二字皆互乙，今據改。按，《北齊書・文宣紀》、《北史・顯祖文宣帝》皆作「牛驢」。③宰　原無此字。據章鈺校，十二行本、乙十一行本、孔天胤本皆有此字，今據補。按，《通鑑紀事本末》卷二四、《通鑑綱目》卷三四皆有此字。④飲　原作「飲酒」。據章鈺校，十二行本、乙十一行本皆無「酒」字，今據刪。按，《通鑑紀事本末》卷二四、《通鑑綱目》卷三四皆無「酒」字。

【語譯】北齊徵發民伕工匠三十餘萬人擴建三臺宮殿。

北齊顯祖高洋初即位時，很留心施政方法，致力於簡要謙恭，對被用和派遣的人坦誠信任，人人都樂意竭力效忠。又很有辦法駕御臣下，如果有人違法犯罪，對勳臣貴戚也不寬容，所以朝廷內外平靜。至於國家軍政大計，則獨決胸臆。每次親臨戰陣，身冒矢石，所到之處戰功卓著。幾年之後，逐漸自傲建立了功業，於是酗酒淫逸，濫施暴虐。有時親自歌舞，通宵達旦；有時披散頭髮，穿上胡人服裝，掛紅著綠；有時裸露身體，塗脂抹粉；有時騎著牛、驢子、駱駝、白象，不加鞍勒；有時命令崔季舒、劉桃枝背著自己走，擔著胡鼓拍打；勳臣貴戚的府第，朝夕臨幸；有時遊走里巷，露宿街市；有時在盛夏的陽光下光著身子，有時又在隆冬季節脫去衣服跑步；侍從人員都忍受不了，高洋卻處之泰然自若。三臺的柱架結構高達二十七丈，兩根樑柱之間相距二百多尺，工匠都感到危險恐懼，幹活時都繫上保險繩。高洋卻登上樑脊快跑，一點也不害怕。有時又舞蹈，回旋折返，符合音樂的節拍，旁邊看的人沒有不心驚膽戰的。高洋曾經在路上問一個婦人說：「當今天子是什麼樣的人？」婦人回答說：「瘋瘋癲癲，哪像個天子的樣子？」高洋便把那個婦人殺了。

婁太后因為高洋酗酒發狂，舉起拐杖打他，說：「那樣一個父親生了這樣一個兒子！」高洋說：「應當立即把這個老母嫁給胡人。」婁太后大怒，於是不再說笑。高洋想要母親笑，親自趴在地上用背駝起坐床，把太后翻滾到地上，還受了傷。酒醒以後，高洋深感羞愧悔恨，派人堆積柴草點上火，想投入其中。婁太后又驚又怕，親自去拉住高洋，勉強為他裝出笑臉，說：「剛才你是喝醉了！」高洋於是在地上鋪了席子，讓平秦王高歸彥拿著刑杖，口裡斥責自己的罪過，脫衣露背就刑，對高歸彥說：「打不出血來，我就殺了你。」

婁太后上去親自抱住他，高洋流著淚苦苦請求，才在腳上抽打了五十下，然後穿戴好衣帽向婁太后磕頭道歉，悲痛欲絕。由此戒酒，過了十天，又像先前一個樣子。

高洋臨幸李后娘家，用響箭射李后的母親崔氏，罵道：「我醉酒時連婁太后都不認識，你這個老奴婢算什麼東西！」用馬鞭亂抽了她一百多下。高洋雖然用楊愔當宰相，自己上廁所卻讓他送上廁簡，用馬鞭抽他的背，流出的血浸透了衣袍。還曾經想用小刀剖開楊愔的肚子，崔季舒藉開玩笑說：「老公子與小公子鬧惡作劇呢。」伸手奪下了高洋手中的小刀。高洋又把楊愔安放在棺材中，用喪車拉著。又曾經手執槊矛騎在馬上奔跑，三次在左丞相斛律金的胸膛前比劃，斛律金站立不動，高洋就賞賜他一千段錦帛。

高氏本家的婦女，不管親疏，高洋大多和她們淫亂，有時賞賜給身邊人，又想方設法羞辱她們。彭城王高浟的太妃爾朱氏，是魏敬宗的皇后，高洋想姦淫她，她不聽從，高洋親手用刀殺了她。原魏樂安王元昂是李皇后的姐夫，他的妻子很漂亮，高洋多次和她私通，想把她納入宮中做昭儀，把元昂叫來，讓他趴在地上，用響箭射了他一百多下，流血將近一石，一直到死。李皇后啼哭絕食，請求把后位讓給姐姐，婁太后又出面說話，高洋才作罷。

高洋又曾經在群臣中召見都督韓哲，沒有罪過，把他殺了。製造大鍋、長鋸、剉、碓之類刑具，擺在宮廷，每當喝醉了酒，就親手殺人，以此作為戲樂。被殺害的人還要砍成碎塊，有時用火焚燒，有時投到水中。楊愔就把鄴城監獄中的死刑罪犯挑出來，安置在宮中儀仗隊裡，稱之為供御囚，高洋想殺人，就抓出來應命，如果三個月沒有被殺，就寬大釋放。

開府參軍裴謂之上書極力諫阻，高洋對楊愔說：「這個蠢人，怎麼敢這樣？」楊愔回答說：「他想讓陛下殺他，藉此揚名於後世罷了。」高洋說：「小人，我若不殺，你怎麼能成名？」高洋與左右的親信飲酒，說：「快樂啊！」都督王紘說：「有大樂，也有大苦。」高洋說：「怎麼講？」王紘回答說：「日夜不停地飲酒作樂，不明白國亡身死，這就叫大苦。」高洋把王紘捆起來，想殺死他，又想起來王紘有救高澄的功勞，就把他釋放了。

高洋到東山遊樂宴飲，因為西魏還沒平定，把酒杯扔到地上，震怒，把魏收召到跟前，立即起草詔書，向遠近四方宣告，將率軍西討。西魏人恐慌，著手制定遷都隴西的計畫。但是高洋沒有付諸行動。有一天，高洋流著淚對群臣說：「宇文黑獺不聽從我的命令，怎麼辦？」都督劉桃枝說：「給我三千騎兵，請讓我立即到長安把他抓來。」高洋欣賞他的勇氣，賞賜他錦帛一千匹。趙道德進言說：「齊和魏是東西兩個國家，強弱相等，我們可以把西魏人抓過來，他們也可以把我們抓過去。劉桃枝胡說該殺，陛下為何濫賞？」高洋說：「趙道德說得很對。」把賞賜給劉桃枝的絹帛要回來賞賜給了趙道德。高洋騎著馬想從陡岸上進入漳水，趙道德抓住他的馬籠頭往回拽，高洋大怒，想殺死趙道德。趙道德說：「我死了也不遺憾，但我在黃泉地下要向先帝啟奏，說這個兒子酗酒癲狂，不可以教訓。」高洋沉默不語，停了下來。又一天，高洋對趙道德說：「我飲酒過度，你必須狠狠抽我。」趙道德打他，高洋逃跑，趙道德追著打，口中說：「什麼人嗎？幹這樣的事！」

典御丞李集當面勸諫高洋，把高洋比做夏桀、殷紂。高洋命令把他捆起來放在流水中，沉沒很久，又下令把他拉出來，問他：「我與夏王、殷王相比，究竟怎麼樣？」李集說：「剛才您還不如夏桀、殷紂！」高洋又命人把李集沉入水中，然後拉出來再問，像這樣反覆了好幾次，李集的回答像當初一樣。高洋大笑說：「天下有這樣的呆傻人，正讓我明白了龍逄、比干不是聰明人！」於是釋放了李集。不久，李集又被召見，似乎又有勸諫，高洋命令把他拉出去腰斬了。高洋要殺還是要赦，變化莫測，朝廷內外人人慘痛，恨得咬牙切齒。但高洋一向能夠把各種情況牢牢地記在心裡，加上他嚴刻果斷，文武百官膽戰心驚，不敢為非作歹。高洋又能把政事委託給楊愔，楊愔總攬國家大政，盡心盡力地治理國家，所以當時的人都說，高高在上的皇帝昏聵糊塗，而下面的政治卻非常清明。

楊愔有風度，有儀表，能鑑別，能判斷，受到朝野敬重，少歷磨難，等到他仕途得志，有一餐飯恩惠的人，一定重重回報，即使是原先想殺害他的人也不追究。他掌管選舉二十多年，以獎勵提拔人才為己任。楊愔天生的記憶力很好，見過一面就不會忘記對方的姓名。參加應選的魯漫漢，自己說身分低賤，楊愔不會認識他，楊愔說：「你先前在元子思坊任職，乘坐一隻短尾母驢，見到我沒有下來，用一把竹扇遮住臉，我怎麼會不認識你呢？」魯漫漢又驚異又佩服。

秋，七月甲戌❶，前天門太守樊毅襲武陵❷，殺武州刺史衡陽王護❸，王琳使司馬潘忠擊之，執毅以歸。護，暢❹之孫也。

丙子❺，以陳霸先為中書監、司徒、揚州刺史，進爵長城公，餘如故。

初，余孝頃為豫章太守，侯瑱鎮豫章，孝頃於新吳縣❻別立城柵，與瑱相拒。瑱使其從弟奫守豫章，悉眾攻孝頃，久不克，築長圍守之。癸酉❼，侯平發兵攻奫❽，大掠豫章，焚之，奔于建康。瑱眾潰，奔湓城，依其將焦僧度。僧度勸之奔齊，會霸先使記室濟陽蔡景歷南上❾，說瑱令降，瑱乃詣闕歸罪，霸先為之誅侯平。丁亥❿，以瑱為司空。

南昌民熊曇朗，世為郡著姓。曇朗有勇力，侯景之亂，聚眾據豐城⓫為柵，世祖⓬以為巴山太守。江陵陷，曇朗兵力浸彊，侵掠鄰縣。侯瑱在豫章，曇朗外示服從而陰圖之，及瑱敗走，曇朗獲其馬仗。

己亥⓭，齊大赦。

魏太師泰遣安州長史鉗耳康買⑭使于王琳，琳遣長史席豁⑮報之，且請歸世祖及愍懷太子之柩，泰許之。

八月己酉⑯，鄱陽王循卒于江夏，弟豐城侯泰⑰監郢州事。王琳使兗州刺史⑱吳藏攻江夏，不克而死。

魏太師泰北度河⑲。○魏以王琳為大將軍、長沙郡公。

魏江州刺史陸騰⑳討陵州㉑叛獠，獠因山為城，攻之難拔，騰乃陳伎樂於城下一面，獠棄兵，攜妻子臨城觀之，騰潛師三面俱上，斬首萬五千級，遂平之。騰，俟㉒之玄孫也。

庚申㉓，齊主將西巡，百官辭於紫陌，帝使矟騎圍之，曰：「我舉鞭，即殺之。」日晏，帝醉不能起。黃門郎是連子暢㉔曰：「陛下如此，羣臣不勝恐怖。」帝曰：「大怖邪？若然，勿殺。」遂如晉陽。

九月壬寅㉕，改元，大赦。以陳霸先為丞相、錄尚書事、鎮衛大將軍、揚州牧、義興公。以吏部尚書王通為右僕射。

突厥木杆可汗假道於涼州以襲吐谷渾，魏太師泰使涼州刺史史寧帥騎隨之，至番禾㉖，吐谷渾覺之，奔南山㉗。木杆將分兵追之，寧曰：「樹敦㉘、賀真㉙二城，吐谷渾之巢穴也，拔其本根，餘眾自散。」木杆從之。木杆從北道趣賀真，寧從南道趣樹敦。吐谷渾可汗夸呂[1]在賀真，使其征南王將數千人守樹敦。木杆破賀真，獲夸呂妻子。寧破樹敦，虜征南王。還，與木杆會于青海㉚，木杆歎寧勇決，贈遺甚厚。

甲子㉛，王琳以舟師襲江夏。冬，十月壬申㉜，豐城侯泰以州降之。

齊發山東寡婦二千六百人以配軍，有夫而濫奪者什二三。

魏安定文㉝公宇文泰還至牽屯山㉞而病，驛召中山公護。護至涇州，見泰，泰謂護曰：「吾諸子皆幼，外寇方彊，天下之事，屬之於汝，宜努力以成吾志。」乙亥㉟，卒於雲陽㊱。護還長安，發喪。泰能駕御英豪，得其力用，性好質素，不尚虛飾，明達政事，崇儒好古，凡所施設，皆依倣三代而為之。丙子㊲，世子覺嗣位，為太師、柱國、大冢宰，出鎮同州㊳，時年十五。

中山公護，名位素卑，雖為泰所屬，而羣公各圖執政，莫肯服從。護問計於大司寇于謹，謹曰：「謹早蒙先公非常之知，恩深骨肉，今日之事，必以死爭之。若對眾定策，公必不得讓。」明日，羣公會議，謹曰：「昔帝室傾危，非安定公㊴無復今日。今公一旦違世，嗣子雖幼，中山公親其兄子，兼受顧託，軍國之事，理須歸之。」辭色抗厲㊵，眾皆悚動。護曰：「此乃家事，護雖庸昧，何敢有辭？」謹素與泰等夷㊶，護常拜之，至是，謹起而言曰：「公若統理軍國，謹等皆有所依。」遂再拜。羣公迫於謹，亦再拜，於是眾議始定。護綱紀內外，撫循文武，人心遂安。

十一月辛丑㊷，豐城侯泰奔齊，齊以為永州刺史㊸。詔徵王琳為司空，琳辭不至，留其將潘純陀㊹監郢州，身還長沙。魏人歸其妻子。壬子㊺，齊主詔以「魏末豪傑糾合鄉部，因緣請託，各立州郡，離大合小，公私煩費，丁口減於疇日㊻，守令倍於昔時。且要荒㊼向化㊽，舊多浮偽，百室之邑，遽立州名，三戶之民，空張郡目，循名責實，事歸焉有。」於是併省三州、一百五十三郡、五百八十九縣、三鎮、二十六戍[2]。

詔分江州四郡㊾置高州㊿。以明威將[3]軍黃法氍為刺史，鎮巴山。

十二月壬申(51)，以曲江侯勃為太保。○甲申(52)，魏葬安定文公。丁亥(53)，以岐陽之地(54)封世子覺為周公。

初，侯景之亂，臨川民周續起兵郡中，始興王毅以郡讓之而去。續部將皆郡中豪族，多驕橫，續裁制之，諸將皆怨，相與殺之。續宗人迪(55)，勇冠軍中，眾推為主。迪素寒微，恐郡人不服，以同郡周敷[56]族望高顯，折節交之，敷亦事迪甚謹。迪據上塘[57]，敷據故郡[58]，朝廷以迪為衡州刺史，領臨川內史。時民遭侯景之亂，皆棄農業，羣聚為盜，唯迪所部獨務農桑，各有贏儲，政教嚴明，徵斂必至，餘郡乏絕者皆仰以取給。迪性質朴，不事威儀，居常徒跣，雖外列兵衛，內有女伎，挼繩破篾[59]，傍若無人，訥於言語而襟懷信實，臨川人皆附之。

齊自西河總秦戍築長城[60]，東至於海，前後所築東西凡三千餘里，率十里一戍，其要害置州鎮，凡二十五所。

魏宇文護以周公幼弱，欲早使正位以定人心。庚子[61]，以魏恭帝詔禪位于周，使大宗伯趙貴持節奉冊，濟北公迪[62]致皇帝璽紱；恭帝出居大司馬府。

【章旨】以上為第五段，寫西魏太師宇文泰去世，政權平穩過渡，宇文泰之子宇文覺受魏恭帝禪位，北周建立。梁朝境內漸平，陳霸先改年號，任丞相，大權獨攬。

【注釋】❶甲戌 七月二日。❷武陵 郡名，治所臨沅，在湖南常德。❸護 蕭護，封衡陽王。❹暢 蕭暢，梁武帝的四弟。南齊時任太常，封江陵縣侯。梁朝初建，追封衡陽郡王。傳見《梁書》卷二十三、《南史》卷五十一。❺丙子 七月三日。❻新吳縣 縣治在今江西奉新西。❼癸酉 七月甲戌朔，無癸酉，疑為「癸未」之誤，即七月十日。❽侯平發兵攻瑱 據《陳書》卷九、《南史》卷六十六〈侯瑱傳〉，瑱守豫章，被其部下侯方兒所攻，擄瑱軍府妓妾金玉歸於陳霸先。❾南上 從建康到湓城（今江西九江市），由南溯水而上。❿丁亥 七月十四日。⓫豐城 縣名，縣治在今江西豐城西南。⓬世祖 梁元帝廟號。⑬己亥　七月二十六日。⑭鉗耳康買　人名，複姓鉗耳，西羌人。⑮席豁　《周書》卷二十八、《北史》卷六十一作「席豎」。⑯己酉　八月七日。⑰豐城侯泰　蕭泰，字世怡，爵豐城侯。傳見《南史》卷五十二。⑱兗州刺史　為虛領，不擁有實地。⑲北度河　北渡黃河。《周書》載為「七月」事。⑳陸騰　（?—西元五七八年）字顯聖，代人，北魏時以平定葛榮功，封清河縣伯，尚安平公主。入西魏後官至大司空、涇州總管。傳見《周書》卷二十八、《北史》卷二十八。㉑陵州　州名，治所隆山，在今四川彭山縣。㉒俟　陸俟，代人，初事北魏太武帝，任冀州刺史，封建鄴公。先後出任懷荒鎮、長安鎮大將，果決有謀略。晚年進爵東平王。傳見《魏書》卷四十、《北史》卷二十八。㉓庚申　八月十八日。㉔是連子暢　人名，複姓是連。又《北齊書》卷四十七有「蘭子暢」，《北史》卷三十九有「是蘭子暢」，疑是一人。㉕壬寅　九月初一。㉖番禾　即番和，郡名，治所番和，在今甘肅永昌。由此南渡大通河，再向西可抵吐谷渾都城。㉗南山　山名，在青海湖南岸。㉘樹敦　城名，吐谷渾舊都，在今青海共和東南黃河岸邊。㉙賀真　城名，在今青海都蘭。又稱吐谷渾城。㉚青海　即青海湖。㉛甲子　九月二十三日。㉜壬申　十月一日。㉝文　宇文泰諡號。㉞牽屯山　山名，在今寧夏固原境。又名笄頭山。㉟乙亥　十月四日。㊱雲陽　縣名，縣治在今陝西涇陽西北。㊲丙子　十月五日。㊳同州　州名，治所武鄉，在今陝西大荔。㊴安定公　宇文泰的封爵號。㊵辭色抗厲　言辭高亢，聲色嚴厲。㊶等夷　同輩。㊷辛丑　十一月一日。㊸永州刺史　永州在湖南零陵，此是遙領。㊹潘純陀　《南史》卷六十六作「潘純」，卷六十九作「潘純陀」。《陳書》卷八、卷九等均作「潘純陁」。曾為巴州刺史。㊺壬子　十一月十二日。㊻疇日　過去的日子。㊼要荒　要服、荒服。要，要服。三代指離王城一千五百里到二千里的地區。荒，荒服。三代指離王畿二千五百里以外的遠僻地區。這裡指北齊周邊的敵對政權和少數民族。㊽向化　歸順、服從教化。㊾分江州四郡　從江州分出四個郡。四郡為：臨川郡，治所南城，在今江西南豐；安成郡，治所平都，在今江西安福；豫寧郡，治所豫寧，在今江西武寧西；以及巴山郡。㊿高州　州名，治所巴山，在今江西崇仁西南。(51)壬申　十二月二日。(52)甲申　十二月十四日。(53)丁亥　十二月十七日。(54)岐陽之地　岐山之南，即周原，在今陝西岐山縣和扶風一帶。(55)迪　周迪（?—西元五六五年），臨川南城（今江西南豐）人，梁元帝任他為高州刺史，封臨汝縣侯。後助周文育平定蕭勃叛亂。陳初，曾大敗王琳軍，以功加平南將軍、開府儀同三司。天嘉三年（西元五六二年），起兵叛亂，不久敗死。傳見《陳書》卷三十五、《南史》卷八十。(56)周敷　（西元五三一—五六五年）字仲遠，臨川（今江西臨川市）人，梁元帝時，任寧州刺史，封西豐縣侯。入陳，參與平定熊曇朗、王琳，以功進位安西將軍。後被周迪誘騙殺害。傳見《陳書》卷十三、《南史》卷六十七。(57)上塘　地名，在今江西南城南上塘墟。西臨盱江，南與南豐接壤。本書下卷和《陳書》作「工塘」。(58)故郡原臨川郡治南城縣（今江西南豐）。(59)授繩破篾　揉搓線繩，破開竹篾，指編竹席。(60)自西河總秦戍築長城　從黃河河曲開始，把原秦代戍所沿線的長城修復起來。(61)庚子　十二月三十日。(62)迪　元迪，爵濟北公。

【校　記】[1]夸呂　原無此二字。據章鈺校，十二行本、乙十一行本、孔天胤本皆有此二字，張敦仁《通鑑刊本識誤》同，今據補。[2]五百八十九縣三鎮二十六戍　原無此十二字。據章鈺校，十二行本、乙十一行本、孔天胤本皆有此十二字，張瑛《通鑑校勘記》同，今據補。按，《北齊書·文宣紀》作「五百八十九縣、二鎮、二十六戍」，《北史·顯祖文宣帝紀》作「縣五百八十九，鎮三，戍二十六」，「二」與「三」未知孰是。[3]以明威將　原無此四字。據章鈺校，十二行本、乙十一行本、孔天胤本皆有此四字，張瑛《通鑑校勘記》同，今據補。

【語　譯】秋，七月初一日甲戌，梁朝前天門太守樊毅襲擊武陵，殺了武州刺史衡陽王蕭護，王琳派司馬潘忠攻打樊毅，潘忠活捉了樊毅回來。蕭護，是蕭暢的孫子。

七月初三日丙子，梁朝任命陳霸先為中書監、司徒、揚州刺史，進爵長城公，其他原有官職照舊。

當初，梁朝余孝頃為豫章太守，侯瑱鎮守豫章，余孝頃在新吳縣另外豎立城柵，與侯瑱對抗。侯瑱派他的堂弟侯奫守衛豫章，自己率領全部兵力攻打余孝頃，很久沒有攻下，就修築長圍牆包圍余孝頃。癸酉日，侯平發兵攻打侯奫，大肆搶掠豫章，放火燒城，然後逃往建康。侯瑱的軍隊潰散，侯瑱逃往湓城，投靠他的部將焦僧度。焦僧度勸侯瑱投奔北齊，適逢陳霸先派記室濟陽人蔡景歷溯江南上，勸說侯瑱讓他投降，侯瑱便回到朝廷請罪，陳霸先為侯瑱殺了侯平。七月十四日丁亥，陳霸先任命侯瑱為司空。

南昌豪民熊曇朗世世代代為豫章郡大姓。熊曇朗勇武有力，侯景叛亂時，他聚集民眾佔據豐城修建營柵，梁世祖蕭繹任命他為巴山太守。江陵城陷落，熊曇朗的勢力逐漸強大，侵掠鄰縣。侯瑱在豫章，熊曇朗外示歸從，而暗中打算除掉他，等到侯瑱敗逃，熊曇朗獲得了侯瑱的馬匹器械。

七月二十六日己亥，北齊大赦天下。

西魏太師宇文泰派安州長史鉗耳康買出使王琳，王琳派長史席豁回訪，並且請求宇文泰歸還梁世祖蕭繹和愍懷太子的靈柩，宇文泰同意了。

八月初七日己酉，梁朝鄱陽王蕭循在江夏去世，他的弟弟豐城侯蕭泰監理郢州政務。王琳派兗州刺史吳藏進攻江夏，失敗而死。

西魏太師宇文泰往北渡過黃河。○西魏任命王琳為大將軍、長沙郡公。

西魏江州刺史陸騰討伐陵州叛亂的獠族人，獠族人依山築城，很難攻下。陸騰在城下一面演奏歌伎樂舞，獠族人放下兵器，帶著妻兒登上城樓觀看，陸騰暗中派兵三面登城，斬首一萬五千多人，平定了獠人的叛亂。陸騰，是陸俟的玄孫。

八月十八日庚申，北齊國主高洋要到西部巡視，朝廷百官在紫陌殿辭別，高洋派手執長矟的騎兵把官員們包圍起來，說：「我一舉鞭，就殺死他們。」直到太陽下山，高洋醉酒不能站立。黃門郎是連子暢說：「陛下您這樣，群臣害怕極了。」高洋說：「極為害怕嗎？如果是這樣，就不殺了。」於是前往晉陽。

九月初一日壬寅，梁朝改年號為太平元年，大赦天下。任命陳霸先為丞相、錄尚書事、鎮衛大將軍、揚州牧、義興公。任命吏部尚書王通為右僕射。

突厥木杆可汗借道西魏涼州襲擊吐谷渾，西魏太師宇文泰派涼州刺史史寧率領騎兵跟著他，到了番禾，吐谷渾覺察了，逃到南山。木杆可汗將要分兵追擊，史寧說：「樹敦、賀真兩座城是吐谷渾的巢穴，攻取他們的根本，其他部眾自然潰散。」木杆可汗聽從了。木杆可汗從北路趕往賀真，史寧從南道趕往樹敦。吐谷渾可汗夸呂在賀真，派他的征南王率領數千人守衛樹敦。木杆可汗攻破賀真城，抓獲了夸呂的妻子兒女。史寧攻破了樹敦城，抓獲了征南王。史寧回軍在青海與木杆可汗會合，木杆可汗讚歎史寧的勇敢與果決，贈送他的禮品很豐厚。

九月二十三日甲子，王琳利用水軍襲擊江夏。冬，十月初一日壬申，豐城侯蕭泰獻出郢州投降。

北齊徵發山東寡婦兩千六百人分配給士兵，有丈夫而被胡亂抓來的有十分之二三。

西魏安定公宇文泰回到牽屯山時病倒，派驛馬傳令召中山公宇文護。宇文護到達涇州，見到宇文泰，宇文泰對宇文護說：「我的幾個兒子都年幼，外敵正強盛，國家大事就交給你了，你要努力完成我的願望。」

十月初四日乙亥，宇文泰死在雲陽。宇文護回到長安，為宇文泰舉辦喪事。宇文泰能夠駕御英雄豪傑，得到他們的效力，本性喜好樸實，不崇尚虛榮修飾，明白通達政事，崇尚儒學，喜歡古代傳統文化，他所創設實施的制度，都效法夏商周三代。初五日丙子，宇文泰世子宇文覺繼承爵位，任太師、柱國、大冢宰，出都到同州鎮守，當時只有十五歲。

西魏中山公宇文護威望和地位一向低下，雖然是宇文泰所託付，但是朝廷群公，個個都想執掌大權，沒有人肯服從他。宇文護向大司寇于謹詢問計策，于謹說：「我于謹早就受先公宇文泰特別知遇，恩情超過骨肉至親，今天的國家大事，我拼死也要維護宇文泰先公的決定。如果面對公卿大臣決定國家大政，你一定不要謙讓。」第二天，公卿大臣聚會商議，于謹說：「先前皇室傾危，不是安定公就沒有今天。如今安定公突然辭世，嗣子雖然年幼，中山公宇文護是安定公親哥哥的兒子，又受安定公臨終託孤，軍國大政，按理應歸他。」于謹聲高色厲，大家都很緊張。宇文護說：「這是我們的家事，我宇文護雖然平庸愚昧，怎敢再有話說？」于謹一向與宇文泰平起平坐，宇文護經常向于謹行跪拜禮。這時，于謹站起來說：「你如果總管軍國大政，于謹等人就有依靠了。」於是向宇文護拜了兩次。公卿大臣迫於于謹的威望，也都拜了兩次，這樣眾臣的意見都統一起來了。宇文護整頓內外綱紀，安撫文武大臣，人心才安定了下來。

十一月初一日辛丑，梁朝豐城侯蕭泰逃奔北齊，北齊任命他為永州刺史。梁朝徵召王琳為司空，王琳推辭不到建康，留下部將潘純陀監理郢州政務，自己回到長沙。西魏送還了王琳的妻子兒女。

十一月十二日壬子，北齊國主高洋下詔說「魏朝末年，地方豪民糾合鄉里，依靠各種關係請求託附，各自建立州郡，分割大州郡，聚合小州郡，公私政務繁瑣，浪費資財，人口少於先前，而郡守縣令多了一倍。而且邊遠地區歸服，不是浮誇，就是虛假，百戶小邑，突然成了一個州的名字；三戶人家，空列郡名。實際查核，實際是子虛烏有。」於是裁撤了三個州，合併確立了一百五十三個郡、五百八十九個縣、三個鎮、二十六個戍。

梁朝下詔分江州的四個郡設置高州，任命明威將軍黃法氍為高州刺史，鎮守巴山。

十二月初二日壬申，梁朝任命曲江侯蕭勃為太保。〇十四日甲申，西魏安葬了安定公宇文泰。十七日丁亥，西魏把岐陽之地封給宇文泰世子宇文覺為周公。

當初，侯景叛亂，臨川郡豪民周續在郡中起兵，始興王蕭毅把臨川郡讓給了周續而自己離開了。周續的部將都是臨川郡的大族，大多驕恣橫暴，周續制裁節制他們，眾將領都怨恨他，互相勾結要殺掉周續。周續的族人周迪，勇冠軍中，大家推舉他為首領。周迪一向貧寒低微，擔心郡民不服，因同郡周敷族大名望高，就謙恭屈節與周敷交好，周敷對待周迪也很恭謹。周迪佔據上塘，周敷佔據原郡城南城縣，梁朝任命周迪為衡州刺史，兼任臨川內史。當時民眾遭遇侯景叛亂，都放棄了農事，成群地聚集做盜賊，只有周迪管轄的地區在經營農桑，各家各戶都儲有餘糧，政令和教化都嚴肅清明，政府徵收賦稅徭役均能按期完成，其他缺少糧食的郡縣，都依靠周迪供給。周迪生性質樸，不講排場，平居時經常赤腳步行，雖然室外安排有衛兵，室內有歌伎舞樂，周迪破竹起篾，揉搓繩索，旁若無人。周迪不善言詞，但胸懷誠實守信，臨川郡民眾都依附他。

北齊從西河起修整原來秦朝在長城沿線所設置的戍所，築起長城向東延伸直到大海，前後所築東西長總計三千多里，大概是每十里遠就有一個戍所，在要害地段則設置州鎮，總計有二十五個戍所。

西魏宇文護認為周公宇文覺年小勢弱，想早一點讓他即皇帝位以安定人心。十二月三十日庚子，讓西魏恭帝下詔禪位於周公，派大宗伯趙貴手持節杖，奏上表章，派濟北公元迪捧上玉璽印綬獻給新皇帝。西魏恭帝出宮居住在大司馬府第。

【研　析】西元五五五至五五六年，江南因蕭繹江陵政權覆滅，再一次出現政治上的無序狀態，各種力量重新洗牌。蕭繹所任廣州刺史王琳利用其在湘江流域的舊有影響，在為蕭繹復仇的名義下北上，暫時將中游擁梁的力量團結在自己的周圍，但受江陵蕭詧集團與西魏的聯手阻擊。長江下游據有建康及江北岸京口等地的王僧辯集團，因在擁立新君的問題上發生矛盾，陳霸先襲殺昔日盟友王僧辯，而原王僧辯舊部在江東、贛江流域據守，不從號令，紛紛投靠北齊。歐陽頠、蕭勃為嶺南的控制權展開激烈的鬥爭。贛江流域，今福建等地的土豪余孝頃、周迪、熊曇朗、陳寶應等趁勢割據一方，在王琳、蕭勃、陳霸先等幾大勢力之間首鼠兩端，試圖強化甚至拓展自己的勢力。陳霸先最終穩定地佔據江東，成功擊退了越過長江染指江南政局的北齊軍隊，並積極向中上游擴張勢力。王琳集團在蕭詧、陳霸先夾擊下，最後也投靠北齊，迎蕭莊為梁帝，與陳霸先對抗。

北方，北齊軍隊在長江下游兩次越過長江進入建康，在中游一度佔據郢城半年之久，但嗜酒的北齊皇帝高洋已處於精神分裂的邊緣，舉動怪誕，加上其他因素，使北齊對於江南的爭奪並非是持久的既定國策。西魏執政者宇文泰開始按部就班地進行政權大規模改造，未完成而去世，其姪宇文護繼為執政，積極推動政權從元氏向宇文氏變更。

在這一系列複雜的事件中，下面僅就陳霸先襲殺王僧辯的原因及其與北齊的兩次戰爭，作較深入的分析。

陳霸先在討伐侯景的旗號下，聚集嶺南與贛江流域部分豪族武裝，接受江陵蕭繹政權的領導，與王僧辯軍合力進入建康，攻滅侯景。蕭繹被西魏攻殺後，他與王僧辯擁蕭繹第九子晉安王蕭方智為太宰「承制」，即組建臨時中央政府。時蕭詧已在西魏支持下即帝位於江陵，王、陳沒立即擁蕭方智為皇帝，實有觀望形勢的想法，而這給北齊留下了干涉江南政治的機會，北齊立梁武帝之姪、在率軍接應侯景時被俘的蕭淵明為梁帝，派軍護送其南下。王僧辯起初拒絕接受，後北齊軍陷東關，殺守將裴之橫，呈武力過江態勢，王僧辯於是改變態度，接受蕭淵明為帝。這一新的梁朝政府，像江陵蕭詧政權為西魏「藩屬」一樣，建康的梁政權成為北齊的「藩屬」。當然，王僧辯也提出了自己的條件，那就是蕭淵明接受蕭方智為太子。

史書記載陳霸先反對接納蕭淵明，認為這是「外依戎狄，援立非次」，態度堅決，並成為他隨後襲殺王僧辯的理由。見於《陳書・武帝紀》的這一說法，為《通鑑》所沿襲，但陳霸先殺王僧辯，重新擁立蕭方智後，並沒有殺掉蕭淵明，而是任之為司徒、封建安公。據《北齊書》卷三十三〈蕭明傳〉，「霸先奉表朝廷，云僧辯陰謀篡逆，故誅之。方智請稱臣，永為藩國，齊遣行臺司馬恭及梁人盟於歷陽。」《通鑑》據而載之，但此事卻不見於《陳書》。殺王僧辯，重新擁立蕭方智，並非如《陳書》所說的那樣，是因為陳霸先視北齊為夷狄，拒絕北齊對於梁帝的安排，主要原因應當是陳霸先與王僧辯的權力之爭。

當陳霸先與王僧辯共擁蕭方智為帝後，王僧辯任中書監、錄尚書、都督中外諸軍事，總掌軍政大權。陳霸先則出鎮京口，只為一地方大員，蕭淵明入建康為帝後，陳霸先雖任侍中，但仍駐京口，對於朝政的影響力顯然有限。陳霸先畢竟起於嶺南邊地，趁勢而起，與梁宗室無太多接觸，且門地寒微，並不被人重視。王僧辯部屬杜龕任吳興太守，「恃王僧辯之勢，素不禮於陳霸先。在吳興，每以法繩其宗族，霸先深怨之。」亦因於此。所謂反對王僧辯「外依戎狄」、圖謀篡逆，只不過是陳霸先襲殺他的藉口，甚至是後來陳霸先稱帝前以示「功德」的說辭。但這並不能掩蓋陳霸先執掌朝政後仍向北齊稱臣，願意「永為藩國」的事實。有學者認為陳霸先殺王僧辯，是為了保持華夏先進文化，看來是高估了陳霸先的「政治覺悟」及所建陳朝的歷史意義。

本卷所記「齊人」軍隊兩次進入建康，均不是北齊國家行為。第一次為王僧辯外甥徐嗣先，在王僧辯被殺後投奔其堂兄譙秦二州刺史徐嗣徽，勸徐嗣徽投靠北齊，並聯合南豫州刺史任約，趁陳霸先率部東討之機，率兵五千過江偷襲，佔據秦淮河口的石頭城。《北史》卷七〈顯祖文宣帝〉記其事說：「梁秦州刺史徐嗣徽、南豫州刺史任約等襲據石頭城，並以州內附。」前來接應的齊軍也只五千人。也就是說，徐嗣輝等的襲擾建康，最初並非是北齊方面有準備的軍事行動，而是梁朝政治勢力之間的內訌。陳霸先在業已將齊軍圍困在石頭城的情況下，仍不願意與北齊方面徹底決裂，遣姪子陳曇朗等為人質，將齊軍禮送出境。後一次齊軍十萬來攻在蕭軌等指揮下，已非襲擾，陳霸先被迫全力應敵，取得大勝。但這次戰事也頗有可疑之處，十萬大軍過江，並非小事，而齊軍首要指揮官蕭軌竟難考索其生平事跡，對於這次在《陳書》中大加鋪陳的戰事，《北齊書》竟只寥寥幾筆帶過，未記出兵人數，亦未見北齊朝廷有宣示戰爭目的的詔令。看起來，這次戰事仍舊是徐嗣徽、任約說動齊淮南部分守將而進行的邊境戰事，齊軍過江，或誇大人數，以震懾人心，也有可能是勝者陳霸先趁機對勝利大加宣揚，為稱帝代梁張本。

其實，當時北齊正忙於應對突厥興起並與西魏結盟的新問題。如《通鑑》本卷所記，上年六月，「齊發民一百八十萬築長城，自幽州夏口西至恆州九百餘里」，次年底又記：「齊自西河總秦戍築長城，東至於海，前後所築東西凡三千餘里，率十里一戍，其要害置州鎮，凡二十五所。」西魏盟友突厥的現實威脅，使北齊根本不可能在南方採取大規模的軍事行動。如《通鑑》所記，北齊名將慕容儼奉命率部趁亂入據郢城，「城中食盡，煑草木根葉及靴皮帶角食之，與士卒分甘共苦，堅守半歲，人無異志」，北齊方面也未派軍接應，最終「以城在江外難守，因割以還梁」，勢不可能出於國家意志，派軍進攻必然會引發大規模戰事的建康。

其實，史書中記錄的不少戰爭亦可作如是觀。如三國時期著名的赤壁之戰，曹魏、蜀漢一系的史書，只見隻言片語，而在孫吳一系的史書中，卻大書特書。《晉書·樂志下》說，孫權時改漢代軍樂曲調之一的〈上之回〉為〈烏林〉，「言魏武既破荊州，順流東下，欲來爭鋒，權命將周瑜逆擊之於烏林而破走也」，於廟堂之上演奏。孫吳方面大加宣揚的赤壁戰事，與其說是戰爭的真實面貌，不如說是孫權在南方獨立發展需要有這麼一場「偉大的勝利」。如果我們對史實源流不加思考，只如《通鑑》那樣綜合起來作全面的描述，可能距離歷史的真實愈行愈遠。俗話說：「盡信書，不如無書」，史學亦如是。

卷第一百六十七

陳紀一

起彊圉赤奮若（丁丑　西元五五七年），盡屠維單閼（己卯　西元五五九年），凡三年。

【題解】本卷載述西元五五七到五五九年南北朝史事，凡三年。時當陳高祖永定元年、二年、三年，北周孝閔帝元年、明帝元年、二年、三年，北齊文宣帝天保八年、九年、十年。南朝政權更迭，陳朝建立，境內粗安而陳武帝謝世。北朝西魏禪讓宇文氏，北周建立。本卷重點記載北齊國主高洋酗酒亂性，荒淫無恥，登峰造極；濫殺朝臣，暴虐無比。

高祖武皇帝

永定元年（丁丑　西元五五七年）

春，正月辛丑❶，周公即天王❷位，柴燎告天，朝百官于露門❸。追尊王考❹文公為文王，妣❺為文后。大赦。封魏恭帝為宋公。以木德承魏水❻，行夏之時❼，服色尚黑❽。以李弼為太師，趙貴為太傅、大冢宰，獨孤信為太保、大宗伯，中山公護為大司馬。

詔以王琳為司空、驃騎大將軍，以尚書右僕射王通為左僕射。

周王祀圜丘，自謂先世出於神農❾，以神農配二丘❿，始祖獻侯⓫配南北郊，文王配明堂，廟號太祖。癸卯⓬，祀方丘。甲辰⓭，祭大社⓮。除市門稅⓯。乙巳⓰，享太廟，仍用鄭玄⓱義，立太祖與二昭、二穆為五廟⓲，其有德者別為祧廟⓳，不毀⓴。辛亥㉑，祀南郊。壬子㉒，立王后元氏㉓。后，魏文帝之女晉安公主也。

齊南安城主馮顯㉔請降於周，周柱國宇文貴使豐州刺史㉕太原郭彥㉖將兵迎之，遂據南安。

吐谷渾為寇於周，攻涼、鄯、河三州。秦州都督㉗遣渭州刺史于翼赴援，翼不從。僚屬咸以為言，翼曰：「攻取之術，非夷俗所長。此寇之來，不過抄掠邊牧耳[1]，掠而無獲，勢將自走。勞師以[2]往，必無所及。翼揣之已了㉘，幸勿復言。」數日，問至，果如翼所策。

初，梁世祖以始興郡為東衡州，以歐陽頠為刺史。久之，徙頠為郢州刺史，蕭勃留頠不遣。世祖以王琳代勃為廣州刺史，勃遣其將孫瑒監廣州，盡帥所部屯始興以避之。頠別據一城，不往謁，閉門自守。勃怒，遣兵襲之，盡收其貲[3]財馬仗。尋赦之，使復其所，與之結盟。江陵陷，頠遂事勃㉙。二月庚午㉚，勃起兵於廣州，遣頠及其將傅泰、蕭孜為前軍。孜，勃之從子㉛也。南江州刺史余孝頃以兵會之。詔平西將軍周文育帥諸軍討之。

癸酉㉜，周王朝日㉝於東郊。戊寅㉞，祭太社。

周楚公趙貴、衛公獨孤信故皆與太祖等夷，及晉公㉟護專政，皆怏怏不服。貴謀殺護，信止之。開府儀同三司宇文盛告之。丁亥㊱，貴入朝，護執而殺之，免信官。

領軍將軍徐度出東關侵齊，戊子㊲，至合肥，燒齊船三千艘。

歐陽頠等出南康。頠屯豫章之苦竹灘㊳，傅泰據蹠口城㊴，余孝頃遣其弟孝勱㊵守郡城，自出豫章據石頭㊶。巴山太守熊曇朗誘頠共襲高州刺史黃法𣰰。又語法𣰰，約共破頠，且曰：「事捷，與我馬仗。」遂出軍，與頠俱進。至法𣰰城下，曇朗陽敗走，法𣰰乘之，頠失援而走，曇朗取其馬仗，歸于巴山。

周文育軍少船，余孝頃有船在上牢㊷，文育遣軍主焦僧度襲之，盡取以歸，仍於豫章立柵。軍中食盡，諸將欲退，文育不許，使人間行遺周迪書，約為兄弟。

迪得書甚喜，許饋以糧。於是文育分遣老弱乘故船沿流俱下，燒豫章柵，偽若遁去者。孝頃望之，大喜，不復設備。文育由間道兼行，據芊韶[43]，芊韶上流則歐陽頠、蕭孜，下流則傅泰、余孝頃營，文育據其中間，築城饗士，頠等大駭。頠退入泥溪[44]，文育遣嚴威將軍[45]周鐵虎等襲頠，癸巳[46]，擒之。文育盛陳兵甲，與頠乘舟而宴，巡蹠口城下，使其將丁法洪攻泰，擒之。孜、孝頃退走。

甲午[47]，周以于謹為太傅，大宗伯侯莫陳崇為太保，晉公護為大冢宰，柱國武川賀蘭祥[48]為大司馬，高陽公達奚武為大司寇。

周人殺魏恭帝。

三月庚子[49]，周文育送歐陽頠、傅泰于建康。丞相霸先與頠有舊，釋而厚待之。

周晉公護以趙景公[50]獨孤信名重，不欲顯誅之，己酉[51]，逼令自殺。

甲辰[52]，以司空王琳為湘、郢二州刺史。

曲江侯勃在南康，聞歐陽頠等敗，軍中恟懼。甲寅[53]，德州刺史陳法武、前衡州刺史譚世遠攻勃，殺之。

夏，四月己卯[54]，鑄四柱錢[55]，一當二十[56]。○齊遣使請和。○壬午[57]，周王謁成陵[58]。乙酉[59]，還宮。

齊以太師斛律金為右丞相[60]，前大將軍可朱渾道元為太傅[61]，開府儀同三司賀拔仁為太保，尚書令常山王演為司空，錄尚書事長廣王湛為尚書令，右僕射楊愔為左僕射，仍加開府儀同三司。并省[62]尚書右僕射崔暹為左僕射，上黨王渙錄尚書事。

丁亥[63]，周王享太廟。○壬辰[64]，改四柱錢一當十。丙申[65]，復閉細錢[66]。

故曲江侯勃主帥蘭敱襲殺譚世遠，軍主夏侯明徹殺敱，持勃首降。勃故記室李寶藏奉懷安侯任據廣州。蕭孜、余孝頃猶據石頭，為兩城，各居[4]其一，多設船艦，夾水而陳。丞相霸先遣平南將軍侯安都助周文育擊之。戊戌[67]，安都潛師夜燒其船艦，文育帥水軍、安都帥步騎[5]進攻之，蕭孜出降，孝頃逃歸新吳，文育等引兵還。丞相霸先以歐陽頠聲著南土，復以頠為衡州[68]刺史，使討嶺南，未至，其子紇[69]已克始興，頠至嶺南，諸郡皆降，遂克廣州，嶺南悉平。

周儀同三司齊軌[70]謂御正中大夫[71]薛善曰：「軍國之政，當歸天子，何得猶在權門？」善以告晉公護，護殺之，以善為中外府司馬[72]。

五月戊辰[73]，余孝頃遣使詣丞相府乞降。

王琳既不就徵，大治舟艦，將攻陳霸先。六月戊寅[74]，霸先以開府儀同三司侯安都為西道都督，周文育為南道都督，將舟師二萬會武昌以擊之。

秋，七月辛亥[75]，周王享太廟。

河南、北[76]大蝗。齊主問魏郡丞崔叔瓚[77]曰：「何故致蝗？」對曰：「五行志[78]：土功不時[79]，蝗蟲為災。今外築長城，內興三臺，殆以此乎！」齊主大[6]怒，使左右毆之，擢其髮，以溷[80]沃其頭，曳足以出。叔瓚，季舒之兄也。

八月丁卯[81]，周人歸梁世祖之柩及諸將家屬千餘人於王琳。

戊辰[82]，周王祭太社。

甲午[83]，進丞相霸先位太傅，加黃鉞、殊禮，贊拜不名。九月辛丑[84]，進丞相為相國，總百揆，封陳公，備九錫，陳國置百司。

周孝愍帝性剛果[85]，惡晉公護之專權。司會[86]李植[87]自太祖時為相府司錄[88]，參掌朝政，軍司馬孫恆亦久居權要，及護執政，植、恆恐不見容，乃與宮伯[89]乙弗鳳[90]、賀拔提等共譖之於周王。植、恆曰：「護自誅趙貴以來，威權日盛，謀臣宿將，爭往附之，大小之政，皆決於護。以臣觀之，將不守臣節，願陛下早圖之！」王以為然。鳳、提曰：「以先王之明，猶委植、恆以朝政，今以事付二人，何患不成？且護常自比周公，臣聞周公攝政七年，陛下安能七年邑邑[91]如此乎？」王愈信之，數引武士於後園講習，為執縛之勢。植等又引宮伯張光洛同謀，光洛以告護。護乃出植為梁州刺史，恆為潼州刺史，欲散其謀。後王思植等，每欲召之，護泣諫曰：「天下至親，無過兄弟，若兄弟尚相疑，它人誰可信者？太祖以陛下富於春秋，屬臣後事，臣情兼家國[92]，實願竭其股肱[93]。若陛下親覽萬機，威加四海，臣死之日，猶生之年。但恐除臣之後，姦回[94]得志，非唯不利陛下，亦將傾覆社稷，使臣無面目見太祖於九泉。且臣既為天子之兄，位至宰相，尚復何求？願陛下勿信讒人[7]之言，疏棄骨肉。」王乃止不召，而心猶疑之。

鳳等益懼，密謀滋甚，刻日[95]召羣公入醼，因執護誅之，張光洛又以告護。護乃召柱國賀蘭祥、領軍尉遲綱[96]等謀之，祥等勸護廢立。時綱總領禁兵，護遣綱入宮召鳳等議事，及至，以次執送護第，因罷散宿衛兵。王方悟，獨在內殿，令宮人執兵自守。護遣賀蘭祥逼王遜位，幽於舊第[97]。悉召公卿會議，廢王為略陽公，迎立岐州刺史寧都公毓。公卿皆曰：「此公之家事，敢不唯命是聽？」乃斬鳳等於門外，孫恆亦伏誅。

時李植父柱國大將軍遠鎮弘農，護召遠及植還朝，遠疑有變，沈吟久之，乃曰：「大丈夫寧為忠鬼，安可作叛臣邪？」遂就徵。既至長安，護以遠功名素重，猶欲全之，引與相見，謂之曰：「公兒遂有異謀，非止屠戮護身，乃是傾危宗社。叛臣賊子，理宜同疾，公可早為之所。」乃以植付遠。遠素愛植，植又口辯，自陳初無此謀。遠謂為[8]信然，詰朝[98]，將植謁護。護謂植已死，左右白植亦在門。護大怒曰：「陽平公[99]不信我！」乃召入，仍命遠同坐，令略陽公與植相質[100]於遠前。植辭窮，謂略陽公[9]曰：「本為此謀，欲安社稷，利至尊耳。今日至此，何事云云？」遠聞之，自投於牀曰：「若爾，誠合萬死！」於是護乃害植，并逼遠令自殺。植弟叔詣[101]、叔謙、叔讓亦死，餘子以幼得免。初，遠弟開府儀同三司穆知植非保家之主，每勸遠除之，遠不能用。及遠臨刑，泣謂穆曰：「吾不用汝言以至此。」穆當從坐，以前言獲免，除名為民，及其子弟亦免官。植弟浙州刺史基，尚義歸公主[102]，當從坐，穆請以二子代基命，護兩釋之。

後月餘，護弒略陽公，黜王后元氏為尼。

癸亥[103]，寧都公自岐州至長安，甲子[104]，即天王位，大赦。

冬，十月戊辰[105]，進陳公爵為王。辛未[106]，梁敬帝禪位于陳。〇癸酉[107]，周魏武公李弼卒。

陳王使中書舍人[108]劉師知[109]引宣猛將軍沈恪勒兵入宮，衛送梁主如別宮，恪排闥[110]見王，叩頭謝曰：「恪身經事蕭氏[111]，今日不忍見此。分[112]受死耳，決不奉命！」王嘉其意，不復逼，更以盪主王僧志代之。乙亥[113]，王即皇帝位于南郊，還宮，大赦，改元[114]。奉梁敬帝為江陰王，梁太后為太妃，皇后為妃。

以給事黃門侍郎蔡景歷為祕書監兼中書通事舍人。是時政事皆由中書省，置二十一局，各當尚書諸曹，總國機要，尚書唯聽受而已。

丙子[115]，上幸鍾山，祠蔣帝廟[116]。庚辰[117]，上出佛牙於杜姥宅，設無遮大會，帝親出闕前膜拜。

辛巳[118]，追尊皇考文讚為景皇帝，廟號太祖，皇妣董氏[119]曰安皇后，追立前夫人錢氏[120]為昭皇后，世子克[121]為孝懷太子，立夫人章氏[122]為皇后。章后，烏程人也。

置刪定郎[123]，治律令。

乙酉[124]，周王祀圜丘。丙戌[125]，祀方丘。甲午[126]，祭太社。

戊子[127]，太祖神主祔[128]太廟，七廟始共用一太牢[129]，始祖薦首[130]，餘皆骨體。

侯安都至武昌，王琳將樊猛棄城走，周文育自豫章會之。安都聞上受禪，歎曰：「吾今茲必敗，戰無名矣(131)！」時兩將俱行，不相統攝，部下交爭，稍不相平。軍至郢州，琳將潘純陀於城中遙射官軍，安都怒，進軍圍之。未克，而王琳至弇口(132)，安都乃釋郢州，悉眾詣沌口(133)，留沈泰一軍守漢曲(134)。安都遇風不得進，琳據東岸，安都等[10]據西岸，相持數日，乃合戰，安都等大敗。安都、文育及裨將徐敬成(135)、周鐵虎、程靈洗皆為琳所擒，沈泰引軍奔歸。琳引見諸將與語，周鐵虎辭氣不屈，琳殺鐵虎而囚安都等，總以一長鏁繫之，置琳所坐艫(136)下，令所親宦者王子晉掌視之。琳乃移湘州軍府就郢城，又遣其將樊猛襲據江州。

十一月丙申(137)，上立兄子蒨為臨川王，頊(138)為始興王，弟子曇朗已死而上未知，遙立為南康王。

庚子(139)，周王享太廟。丁未(140)，祀圜丘。十二月庚午(141)，謁成陵。癸酉(142)，還宮。

譙淹帥水軍七千、老弱三萬自蜀江東下(143)，欲就王琳，周使開府儀同三司賀若敦、叱羅暉(144)等擊之，斬淹，悉俘其眾。

是歲，詔給事黃門侍郎蕭乾(145)招諭閩中。時熊曇朗在豫章，周迪在臨川，留異在東陽，陳寶應在晉安，共相連結，閩中豪帥往往立砦以自保。上患之，使乾諭以禍福，豪帥皆帥眾請降，即以乾為建安太守。乾，子範146之子也。

初，梁興州刺史席固147以州降魏，周太祖以固為豐州刺史。久之，固猶習梁法，不遵北方制度，周人密欲代之，而難其人148，乃以司憲中大夫149令狐整權鎮豐州，委以代固之略。整廣布威恩，傾身撫接，數月之間，化洽州府。於是除整豐州刺史，以固為湖州刺史。整遷豐州於武當，旬日之間，城府周備，遷者如歸。固之去也，其部曲多願留為整左右，整諭以朝制150，弗許，莫不流涕而去。

齊人於長城內築重城，自庫洛枝151東至塢紇戍[11]，凡四百餘里。

初，齊有術士言「亡高者黑衣」，故高祖每出，不欲見沙門152。顯祖在晉陽，問左右：「何物最黑？」對曰：「無過於漆。」帝以上黨王渙於兄弟第七，使庫直都督破六韓伯昇153之鄴徵渙。渙至紫陌橋，殺伯昇而逃，浮河南度，至濟州，為人所執，送鄴。

帝之為太原公也，與永安王浚偕[12]見世宗，帝有時洟154出，浚責帝左右曰：「何不為二兄155拭鼻？」帝心[13]銜之。及即位，浚為青州刺史，聰明矜恕，吏民悅之。浚以帝嗜酒，私謂親近曰：「二兄因酒敗德，朝臣無敢諫者，大敵156未滅，吾甚以為憂。欲乘驛至鄴面諫，不知用吾不？」或密以白帝，帝益銜之。浚入朝，從辛東山，帝裸裎[157]為樂。浚進諫曰：「此非人主所宜。」帝不悅。浚又於屏處[158]召楊愔，譏其不諫。帝時不欲大臣與諸王交通，愔懼，奏之。帝大怒曰：「小人由來難忍[159]！」遂罷酒還宮。浚尋還州，又上書切諫，詔徵浚。浚懼禍，謝疾不至，帝遣馳驛收浚，老幼泣送者數千人。至鄴，與上黨王渙皆盛以鐵籠，置於北城地牢，飲食溲穢[160]，共在一所。

【章旨】以上為第一段，交叉寫西元五五七年南北朝史事。是年，南北朝均發生政權更迭。南朝蕭梁禪位，陳朝建立；北朝西魏禪位，北周建立。北齊國主高洋暴虐不仁，禍及兄弟。

【注釋】❶辛丑　正月初一。❷天王　原指周天子，後泛指帝王。宇文泰執政，沿用周制，所以宇文覺建立北周，不稱皇帝，而先稱天王。❸露門　即路門。按周制，天子有三朝。宮中最裡面的正門稱路門，門內稱燕朝，是天子在內廷舉行朝會儀式的地方，由太僕予以管理。此外，天子在那裡與宗人議事，或退朝後接待大夫。路門之外稱治朝，由司士管理，是天子視朝的地方，每天在那裡接見諸侯。以上兩朝均是內朝。皋門之裡，庫門之外，稱外朝，由朝士管理，是百官議政的地方。❹考　亡父。❺妣　亡母。❻以木德承魏水　西魏被認為是以水德為王，按五行相生相剋的五德終始理論推斷，北周是以木德繼承西魏的水德。❼行夏之時　沿用夏朝的曆法。即以北斗星斗柄指向正東偏北的寅位為一年的開始，也就是以農曆正月為歲首。❽服色尚黑　五行中水行以黑色為上色，周得水行，故尚黑。❾自謂先世出於神農　神農，即炎帝，傳說中的古代部落聯盟首領。鮮卑人認為炎帝被黃帝擊敗後，其中一支逃到了漠北，成為鮮卑人的祖先。到了葛烏兔為首領時，鮮卑強大起來。傳到玄孫普回，在打獵中得到三枚玉璽，其中一枚刻有「皇帝璽」三字，以為是上天的賜予。鮮卑人俗稱天子叫宇文，於是宇文成為姓氏和國號。見《周書》卷一〈文帝紀上〉。❿二丘　祭天的圜丘和祭地的方丘。⓫獻侯　普回的兒子莫那最早率領族人，從陰山向南遷徙到遼西地區，被北周尊為始祖，稱獻侯。見《周書》卷一〈文帝紀上〉。⓬癸卯　正月三日。⓭甲辰　正月四日。⓮大社　即社稷壇，是祭祀土地神和穀神的地方。⓯市門稅　北魏末年，起義和叛亂頻繁爆發，政府財政匱乏，於是凡進入市場大門的人，每人收稅一錢，稱作市門稅。至此廢除。⑯乙巳　正月五日。⑰鄭玄　（西元一二七—二〇〇年）東漢末年著名的經學家，字康成，北海高密（今山東高密西）人，以古文經說為主，兼採今文經說，遍注群經，成為漢代經學的集大成者。傳見《後漢書》卷三十五。他認為《周禮》是真正的周代官制，被宇文泰接受，改革了西魏的官制。現在宇文覺又採用他對喪制的解說，來確定北周的宗廟祭祀制度。⑱五廟　《禮記・王制》認為周天子有七廟，太祖廟外，有三昭、三穆。太祖位是坐西朝東；昭是二、四、六代繼承者的神主位，在太祖位的左方，南向；穆是三、五、七代繼承者的神主位，在太祖位的右方，北向。鄭玄認為所謂七廟是說有太祖廟、文王和武王二個祧廟，以及二昭、二穆四個親廟。祧廟別立。所以北周設五廟。⑲祧廟　遠祖廟。⑳不毀　凡高祖以上遠祖，一般不立廟，藏神主於太廟中，稱毀。但有德行的可以不毀，立祧廟供祭祀。㉑辛亥　正月十一日。㉒壬子　正月十二日。㉓元氏　（？—西元六一六年）周孝閔帝元皇后，名胡摩，西魏文帝元寶炬第五個女兒，初封晉安公主。孝閔帝被廢，出家為尼。建德初年（西元五七二年），周武帝將她尊為孝閔皇后，居住在崇義宮。隋時淪為平民。傳見《周書》卷九、《北史》卷十四。㉔南安城主馮顯　南安，縣名，在今湖北黃岡。馮顯以南安降周，事見《周書》卷三十七與《北史》卷七十〈郭彥傳〉。㉕豐州刺史　據《周書》卷三十七、《北史》卷七十，時宇文貴為澧州刺史。㉖郭彥　（？—西元五六九年）太原陽曲（今山西陽曲西南）人，西魏時官至驃騎大將軍、開府儀同三司，封龍門縣伯。入周，以襲取南安，進爵懷德縣公。傳見《周書》卷三十七、《北史》卷七十。㉗秦州都督　以秦州刺史身分都督河、渭、涼、鄯四州諸軍事。姓名不詳。㉘揣之已了　分析此事已經明明白白了。㉙事勃　像臣對君一樣對待蕭勃。㉚庚午　二月一日。㉛從子　《陳書》卷八、《南史》卷六十六均作「子」。《通鑑》從《梁書》卷六。㉜癸酉　二月四日。㉝朝日　古代帝王祭日的禮名。㉞戊寅　二月九日。㉟晉公　原封中山公。此為宇文護的新封爵。㊱丁亥　二月十八日。㊲戊子　二月十九日。㊳苦竹灘　地名，在江西豐城西南，也叫苦竹洲。㊴蹠口城　城名，在江西南昌西南。又作墌口城。㊵孝勱　余孝勱，人名。㊶石頭　石頭渚，在今江西新建西北。㊷上牢　地名，今址不詳。㊸芊韶　地名，在今江西豐城東北。㊹泥溪　地名，在今江西峽江縣以東。㊺嚴威將軍　官名，屬雜號將軍。㊻癸巳　二月二十四日。㊼甲午　二月二十五日。㊽賀蘭祥　（西元五一五—五六二年）字盛樂，一作盛洛，武川（今內蒙古武川）人。西魏時官至大將軍、尚書左僕射，爵博陵郡公。入周，協助宇文護誅趙貴，廢孝閔帝。後大破吐谷渾，建洮州，以功封涼國公。傳見《周書》卷二十、《北史》卷六十一。㊾庚子　三月一日。㊿趙景公　獨孤信時封衛國公，隋文帝登基，始追封趙國公，諡號景。見《周書》卷十六〈獨孤信傳〉。(51)己酉　三月十日。(52)甲辰　三月五日。(53)甲寅　三月十五日。(54)己卯　四月十一日。(55)四柱錢　文作「五銖」。因正面上下各有二星，所以叫做四柱錢。有的是正面上下各一星，背面左右各一星。56一當二十　一個四柱錢可以頂二十個小錢用。57壬午　四月十四日。58成陵　北周太祖宇文泰陵園。59乙酉　四月十七日。60右丞相　官名，齊置，又有左丞相。《隋志》以為乾明（西元五六〇—五六一年）中初置丞相，河清（西元五六二—五六五年）中分為左右。據此則北齊文宣帝天保八年已置右丞相，天保十年又升斛律金為左丞相。至乾明元年二月，才以高演為大丞相。則置左右丞相先於置丞相。61太傅　北齊官制與北周不同，以太師、太傅、太保為三師，仿周制上公，由功勳卓著、德行高尚的大臣來擔任。其下有「二大」，即大司馬、大將軍，專門負責軍事。再次為三公，即太尉、司徒、司空。以上都是一品官。太傅地位與丞相當，但權力不如丞相大。62并省　高歡居晉陽，在并州特設行臺尚書令及左、右僕射。高洋建北齊，改稱并省，設官依舊，但地位低於鄴都中央政府的尚書省。63丁亥　四月十九日。64壬辰　四月二十四日。65丙申　四月二十八日。66復閉細錢　再度禁止民間私鑄的小錢流行。67戊戌　四月三十日。68衡州　胡三省注以為此衡州，治所在含洭，即今廣東英德西，不是治所在始興（今廣東韶關市）的東衡州。69紇　歐陽紇（西元五三七—五六九年），字奉聖，陳文帝時任衡州刺史，襲封陽山郡公。宣帝初即位，調他入京，紇疑心對他不利而反叛，不久兵敗被殺。傳見《陳書》卷九、《南史》卷六十六。70齊軌　齊軌之言與被殺事載《周書》卷三十五與《北史》卷三十六〈薛善傳〉。71御正中大夫　官名，掌記王言行。72中外府司馬　官名，即都督中外諸軍事府司馬。73戊辰　六月戊辰朔，即六月一日。《通鑑》作「五月」，誤。74戊寅　六月十一日。75辛亥　七月十四日。76河南北　洛陽以東的黃河南北地區。77崔叔瓚　博陵安平（今河北安平）人，好直言。妻子是齊昭信皇后的妹妹。後卒於陽平太守任。傳見《魏書》卷四十九、《北史》卷三十二。78五行志　即《漢書．五行志》。原文作「是時民患上力役，懈於公田」，所以「蝗始生」。79土功不時　大興土木，勞民傷財，影響農業生產。80溷　取之於廁所或豬圈的髒水。81丁卯　八月一日。82戊辰　八月二日。83甲午　八月二十八日。84辛丑　九月五日。85剛果　剛強果敢。86司會　官名，大冢宰屬官，主持財政。87李植　柱國大將軍李遠之子，曾任梁州刺史。傳見《周書》卷二十五、《北史》卷五十九。88相府司錄　官名，掌丞相府機要。89宮伯　官名，是大冢宰屬官，掌官宦子弟的名籍和選拔任用。90乙弗鳳　複姓乙弗，乙弗朗之子。傳見《北史》卷四十九。91邑邑　同「悒悒」。不得志的樣子。92情兼家國　以家論有兄弟之親，以國論有君臣之義。93竭其股肱　身居輔弼要職，如人之臂骨和大腿骨，當竭盡全力，支撐國家。94姦回　邪惡。95刻日　確定日期。96尉遲綱（西元五一七—五六九年）字婆羅，蜀國公尉遲迥的弟弟。西魏末封昌平郡公，拜大將軍。入周，進位柱國大將軍，封吳國公。傳見《周書》卷二十、《北史》卷六十二。97舊第　封略陽公時的舊宅。98詰朝　第二天早上。99陽平公　李遠封爵。

(100)相質　互相對質。(101)叔詣　《周書》卷二十五作「叔諧」。(102)義歸公主　宇文泰之女，嫁給李基為妻。(103)癸亥　九月二十七日。(104)甲子　九月二十八日。(105)戊辰　十月三日。(106)辛未　十月六日。(107)癸酉　十月八日。(108)中書舍人　官名。陳受禪，國家大事歸中書省執掌，設中書舍人五人，分管二十一局，相當尚書省各曹，處理機要。尚書有職無權。(109)劉師知　（？—西元五六七年）沛國相（今安徽淮北市西北）人，有文才，熟悉典章制度。陳受禪和陳霸先喪葬禮儀都由他擬定。後因密謀排擠任尚書令的陳頊（宣帝）而被賜死。傳見《陳書》卷十六、《南史》卷六十八。(110)排闥　推開住房的門。(111)恪身經事蕭氏　沈恪曾是梁朝之臣，因抵禦侯景侵犯臺城有功，被封東興縣侯。(112)分　名分；本分。(113)乙亥　十月十日。(114)改元　改年號。(115)丙子　十月十一日。(116)蔣帝廟　即蔣子文廟。據說漢末秣稜尉蔣子文追趕賊人到鍾山下，受傷而死。吳孫權時，屢有神異事發生。於是孫權封他為蔣侯，並在山上修築廟宇。因此鍾山也被稱作蔣山。(117)庚辰　十月十五日。(118)辛巳　十月十六日。(119)董氏　名不詳。(120)錢氏　吳興錢仲方之女，早卒。(121)克　陳克，時已死，謚孝懷。(122)章氏　即高祖宣皇后，名要兒，吳興烏程（今浙江湖州）人，本姓鈕，父鈕景明被章氏收養，因而改姓。章后曾被侯景所囚禁。霸先死，章后與蔡景歷共同定計，祕不發喪，召文帝即位，被尊為皇太后。廢帝即位，又尊為太皇太后。光大二年（西元五六八年）黜廢帝為臨海王，命宣帝嗣位，復尊為皇太后。事詳《陳書》卷七、《南史》卷十二。(123)刪定郎　官名，掌法律條令的擬定和修訂。(124)乙酉　十月二十日。(125)丙戌　十月二十一日。(126)甲午　十月二十九日。(127)戊子　十月二十三日。(128)祔　祭名，本指新死者與祖先合享的祭祀。止哭的第二天，奉死者的神主祭於祖廟。祭畢，仍奉神主還家。滿二週年後，正式遷入廟中。陳霸先父已死多年，所以直接遷到太廟中。(129)一太牢　祭祀的犧牲用牛、羊、豬各一具。(130)薦首　把牛、羊、豬的頭獻給始祖。(131)戰無名矣　本來擁立梁敬帝，挾天子以令諸侯，征討不應王命的王琳，名正言順。現在取梁而代之，建立陳朝，連王琳都不如，所以師出自然無名。(132)弇口　弇水入長江口，在今湖北漢陽西南。(133)沌口　沌水入長江處，也在今漢陽西南。(134)漢曲　漢水曲折轉彎處，在漢陽境內。(135)徐敬成　（西元五四〇—五七五年）徐度之子。初任著作郎。自王琳處放歸，遷太子舍人。於平定陳寶應、華皎叛亂和北伐中，屢立戰功。終於安州刺史任。傳見《陳書》卷十二、《南史》卷六十七。(136)艒　大船。(137)丙申　十一月一日。(138)頊　陳頊。時陳頊為人質，滯留在北周都城長安，所以始興王爵是遙封。(139)庚子　十一月五日。(140)丁未　十一月十二日。(141)庚午　十二月六日。(142)癸酉　十二月九日。(143)自蜀江東下　譙淹從墊江（今重慶市）順長江東下，為躲避北周的威脅。(144)叱羅暉　人名，複姓叱羅。(145)蕭乾　（？—西元五六七年）字思惕，蘭陵人，仕至五兵尚書。傳見《陳書》卷二十一、《南史》卷四十二。(146)子範　蕭子範，字景則，封祁陽縣侯。傳見《梁書》卷三十五、《南史》卷四十二。(147)席固　在梁為齊興郡守、興州刺史，入西魏、北周，為豐州刺史、湖州刺史。傳見《周書》卷四十四、《北史》卷六十六。(148)而難其人　指替代的人難以選出。(149)司憲中大夫　官名，大司寇屬官，掌監督執政。(150)朝制　北周的法制。(151)庫洛枝　地名，今址不詳。《北齊書》卷四、《北史》卷七均作「庫洛拔」。(152)不欲見沙門　當時沙門都穿黑衣，高歡怕應了術士的話，所以不見沙門。(153)破六韓伯昇　人名，複姓破六韓。(154)洟　鼻涕。(155)二兄　高洋排行老二，所以高浚稱他為二兄。(156)大敵　指北周。(157)裸裎　赤身露體。(158)屏處　隱蔽的處所。(159)由來難忍　從來叫人難以忍受。(160)飲食溲穢　吃飯便溺。

【校　記】[1]耳　原無此字。據章鈺校，十二行本、乙十一行本、孔天胤本皆有此字，張敦仁《通鑑刊本識誤》同，今據補。[2]以　原作「而」。據章鈺校，十二行本、乙十一行本、孔天胤本皆作「以」，今據改。[3]貲　原作「貨」。據章鈺校，十二行本、乙十一行本、孔天胤本皆作「貲」，張敦仁《通鑑刊本識誤》同，今據改。[4]居　原作「據」。據章鈺校，十二行本、乙十一行本皆作「居」，張敦仁《通鑑刊本識誤》同，今據改。按，《通鑑紀事本末》卷二四作「居」，《陳書・侯安都傳》、《南史・侯安都傳》皆作「據」。[5]騎　原作「軍」。據章鈺校，十二行本、乙十一行本皆作「騎」，今據改。按，《陳書・侯安都傳》、《南史・侯安都傳》、《通鑑紀事本末》卷二四皆作「騎」。[6]大　原無此字。據章鈺校，十二行本、乙十一行本、孔天胤本皆有此字，張敦仁《通鑑刊本識誤》同，今據補。[7]人　原作「臣」。據章鈺校，十二行本、乙十一行本、孔天胤本皆作「人」，今據改。按，《周書・宇文護傳》、《通鑑紀事本末》卷二四皆作「人」。[8]為　原作「植」。據章鈺校，十二行本、乙十一行本皆作「為」，張敦仁《通鑑刊本識誤》同，今據改。按，《周書・李賢傳附李植傳》、《通鑑紀事本末》卷二四皆作「為」。[9]公　原無此字。胡三省注云：「『略陽』之下當有『公』字。」據章鈺校，十二行本、乙十一行本皆有此字，今據補。按，《通鑑紀事本末》卷二四亦有此字。[10]等　原無此字。據章鈺校，十二行本、乙十一行本皆有此字，今據補。按，《通鑑紀事本末》卷二四有此字。[11]塢紇戍　原作「鳿紇戍」。據章鈺校，十二行本、乙十一行本、孔天胤本皆作「鳴紇戍」，熊羅宿《胡刻資治通鑑校字記》同，張瑛《通鑑校勘記》作「塢紇戍」。按，胡三省注云：「《北史》作『塢紇戍』。」《北齊書・文宣帝紀》、《北史・顯祖文宣帝紀》皆作「塢紇戍」，當是，今據改。[12]偕　原作「皆」。據章鈺校，十二行本、乙十一行本皆作「偕」，張敦仁《通鑑刊本識誤》同，今據改。按，《通鑑紀事本末》卷二四作「偕」。[13]心　原作「深」。據章鈺校，十二行本、乙十一行本皆作「心」，張敦仁《通鑑刊本識誤》同，今據改。

【語　譯】高祖武皇帝

永定元年（丁丑　西元五五七年）

春，正月初一日辛丑，周公宇文覺即位為天王，築壇舉行柴燎告天大典，並在露門接受百官朝拜。追封亡父文公宇文泰為文王，亡母元氏為文后。大赦天下。封遜位的魏恭帝為宋公。以木德，承接魏的水德，改行夏曆，車騎服飾用黑色。任命李弼為太師，趙貴為太傅、大冢宰，獨孤信為太保、大宗伯，中山公宇文護為大司馬。

梁朝下詔任命王琳為司空、驃騎大將軍，任命尚書右僕射王通為左僕射。

北周天王宇文覺在圜丘祭天，自以為祖先出自神農氏，所以修建神農祠與祭天的圜丘和祭地的方丘相配，又修建始祖獻侯莫那神壇與南郊天壇和北郊地壇相配，文王宇文泰的靈位設在明堂，廟號太祖。正月初三日癸卯，在方丘祭地，初四日甲辰，大社祭祀土地神。下令廢除市門稅。初五日乙巳，在太廟祭拜祖先，按照東漢鄭玄《禮記注》的釋義，建立太祖與兩昭、兩穆，共為五廟。此外，有功德的祖宗神主，另修建祧廟祭享，永不遷毀。十一日辛亥，在南郊祭天。十二日壬子，冊立元氏為王后。元氏王后，是西魏文帝的女兒晉安公主。

北齊南安城主馮顯請求投降北周，北周柱國宇文貴派豐州刺史太原人郭彥領兵迎接，北周於是佔據了南安城。

吐谷渾侵擾北周，進攻涼州、鄯州、河州三州。秦州都督派渭州刺史于翼領兵前去增援，于翼不聽從。于翼的部屬都勸諫于翼，于翼說：「攻城掠地的戰術，不是夷狄擅長的。這次吐谷渾進犯，只不過是到邊境搶掠罷了，如果搶掠沒有收穫，勢必自己退走。疲勞我軍去迎擊，一定追不上。我于翼對吐谷渾的這次犯邊行動，揣測得十分明白，你們不要再說什麼。」幾天以後，打探消息的人回來，吐谷渾果然如于翼所料的那樣。

當初，梁朝世祖蕭繹以始興郡為東衡州，任命歐陽頠為刺史。過了很久，改任歐陽頠為郢州刺史，蕭勃扣留歐陽頠，不讓他走。世祖蕭繹就任命王琳取代蕭勃為廣州刺史，蕭勃派他的部將孫瑒監理廣州，自己帶領所屬的全部人馬屯駐在始興迴避王琳。歐陽頠在始興另據一城，不去拜謁蕭勃，閉門堅守。蕭勃大怒，派兵襲擊歐陽頠，全部收繳了他的資財、貨物、兵馬、器械。不久，釋放了歐陽頠，讓他回到原處，與他訂立盟約。江陵城破，歐陽頠服務於蕭勃。二月初一日庚午，蕭勃在廣州起兵，派歐陽頠和他的部將傅泰、蕭孜為前鋒。蕭孜，是蕭勃的姪子。南江州刺史余孝頃領兵與他會合。梁朝下詔平西將軍周文育率領各路兵馬前去討伐。

二月初四日癸酉，周王宇文覺在東郊舉行迎拜太陽的典禮。初九日戊寅，祭祀太社。

北周楚公趙貴、衛公獨孤信先前與太祖宇文泰平起平坐，等到晉公宇文護執掌朝政，兩人心裡苦悶不服氣。趙貴策劃殺害宇文護，獨孤信制止了他。開府儀同三司宇文盛告發了這件事。二月十八日丁亥，趙貴入朝。宇文護逮捕趙貴殺了他，罷免了獨孤信的官職。

梁朝領軍將軍徐度從東關出兵侵犯北齊。二月十九日戊子，到達合肥，燒毀北齊兵船三千艘。

歐陽頠等從南康出兵，駐紮在豫章苦竹灘，傅泰佔據了蹠口城，余孝頃派他的弟弟余孝勱留守豫章郡城，自己領兵從豫章郡出發佔據石頭渚。巴山太守熊曇朗誘騙歐陽頠共同襲擊高州刺史黃法𣰰。又通知黃法𣰰，約他一同攻打歐陽頠，還說：「此事成功，分給我馬匹和鎧仗。」於是出兵與歐陽頠一同進軍，到了黃法𣰰城下，熊曇朗假裝敗逃，黃法𣰰乘機進攻，歐陽頠失去支援，慌亂敗逃，熊曇朗收取歐陽頠丟棄的馬匹鎧仗，回到巴山。

周文育的軍隊缺少舟船，余孝頃有船在上牢，周文育派軍主焦僧度偷襲，繳獲了全部船隻而歸，仍在豫章紮營。這時軍中糧食耗盡，諸將想要退兵，周文育不同意，派人從小道送信給周迪，相約結為兄弟。周迪得到書信非常高興，許諾贈送糧食。於是周文育就分遣老弱乘坐原來的船隻順水東下，燒毀在豫章駐紮的軍營，裝著逃走的樣子。余孝頃望見，十分高興，不再設防。周文育從小路兼程速進，佔據芊韶。芊韶上游有歐陽頠、蕭孜，下游有傅泰、余孝頃，周文育佔據中間，修建軍營，宴饗軍士，歐陽頠等非常恐慌。歐陽頠退守泥溪。周文育派嚴威將軍周鐵虎等襲擊歐陽頠。二月二十四日癸巳，擒獲歐陽頠。周文育盛列甲兵，與歐陽頠乘船宴飲，巡行到蹠口城下。周文育派部將丁法洪攻擊傅泰，擒獲了傅泰。蕭孜、余孝頃於是敗走。

二月二十五日甲午，北周任命于謹為太傅，大宗伯侯莫陳崇為太保，晉公宇文護為大冢宰，柱國武川人賀蘭祥為大司馬，高陽公達奚武為大司寇。

周人殺害了魏恭帝。

三月初一日庚子，周文育送歐陽頠、傅泰到建康。丞相陳霸先與歐陽頠有舊情，釋放了歐陽頠並優厚地對待他。

北周晉公宇文護因趙景公獨孤信名高望重，不想公開殺他，三月初十日己酉，逼迫他自殺。

三月初五日甲辰，梁朝任命司空王琳為湘、郢兩州刺史。

曲江侯蕭勃在南康，聽到歐陽頠等戰敗，軍中驚恐。三月十五日甲寅，德州刺史陳法武、前衡州刺史譚世遠攻擊蕭勃，殺死了他。

夏，四月十一日己卯，梁朝鑄造四柱錢，一枚四柱錢兌換二十枚民間私鑄的小錢。〇北齊派使者到梁朝請求和好。〇十四日壬午，周王宇文覺祭拜成陵。十七日乙酉，回宮。

北齊任命太師斛律金為右丞相，前大將軍可朱渾道元為太傅，開府儀同三司賀拔仁為太保，尚書令常山王高演為司空，錄尚書事長廣王高湛為尚書令，右僕射楊愔為左僕射，仍保留原加官開府儀同三司。并省尚書右僕射崔暹為左僕射，上黨王高渙錄尚書事。

四月十九日丁亥，周王宇文覺祭祀太廟。〇二十四日壬辰，梁朝改四柱錢一枚兌換十枚小錢。二十八日丙申，又禁止民間私鑄小錢。

原曲江侯蕭勃部下主帥蘭敱偷襲殺了譚世遠，軍主夏侯明徹殺了蘭敱並持蕭勃首級投降了周文育。蕭勃的原記室李寶藏擁戴懷安侯蕭任據守廣州。蕭孜、余孝頃還佔據著石頭渚，建了兩座軍壘城，兩人各居一城，又多置船艦，夾水列陣。丞相陳霸先派平南將軍侯安都協助周文育進攻他們。四月三十日戊戌，侯安都隱密行軍，在晚上放火燒了余孝頃的舟船，周文育率領水軍，侯安都率領步兵、騎兵兩面攻擊，蕭孜出營投降，余孝頃逃回新吳，周文育等領兵回到建康。丞相陳霸先認為歐陽頠在南方有很高的聲望，重新任命他為衡州刺史，派他征討嶺南。歐陽頠還沒到職，他的兒子歐陽紇已經攻克了始興，歐陽頠到達嶺南，各郡都歸降，於是攻克了廣州，嶺南全境都平定了。

北周儀同三司齊軌對御正中大夫薛善說：「軍國大權，應當回到天子手中，怎麼還被權貴掌握？」薛善把齊軌的話報告晉公宇文護，宇文護殺了齊軌，任命薛善為中外府司馬。

五月戊辰日，余孝頃派人到丞相府請求投降。

王琳拒絕了朝廷的徵召，大量製造舟船，將進攻陳霸先。六月十一日戊寅，陳霸先任命開府儀同三司侯安都為西道都督，周文育為南道都督，率領水軍兩萬到達武昌會合，攻打王琳。

秋，七月十四日辛亥，北周天王宇文覺祭祀太廟。

北齊河南、河北發生大範圍蝗蟲災害。北齊國主高洋詢問魏郡郡丞崔叔瓚說：「什麼原因造成蝗災？」崔叔瓚回答說：「《漢書．五行志》記載說：不合時宜地大興土木，就要鬧蝗災。如今在國都外修築長城，在國都內興建三臺，大概就是因為這吧！」高洋大怒，讓身邊的人毆打崔叔瓚，拔他的頭髮，用髒水淋他的頭，抓住他的腳倒拖出去。崔叔瓚，是崔季舒的哥哥。

八月初一日丁卯，北周歸還梁世祖蕭繹的靈柩，以及諸將被俘的家屬一千多人交給王琳。

八月初二日戊辰，北周天王宇文覺祭祀太社。

八月二十八日甲午，梁朝進位丞相陳霸先為太傅，加黃鉞、殊禮，入朝拜見天子，不必唱名。九月初五日辛丑，進位丞相陳霸先為相國，統領百官，封陳公，備九錫，陳國設置百官。

北周孝愍帝宇文覺性情剛直果敢，厭惡晉公宇文護大權獨攬。司會李植從太祖宇文泰時任職丞相府司錄，就參掌朝政，軍司馬孫恆也長久身任要職，等到宇文護執政，李植、孫恆擔心宇文護容不下他倆，就與宮伯乙弗鳳、賀拔提等一起在北周天王面前說宇文護的壞話。李植、孫恆說：「宇文護自從誅殺趙貴以後，威望權力一天更比一天加重，謀臣老將，爭著去依附他，大大小小的政事，全都取決於宇文護。依臣看來，宇文護將不遵守為臣之道，希望陛下早點除掉他！」天王認為說得對。乙弗鳳、賀拔提說：「憑先王的英明，還把朝政委託給李植、孫恆，現今把大事交給他兩人，何愁不成功？況且宇文護經常自比周公，臣聽說周公攝政七年，陛下哪能像這樣苦悶地等待七年？」天王更加相信他們，多次召集武士到皇宮後花園訓練，演習捉拿人的技藝。李植等人又帶來宮伯張光洛共謀，張光洛把密謀告訴了宇文護。宇文護把李植調出朝廷任梁州刺史，孫恆為潼州刺史，想拆散他們的計謀。過後天王想念李植等人，每每想召回他們，宇文護流著眼淚諫阻說：「天下最親的人，莫過於兄弟；如果兄弟之間還要互相猜疑，外人誰可信任呢？太祖考慮陛下年輕，把後事委託給臣，臣與陛下論私有兄弟之親，論公有君臣之義，實在是想竭盡忠誠做好輔佐。如果陛下親自處理政務，聲威傳布四海，臣死之日，猶是在生之年。臣只是擔心，除掉臣之後，奸巧佞人得志，不但對陛下不利，而且顛覆社稷，使臣沒有面目在九泉之下見太祖。況且臣是天子的兄長，位至宰相，還想要什麼呢？希望陛下不要聽信奸人的讒言，疏遠拋棄了骨肉。」天王這才停止了宣召李植等人，但內心仍然猜疑宇文護。

乙弗鳳等更加害怕，密謀加緊進行，定下日期召集公卿宴飲，趁機逮捕宇文護處死，張光洛又把密謀報告了宇文護。宇文護便召集柱國賀蘭祥、領軍尉遲綱等商議，賀蘭祥等勸說宇文護廢了天王另立新君。當時尉遲綱統領禁衛軍，宇文護派尉遲綱入宮召乙弗鳳等議事。乙弗鳳等一到，就把他們一個一個拿下，押送到宇文護的府第，接著又解散了禁衛軍。天王宇文覺這才醒悟，獨自一人在內殿，急令宮人各執兵器，守衛殿門。宇文護派賀蘭祥逼迫天王讓位，把他禁閉在原先封略陽公時的舊宅。召集所有公卿議事，廢天王為略陽公，迎立岐州刺史寧都公宇文毓為天王。公卿們都說：「這是您的家事，誰敢不唯命是聽？」於是在門外殺了乙弗鳳等，孫恆也被誅殺。

當時李植父親柱國大將軍李遠鎮守弘農，宇文護召李遠和李植回到朝廷，李遠疑心有變故，沉吟良久，然後說：「大丈夫寧願做忠誠的鬼，怎麼能做反叛的臣呢？」於是應徵上路。到了長安，宇文護因李遠一向功高名重，還想保全他，特地引他入內相見，對他說：「你的兒子陰謀造反，不止是要加害我宇文護，還要危害宗廟社稷。叛臣賊子，理應共恨，你盡早給他安排去處。」便把李植交給了李遠。李遠一向疼愛李植，李植又能言善辯，自陳原本沒有異謀。李遠相信了李植的話，第二天早上，帶著李植拜見宇文護。宇文護以為李植已死，身邊的人告訴宇文護說李植也在門外。宇文護大怒說：「陽平公李遠不相信我！」便召李遠父子入內，仍招呼李遠與自己同坐，讓略陽公宇文覺與李植兩人在李遠面前對質。李植理屈辭窮，對略陽公說：「當初設計此謀，是想安定社稷，有利於至尊。今天事已至此，還說什麼？」李遠聽了這話，自己癱倒在坐床上，說：「如果是這樣，確實該死！」於是宇文護殺了李植，並且逼令李遠自殺。李植弟弟李叔詣、李叔謙、李叔讓也都被處死，其餘的兒子因年幼免死。當初，李遠的弟弟開府儀同三司李穆知道李植不是一個保全家庭的人，常勸李遠除掉李植，李遠沒有採納。等到李遠將受刑，哭著對李穆說：「我沒有聽你的話以致落得今天的下場。」李穆應當受株連，因先前的規勸之言，得以免死，被罷官為民，連帶他的子弟也都罷官為民。李植弟弟淅州刺史李基，娶義歸公主為妻，應當連坐，李穆請求拿自己的兩個兒子頂替李基的性命，宇文護把李基和李穆的兩個兒子全都赦免。

一個多月後，宇文護殺了略陽公宇文覺，廢黜王后元氏出家為尼。

九月二十七日癸亥，寧都公宇文毓從岐州到達長安，二十八日甲子，即天王位，大赦天下。

冬，十月初三日戊辰，梁朝進陳公霸先爵為陳王。初六日辛未，梁敬帝禪帝位給陳王。〇初八日癸酉，北周魏武公李弼去世。

陳王陳霸先派中書舍人劉師知引導宣猛將軍沈恪帶兵進入宮中，護送梁朝國主蕭方智出居別宮。沈恪推開門拜見陳王，磕頭謝罪說：「我沈恪曾經侍奉蕭氏，今天不忍心看到這樣的事。就我本分應接受處死，絕不敢遵命！」陳王欣賞他的心意，不再逼他，另派盪主王僧志替代沈恪。十月初十日乙亥，陳王陳霸先在南郊即皇帝位，回到宮殿，大赦天下，改年號為永定。廢梁敬帝蕭方智為江陰王，梁太后為江陰王太妃，梁皇后為江陰王妃。

陳朝任命給事黃門侍郎蔡景歷為祕書監兼中書通事舍人。這時陳朝政事都出自中書省，設置二十一個局，各與尚書諸曹對應，統理國家機要，尚書只是聽命執行罷了。

十月十一日丙子，陳武帝巡幸鍾山，祭祀蔣帝廟。十五日庚辰，陳武帝從杜姥宅取出佛牙，舉辦無遮大會，陳武帝親自出宮前往膜拜。

十月十六日辛巳，陳武帝追尊皇考陳文讚為景皇帝，廟號太祖，皇妣董氏為安皇后，追立前夫人錢氏為昭皇后，世子陳克為孝懷太子，立夫人章氏為皇后。章皇后，是烏程人。

陳朝設置刪定郎，制定律令。

十月二十日乙酉，北周天王宇文毓在圜丘祭天。二十一日丙戌，在方丘祭地。二十九日甲午，祭祀太社。

十月二十三日戊子，陳朝遷太祖景皇帝神主祔於太廟，祭祀七廟開始共用一個太牢，始祖廟用牛、羊、豬的頭祭祀，其餘的六廟用豚體祭祀。

侯安都到武昌，王琳部將樊猛棄城逃走，周文育從豫章來與他會合。侯安都聽到陳霸先接受禪讓，歎息說：「我這次一定失敗，師出無名了！」當時侯安都與周文育兩人同時進兵，互不統屬，部下互相爭執，漸漸有些不和。大軍進到郢州，王琳部將潘純陀在城中遠遠地射擊官軍，侯安都大怒，進兵包圍郢州。官軍還沒攻克郢州，王琳領兵到達弇口，侯安都放棄郢州，全軍前往沌口，留下沈泰一軍守衛漢曲。侯安都軍碰上逆風，無法前進，王琳佔據了東岸，侯安都等人佔據西岸，相持了幾天，兩軍才交戰，侯安都等大敗。侯安都、周文育，以及裨將徐敬成、周鐵虎、程靈洗都被王琳活捉，沈泰領兵逃回建康。王琳召見各位將領說話，只有周鐵虎言辭剛強不屈，王琳殺了周鐵虎，把侯安都等人囚禁起來，用一根長鏈條鎖在一起，安置在王琳座船的底艙，派一名親信宦官王子晉負責監管。王琳把軍府從湘州遷移到郢州城，又派他的部將樊猛襲擊並佔據了江州。

十一月初一日丙申，陳武帝冊立哥哥的兒子陳蒨為臨川王、陳頊為始興王，弟弟的兒子陳曇朗已經死亡但陳武帝不知道，遙立為南康王。

十一月初五日庚子，北周天王宇文毓祭祀太廟。十二日丁未，在圜丘祭天。十二月初六日庚午，拜謁成陵。初九日癸酉，回到長安宮。

譙淹率領水軍七千人、老弱三萬口沿蜀江順流東下，想投靠王琳，北周派開府儀同三司賀若敦、叱羅暉等攔擊，殺了譙淹，俘虜了他的所有部眾。

這一年，陳朝下詔給事黃門侍郎蕭乾到閩中招安。當時，熊曇朗在豫章，周迪在臨川，留異在東陽，陳寶應在晉安，互相連結，閩中土著豪帥也往往立寨自保。陳武帝深深憂慮，派蕭乾把禍福的道理告訴他們，豪帥們都率領部眾請求投降，陳朝就任命蕭乾為建安太守。蕭乾，是蕭子範的兒子。

當初，梁朝的興州刺史席固舉州投降西魏，周太祖宇文泰任命席固為豐州刺史。過了很長時間，席固仍然沿用梁朝的舊法，不遵守北方制度，北周人暗中想替代他，但很難找到合適的人選。於是任命司憲中大夫令狐整暫時鎮守豐州，並授予他代理席固的方略。令狐整對州城吏民廣布恩惠和威嚴，誠心安撫接待，幾個月以後，恩化使州府十分融洽。於是委任令狐整為豐州刺史，任命席固為湖州刺史。令狐整把州治所遷移到武當縣，十日之內，州城府衙一切安排妥當，被遷移的人如同回到了家。席固離開的時候，他的部屬很多願意留在令狐整身邊，令狐整曉諭朝廷制度，不允許留下，大家無不流著眼淚離開。

北齊人在新築的長城裡面又築一道內城，從庫洛枝東到塢紇戍，全長四百多里。

當初，北齊有個術士說「亡高者黑衣」，所以高祖高澄每次出行，不願見到沙門。顯祖高洋在晉陽時，問身邊的人：「什麼東西最黑？」回答說：「沒有超過漆的。」高洋認為上黨王高渙在兄弟中排行第七，於是派庫直都督破六韓伯昇到鄴城徵召高渙。高渙到達紫陌橋，殺了破六韓伯昇，渡河南逃，到了濟州，被人抓獲，押送回鄴城。

北齊國主高洋為太原公時，和永安王高浚一起去見世宗高澄，高洋有時流出鼻涕，高浚斥責高洋身邊的人說：「為什麼不給二哥擦鼻涕？」高洋懷恨在心。等到高洋即了帝位，高浚任青州刺史，人很聰明，又體恤部屬，青州吏民都很喜歡高浚。高浚因高洋愛酗酒，私下對親近的人說：「二哥因為酗酒而敗壞了道德，朝臣中沒有敢諫阻的人，大敵未滅，我非常擔憂。我想乘驛車到鄴都當面諫阻，不知二哥聽不聽我的話？」有人向高洋告密，高洋更加懷恨高浚。高浚入朝，隨高洋巡幸東山，高洋赤身裸體取樂。高浚上前諫阻說：

「這不是皇上適宜做的事。」高洋很不高興。高浚又在隱蔽處召見丞相楊愔，責備他不諫阻國君。當時高洋不願大臣與諸王交通，楊愔害怕，就把高浚召見的事上奏高洋。高洋大怒說：「這個小人一直就讓人難以忍受！」於是罷宴回宮。高浚不久也回到了青州，又上書懇切諫阻，高洋便下詔徵召高浚。高浚害怕大禍臨頭，託疾不到都城。高洋派驛傳快馬去抓捕高浚，男女老少流淚送行的有幾千人。到達鄴城，高浚與上黨王高渙都被裝在鐵籠裡，放在北城的地牢中，飲食與大小便都在一間屋裡。

二年（戊寅　西元五五八年）

春，正月，王琳引兵下，至湓城，屯於白水浦❶，帶甲十萬。琳以北江州刺史魯悉達為鎮北將軍，上❷亦以悉達為征西將軍，各送鼓吹女樂。悉達兩受之，遷延顧望，皆不就。上遣安西將軍沈泰襲之，不克。琳欲引軍東下，而悉達制其中流，琳遣使說誘，終不從。己亥❸，琳遣記室宗虩❹求援於齊，且請納梁永嘉王莊以主梁祀。衡州刺史周迪欲自據南川❺，乃總召所部八郡❻守宰結盟，齊言❼入赴。上恐其為變，厚慰撫之。

新吳洞主余孝頃遣沙門道林❽說琳曰：「周迪、黃法氍皆依附金陵，陰窺間隙，大軍若下，必為後患。不如先定南川，然後東下，孝頃請席卷所部以從下吏。」琳乃遣輕車將軍樊猛、平南將軍李孝欽、平東將軍劉廣德❾將兵八千赴之，使孝頃總督三將，屯於臨川故郡，徵兵糧於迪，以觀其所為。

以開府儀同三司侯瑱為司空，衡州刺史歐陽頠為都督交、廣等十九州諸軍事、廣州刺史。

周以晉公護為太師。○辛丑❿，上祀南郊，大赦。乙巳⓫，祀北郊。○辛亥⓬，周王耕藉田。○癸丑⓭，周立王后獨孤氏⓮。○戊午⓯，上祀明堂。

二月壬申⓰，南豫州刺史沈泰奔齊。

齊北豫州刺史司馬消難，以齊主昏虐滋甚，陰為自全之計，曲意撫循所部。消難尚高祖女，情好不睦，公主訴之。上黨王渙之亡也，鄴中大擾，疑其赴成皋。消難從弟子瑞⓱為尚書左丞，與御史中丞畢義雲有隙，義雲遣御史張子階詣北豫州采風聞⓲，先禁消難典籤、家客等。消難懼，密令所親中兵參軍裴藻⓳託以私假⓴，間行入關，請降于周。

三月甲午㉑，周遣柱國達奚武、大將軍楊忠帥騎士五千迎消難，從間道馳入齊境五百里，前後三遣使報消難，皆不報㉒。去虎牢三十里，武疑有變，欲還，忠曰：「有進死，無退生。」獨以千騎夜趣城下。城四面峭絕，但聞擊柝聲。武親來，麾數百騎西去，忠勒餘騎不動，俟門開而入，馳遣召武。齊鎮城㉓伏敬遠勒甲士二千人據東城，舉烽嚴警。武憚之，不欲保城，乃多取財物，以消難及其屬先歸，忠以三千騎為殿。至洛南，皆解鞍而臥。齊眾來追，至洛北，忠謂將士曰：「但飽食，今在死地，賊必不敢度水。」已而果然，乃徐引還。武歎曰：「達奚武自謂天下健兒，今日服矣！」周以消難為小司徒㉔。

丁酉㉕，齊主自晉陽還鄴。

齊發兵援送梁永嘉王莊於江南，冊拜王琳為梁丞相、都督中外諸軍、錄尚書事。琳遣兄子叔寶帥所部十州刺史子弟赴鄴。琳奉莊即皇帝位，改元天啓。追謚建安公淵明曰閔皇帝。莊以琳為侍中、大將軍、中書監，餘依齊朝之命。

夏，四月甲子㉖，上享太廟。○乙丑㉗，上使人害梁敬帝，立梁武林侯諮之子季卿㉘為江陰王。○己巳㉙，周以太師護為雍州牧。○甲戌㉚，周王后獨孤氏殂。○辛巳㉛，齊大赦。

齊主以旱祈雨於西門豹祠㉜，不應，毀之，并掘其冢。

五月癸巳㉝，余孝頃等屯二萬軍于工塘，連八城以逼周迪。迪懼，請和，并送兵糧。樊猛等欲受盟而還，孝頃貪其利，不許，樹柵圍之。由是猛等與孝頃不協。

周以大司空侯莫陳崇為大宗伯。○癸丑[34]，齊廣陵南城主張顯和、長史張僧那各帥所部來降。○辛丑[35]，齊以尚書令長廣王湛錄尚書事，驃騎大將軍平秦王歸彥為尚書左僕射。甲辰[36]，以前左僕射楊愔為尚書令。

辛酉[37]，上幸大莊嚴寺捨身，壬戌[38]，羣臣表請還宮。

六月乙丑[39]，齊主北巡，以太子殷監國，因立大都督府與尚書省分理眾務，仍開府置佐。齊主特崇其選，以趙郡王叡為侍中、攝大都督府長史。

己巳[40]，詔司空侯瑱[1]、領軍將軍徐度帥舟師為前軍以討王琳。○齊主至祁連池[41]。戊寅[42]，還晉陽。○秋，七月[2]戊戌[43]，上幸石頭，送侯瑱等。

高州刺史黃法氍、吳興太守沈恪、寧州刺史周敷合兵救周迪。敷自臨川故郡斷江口，分兵攻余孝頃別城，樊猛等不救而沒。劉廣德乘流先下，故獲全。孝頃等皆棄舟引兵步走，迪追擊，盡擒之，送孝頃及李孝欽於建康，歸樊猛於王琳。

甲辰[44]，上遣吏部尚書謝哲[45]往諭王琳。哲，朏[46]之孫也。

八月甲子[47]，周大赦。○乙丑[48]，齊主還鄴。○辛未[49]，詔臨川王蒨西討，以舟師五萬發建康，上幸冶城寺送之。○甲戌[50]，齊主如晉陽。

王琳在白水浦，周文育、侯安都、徐敬成許王子晉以厚賂，子晉乃偽以小船依艓而釣，夜，載之上岸，入深草中，步投陳軍。還建康自劾，上引見，並宥之。

戊寅[51]，復其本官。

謝哲返命，王琳請還湘州，詔追眾軍還。癸未[52]，眾軍至自大雷。

九月甲辰[53] [3]，周封少師元羅為韓國公以紹魏後。

丁未[54]，周王如同州。冬，十月辛酉[55]，還長安。

余孝頃之弟孝勱及子公颺猶據舊柵不下，庚午[56]，詔開府儀同三司周文育都督眾軍出豫章討之。

【章旨】以上為第二段，重點寫南朝王琳兵敗，與陳朝訂盟還湘州，陳朝大局已定，全境粗安。

【注釋】❶白水浦　湖名，通長江，在今江西九江市東。❷上　此指陳霸先。❸己亥　正月五日。❹宗虩　人名。❺南川　指南昌到贛州間的贛水兩岸地區。❻八郡　即南康、宜春、安成、廬陵、臨川、巴山、豫章、豫寧八郡。❼齊言　異口同聲，一致宣言。❽道林　僧人法名。❾劉廣德　南陽涅陽（今河南鄧州）人。梁元帝時以軍功官至湘東太守。荊州陷，依於王琳。後仕陳。傳見《陳書》卷十八、《南史》卷五十。❿辛丑　正月七日。⓫乙巳　正月十一日。⓬辛亥　正月十七日。⓭癸丑　正月十九日。⓮獨孤氏　周明帝敬皇后，衛國公獨孤信的長女。傳見《周書》卷九、《北史》卷十四。⓯戊午　正月二十四日。⓰壬申　二月初九日。⓱子瑞　司馬子瑞，河內溫（今河南溫縣）人。仕北齊，官至御史中丞，以平直著稱。傳見《北齊書》卷十八、《北史》卷五十四。⓲采風聞　搜集民間傳聞。⓳裴藻　字文芳，初事司馬子如父子，入周後，封聞喜縣男，任晉州刺史。傳見《北史》卷五十四。⓴私假　休假。㉑甲午　三月一日。㉒皆不報　都沒有回信。㉓鎮城　官名，即防城大都督。㉔小司徒　官名，即小司徒上大夫，北周地官府次官，佐大司徒卿掌民戶、土地、賦役、教育、倉廩、關市及山澤漁獵事務。㉕丁酉　三月四日。㉖甲子　四月二日。㉗乙丑　四月三日。㉘季卿　蕭季卿，後因私賣梁朝陵園樹木給征北大將軍淳于量，被免去爵位。㉙己巳　四月七日。㉚甲戌　四月十二日。㉛辛巳　四月十九日。㉜西門豹祠　戰國魏文侯時，西門豹任鄴令，開十二道水渠，發展生產，受到百姓敬仰，後立祠世代祭祀。詳《史記》卷一百二十六〈滑稽列傳〉。㉝癸巳　五月一日。㉞癸丑　五月二十一日。㉟辛丑　五月九日。㊱甲辰　五月十二日。㊲辛酉　五月二十九日。㊳壬戌　五月三十日。㊴乙丑　六月三日。㊵己巳　六月七日。㊶祁連池　湖名，在山西寧武西南，又稱天池。鮮卑人稱「天」為祁連，所以叫祁連池。㊷戊寅　六月十六日。㊸戊戌　七月七日。㊹甲辰　七月十三日。㊺謝哲　（西元五〇九—五六七年）字穎豫，陳郡陽夏（今河南太康）人，梁末任廣陵太守。入陳，歷任都官尚書、吏部尚書、中書令。傳見《陳書》卷二十一、《南史》卷二十。㊻胐　謝胐（西元四四一—五〇六年），字敬沖，宋末，以侍中領祕書監。齊受禪，因不交出玉璽被免官禁錮五年。後出任義興、吳興太守。梁代齊，委任侍中，常不理事。傳見《梁書》卷十五、《南史》卷二十。㊼甲子　八月三日。㊽乙丑　八月四日。㊾辛未　八月十日。㊿甲戌　八月十三日。(51)戊寅　八月十七日。(52)癸未　八月二十二日。(53)甲辰　九月十四日。(54)丁未　九月十七日。(55)辛酉　十月一日。(56)庚午　十月十日。

【校　記】①瑱　「瑱」下原有「與」字。據章鈺校，十二行本、乙十一行本皆無「與」字，今據刪。按，《陳書・高祖紀下》、《南史・武帝紀》皆無「與」字。②七月　原無此二字。胡三省注云：「秋七月戊戌也。」據章鈺校，十二行本、乙十一行本、孔天胤本皆有此二字，今據補。③甲辰　原作「甲申」。嚴衍《通鑑補》改作「甲辰」，《周書・明帝紀》、《北史・世宗明帝紀》亦皆作「甲辰」，當是，今從改。按，九月辛卯朔，無甲申日。

【語　譯】二年（戊寅　西元五五八年）

春，正月，王琳率軍東下，到達湓城，駐紮在白水浦，甲士有十萬。王琳任命北江州刺史魯悉達為鎮北將軍，陳武帝也任命魯悉達為征西將軍，雙方都送給魯悉達鼓吹女樂。魯悉達兩邊都接受，拖延觀望，兩邊都不投靠。陳武帝派安西將軍沈泰襲擊魯悉達，沒有取勝。王琳想率軍東下，而魯悉達控制了中流，王琳派使者勸說招誘，他最後也沒有聽從。初五日己亥，王琳派記室宗虩向北齊求援，並且請求接納在北齊的梁朝永嘉王蕭莊回來繼承梁朝皇位。衡州刺史周迪想自己佔據南川，於是召集所屬八個郡的守宰締結盟約，一致聲明要入京赴援。陳武帝擔心他們叛變，對他們厚加撫慰。

新吳洞主余孝頃派沙門道林勸王琳說：「周迪、黃法氍都依附金陵，暗中窺伺你的漏洞，大軍如果東下，一定成為後患。不如先平定南川，然後東下，余孝頃請求率領所屬全部人馬聽從將軍處置。」王琳於是派輕車將軍樊猛、平南將軍李孝欽、平東將軍劉廣德領兵八千去與余孝頃會合，讓余孝頃統率三將，屯駐在臨川原先的治所，向周迪徵兵徵糧，用來觀察他的行動。

陳朝任命開府儀同三司侯瑱為司空，衡州刺史歐陽頠為都督交州・廣州等十九州諸軍事、廣州刺史。

北周任命晉公宇文護為太師。○正月初七日辛丑，陳武帝在南郊祭天，大赦天下。十一日乙巳，在北郊祭地。○十七日辛亥，北周天王宇文毓親耕藉田。○十九日癸丑，北周天王宇文毓冊立夫人獨孤氏為王后。○二十四日戊午，陳武帝到明堂祭祀。

二月初九日壬申，陳朝南豫州刺史沈泰逃奔北齊。

北齊北豫州刺史司馬消難，因北齊國主高洋昏庸殘暴日益嚴重，暗中策劃保全自己的辦法，曲意撫慰部屬。司馬消難娶齊高祖高歡的女兒，夫妻感情不好，公主回宮訴說。上黨王高渙逃亡時，鄴城一片驚慌，懷疑他逃往成皋，司馬消難堂弟司馬子瑞任尚書左丞，與御史中丞畢義雲有矛盾，畢義雲派御史張子階到北豫州採集民間傳聞，首先禁止司馬消難州府典籤、家客等的行動自由。司馬消難很害怕，祕密派遣親信中兵參軍裴藻假託休假回家，從小路進入關中，向北周請求投降。

三月初一日甲午，北周派柱國達奚武、大將軍楊忠率騎兵五千人迎接司馬消難，從小道奔馳進入北齊境內達五百里，前後三次派出使者通報司馬消難，都沒有回信。距離虎牢三十里，達奚武懷疑有變故，想返回，楊忠說：「只有冒死前進，沒有後退求生的。」獨自率領一千名騎兵乘夜突進到城下。虎牢城四面極為陡峭，只聽到打更的聲音。達奚武親自趕來，指揮帶走了幾百名騎兵西馳而去，楊忠約束其餘的幾百名騎兵埋伏不動，等待開門時突入，派騎兵飛奔召達奚武。這時，北齊守城軍主伏敬遠部署甲士兩千人據守東城，舉烽火報警。達奚武很害怕，不想據守虎牢城，就多取財物，讓司馬消難和他的部屬先行撤回，楊忠率領三千名騎兵殿後，到達洛水南岸，都下馬解鞍，躺下休息。北齊兵追來，到達洛水北岸，楊忠對將士們說：「只管吃飽飯，我們現在處於死戰求生的絕境，敵人一定不敢渡水。」過了一陣，果然如楊忠所料，楊忠這才慢慢率軍返回。達奚武感歎說：「我達奚武自認為是天下的男子漢，今天我算是服了！」北周任命司馬消難為小司徒。

三月初四日丁酉，北齊國主高洋從晉陽回到鄴城。

北齊發援兵護送梁朝永嘉王蕭莊回江南，冊拜王琳為梁朝丞相、都督中外諸軍事、錄尚書事。王琳派哥哥的兒子王叔寶率領所屬十州刺史子弟到鄴城。王琳擁戴蕭莊即皇帝位，改元年號為天啓。追謚建安公蕭淵明為閔皇帝。蕭莊任命王琳為侍中、大將軍、中書監，其餘仍依北齊原先的任命。

夏，四月初二日甲子，陳武帝祭祀太廟。〇初三日乙丑，陳武帝派人殺害梁敬帝蕭方智，立梁武林侯蕭諮的兒子蕭季卿為江陰王。〇初七日己巳，北周任命太師宇文護為雍州牧。〇十二日甲戌，北周天王后獨孤氏去世。〇十九日辛巳，北齊大赦天下。

北齊國主高洋因為乾旱，在西門豹祠求雨，沒有應驗，毀了西門豹祠，還挖了他的墳墓。

五月初一日癸巳，余孝頃等在工塘屯駐軍隊二萬人，連接八座軍營來威逼周迪。周迪害怕，請求和好，並送兵送糧。樊猛等想結盟退軍，余孝頃貪圖利益，不同意，樹立柵欄包圍周迪。因此樊猛等與余孝頃離心離德。

北周任命大司空侯莫陳崇為大宗伯。〇五月二十一日癸丑，北齊廣陵南城主張顯和、長史張僧那各自率領所屬部眾前來投降陳朝。〇初九日辛丑，北齊任命尚書令長廣王高湛錄尚書事，驃騎大將軍平秦王高歸彥為尚書左僕射。十二日甲辰，任命前左僕射楊愔為尚書令。

五月二十九日辛酉，陳武帝到大莊嚴寺捨身，三十日壬戌，群臣上表請求陳武帝回宮。

六月初三日乙丑，北齊國主高洋到北方巡視，讓太子高殷監國，因此設立大都督府與尚書省分管事務，在大都督府設置府衙，選置僚佐。北齊國主高洋特別重視府僚的人選，任命趙郡王高叡為侍中、兼任大都督府長史。

六月初七日己巳，陳朝下詔司空侯瑱、領軍將軍徐度率領水軍為前鋒討伐王琳。○北齊國主高洋到達祁連池。十六日戊寅，回到晉陽。○秋，七月初七日戊戌，陳武帝親臨石頭城，送侯瑱等出征。

高州刺史黃法氍、吳興太守沈恪、寧州刺史周敷會合兵力救援周迪。周敷從臨川故郡出兵到江口，切斷水運通道，分兵進攻余孝頃所連營柵，樊猛等坐視不救，各營陷沒。劉廣德乘船搶先順流而下，因而得以保全。余孝頃等都棄船領兵步行逃跑，周迪追擊，全部抓獲。把余孝頃及李孝欽押送到建康，把樊猛送還王琳。

七月十三日甲辰，陳武帝派吏部尚書謝哲前往曉諭王琳。謝哲，是謝朏的孫子。

八月初三日甲子，北周大赦天下。○初四日乙丑，北齊國主高洋回到鄴城。○初十日辛未，陳武帝下詔臨川王陳蒨西討王琳，率領水軍五萬從建康出發，陳武帝親臨冶城寺送行。○十三日甲戌，北齊國主高洋到晉陽。

王琳住在白水浦，周文育、侯安都、徐敬成許諾送給王子晉厚禮，王子晉假裝划一艘小船在王琳主艦旁邊垂釣，到了深夜，偷載周文育等上岸，躲在深草中，步行投奔陳軍，回到建康自首請罪，陳武帝召見，全都寬恕了他們。八月十七日戊寅，恢復他們原有的官職。

謝哲返回建康覆命，王琳請求回到湘州，陳武帝下詔追各路兵馬退回。八月二十二日癸未，西征各路兵馬從大雷回到建康。

九月十四日甲辰，北周封少師元羅為韓國公，用以繼承北魏後裔。

九月十七日丁未，北周天王宇文毓到同州。冬，十月初一日辛酉，回到長安。

余孝頃的弟弟余孝勱和他的兒子余公颺仍然佔據新吳舊柵沒有歸降，十月初十日庚午，陳武帝下詔開府儀同三司周文育都督眾軍從豫章出發進討。

齊三臺成，更名銅爵曰金鳳，金虎曰聖應，冰井曰崇光。十一月甲午❶，齊主至鄴，大赦。齊主遊三臺，戲以槊刺都督尉子輝❷，應手而斃。

常山王演以帝沈湎❸，憂憤形於顏色。帝覺之，曰：「但令汝在，我何為不縱樂？」演唯涕泣拜伏，竟無所言。帝亦大悲，抵盃於地曰：「汝似嫌我如是，自今敢進酒者斬之！」因取所御盃盡壞棄。未幾，沈湎益甚。或於諸貴戚家角力批拉❹，不限貴賤，唯演至，則內外肅然。演又密撰事條，將諫，其友❺王晞❻以為不可，演不從，因間極言，遂逢大怒。演性頗嚴，尚書郎中剖斷有失，輒加捶楚，令史姦慝即考竟❼。帝乃立演於前，以刀鐶擬脅，召被演罰者，臨以白刃，求演之短，咸無所陳，乃釋之。晞，昕❽之弟也。帝疑演假辭於晞❾以諫，欲殺之。王❿私謂晞曰：「王博士，明日當作一條事，為欲相活，亦圖自全，宜深體勿怪。」乃於眾中杖晞二十。帝尋發怒，聞晞得杖，以故不殺，髡鞭⓫配甲坊。居三年，演又因諫爭，大被毆撻，閉口不食。太后日夜涕泣，帝不知所為，曰：「儻小兒死，柰我老母何？」於是數往問演疾，謂曰：「努力彊食，當以王晞還汝。」乃釋晞，令詣演。演抱晞曰：「吾氣息惙然⓬，恐不復相見！」晞流涕曰：「天道神明，豈令殿下遂斃此舍？至尊親為人兄，尊為人主，安可與計⓭？殿下不食，太后亦不食，殿下縱不自惜，獨不念太后乎？」言未卒，演強坐而飯。晞由是得[1]免徒，還為王友。及演錄尚書事，除官者皆詣演謝，去必辭。晞言於演曰：「受爵天朝，拜恩私第，自古以為不可，宜一切約絕。」演從之。久之，演從容謂晞曰：「主上起居不恆⑭，卿宜耳目所具，吾豈可以前逢一怒，遂爾結舌⑮？卿宜為撰諫草，吾當伺便極諫。」晞遂條十餘事以呈，因謂演曰：「今朝廷所恃者惟殿下，乃欲學匹夫耿介，輕一朝之命。狂藥⑯令人不自覺，刀箭豈復識親疏？一旦禍出理外，將柰殿下家業何？柰皇太后何？」演歔欷不自勝，曰：「乃至是乎？」明日，見晞曰：「吾長夜久思，今遂息意。」即命火，對晞焚之。後復承間苦諫，帝使力士反接⑰，拔白刃注頸，罵曰：「小子何知？是誰教汝？」演曰：「天下噤口，非臣，誰敢有言？」帝趣杖，亂捶之數十。會醉臥，得解。帝褻黷之遊，偏於宗戚，所往留連，唯至常山第，多無適⑱而去。尚書左僕射崔暹屢諫，演謂暹曰：「今太后不敢致[2]言，吾兄弟杜口，僕射獨能犯顏，內外深相感愧。」

太子殷，自幼溫裕開朗，禮士好學，關覽時政，甚有美名。帝嘗嫌太子「得漢家性質，不似我」，欲廢之。帝登金鳳臺召太子，使手刃囚，太子惻然有難色，再三，不斷其首。帝大怒，親以馬鞭撞之⑲，太子由是氣悸⑳語吃，精神昏擾。帝因酣宴，屢云太子性懦，社稷事重，終當傳位常山。太子少傅魏收謂楊愔曰：

「太子，國之根本，不可動搖。至尊三爵之後，每言傳位常山，令臣下疑貳。若其實也，當決行之。此言非所以為戲，恐徒使國家不安。」愔以收言白帝，帝乃止。

帝既殘忍，有司訊囚，莫不嚴酷，或燒犁耳，使立其上，或燒車釭，使以臂貫之，既不勝苦，皆至誣伏㉑。唯三公郎中㉒武強蘇瓊㉓，歷職中外，所至皆以寬平為治。時趙州及清河屢有人告謀反者，前後皆付瓊推檢，事多申雪。尚書崔昂謂瓊曰：「若欲立功名，當更思餘理，數雪反逆，身命何輕？」瓊正色曰：「所雪者冤枉耳，不縱反逆也。」昂大慚。

帝怒臨漳令稽曄㉔、舍人李文師㉕[3]，以賜臣下為奴。中書侍郎彭城鄭頤㉖私誘祠部尚書王昕曰：「自古無朝士為奴者。」昕曰：「箕子為之奴。」頤以白帝曰：「王元景比陛下於紂。」帝銜之。頃之，帝與朝臣酣飲，昕稱疾不至，帝遣騎執之，見方搖膝吟詠，遂斬於殿前，投尸漳水。

齊主北築長城，南助蕭莊，士馬死者以數十萬計。重以修築臺殿，賜與無節，府藏之積，不足以供，乃減百官之祿，撤軍人常廩㉗，併省州郡縣鎮戍之職，以節費用焉。

十二月戊寅㉘[4]，齊以可朱渾道元為太師，尉粲為太尉，冀州刺史段韶為司空，常山王演為大司馬，長廣王湛為司徒。

壬午㉙，周大赦。

齊主如北城，因視永安簡平㉚王浚、上黨剛肅㉛王渙於地牢。帝臨穴謳歌，令浚等和之，浚等惶怖且悲，不覺聲顫，帝愴然，為之下泣，將赦之。長廣王湛素與浚不睦，進曰：「猛虎安可出穴？」帝默然。浚等聞之，呼湛小字曰：「步落稽㉜，皇天見汝！」帝亦以浚與渙皆有雄略，恐為後害，乃自刺渙，又使壯士劉桃枝就籠亂刺。槊每下，浚、渙輒以手拉折之，號哭呼天，於是薪火亂投，燒殺之，填以土石。後出之，皮髮皆盡，尸色如炭，遠近為之痛憤。帝以儀同三司劉郁捷㉝殺浚，以浚妃陸氏賜之；馮文洛殺渙，以渙妃李氏賜之，二人皆帝家舊奴也。陸氏尋以無寵於浚，得免。

高涼太守馮寶卒，海隅擾亂。寶妻洗氏懷集部落，數州晏然。其子僕㉞，生九年，是歲，遣僕帥諸酋長入朝，詔以僕為陽春太守。

後梁主遣其大將軍王操將兵略取王琳之長沙、武陵、南平等郡。

【章旨】以上為第三段，重點寫北齊文宣帝高洋殘虐、拒諫，濫殺大臣，禍及骨肉兄弟。

【注釋】❶甲午 十一月五日。❷尉子輝 《北齊書》卷四、《北史》卷七均作「尉子耀」，並認為其事發生在晉陽，均與《通鑑》異。❸沈湎 沉溺於酒。❹角力批拉 比武，用手擊打。❺友 官名，王府僚屬。北齊五品。❻王晞 （西元五一一－五八一年）字叔明，小名沙彌，王昕的弟弟。高歡選拔官宦子弟中忠實可靠的人，輔助諸子。於是晞以中外府功曹參軍的身分，成為高演的密友。高洋死，力主高演清君側。高演登基，任太子太傅。高湛時，任大鴻臚。齊亡，仕周為儀同大將軍。傳見《北齊書》卷三十一、《北史》卷二十四。❼考竟 下到獄中拷問至死。時高演任尚書令，尚書郎中、令史都是他的屬官。❽昕 王昕（？－西元五五九年），字元景，北海劇人，前秦丞相王猛的後代。曾任祕書監。以有名士放達之風，得罪高洋，被斬首棄屍於漳水。傳見《北齊書》卷三十一、《北史》卷二十四。❾假辭於晞 條奏的話出自於王晞。❿王 即常山王演。⓫髡鞭 刑名。髡，指剃去犯人的頭髮。鞭，體刑的一種，用竹製鞭抽打犯人。⓬惙然 疲乏無力。⓭安可與計 怎麼可以同他計較。⓮不恆 無常；沒有規律。⓯結舌 閉口不再諫爭。⓰狂藥 令人發狂的藥。這裡指酒。高洋一飲酒，便形同瘋子。⓱反接 把雙手扭到背後捆綁。⓲無適 不盡興。⓳撞之 擊打太子。⓴氣悸 驚懼、心跳過速。㉑詆伏 違心認罪。㉒三公郎中 官名，即殿中尚書所轄三公曹的郎中，負責在春、夏、秋、冬季節變化時讀時令；管理各曹的囚犯登記簿和斷罪；在皇帝下達大赦令時，設金雞於竿子上，表示吉辰到來等事務。㉓蘇瓊 字珍之，長樂武強（今河北武強西南）人，曾任廷尉正、大理卿，有「斷獄無疑蘇珍之」的美譽。傳見《北齊書》卷四十六、《北史》卷八十六。㉔稽曄 《北齊書》卷三十、《北史》卷二十四均作「嵇曄」。㉕李文師 趙郡高邑（今河北高邑）人，李義深之子，仕北齊，曾任中書舍人、齊郡太守。傳見《北齊書》卷二十二、《北史》卷三十三。㉖鄭頤 字子默，彭城（今江蘇徐州）人，北齊乾明初，拜散騎常侍，權重一時。傳見《北齊書》卷三十四、《北史》卷四十一。㉗常廩 正常供給的糧食。㉘戊寅 十二月十九日。㉙壬午 十二月二十三日。㉚簡平 永安王浚的諡號。㉛剛肅 上黨王高渙的諡號。㉜步落稽 高湛的小名。㉝劉郁捷 《北史》卷九十二作「劉郁斤」。㉞僕 馮僕，後封信都侯，平原郡公。

【校記】①得 原無此字。據章鈺校，十二行本、乙十一行本皆有此字，今據補。按，《北齊書・王昕傳附王晞傳》、《北史・王憲傳附王晞傳》皆有此字。②致 原無此字。據章鈺校，十二行本、乙十一行本、孔天胤本皆有此字，今據補。按，《北齊書・崔暹傳》、《北史・崔挺傳附崔暹傳》皆有此字。③李文師 原作「李文思」。據章鈺校，十二行本、乙十一行本皆作「李文師」，今據改。按，《北齊書・王昕傳》、《北史・王憲傳附王昕傳》皆作「李文師」。④戊寅　原作「庚寅」。嚴衍《通鑑補》改作「戊寅」，《北齊書・文宣帝紀》、《北史・顯祖文宣帝紀》亦皆作「戊寅」，今據改。按，十二月庚申朔，無庚寅。

【語譯】北齊的三臺修建完成，改名銅爵臺叫金鳳臺，金虎臺叫聖應臺，冰井臺叫崇光臺。十一月初五日甲午，北齊國主高洋回到鄴城，大赦天下。高洋遊覽三臺，開玩笑用長槊擊刺都督尉子輝，一下手就把尉子輝刺死了。

常山王高演因文宣帝高洋沉迷於酒，憂憤之情溢於臉面，高洋覺察了，說：「只要你在世上，我為什麼不縱情享樂？」高演只是淚流滿面拜伏在地，始終沒說一句話。高洋也十分傷心，把酒杯摔在地上說：「你恨我到如此地步，從今以後，敢再進酒的人一定斬首！」當即拿來自己所用的酒杯全部砸毀。沒過多久，沉醉酗酒更加放肆。有時闖進到貴戚家裡跟人徒手比武，對手不分貴賤，只有高演一到，內外就莊嚴肅靜。高演又暗中撰寫事務條款，打算進諫。高演的僚屬王晞認為不可以，高演不聽，找到一個機會，直切勸諫，於是引起高洋大怒。高演個性端嚴，尚書郎中處理事務分析判斷有失誤，就要處以刑杖，令史作奸犯法，就拷打至死。高洋命令高演站在跟前，用刀鐶在高演的胸肋上比劃，召來被高演懲罰過的人，把刀口架在他們身上，逼迫他們說出高演的過失，被逼迫的人全都沒說高演有什麼過失，這才放了高演。王晞，是王昕的弟弟。高洋懷疑是高演假王晞之手撰寫條陳來進諫，想殺掉王晞。高演私下對王晞說：「王博士，明天要做一件事，為了要救你，也是想保全我自己，請你多加體諒，不要見怪。」第二天高演當眾打了王晞二十大板。高洋正要遷怒王晞，聽說他挨了板子，所以沒有殺他，但卻剃光他的頭髮，又抽了一頓，發配到甲坊做苦工。過了三年，高演又因苦苦諫爭，被毒打了一頓，高演閉口絕食。婁太后日夜涕哭，高洋手足無措，說：「倘若這小兒真死了，讓我如何向老母交代？」於是多次前往探視高演病情，對高演說：「打起精神吃飯，我把王晞還給你。」於是釋放了王晞，讓他去看高演。高演抱著王晞說：「我氣息奄奄，恐怕再也見不到你了！」王晞流著眼淚說：「天道神明，怎麼會讓殿下死在這裡呢？皇上論親情是您的哥哥，論地位是您的君王，怎能與他計較?殿下不吃飯,太后也不吃飯,殿下縱然不愛惜自己,難道不顧念太后嗎?」王晞話還沒說完,高演勉強坐起來吃飯。王晞因此得以免除徒刑,回高演身邊做常山王友。等到高演任職錄尚書事,升官的人都到高演跟前謝恩,離開京城赴任的時候都來辭行。王晞對高演說:「受爵於朝廷,謝恩到私宅,自古以來都認為不可以,應當規定一律謝絕。」高演聽從了。過了很久,高演從容不迫地對王晞說:「皇上起居無常,你的耳目聽到和看到的事要詳細寫出來,我怎麼可以因為前次皇上發怒,就突然閉口不說話呢?你應當替我草擬一份諫疏,我當找機會懇切極諫。」王晞於是條列了十多件事進呈給高演,一面勸阻高演說:「當今朝廷依賴的只有殿下,可是殿下卻要效法一個匹夫的正直,看輕危在旦夕的性命。如同猛藥一樣的酒會使人失去理智,刀箭怎會再認親疏?一旦發生意外之禍,殿下的家業怎麼辦?皇太后怎麼辦?」高演悲慟欲絕,說:「有這麼嚴重嗎?」第二天,高演見到王晞,說:「我昨夜整夜思考,今天打消了進諫的主意。」當即命人點火,當著王晞的面燒了諫疏。過後,高演又找機會苦苦進諫,高洋讓大力士把高演雙手反綁起來,拔出刀子對準高演的脖子,罵他說:「你小子懂什麼?是誰教你的?」高演說:「全天下的人都閉起了嘴巴,除了我,誰敢說話?」高洋催促快打板子,高演被亂打了幾十板。正好高洋醉倒睡著了,高演才脫了身。高洋褻狎荒唐的遊蕩,遍及宗室親戚之家,到了哪裡就留連忘返,唯有到了常山王高演家,多半是沒有盡興就離開了。尚書左僕射崔暹多次諫阻,高演對崔暹說:「如今太后不敢講話,我們兄弟閉起了口,僕射獨能犯顏,宮廷內外的人都深感慚愧。」

太子高殷,從小溫和開朗,尊禮士人,愛好學習,留心時政,有很好的聲譽。高洋卻嫌太子「得漢人秉性,不像我」,想把他廢掉。高洋登金鳳臺召見太子,讓他親手殺死囚犯,太子同情面露難色,他砍了幾次,也沒砍下囚犯的頭顱。高洋大怒,親手拿馬鞭抽打太子,太子因此受到驚嚇,說話口吃,精神恍惚。高洋每次宴會酒足之後,多次說太子性情懦弱,社稷事重,終究當傳位給常山王。太子少傅魏收對楊愔說:「太子是國家的根本,不可動搖。皇上酒過三杯之後,多次說要傳位給常山王,令臣下半信半疑。如果屬實,就應當機立斷決定下來。這話不能當兒戲,恐怕徒然使朝廷不安定。」楊愔把魏收的話告訴了高洋,高洋才不再說了。

高洋性既殘忍，主管部門審訊囚犯，也沒有人不苛刻嚴酷。有的燒犁耳，讓囚犯站在上邊，有的燒車釭，讓囚犯套在手臂上。囚犯受不了這種酷刑，都導致屈打成招。只有三公郎中武強人蘇瓊，歷任朝廷和地方官職，他所到之處都能平和公正判案。當時趙州和清河郡多次有人告發謀反的人，前後案件都交給蘇瓊調查審理，許多被誣告的人都得伸理。尚書崔昂對蘇瓊說：「若想建立功名，應當另想別的辦法，你多次昭雪反叛的人，是看輕了自己的性命嗎？」蘇瓊嚴肅地說：「所昭雪的都是被冤枉的人，並不是放縱造反的人。」崔昂非常慚愧。

北齊文宣帝高洋憎惡臨漳縣令稽曄、舍人李文師，把他倆賜給臣下為奴。中書侍郎彭城人鄭頤私下引誘祠部尚書王昕說：「從古以來沒有朝廷命官當奴僕的。」王昕說：「殷朝箕子就為商紂王的奴僕。」鄭頤將這話報告高洋說：「王元景把陛下比做殷紂王。」高洋懷恨在心。不久，高洋與朝臣歡宴飲酒，王昕推託有病不參加，高洋派騎兵去抓王昕，見他正在擺腿吟詩，於是把他抓來在殿門前殺了，並拋屍於漳水。

北齊國主高洋在北邊修築長城，在南邊幫助蕭莊，兵馬死亡達數十萬。加上修築三臺與宮殿，賞賜沒有節制，府庫的積蓄，不足以供應，於是減少百官的俸祿，撤銷軍人正常的糧食供給，並且裁減了州郡縣鎮戍的職官員額，以便節省費用。

十二月十九日戊寅，北齊任命可朱渾道元為太師，尉粲為太尉，冀州刺史段韶為司空，常山王高演為大司馬，長廣王高湛為司徒。

十二月二十三日壬午，北周大赦天下。

北齊國主高洋到北城，趁便到地牢巡看永安簡平王高浚、上黨剛肅王高渙。高洋臨地牢謳歌，令高浚、高渙應和，高浚等人驚恐悲痛，不知不覺歌聲顫抖，高洋感傷因而流下眼淚，打算赦免他們。長廣王高湛一向與高浚不和睦，向高洋進言說：「猛虎怎能放出洞呢？」高洋沉默不語。高浚等聽見了，喊高湛的小名說：「步落稽，皇天看著你！」高洋也因為高浚、高渙都有雄才大略，害怕為後患，就親自刺擊高渙，又派壯士劉桃枝向籠中亂刺，每當長矛刺下，高浚、高渙就用手拉住長矛用力折彎，號哭呼天。高洋命令用薪火紛紛投入籠中，把高浚、高渙燒死，將地牢填上土石。過後挖出兩人屍體，皮髮都燒完了，屍骨顏色如黑炭，遠近的人都為之悲痛憤恨。高洋因為儀同三司劉郁捷殺死了高浚，就把高浚的妃子陸氏賞賜給他；馮文洛殺死了高渙，就把高渙的妃子李氏賞賜給他。劉郁捷、馮文洛兩人都是高洋舊時的家奴。陸氏不久因沒受高浚寵愛，高洋才沒把她賜給劉郁捷。

陳朝高涼太守馮寶去世，沿海地區騷亂。馮寶的妻子冼氏安撫團結部眾，各州又平靜下來。她的兒子馮僕，年才九歲。這一年，冼夫人派馮僕帶領各部酋長到建康朝拜，陳武帝下詔任命馮僕為陽春太守。

後梁國主蕭詧派他的大將王操領兵攻取王琳的長沙、武陵、南平等郡。

三年（己卯　西元五五九年）

春，正月己酉❶，周太師護上表歸政，周王始親萬機，軍旅之事，護猶總之。

初改都督州軍事為總管。

王琳召桂州刺史淳于量。量雖與琳合，而潛通於陳。二月辛酉❷，以量為開府儀同三司。

壬午❸，侯瑱引兵焚齊舟艦於合肥。

丙戌❹，齊主於甘露寺❺禪居深觀❻，唯軍國大事乃以聞。尚書左僕射崔暹卒，齊主幸其第哭之，謂其妻李氏曰：「頗思暹乎？」對曰：「思之。」帝曰：「然則自往省之。」因手斬其妻⑦，擲首牆外。

齊斛律光將騎一萬擊周開府儀同三司曹回公⑧，斬之。柏谷⑨城主薛禹生⑩棄城走，遂取文侯鎮⑪，立戍置柵而還。

三月戊戌⑫，齊以侍中[1]高德政為尚書右僕射。○吐谷渾寇周邊，庚戌⑬，周遣大司馬賀蘭祥擊之。○丙辰⑭，齊主至鄴。

梁永嘉王莊至郢州，遣使入貢于齊。王琳遣其將雷文策⑮襲後梁監利太守蔡大有，殺之。

齊主之為魏相也，膠州刺史定陽文肅⑯侯杜弼為長史，帝將受禪，弼諫止之。帝問：「治國當用何人？」對曰：「鮮卑車馬客，會須用中國人。」帝以為譏己，銜之。高德政用事，弼不為之下，嘗於眾前面折德政。德政數言其短於帝，弼恃舊，不自疑。夏，帝因飲酒，積其愆失，遣使就州斬之，既而悔之，驛追不及。

閏四月戊子⑰，周命有司更定新曆。○丁酉⑱，遣鎮北將軍徐度將兵城南皖口⑲。

齊高德政與楊愔同為相，愔常忌之。齊主酣飲，德政數彊諫，齊主不悅，謂左右曰：「高德政恆以精神凌逼人。」德政懼，稱疾，欲自退。帝謂楊愔曰：「我大憂德政病。」對曰：「陛下若用為冀州刺史，病當自差⑳。」帝從之。德政見除書㉑，即起。帝大怒，召德政謂曰：「聞爾病，我為爾針。」親以小刀刺之，血流霑地。又使曳下斬去其足，劉桃枝執刀不敢下，帝責桃枝曰：「爾頭即墮地！」桃枝乃斬其足之三指。帝怒不解，囚德政於門下，其夜，以氈輿送還家。明旦，德政妻出珍寶滿四牀，欲以寄人㉒，帝奄至其宅，見之，怒曰：「我內[2]府猶無是物！」詰其所從得，皆諸元賂之，遂曳出，斬之。妻出拜，又斬之，并其子伯堅。以司州牧彭城王浟為司徒，侍中高陽王湜為尚書右僕射，乙巳㉓，以浟兼太尉。

齊主封子紹廉㉔為長樂王[3]。○辛亥㉕，周以侯莫陳崇為大司徒，達奚武為大宗伯，武陽公豆盧寧為大司寇，柱國輔城公邕㉖為大司空。

乙卯㉗，周詔：「有司無得糾赦前事，唯庫廄[4]倉廩與海內所共，若有侵盜，雖經赦宥免其罪，徵備如法㉘。」

周賀蘭祥與吐谷渾戰，破之，拔其洮陽、洪和㉙二城，以其地為洮州。

五月丙辰朔㉚，日有食之。

齊太史奏，今年當除舊布新。齊主問於特進彭城公元韶曰：「漢光武何故中興？」對曰：「為誅諸劉不盡。」於是齊主悉殺諸元以厭之㉛。癸未㉜，誅始平公元世哲㉝等二十五家。囚韶等十九家。韶幽於地牢，絕食，啗衣袖而死。

周文育、周迪、黃法𣰰共討余公颺，豫章太守熊曇朗引兵會之，眾且萬人。文育軍於金口㉞，公颺詐降，謀執文育，文育覺之，囚送建康。文育進屯三陂㉟。王琳遣其將曹慶㊱帥二千人救余孝勱，慶分遣主帥常眾愛與文育相拒，自帥其眾攻周迪及安南將軍吳明徹，迪等敗，文育退據金口。熊曇朗因其失利，謀殺文育以應眾愛，監軍孫白象聞其謀，勸文育先之，文育不從。時周迪棄船走，不知所在，乙酉㊲，文育得迪書，自齎以示曇朗，曇朗殺之於坐而併其眾，因據新淦城㊳。曇朗將兵萬人襲周敷，敷擊破之，曇朗單騎奔巴山。

魯悉達部將梅天養等引齊軍入城㊴。悉達帥麾下數千人濟江自歸，拜平南將軍、北江州刺史。

六月戊子㊵，周以霖雨㊶，詔羣臣上封事極諫。左光祿大夫㊷猗氏樂遜㊸上言四事：其一，以為「比來守令代期既促，責其成效，專務威猛；今關東之民淪陷塗炭，若不布政優優，聞諸境外，何以使彼勞民，歸就樂土？」其二，以為「頃者魏都洛陽，一時殷盛，貴勢之家，競為侈靡，終使禍亂交興，天下喪敗；比來朝貴器服稍華，百工造作，務盡奇巧，臣誠恐物逐好移，有損政俗。」其三，以為「選曹補擬[44]，宜與眾共之。今州郡選置，猶集鄉閭，況天下銓衡，不取物望，既非機事，何足可密？其選置之日，宜令眾心明白，然後呈奏。」其四，以為「高洋據有山東，未易猝制，譬猶棋劫相持，爭行先後，若一行不當，或成彼利，誠應捨小營大，先保封域，不宜貪利邊陲，輕為興[5]動。」

周處士[45]韋夐[46]，孝寬之兄也，志尚夷簡，魏、周之際，十徵不屈。周太祖甚重之，不奪其志，世宗禮敬尤厚，號曰「逍遙公」。晉公護延之至第，訪以政事。護盛脩第舍，夐仰視堂，歎曰：「酣酒嗜音，峻宇彫牆，有一于此，未或不亡[47]。」護不悅。

驃騎大將軍、開府儀同三司寇儁[48]，讚[49]之孫也，少有學行。家人常[50]賣物，多得絹五匹，儁於後知之，曰：「得財失行，吾所不取。」訪主還之。敦睦宗族，與同豐約[51]，教訓子孫，必先禮義。自大統中，稱老疾，不朝謁。世宗虛心欲見之，儁不得已入見。王引之同席而坐，問以魏朝舊事。載以御輿，令於王前乘之以出，顧謂左右曰：「如此之事，唯積善者可以致之。」

周文育之討余孝勱也，帝令南豫州刺史侯安都繼之。文育死，安都還，遇王琳將周炅、周協[52]南歸，與戰，擒之。孝勱弟孝猷帥所部四千家詣安都降。安都進軍至左里[53]，擊曹慶、常眾愛，破之。眾愛奔廬山[54]，庚寅[55]，廬山民斬之，傳首。

詔臨川王蒨於南皖口置城，使東徐州刺史吳興錢道戢[56]守之。丁酉[57]，上不豫，丙午[58]，殂。上臨戎制勝，英謀獨運，而為政務崇寬簡，非軍旅急務，不輕調發。性儉素，常膳不過數品，私宴用瓦器、蚌盤[59]，殽核[60]充事而已。後宮無金翠之飾，不設女樂。

時皇子昌[61]在長安，內無嫡嗣，外有彊敵，宿將皆將兵在外，朝無重臣，唯中領軍杜稜典宿衛兵在建康。章皇后召稜及中書侍郎蔡景歷入禁中定議，祕不發喪，急召臨川王蒨於南皖。景歷親與宦者、宮人密營斂具。時天暑，須治梓宮，恐斤斧之聲聞於外，乃以蠟[62]為祕器[63]，文書詔敕，依舊宣行。

侯安都軍還，適至南皖，與臨川王俱還朝。甲寅[64]，王至建康，入居中書省，安都與羣臣定議，奉王嗣位，王謙讓不敢當。皇后以昌故，未肯下令，羣臣猶豫不能決。安都曰：「今四方未定，何暇及遠？臨川王有大功[65]於天下，須共立之。今日之事，後應者斬！」即按劍上殿，白皇后出璽，又手解蒨髮，推就喪次，遷殯大行于太極[66]西階。皇后乃下令，以蒨纂承大統。是日，即皇帝位，大赦。秋，七月丙辰[67]，尊皇后為皇太后。辛酉[68]，以侯瑱為太尉，侯安都為司空。

齊顯祖將如晉陽，乃盡誅諸元，或祖父為王，或身嘗貴顯，皆斬於東市，其嬰兒投於空中，承之以矟。前後死者凡七百二十一人，悉棄尸漳水，剖魚者往往得人爪甲，鄴下為之久不食魚。使元黃頭[69]與諸囚自金鳳臺各乘紙鴟[70]以飛，黃頭獨能至紫陌乃墮，仍付御史中丞畢義雲餓殺之。唯開府儀同三司元蠻、祠部郎中元文遙[71]等數家獲免。蠻[72]，繼[73]之子，常山王演之妃父。文遙，遵之五世孫也。定襄令元景安[74]，虔[75]之玄孫也，欲請改姓高氏，其從兄景皓[76]曰：「安有棄其本宗而從人之姓者乎？丈夫寧可玉碎，何能瓦全？」景安以其言白帝，帝收景皓，誅之。賜景安姓高氏。

八月甲申[77]，葬武皇帝於萬安陵，廟號高祖。

戊戌[78]，齊封皇子紹義[79]為廣陽王。以尚書右僕射河間王孝琬為左僕射，都官尚書崔昂為右僕射。

周御正中大夫崔猷建議，以為「聖人沿革，因時制宜。今天子稱王，不足以威天下，請遵秦、漢舊制稱皇帝，建年號。」己亥[80] [6]，周王始稱皇帝，追尊文王曰文皇帝，改元武成。

癸卯[81]，齊詔：「民間或有父祖冒姓元氏，或假託攜養者，不問世數遠近，悉聽改復本姓。」

初，高祖追諡兄道譚[82]為始興昭烈王，以其次子頊襲封。及世祖即位，頊在長安未還，上以本宗乏饗[83]，戊戌[84]，詔徙封頊為安成王，皇子伯茂[85]為始興王。

初，周太祖平蜀，以其形勝之地，不欲使宿將居之，問諸子：「誰可往者？」皆不對。少子安成公憲[86]請行，太祖以其幼，不許。壬子[87]，周人以憲為益州總管，時年十六，善於撫綏，留心政術，蜀人悅之。九月乙卯[88]，以大將軍天水公廣[89]為梁州總管。廣，導之子也。

辛酉[90]，立皇子伯宗為太子。○己巳[91]，齊主如晉陽。

辛未[92]，周主封其弟輔城公邕[93]為魯公，安成公憲為齊公，純[94]為陳公，盛[95]為越公，達[96]為代公，通[97]為冀公，逌[98]為滕公。

乙亥[99]，立太子母吳興沈妃[100]為皇后。○周少保懷寧莊[101]公蔡祐卒。

齊顯祖嗜酒成疾，不復能食，自知不能久，謂李后曰：「人生必有死，何足致惜？但憐正道[102]尚幼，人將奪之耳。」又謂常山王演曰：「奪則任汝，慎勿殺也！」尚書令開封王楊愔、領軍大將軍平秦王歸彥、侍中廣漢燕子獻[103]、黃門侍郎鄭頤皆受遺詔輔政。

冬，十月甲午[104]，殂。癸卯[105]，發喪，羣臣號哭，無下泣者，唯楊愔涕泗嗚咽。太子殷即位，大赦。庚戌[106]，尊皇太后為太皇太后，皇后為皇太后。詔諸土木金鐵雜作一切停罷。

王琳聞高祖殂，乃以少府卿吳郡孫瑒為郢州刺史，總留任[107]，奉梁永嘉王莊出屯濡須口，齊揚州道行臺慕容儼帥眾臨江，為之聲援。十一月乙卯[108]，琳寇大雷[109]，詔侯瑱、侯安都及儀同徐度將兵禦之。安州刺史吳明徹夜襲湓城，琳遣巴陵太守任忠擊明徹，大破之，明徹僅以身免。琳因引兵東下。

齊以右丞相斛律金為左丞相，常山王演為太傅，長廣王湛為太尉，段韶為司徒，平陽王[7]淹為司空，高陽王湜為尚書左僕射，河間王孝琬為司州牧，侍中燕子獻為右僕射。

辛未[110]，齊顯祖之喪至鄴。

十二月戊戌[111]，齊徙上黨王紹仁為漁陽王，廣陽王紹義為范陽王，長樂王紹廣為隴西王。

【章　旨】以上為第四段，寫陳朝武帝削平諸侯而謝世，故能平穩交接政權。北齊國主高洋因酗酒亂性而酷虐，晚年尤甚，竟因酗酒致疾而亡身。北周天王宇文毓親政，禮賢下士，股肱賢良，周境政清。

【注　釋】❶己酉　正月二十一日。❷辛酉　二月三日。❸壬午　二月二十四日。❹丙戌　二月二十八日。❺甘露寺　寺院名，在遼陽城，即今山西左權。❻深觀　深思佛理。❼手斬其妻　據《北齊書》卷三十〈崔暹傳〉，李氏的真正死因是崔暹子崔達孥妻子樂安公主向高洋訴說婆婆對待她態度不好所致，與《通鑑》異。❽曹回公　《北齊書》卷十七〈斛律光傳〉作「曹迴公」。❾柏谷　在今河南偃師境內。❿薛禹生　《周書》卷十九與《北史》卷六十五〈達奚武傳〉均作「薛羽生」，《北齊書》卷十七〈斛律金傳〉與《通鑑》同。⓫文侯鎮　地名，當在今河南偃師。⓬戊戌　三月十一日。⓭庚戌　三月二十三日。⓮丙辰　三月二十九日。⓯雷文策　《周書》卷四十八〈蕭詧傳〉作「雷又柔」，《北史》卷九十三〈僭偽附庸梁詧傳〉作「雷文柔」。⓰文肅　定州縣侯杜弼的謚號。⓱戊子　閏四月二日。⓲丁酉　閏四月十一日。⓳南皖口　皖水入長江口，在今安徽懷寧東。又叫皖口鎮，或山口鎮。⓴自差　不治自癒。㉑除書　任命書。㉒寄人　寄放他人處。㉓乙巳　閏四月十九日。㉔紹廉　高紹廉，高洋第五子。初封長樂王，後改封隴西王。因飲酒過度而死。傳見《北齊書》卷十二、《北史》卷五十二。㉕辛亥　閏四月二十五日。㉖邕　宇文邕，封輔城公。㉗乙卯　閏四月二十九日。㉘徵備如法　按法律追還財物。㉙洮陽洪和　皆為城名。洮陽在今甘肅臨潭。洪和，後設美相縣，為洮州州治，也在今甘肅臨潭。㉚丙辰朔　五月一日。按，五月丁亥朔，非丙辰，疑記載有誤。㉛厭之　即厭當，用迷信的方法來壓制未來可能出現的災禍。㉜癸未　五月二十七日。㉝元世哲　東魏末任吏部郎。入齊，封始平公。傳見《魏書》卷十九中。㉞金口　即金溪口，在今江西新建西南。㉟三陂　地名，今址不詳。㊱曹慶　王琳部將，蕭莊所任左衛將軍，吳州刺史。王琳失敗後，降陳。後隨華皎叛亂，被誅。傳見《陳書》卷二十。㊲乙酉　五月二十九日。㊳新淦城　新淦縣縣治，在今江西樟樹。㊴入城　入新蔡城，在今安徽霍山縣東。㊵戊子　六月三日。㊶霖雨　連日陰雨。㊷左光祿大夫　官名，無固定職守，以論議為主。㊸樂遜　（西元五〇〇—五八一年）字遵賢，河東猗氏（今山西臨猗南）人，初教宇文泰諸子習經學。入周，任太學博士，轉開府儀同大將軍，封崇業郡公。傳見《周書》卷四十五、《北史》卷八十二。㊹補擬　擬選官職。當時都是由吏部祕密上奏皇帝裁定。㊺處士　在野不出仕的士人。㊻韋敻　（西元五〇三—五七九年）字敬遠，京兆杜陵（今陝西西安東南）人。澹於榮利，連舉不仕。周明帝時，願以處士身分隨時謁見，號稱逍遙公。主張儒道佛三教同歸於善，著《三教序》。傳見《周書》卷三十一、《北史》卷六十四。㊼酣酒嗜音

四句　此四句出自《尚書・夏書・五子之歌》。說的是沉湎於酒樂，房屋修得高大，又裝飾華麗，有其中一個毛病，就沒有不敗亡的。㊽寇儁　（西元四八四－五六三年）字祖儁，上谷昌平人，西魏末官至車騎大將軍、儀同三司，加散騎常侍，賜姓若口引氏。入周，進位驃騎大將軍，封西安縣子。居家常教授子孫經學。傳見《周書》卷三十七、《北史》卷二十七。㊾讚　寇讚，北魏南雍州刺史，封河南公。傳見《魏書》卷四十二、《北史》卷二十七。㊿常　通「嘗」。曾經。51同甘共苦。52周炅周協　兩人受王琳派遣協助曹慶攻打周迪，取勝後南返。53左里　城名，在今江西都昌西北，彭蠡湖東岸。54廬山　山名，在今江西九江縣。55庚寅　六月五日。56錢道戢　（西元五一一－五七三年）字子韶，吳興長城人，妻為陳霸先從妹。梁末，以平定張彪功，拜東徐州刺史，封永安縣侯。入陳，參與平定留異、歐陽頠叛亂，征討過蕭巋，屢立戰功。於北伐途中病死於歷陽。傳見《陳書》卷二十二、《南史》卷六十七。57丁酉　六月十二日。58丙午　六月二十一日。59蚌盤　用蚌殼作為裝飾的漆器。又稱螺鈿。60殽核　菜餚和果品。61昌　陳昌，陳霸先第六子，梁元帝承聖元年徵昌為領直，實為人質。江陵失陷，被擄到長安。陳文帝天嘉元年南還途中，濟江溺亡。傳見《陳書》卷十四。62蠟　動物或植物分泌的脂狀物，可融化再經冷卻成型。63祕器　棺材。64甲寅　六月二十九日。65大功　指平定杜龕、張彪之功。66太極　指太極殿。67丙辰　七月一日。68辛酉　七月六日。69元黃頭　北魏廢帝元朗之子。原封安定王，後改封安平王。傳見《魏書》卷十九下。70紙鴟　鴟子形狀的風箏。高洋叫死囚乘它從高臺上飛下，如能安全著陸，可以免殺。71元文遙　字德遠，河南洛陽人，東魏末隱居林慮山。入齊，歷事高洋、高演、高湛三帝，賜姓高氏，任尚書左僕射，封寧都郡公。傳見《北齊書》卷三十八、《北史》卷五十五。72蠻　元蠻，曾任光祿卿。因是高演妃子元氏的父親，賜姓步六孤氏。傳見《魏書》卷十六、《北齊書》卷四十八、《北史》卷十六。73繼　元繼（？－西元五二八年），字世仁，北魏京兆王，任侍中、太師、大將軍、大都督，錄尚書事，權傾一時。傳見《魏書》卷十六、《北史》卷十六。74元景安　東魏代郡公。入齊，官至領軍大將軍，封歷陽郡王。後降周。傳見《北齊書》卷四十一、《北史》卷五十三。75虔　元虔，北魏陳留王。傳見《魏書》卷十五、《北史》卷十五。76景皓　元景皓，東魏末，襲爵陳留王。傳見《北齊書》卷四十一、《北史》卷五十三。77甲申　八月乙酉朔，無甲申。據《陳書》和《南史》，八月甲午定諡號為武皇帝，丙申葬於萬安陵。則此「甲申」當是「丙申」之誤。應是八月十二日。78戊戌　八月十四日。79紹義　高紹義，高洋第三子。後封范陽王。北周滅齊，奔入突厥，自稱皇帝，招攬北齊餘部。但不久即被突厥交付周軍，流放於蜀地而死。傳見《北齊書》卷十二、《北史》卷五十二。80己亥　八月十五日。81癸卯　八月十九日。82道譚　陳道譚，初追封長城縣公，後改封始興王，諡號昭烈。《陳書》、《南史》中「譚」或作「談」。83上以本宗乏饗　陳文帝陳蒨是陳道譚的長子，弟陳頊在長安。他繼承陳霸先為帝，不能再成為本宗的主祭人，所以才有以下之舉。(84)戊戌　八月十四日。(85)伯茂　陳伯茂（?—西元五六八年），字郁之，陳蒨第二子。封始興王，奉陳道譚祀。因與陳頊有矛盾，在陳頊即位後，即被貶為溫麻侯，不久遭暗殺。傳見《陳書》卷二十八、《南史》卷六十五。(86)安成公憲　宇文憲（西元五四五—五七九年），字毗賀突，宇文泰第五子。西魏時，封安城郡公。入周，拜驃騎大將軍，出督益州，封齊國公。周武帝時，代宇文護為冢宰，進爵齊王。率軍東征，滅北齊。又平定稽胡劉沒鐸的叛亂。宣帝即位，遭忌被縊死。傳見《周書》卷十二、《北史》卷五十八。(87)壬子　八月二十八日。(88)乙卯　九月一日。(89)天水公廣　宇文廣，字乾歸，初封永昌郡公。入周，改封天水郡公。官至大將軍、柱國、豳國公。傳見《周書》卷十、《北史》卷五十七。(90)辛酉　九月七日。(91)己巳　九月十五日。(92)辛未　九月十七日。(93)邕　宇文邕（西元五四三—五七八年），即周武帝，宇文泰第四子，字彌羅突，西元五六一—五七八年在位。滅北齊，統一北方，奠定了隋統一全國的基礎。事詳《周書》卷五、《北史》卷十。(94)純　宇文純（?—西元五八〇年），字堙智突，位至柱國。奪取北齊并州後，進位上柱國，拜并州總管。因不滿楊堅擅政，被殺。傳見《周書》卷十三、《北史》卷五十八。(95)盛　宇文盛（?—西元五八〇年），字立久突，歷任上柱國、相州總管、大冢宰。後與五子一起被楊堅處死。傳見《周書》卷十三、《北史》卷五十八。(96)達　宇文達（?—西元五八〇年），字度斤突，官至上柱國。也被楊堅所殺。傳與宇文純同書同卷。(97)通　宇文通（?—西元五七一年），字屈率突。傳與宇文純同書同卷。(98)逌　宇文逌（?—西元五八〇年），字爾固突，進位上柱國，伐陳元帥，後被楊堅所殺。傳與宇文純同書同卷。(99)乙亥　九月二十一日。(100)沈妃　即世祖沈皇后，名妙容，吳興武康（今浙江德清武康鎮）人，隋滅陳，返回故鄉而死。傳見《陳書》卷七、《南史》卷十二。(101)莊　懷寧公蔡祐諡號。(102)正道　太子高殷的字。(103)萇子獻　字季則，廣漢下洛（今四川廣漢）人。北齊文宣帝時，官至侍中、開府。傳見《北齊書》卷三十四、《北史》卷四十一。(104)甲午　十月十日。(105)癸卯　十月十九日。(106)庚戌　十月二十六日。(107)總留任　負責總理留守鄴州所有事務。(108)乙卯　十一月二日。(109)大雷　郡名，陳置，治所望江，在今安徽望江縣西。(110)辛未　十一月十八日。(111)戊戌　十二月十五日。

【校　記】[1]侍中　原無此二字。據章鈺校，十二行本、乙十一行本、孔天胤本皆有此二字，張敦仁《通鑑刊本識誤》同，今據補。[2]內　原作「御」。據章鈺校，十二行本、乙十一行本皆作「內」，今據改。按，《通鑑紀事本末》卷二四作「內」。[3]長樂王　原作「長安王」。嚴衍《通鑑補》改作「長樂王」。《北齊書‧文宣帝紀》、《北史‧顯祖文宣帝紀》亦皆作「長樂王」，當是，今從改。④庫廄　原作「廄庫」。據章鈺校，十二行本、乙十一行本二字皆互乙，今據改。按，《周書・明帝紀》、《北史・世宗明帝紀》皆作「庫廄」。⑤興　原作「舉」。據章鈺校，十二行本、乙十一行本皆作「興」，今據改。按，《周書・儒林傳・樂遜傳》作「興」。⑥己亥　原作「乙亥」。據章鈺校，十二行本、乙十一行本、孔天胤本皆作「己亥」，張敦仁《通鑑刊本識誤》同，今據改。按，《周書・明帝紀》、《北史・世宗明帝紀》皆作「己亥」。⑦平陽王　原作「平原王」。據章鈺校，十二行本、乙十一行本皆作「平陽王」，今據改。按，《北齊書・廢帝紀》、《北史・廢帝紀》皆作「平陽王」。

【語　譯】三年（己卯　西元五五九年）

春，正月二十一日己酉，北周太師宇文護上表歸還政權，北周天王宇文毓開始親自掌理政務，但軍政事務，仍由宇文護全權掌管。北周開始改稱都督州軍事為總管。

王琳徵召桂州刺史淳于量。淳于量雖然表面上與王琳合作，而暗中交通陳朝。二月初三日辛酉，陳朝任命淳于量為開府儀同三司。

二月二十四日壬午，侯瑱領兵到合肥，燒毀北齊戰船。

二月二十八日丙戌，北齊國主高洋在甘露寺坐禪參悟佛理，只有軍國大事才能向他進奏。尚書左僕射崔暹去世，高洋臨幸崔暹府第哭祭，對崔暹的妻子李氏說：「你很想念崔暹嗎？」崔暹妻子回答說：「想念他。」高洋說：「既然想念，那你就親自去看望他。」隨即親手殺死了崔暹妻子，把她的腦袋扔到牆外。

北齊斛律光率領一萬騎兵攻擊北周開府儀同三司曹回公，並殺了曹回公。柏谷城主薛禹生丟下城池逃走。於是斛律光奪取了文侯鎮，設立戍所圍柵然後回軍。

三月十一日戊戌，北齊任命侍中高德政為尚書右僕射。〇吐谷渾侵擾北周邊防。二十三日庚戌，北周派大司馬賀蘭祥攻擊吐谷渾。〇二十九日丙辰，北齊國主高洋回到鄴城。

梁朝永嘉王蕭莊到了郢州，派使者向北齊進貢。王琳派部將雷文策襲擊後梁監利太守蔡大有，殺了他。

北齊國主高洋在當西魏丞相時，膠州刺史定陽文肅侯杜弼為長史，高洋即將受禪稱帝，杜弼諫阻他。高洋問：「治理國家應當用什麼人？」杜弼回答說：「鮮卑人只會騎馬乘車，治理國家應當用漢人。」高洋認為是諷刺自己，懷恨在心。高德政當權，杜弼不滿意職位在他下面，曾經當眾指斥過高德政。高德政多次在高洋面前說杜弼的缺點，杜弼依恃自己與高洋有舊情，從沒想過自己會被害。這年夏天，高洋因飲酒，把杜弼的過錯加在一起，派使者到膠州去殺杜弼，不久又後悔，派使者乘驛車去追回成命，但沒有追上。

閏四月初二日戊子，北周命令主管部門重新修訂曆法。〇十一日丁酉，陳武帝派鎮北將軍徐度領兵在南皖口築城。

北齊高德政與楊愔同為丞相，楊愔常妒忌高德政。北齊國主高洋縱心飲酒，高德政多次極力諫阻，高洋很不高興，對身邊的人說：「高德政經常用神色威逼我。」高德政害怕了，推託有病，想就此引退。高洋對楊愔說：「我很憂慮高德政的病。」楊愔說：「陛下如果任用高德政為冀州刺史，他的病應該自然就好了。」高洋聽從了。高德政看到了任命書，立即起床。高洋大怒，召見高德政，對他說：「聽說你有病，我替你針灸。」親手用小刀刺他，血流滿地。高洋派人拖下去砍掉他的腳，劉桃枝拿著刀不敢砍下，高洋責罵他說：「不砍，你的頭就要落地！」劉桃枝這才砍下高德政腳的三個趾頭。高洋的怒氣還沒有消解，把高德政囚禁在門下省，當天夜晚，用鋪著毛氈的車子送他回家。第二天早上，高德政的妻子取出珍寶擺滿了四床，想寄放在別人家，高洋突然來到他們家，看到了滿床珍寶，大怒說：「我皇宮的府庫還沒有這些東西呢！」追問從哪裡來的，高德政說是元魏諸王賄賂的。於是把高德政拖出去殺了。高德政的妻子出來跪拜，又殺了，還一併殺了他們的兒子高伯堅。高洋任命司州牧彭城王高浟為司徒，侍中高陽王高湜為尚書右僕射。閏四月十九日乙巳，任命高浟兼太尉。

北齊國主高洋封皇子高紹廉為長樂王。〇閏四月二十五日辛亥，北周任命侯莫陳崇為大司徒，達奚武為大宗伯，武陽公豆盧寧為大司寇，柱國輔城公宇文邕為大司空。

閏四月二十九日乙卯，北周天王下詔：「主管糾察的官員，不得糾舉大赦以前的事，只有府庫、廄舍、倉廩中的馬匹、錢財、糧食是國家所有，如果有侵佔盜取，雖然赦免了他的罪刑，但侵佔的財物必須依法追還。」

北周大將賀蘭祥與吐谷渾交戰，打敗了吐谷渾，攻佔了吐谷渾的洮陽、洪和兩座城，將其地設置為洮州。

五月丙辰朔，發生日蝕。

北齊太史上奏，今年應當除舊布新。北齊國主高洋向特進彭城公元韶詢問，說：「漢光武帝為什麼能夠中興？」元韶回答說：「因為王莽沒有把劉姓的人殺光。」於是高洋下令殺盡元魏宗室，用來壓制可能出現的災禍。五月二十七日癸未，誅殺始平公元世哲等二十五家。囚禁元韶等十九家。元韶被關進地牢，斷絕飲食，吃衣袖而死。

陳朝周文育、周迪、黃法𣰰共同討伐余公颺，豫章太守熊曇朗領兵與他們會合，總計兵力近一萬人。周文育駐軍在金口，余公颺假投降，陰謀捉拿周文育，周文育覺察了，余公颺被押送建康。周文育進軍屯駐三陂。王琳派他的大將曹慶率領兩千人救援余孝勱。曹慶分兵派副將常眾愛去抵抗周文育，自己領兵攻擊周迪和安南將軍吳明徹，周迪等戰敗，周文育退守金口。熊曇朗因周文育等失利，想趁機殺了周文育響應常眾愛。周文育的監軍孫白象知道了熊曇朗的陰謀，勸周文育先下手，周文育沒有聽從。當時，周迪丟棄船隻逃走，不知道在什麼地方。五月二十九日乙酉，周文育得到周迪的書信，親自拿著去給熊曇朗看，熊曇朗在座位上殺了周文育，收編了他的部眾，因而佔據新淦城。熊曇朗領兵一萬人襲擊周敷，周敷打敗了他，熊曇朗單人獨騎逃奔巴山。

魯悉達部將梅天養等勾引北齊軍隊進入新蔡城，魯悉達率領部下數千人渡過長江歸附陳朝，陳武帝任命他為平南將軍、北江州刺史。

六月初三日戊子，北周因為久雨不止，下詔群臣密封上書切諫。左光祿大夫猗氏人樂遜上書陳列四事：其一，認為「近來郡守縣令任期短，更換太頻繁，責令他們有政績，於是他們專行威猛苛嚴的政令；如今關東的民眾，淪陷於水火之中，如果我們不施行優惠愛民的政令，傳布到國境外面，怎麼能使那些困苦民眾傾心歸附我們呢？」其二，認為「近世元魏遷都洛陽，一度繁榮昌盛，那些權貴有錢有勢的大家，攀比著過奢侈的生活，結果導致災禍和戰亂交替到來，天下分崩離析；近來，我朝權貴的器用服飾也日漸華貴，各類工匠製作的物品，都窮極精巧奇異，臣實在擔心玩物喪志，將損害純正的習俗。」其三，認為「吏部選官，應當與大家共同商議。如今州郡選置官吏，尚且召集鄉閭的人共同商議，何況作為朝廷選拔人才的部門，怎能不選取眾望所歸的人才呢？選拔人才不是機密的事，為什麼要祕密進行呢？今後選置官吏的時候，應當讓大家明白，然後上報。」其四，認為「高洋佔據山東，不容易很快制伏，好比下圍棋劫爭死活，爭行落子先後，如果一步落子不當，或許就會造成對方獲勝，確實應當捨小求大，首先保住現有疆域，不要貪圖邊境小利，輕率行動。」

北周處士韋夐，是韋孝寬的哥哥，生性崇尚淡泊簡樸，當魏周之際，十次徵召，不肯辱志出來做官。周太祖宇文泰非常尊重他，不強求改變他的情志，周世宗宇文毓對他禮敬尤其厚重，稱他為「逍遙公」。晉公宇文護禮請他到府第，詢問他軍國大政。宇文護大修府第，韋夐仰視廳堂，歎息說：「暢懷喝酒，酷愛音樂，屋宇高大，牆垣雕繪，只要有其中一樣，沒有不滅亡的。」宇文護很不高興。

北周驃騎大將軍、開府儀同三司寇儁，是寇讚的孫子，少年時就有很好的學識和品行。他的家人曾經賣物品，多賺了五匹絹，寇儁後來知道了這件事，說：「得了錢財，丟了品行，我是不這樣做的。」於是尋訪買主，退還了五匹絹。寇儁厚待宗親，和睦族人，與族人同甘共苦。教育子孫，最重禮義。從西魏大統年間，就稱疾告老，不再朝見天子。周世宗宇文毓虛心想見他，寇儁不得已入朝參見。天王引導寇儁同席而坐，詢問魏朝舊事。周世宗特地把自己的座車讓他坐，並從自己的跟前啟駕出宮，對身邊的人說：「這樣的禮遇，只有積善的人才能得到。」

陳朝周文育討伐余孝勱時，陳武帝命令南豫州刺史侯安都後繼增援。周文育死後，侯安都返回，途中遇上王琳部將周炅、周協回歸南方，侯安都與他們交戰，擒獲了他們。余孝勱弟弟余孝猷率領所屬部眾四千家投降侯安都。侯安都進軍到左里，攻打曹慶、常眾愛，打敗了他們。常眾愛逃往廬山，六月初五日庚寅，廬山居民殺了常眾愛，把他的首級送到建康。

陳武帝下詔臨川王陳蒨在南皖口築城，派東徐州刺史吳興人錢道戢鎮守。

六月十二日丁酉，陳武帝得病，二十一日丙午，崩殂。陳武帝臨戰取勝，雄略謀計精明過人，而治理政事，務求寬鬆簡約，不是征戰急需，絕不輕易徵調。生性節儉樸素，平常用餐只有幾樣菜，私設小宴只用陶器、蚌盤，菜餚果品只夠吃飽而已。後宮嬪妃沒有金翠的裝飾，不設歌伎樂舞。

當時皇子陳昌在北周長安做人質，國內沒有嫡子繼承人，國外有強敵，宿將都帶兵在外，朝內沒有重臣，只有中領軍杜稜掌領宿衛兵在建康。章皇后宣召杜稜和中書侍郎蔡景歷進入皇宮議定大事，祕不發喪，緊急從南皖召回臨川王陳蒨。蔡景歷親自和宦官、宮女祕密製造入殮器具。當時天熱，必須製作棺材，又怕斤斧之聲傳到外面，於是用蠟製作棺材，公文詔敕，照往常一樣頒布施行。

侯安都軍返回建康，正好到達南皖口，與臨川王陳蒨一同回朝。六月二十九日甲寅，臨川王陳蒨到達建康，入居中書省，侯安都和群臣議定，擁戴臨川王繼位，臨川王謙讓不敢擔當，章皇后因為有陳昌的緣故，不肯下旨令。群臣猶豫不能決定。侯安都說：「如今四方都沒有安定，哪有功夫遠迎皇子陳昌？臨川王陳蒨對朝廷有大功，大家應該立他為君。今天的事，哪個敢遲遲不吭聲的，我就殺了他！」侯安都立即握著劍上殿，告訴章皇后交出玉璽，又親手解開陳蒨的髮結，推他就喪主的位置，遷移大行皇帝的靈柩安置在太極殿西階。章皇后才下令，由陳蒨繼承皇帝位。這天，陳蒨即皇帝位，大赦天下。秋，七月初一日丙辰，尊皇后為皇太后。初六日辛酉，任命侯瑱為太尉，侯安都為司空。

北齊顯祖高洋將要前往晉陽，於是下令殺盡元魏宗室，有祖父、父親封王，或是自身曾顯貴的，全家都押到東市處斬，其中幼小的嬰兒拋向空中，用長矛承接刺死。前後殺死的人總計七百二十一人，全部拋屍漳水中，剖魚的人常常得到人的爪甲，鄴都的人因此久久都不敢吃魚。高洋還下令元黃頭和一些囚犯，從金鳳臺各自乘紙鴟風箏飛下，只有元黃頭一人飛到紫陌才掉下來，沒有摔死，仍然交給御史中丞畢義雲活活餓死他。只有開府儀同三司元蠻、祠部郎中元文遙等幾個家庭僥倖免死。元蠻，是元繼的兒子，常山王高演妃子的父親。元文遙，是元遵的第五代孫。定襄縣令元景安，是元虔的玄孫，想請求改姓高氏，他的堂兄元景皓說：「哪有放棄本宗而改從他人之姓的呢？大丈夫寧可玉碎，哪能瓦全？」元景安把他的話報告給了高洋，高洋收捕元景皓，殺了他。賜元景安姓高氏。

八月甲申日，在萬安陵安葬陳武帝，廟號高祖。

八月十四日戊戌，北齊封皇子高紹義為廣陽王。任命尚書右僕射河間王高孝琬為左僕射，都官尚書崔昂為右僕射。

北周御正中大夫崔猷建議，認為「聖人的制度沿革，因時制宜。如今天子稱王，不足以立威天下，請求遵用秦、漢舊制號皇帝，建立年號。」八月十五日己亥，北周天王始稱皇帝，並追尊文王叫文皇帝，改元年號叫武成。

八月十九日癸卯，北齊下詔：「民間有的父親、祖父冒充姓元，有的假託是元氏認養的，不管代數遠近，一概允許改復本姓。」

當初，高祖陳霸先追謚他的哥哥陳道譚為始興昭烈王，讓他的次子陳頊繼承封爵。等到世祖陳蒨即位，陳頊在長安還沒有回來，皇上陳蒨考慮本宗沒有主祭祖宗的人，就在八月十四日戊戌，下詔徙封陳頊為安成王，封皇子陳伯茂為始興王。

當初，北周太祖宇文泰平定蜀地，因為這是險要形勝的地方，不想讓老將去鎮守，詢問諸子，說：「誰能到蜀地去？」兒子都不吭聲，小兒子安成公宇文憲請求前往，宇文泰認為他年幼，不允許。八月二十八日壬子，北周明帝任命宇文憲為益州總管，當時十六歲。宇文憲善於安撫民眾，又能留心治術，益州人喜歡他。

九月初一日乙卯，任命大將軍天水公宇文廣為梁州總管。宇文廣，是宇文導的兒子。

九月初七日辛酉，陳文帝冊立皇子陳伯宗為太子。〇十五日己巳，北齊國主高洋前往晉陽。

九月十七日辛未，北周國主宇文毓封他的弟弟輔城公宇文邕為魯國公，安成公宇文憲為齊國公，宇文純為陳國公，宇文盛為越國公，宇文達為代國公，宇文通為冀國公，宇文逌為滕國公。

九月二十一日乙亥，陳文帝冊立太子母親吳興人沈妃為皇后。〇北周少保懷寧莊公蔡祐去世。

北齊顯祖高洋嗜酒成疾，不再能進食，自己知道活不了多久，對李皇后說：「人活著就一定會死，哪值得惋惜？只可憐嗣子高正道年齡還小，別人將會奪他的皇位。」又對常山王高演說：「奪取皇位，任由你，千萬不要殺他！」尚書令開封王楊愔、領軍大將軍平秦王高歸彥、侍中廣漢人燕子獻、黃門侍郎鄭頤都受遺詔輔政。

冬，十月初十日甲午，北齊顯祖高洋崩殂。十九日癸卯，舉行喪禮，群臣號哭，沒有一個人流眼淚，只有楊愔一個人涕淚嗚咽。太子高殷即皇帝位，大赦天下。二十六日庚戌，尊皇太后為太皇太后，皇后為皇太后。詔令所有土、木、金、鐵等各種製造，一律停下來。

王琳得知陳高祖去世，便任命少府卿吳郡人孫瑒為郢州刺史，總理留守事務，自己輔助梁朝永嘉王蕭莊出兵屯駐濡須口，北齊揚州道行臺慕容儼率領部眾到達長江岸邊，為王琳聲援。十一月初二日乙卯，王琳進犯大雷，陳文帝詔令太尉侯瑱、司空侯安都，以及儀同三司徐度等領兵抵抗。安州刺史吳明徹深夜偷襲湓城，王琳派巴陵太守任忠迎擊吳明徹，大獲全勝，吳明徹隻身逃命。王琳乘勝領兵東下。

北齊任命右丞相斛律金為左丞相，常山王高演為太傅，長廣王高湛為太尉，段韶為司徒，平陽王高淹為司空，高陽王高湜為尚書左僕射，河間王高孝琬為司州牧，侍中燕子獻為右僕射。

十一月十八日辛未，齊顯祖高洋的靈柩到達鄴城。

十二月十五日戊戌，北齊改封上黨王高紹仁為漁陽王，廣陽王高紹義為范陽王，長樂王高紹廣為隴西王。

【研　析】西元五五七年正月，北周政權正式建立，如同魏晉南北朝時期其他通過「禪讓」建立的政權一樣，只不過是最高統治者換了一個姓氏，政權的統治集團並沒有發生實質的變化，但北周之所以稱作「周」，是因為其制度效法西周，行用《周禮》，這使這一政權在中國歷史上頗具意義。對於新創立的北周政權來說，不久前才接替宇文泰成為執政者的宇文護，必須在隨後的兩三年間，利用權勢與手段，妥善處理與皇帝的關係，清除統治集團中的異己分子，集中權力，並使宇文氏北周政權切實得到鞏固。就在這年十月，陳霸先亦於建康稱帝，建立陳朝。陳霸先稱帝，遠非眾望所歸，新建立的陳朝必須在隨後幾年間通過一系列的戰爭，結束江南分崩離析的政治狀態。這兩個問題，是《通鑑》本卷記事的重心所在。當然，本卷還詳細記載了北齊文宣帝高洋晚年最後的瘋狂。下面就北周行《周禮》的實質、宇文護強化個人權力以及陳朝初期政權的特徵，加以著重分析。

一、關於北周行《周禮》

《周禮》一書，稱為儒家經典，但面世於西漢末年王莽當政之時，並成為王莽改制的藍本，歷史上有人曾認為是當時大學者、王莽的「國師」劉歆等人偽造，但現在一般認為是儒者利用西周切實施行過的一些制度及名號，吸收秦漢大一統政治實踐中的有效成分，加上儒者自己的理想因素而構建的一個號稱西周制度的文本。全書分天官大冢宰、地官大司徒、春官大宗伯、夏官大司馬、秋官大司寇、冬官大司空六個部分，分敘相關制度，又稱「六典」。歷史上除了王莽之外，利用《周禮》內容進行政權建設的還有北周及唐代武則天的武周政權。

《通鑑》上卷說：宇文泰「性好質素，不尚虛飾，明達政事，崇儒好古，凡所施設，皆依倣三代而為之。」我們曾在卷一百五十九分析過宇文泰利用《尚書》文體改革當時「浮華」文風的意義，也是其「崇儒好古」、「依仿三代」的一個具體例證。宇文泰生前「始作九命之典，以敘內外官爵」，定下新政權的制度基調，北周即按上述「六典」結構，組織中央各級政府。官員級別不再如魏晉以來那樣，分為九品，一品高而九品低，而是按周制分為「九命」，一命最低、九命最高；官名也按《周禮》，分為卿、大夫、士三類，並各分為上、中、下。最初設計還按周代傳統，最高統治者稱「王」而不稱「皇帝」，廢除年號，根據君主在位時間稱元年、二年，不過，此類不合時宜的搞法，很快就被拋棄。

對這套復古的制度，現代史學家給予了多方面的解讀。陳寅恪先生在《隋唐制度淵源略論稿》中評論說：「適值（宇文）泰以少數鮮卑化之六鎮民族割竄關隴一隅之地，而欲與雄據山東之高歡及舊承江左之蕭氏爭霸，非別樹一幟，以關中地域為本位，融治胡漢為一體，以自別於洛陽、建鄴或江陵文化勢力之外，則無以堅其群眾自信之心理。」唐長孺先生在《魏晉隋唐史三論》一書中認為，按《周禮》改革機構與官名，使其全異於漢魏以來舊名舊稱，有助於根除依照父祖官爵定子孫仕途的士族門閥制度。王仲犖先生在《北周六典》一書中，則反覆提醒讀者，北周雖行用《周禮》，但只限於中央機構，而地方行政制度則一如魏晉以來舊制，實行州、郡、縣三級制，並沒有恢復不利於中央集權的周代分封制。合觀三位著名史學家的觀點，我們對於北周模仿《周禮》的原因及其制度特點，應該會有一個較全面的認識。

二、宇文護強化個人權力

在專制集權制度下，無論實際掌握政權的是君主還是執政者，擁有絕對權力都是政治穩定的保證，宇文護接掌政權之時，還缺乏使用這種權力的底氣。我們知道，宇文泰執掌西魏政權，是在情勢危急的情況下，眾多資歷比他高、年紀比他大的長者推舉的結果，宇文泰成功地使西魏政權穩定下來，並逐步向南擴張，自己的權力也得到鞏固，但他畢竟只是一個執政者，並非君主。當其突然病逝於巡視途中，自己的兒子尚未成人，臨終將權力交給比自己小十餘歲的姪兒中山公宇文護。如《通鑑》上卷末所說，宇文護「名位素卑，雖為泰所屬，而羣公各圖執政，莫肯服從。」只是因為大司寇于謹「以死爭之」，宇文護才得以接管政權。宇文護上臺後，所做第一件事便是以魏帝的名義「以岐陽之地封（宇文泰）世子覺為周公」，並迅速實施禪代，將周公推上君主的寶座，從而將權力取予真正變成了宇文氏的「家事」，為清除異己創造了必要的條件。

對自以為資格老，原本與宇文泰地位相同，「怏怏不服」的楚公趙貴與衛公獨孤信，宇文護採取了不同的策略予以處置。趙貴「謀殺護」以圖執政，已勢不兩立，獨孤信知其謀而不告，亦罪不可赦。對於趙貴，趁其入朝「執而殺之」，公開處置；對於獨孤信，則「逼令自殺」。趙貴雖資格甚老，為人強橫，但顯然並無太多強援，公開將其處死，有助於威懾其他「諸公」，而作為首批柱國大將軍的獨孤信，如公開誅殺，勢必傷及統治集團的穩定。從獨孤信三女，一嫁北周皇帝，一嫁柱國大將軍李虎之子李昞（即唐高祖李淵之父），一嫁其部下二大將軍之一楊忠之子楊堅（即隋文帝），我們便可知他在西魏政壇人脈甚廣。宇文護對於獨孤信的處置，可謂有理、有利、有節。獨孤信罪當被誅，殺得有理；讓其自殺，保全獨孤家人的政治地位，是為有節；而最終卻能使宇文護在強化權力的同時贏得人心，是為有利。周帝宇文毓皇后獨孤氏，是在獨孤信自殺一年後才被立為后的，這明顯表明宇文護積極籠絡獨孤氏一系勢力的意圖。「謀臣宿將，爭往附之，大小之政，皆決於護」，雖出於攻擊他的李植等人的口中，卻也應是實情。因此，當宇文護決定廢黜年少無知、試圖在李植等支持下朝綱獨斷的宇文覺時，「公卿皆曰：『此公之家事，敢不唯命是聽？』」本卷所記宇文護對於李植及其家人的處理過程與方式，同樣也顯示出宇文護既要強化權力，又力圖控制打擊範圍，以爭取一切可以爭取的人物的態度。

總之，宇文護儘管在歷史上最終以被誅殺的權臣面貌出現，但在宇文泰之後，創立北周政權，並迅速實現政治穩定，功不可沒。

三、陳朝創立及其特徵

《陳書》卷六〈後主紀〉末，記唐代政治家魏徵對陳霸先在江南尚未實現政治統一時急於稱帝頗有微詞：「于時內難未弭，外鄰勍敵，王琳作梗於上流，周、齊搖蕩於江、漢，畏首畏尾，若存若亡，此之不圖，遽移天曆，雖皇靈有睠，何其速也。」《通鑑》本卷亦記侯安都奉命率軍進攻控湘江流域的王琳，在聽說陳霸先於建康稱帝的消息時，歎息說：「吾今茲必敗，戰無名矣！」其實，魏徵的意見並不可取，侯安都的感歎如果有其事，亦暗於形勢，只能說明他不如陳霸先高明。

那麼，陳霸先為何不在蕩平江南、天人所歸時就尊位，而急於在控制江東一隅後就稱帝建國呢？

在卷一百六十四，我們已分析過，陳霸先屬於南朝社會的底層寒人，並不具備強大的政治與文化影響力，所可憑藉者，是其糾合的嶺南與贛江流域的地方勢力，這些勢力的首領，此前亦無緣躋身政治高層。陳霸先襲殺王僧辯，實際上已與擁梁政治勢力分道揚鑣。王琳最初以為梁元帝蕭繹復仇為名，襲據湘州，後又接受北齊支持的蕭莊為梁帝，招動湘江流域的土豪勢力。這種種因素，都使陳霸先打著復興梁朝的旗號，並不能在政治上得分，讓各地割據者歸服，反而會使本集團成員找不到奮鬥的目標，失去凝聚力，亦難以對嶺南梁朝殘餘勢力蕭勃展開切實的行動。

在此我們只能推斷陳霸先急於稱帝的理由：稱帝建國，另立旗號，使侯安都、周文育等陳霸先所倚重的戰將，有了更強烈的政治歸屬感；對於原本支持他的嶺南、贛江流域豪族，也具有更大的號召力；對於王琳、蕭勃等進行的戰爭，也不再有同室操戈的嫌疑。當然，儘管陳霸先基本上是白手起家，自開新局，並沒有從梁室那裡繼承到什麼，他還是得走「禪讓」的舊路，為新政權尋找合法的外衣。

卷第一百六十八

陳紀二　起上章執徐（庚辰　西元五六〇年），盡玄黓敦牂（壬午　西元五六二年），凡三年。

【題解】本卷載述西元五六〇到五六二年三年間南北朝史事。時當陳文帝天嘉元年、二年、三年，北周明帝武成二年、武帝保定元年、二年，北齊廢帝乾明元年、孝昭帝皇建元年、二年、武成帝太寧元年、二年。這一時期南北朝三方北周、北齊、陳朝三國內政動盪不已，同時迭起宮廷政變，以北齊為最。高演廢帝自立，中斷北齊帝位父子相繼，變成兄終弟及，以力相奪。三國之間無大戰，而邊境摩擦不斷，最終陳文帝通好北周、北齊，南北對峙，暫趨平靜。

世祖文皇帝上

天嘉元年（庚辰　西元五六〇年）

春，正月癸丑朔❶，大赦，改元❷。○齊大赦，改元乾明。○辛酉❸，上祀南郊。

齊高陽王湜❹以滑稽❺便辟❻有寵於顯祖，常在左右，執杖以撻諸王，太皇太后深銜之。及顯祖殂，湜有罪❼，太皇太后杖之百餘，癸亥❽，卒。

辛未❾，上祀北郊。◯齊主自晉陽還至鄴。

二月乙未❿，高州刺史紀機⓫自軍所⓬逃還宣城，據郡應王琳，涇令賀當遷討平之。

王琳至柵口，侯瑱督諸軍出屯蕪湖，相持百餘日。東關春水稍長，舟艦得通，琳引合肥漅湖⓭之眾，舳艫相次而下，軍勢甚盛。瑱進軍虎檻洲⓮，琳亦出船列于江西，隔洲而泊。明日，合戰，琳軍少卻，退保西岸。及夕，東北風大起，吹其舟艦並壞，沒于沙中，浪大，不得還浦。及旦，風靜，琳入浦治船，瑱等亦引軍退入蕪湖。

周人聞琳東下，遣都督荊·襄等五十二州諸軍事、荊州刺史史寧將兵數萬乘虛襲郢州，孫瑒嬰城自守。琳聞之，恐其眾潰，乃帥舟師東下，去蕪湖十里而泊，擊柝聞於陳軍。齊儀同三司劉伯球將兵萬餘人助琳水戰，行臺慕容恃德之子子會⓯將鐵騎二千屯蕪湖西岸，為之聲勢。

丙申⓰，瑱令軍中晨炊蓐食以待之。時西南風急，琳自謂得天助，引兵直趣建康。瑱等徐出蕪湖躡其後，西南風翻為瑱用。琳擲火炬以燒陳船，皆反燒其船。瑱發拍⑰以擊琳艦，又以牛皮冒蒙衝小船⑱以觸其艦，并鎔鐵灑之。琳軍大敗，軍士溺死者什二三，餘皆棄船登岸，為陳軍所殺殆盡。齊步軍在西岸者，自相蹂踐，並陷于蘆荻泥淖中，騎皆棄馬脫走，得免者什二三。擒劉伯球、慕容子會，斬獲萬計，盡收梁、齊軍資器械。琳乘舴艋冒陳走⑲，至湓城，欲收合離散，眾無附者，乃與妻妾左右十餘人奔齊。

先是，琳使侍中袁泌⑳、御史中丞劉仲威㉑侍衛永嘉王莊。及敗，左右皆散，泌以輕舟送莊達于齊境，拜辭而還，遂來降，仲威奉莊奔齊。泌，昂之子也。樊猛及其兄毅帥部曲來降。

【章旨】以上為第一段，寫南朝王琳軍敗沒，陳文帝討滅了蕭梁殘餘勢力，陳朝擁有江南全境。

【注釋】❶癸丑朔　正月一日。❷改元　改年號永定為天嘉。❸辛酉　正月九日。❹湜　高湜（？—西元五六〇年），高歡第十一子，天保元年封高陽王，曾任尚書令。傳見《北齊書》卷十、《北史》卷五十一。❺滑稽　言行舉止令人發笑。❻便辟　逢迎獻媚的樣子。❼湜有罪　高洋出喪，湜以司徒導引梓宮，邊走邊吹笛，還說：「至尊很瞭解臣。」又在治喪期擊鼓取樂，於是激怒太皇太后。事見《北齊書》卷十、《北史》卷五十一。❽癸亥　正月十一日。❾辛未　正月十九日。❿乙未　二月十三日。⓫紀機　初起宣城，聚眾千餘人，侵暴郡縣，後為高州刺史。事見《陳書》卷三〈世祖紀〉。⓬軍所　指大雷前線侯瑱軍營。⓭漅湖　安徽境內最大的淡水湖。⓮虎檻洲　江心洲，在安徽繁昌東北長江中，前距蕪湖不遠。⓯子會　慕容子會，清都人。北齊末任郢州刺史，後降於北周。傳見《北史》卷五十三。⓰丙申　二月十四日。⓱發拍　發動船隻，以拍竿拍擊敵船。戰艦前後各裝有拍竿，可以在較遠距離內拍擊敵船。⓲蒙衝小船　一種小型戰船。用生牛皮蒙住船身，在前後左右開有射箭的窗口和可以刺出長矛的小孔，以及伸進槳柄的洞口，既有利於躲避敵人射出的箭和擲出的石塊，又可以有效地進攻敵人，是水戰中必不可少的戰船。⓳冒陳走　冒死突陣而逃。⓴袁泌　(西元五一〇－五六七年) 字文洋，陳郡陽夏(今河南太康) 人。初從蕭範，後降於侯景。王僧辯誅侯景，泌兼任丹楊尹。入陳，官至御史中丞。傳見《陳書》卷十八、《南史》卷二十六。㉑劉仲威　(西元五二七－五六九年) 南陽涅陽 (今河南鄧州東北) 人，初隨梁元帝，任中書侍郎，後隨蕭莊入北齊，終於鄴。傳見《陳書》卷十八、《南史》卷五十。

【語　譯】世祖文皇帝上

天嘉元年 (庚辰　西元五六〇年)

春，正月初一日癸丑，陳朝大赦天下，改年號為天嘉。〇北齊大赦天下，改年號為乾明。〇初九日辛酉，陳文帝到南郊祭天。

北齊高陽王高湜因言辭敏捷詼諧，又善於逢迎獻媚，受到顯祖高洋的寵愛，經常在高洋身邊，手執木杖拷打諸王，太皇太后婁氏對他深為痛恨。等到顯祖高洋死了，高湜有罪，太皇太后打了他一百多棍，正月十一日癸亥，高湜去世。

正月十九日辛未，陳文帝到北郊祭地。〇北齊國主高殷從晉陽回到鄴城。

二月十三日乙未，陳朝高州刺史紀機從前線軍營逃回宣城，佔據郡城響應王琳，涇縣令賀當遷出兵討平了他。

王琳到了柵口，侯瑱都督諸軍出屯蕪湖，雙方相持了一百多天。東關春水漸漲，舟船得以通航，王琳率領合肥漅湖的水軍，艦船首尾相接，依次順流而下，聲勢浩大。侯瑱進軍到虎檻洲，王琳也列出兵船在大江西岸，與侯瑱隔虎檻洲停泊。第二天，兩軍交戰，王琳稍稍後退，守衛大江西岸。到了晚上，東北風越來越大，吹壞了王琳軍的不少舟船，有的陷入沙中，江中浪又大，舟船回不了湖口。等到天亮時，風才平靜下來，王琳把舟船開入浦口整修，侯瑱等也率軍退入蕪湖。

北周聽說王琳東下，派都督荊州・襄州等五十二州諸軍事、荊州刺史史寧領兵數萬乘虛襲擊郢州，孫瑒環城設防固守。王琳得到消息，擔心他的軍隊潰散，便率領舟師東下，離蕪湖十里停泊，擊柝的聲音，可以傳到陳軍中。北齊儀同三司劉伯球領兵一萬餘人援助王琳水戰，行臺慕容恃德之子慕容子會率領兩千鐵騎屯駐在蕪湖西岸，為王琳聲援。

二月十四日丙申，侯瑱傳令軍中，清早做飯坐在床上就食，等待與王琳軍交戰。當時，西南風吹得很急，王琳自認為得到了天助，率軍直趨建康。侯瑱等慢慢地把船開出蕪湖，跟在王琳軍的背後，西南風反而被侯瑱利用，王琳擲火炬用來燒陳軍戰船，反而燒了自己的兵船。侯瑱趁著風勢發動拍竿，猛烈拍擊王琳的兵船，又用蒙衝小船撞擊王琳的兵船，並用燒熔的鐵水順風澆王琳的戰船，王琳軍慘敗，士兵落水淹死的有十分之二三，其餘的兵士棄船登岸，被陳軍殺滅殆盡。西岸上的北齊步兵，自相踐踏，又陷在蘆荻泥潭中，騎兵都棄馬逃走，生還的只有十分之二三。陳軍擒獲了劉伯球、慕容子會，殺死敵人與抓獲的俘虜以萬計，全部繳獲了王琳軍、北齊軍的軍資器械。王琳乘坐舴艋小船突圍逃走，到達湓城，想搜集散兵，他的部眾沒有一個跟隨的，他只好與妻妾和身邊的十餘人逃奔到北齊。

早先，王琳派侍中袁泌、御史中丞劉仲威侍衛永嘉王蕭莊。等到戰敗，身邊的人都跑散了，袁泌用輕舟護送蕭莊抵達齊境，拜別蕭莊而返回，便前來投降陳軍，劉仲威護送蕭莊逃奔北齊。袁泌，是袁昂的兒子。樊猛和他的哥哥樊毅率領部曲前來投降。

齊葬文宣皇帝于武寧陵❶，廟號高祖，後改曰顯祖。

戊戌❷，詔：「衣冠士族、將帥戰兵陷在王琳黨中者，皆赦之，隨材銓敘。」

己亥❸，齊以常山王演為太師、錄尚書事，以長廣王湛為大司馬、并省錄尚書事，以尚書左僕射平秦王歸彥為司空，趙郡王叡為尚書左僕射。

詔：「諸元良口❹配沒入官及賜人者並縱遣。」

乙巳❺，以太尉侯瑱都督湘、巴等五州諸軍事，鎮湓城。

齊顯祖之喪，常山王演居禁中護喪事，婁太后欲立之而不果。太子即位，乃就朝列。以天子諒陰，詔演居東館❻，欲奏之事，皆先咨決。楊愔等以演與長廣王湛位地親逼❼，恐不利於嗣主，心忌之。居頃之，演出歸第，自是詔敕多不關預。或謂演曰：「鷙鳥離巢，必有探卵之患。今日王何宜屢出？」中山太守陽休之詣演，演不見。休之謂王友王晞曰：「昔周公朝讀百篇書，夕見七十士，猶恐不足。錄王❽何所嫌疑，乃爾拒絕賓客？」

先是，顯祖之世，羣臣人不自保。及濟南王❾立，演謂王晞曰：「一人垂拱，吾曹亦保優閒。」因言朝廷寬仁，真守文良主。晞曰：「先帝時，東宮委一胡人傅之。今春秋尚富❿，驟覽萬機，殿下宜朝夕先後⓫，親承音旨。而使他姓出納詔命，大權必有所歸，殿下雖欲守藩，其可得邪？借令得遂沖退⓬，自審家祚⓭得保靈長乎？」演默然，久之，曰：「何以處我？」晞曰：「周公抱成王攝政七年，然後復子明辟⓮，惟殿下慮之。」演曰：「我何敢自比周公？」晞曰：「殿下今日地望⑮，欲不為周公，得邪？」演不應。顯祖常使[1]胡人康虎兒保護太子，故晞言及之。

齊主將發晉陽，時議謂常山王必當留守根本之地⑯。執政⑰欲使常山王從帝之鄴，留長廣王鎮晉陽，既而又疑之，乃敕二王俱從至鄴。外朝聞之，莫不駭愕。又敕以王晞為并州長史。演既行，晞出郊送之。演恐有覘察，命晞還城，執晞手曰：「努力自慎。」因[2]躍馬而去。

平秦王歸彥總知禁衛，楊愔宣敕留從駕五千兵於西中⑱，陰備非常。至鄴數日，歸彥乃知之，由是怨愔。

領軍大將軍可朱渾天和⑲，道元之子⑳也，尚帝姑東平公主㉑，每曰：「若不誅二王，少主無自安之理。」燕子獻謀處太皇太后於北宮，使歸政皇太后。又自天保八年已來，爵賞多濫，楊愔欲加澄汰㉒，乃先自表解開府及開封王，諸叨竊㉓恩榮者皆從黜免。由是嬖寵失職之徒，盡歸心二叔。平秦王歸彥初與楊、燕同心，既而中變，盡以疏忌之迹㉔告二王。

侍中宋欽道，弁㉕之孫也，顯祖使在東宮，教太子以吏事。欽道面奏帝，稱「二叔威權既重，宜速去之。」帝不許，曰：「可與令公㉖共詳其事。」愔等議出二王為刺史，以帝慈仁，恐不可所奏，乃通啓皇太后，具述安危。宮人李昌儀㉗，即[3]高仲密之妻也，李太后以其同姓，甚相昵愛，以啓示之，昌儀密啓太皇太后。

愔等又議不可令二王俱出，乃奏以長廣王湛鎮晉陽，以常山王演錄尚書事。二王既拜職，乙巳㉘，於尚書省大會百僚。愔等將赴之，散騎常侍兼中書侍郎鄭頤止之，曰：「事未可量，不宜輕脫。」愔曰：「吾等至誠體國，豈常山拜職有不赴之理？」長廣王湛，旦伏家僮數十人於錄尚書後室㉙，仍與席上勳貴賀拔仁、斛律金等數人相知約㉚曰：「行酒至愔等，我各勸雙盃，彼必致辭。我一曰『執酒』，二曰『執酒』，三曰『何不執』，爾輩即執之！」及宴，如之。愔大言曰：「諸王反逆，欲殺忠良邪？尊天子，削諸侯，赤心奉國，何罪之有？」常山王演欲緩之。湛曰不可。於是拳杖亂毆，愔及天和、欽道皆頭面血流，各十人持之。燕子獻多力，頭又少髮，狼狽排眾走出門，斛律光逐而擒之。子獻歎曰：「丈夫為計遲，遂至於此！」使太子太保薛孤延㉛等執頤於尚藥局㉜。頤曰：「不用智者言至此，豈非命也？」

二王與平秦王歸彥、賀拔仁、斛律金擁愔等唐突入㉝雲龍門，見都督叱利騷㉞，招之，不進，使騎殺之。開府儀同三司成休寧抽刃呵演，演使歸彥諭之，休寧厲聲不從。歸彥久為領軍，素為軍士所服，皆弛仗，休寧方歎息而罷。演入，至昭陽殿，湛及歸彥在朱華門㉟外。帝與太皇太后並出㊱，太皇太后坐殿上，皇太后及帝側立。演以塼叩頭，進言曰：「臣與陛下骨肉至親，楊遵彥等欲獨擅朝權，威福自己，自王公已下皆重足屏氣，共相脣齒，以成亂階，若不早圖，必為宗社之害。臣與湛為國事重，賀拔仁、斛律金惜獻武皇帝之業㊲，共執遵彥等入宮，未敢刑戮。專輒之罪，誠當萬死。」

時庭中及兩廡衛士二千餘人，皆被甲待詔。武衛㊳娥永樂，武力絕倫，素為顯祖所厚，叩刀仰視㊴，帝不睨之。帝素吃訥，倉猝不知所言。太皇太后令卻仗㊵，不退，又厲聲曰：「奴輩即今頭落！」乃退。永樂內刀而泣。

太皇太后因問：「楊郎何在？」賀拔仁曰：「一眼已出。」太皇太后愴然曰：「楊郎何所能為，留使豈不佳邪？」乃讓帝曰：「此等懷逆，欲殺我二子，次將及我，爾何為縱之？」帝猶不能言。太皇太后怒且悲，曰：「豈可使我母子受漢老嫗㊶斟酌㊷？」太后拜謝。太皇太后又為太后誓言：「演無異志，但欲去逼㊸而已。」演叩頭不止。太后謂帝：「何不安慰爾叔？」帝乃曰：「天子亦不敢為叔惜，況此漢輩㊹！但匄㊺兒命，兒自下殿去，此屬任叔父處分。」遂皆斬之。長廣王湛以鄭頤昔嘗譏己，先拔其舌，截其手而殺之。演令平秦王歸彥引侍衛之士向華林園，以京畿軍士(46)入守門閤，斬娥永樂於園。

太皇太后臨愔喪，哭曰：「楊郎忠而獲罪。」以御金為之一眼(47)，親內之，曰：「以表我意。」演亦悔殺之。於是下詔罪狀愔等，且曰：「罪止一身，家屬不問。」頃之，復簿錄五家(48)，王晞固諫，乃各沒一房，孩幼盡死，兄弟皆除名(49)。

以中書令趙彥深代楊愔總機務。鴻臚少卿陽休之私謂人曰：「將涉千里，殺騏驎而策蹇驢(50)，可悲之甚也！」

戊申(51)，演為大丞相、都督中外諸軍、錄尚書事，湛為太傅、京畿大都督，段韶為大將軍，平陽王淹為太尉，平秦王歸彥為司徒，彭城王浟為尚書令。

江陵之陷也，長城世子昌及中書侍郎項皆沒於長安。高祖即位，屢請之於周，周人許而不遣。高祖殂，周人乃遣昌還，以王琳之難，居于安陸。琳敗，昌發安陸，將濟江，致書於上，辭甚不遜。上不懌，召侯安都從容謂曰：「太子將至，須別求一藩為歸老之地。」安都曰：「自古豈有被代天子？臣愚，不敢奉詔。」因請自迎昌。於是羣臣上表，請加昌爵命。庚戌(52)，以昌為驃騎將軍、湘州牧，封衡陽王。

齊大丞相演如晉陽，既至，謂王晞曰：「不用卿言，幾至傾覆。今君側雖清，終當何以處我？」晞曰：「殿下往時位地，猶可以名教出處[53]，今日事勢，遂關天時，非復人理所及。」演奏趙郡王叡為左[4]長史，王晞為司馬。三月甲寅[54]，詔：「軍國之政，皆申[55]晉陽，稟大丞相規筭[56]。」

【章旨】以上為第二段，寫北齊顯祖高洋死後，常山王高演、長廣王高湛聯合發動宮廷政變，高演控制了政權，鎮守晉陽。

【注釋】❶武寧陵　在今河北臨漳。❷戊戌　二月十六日。❸己亥　二月十七日。❹良口　平民。指高洋誅殺元氏時抄沒的家屬，現恢復平民身分。❺乙巳　二月二十三日。❻東館　在鄴宮昭陽殿東。❼位地親逼　官位和宗族地位，都非常接近。❽錄王　高演以常山王錄尚書事，所以稱錄王。❾濟南王　高殷被廢後，封濟南王。❿春秋尚富　年齡尚小。⓫朝夕先後　從早到晚在少帝的身前身後輔政。⓬沖退　沖淡退讓，明哲保身。⓭家祚　以少帝叔父的地位談家祚，實際上指的是國祚，即國家的命運。⓮復子明辟　讓少主親政。⓯地望　地位人望。⓰根本之地　指晉陽（今山西太原南）。原高歡大丞相府建於此，高洋也在此接受禪讓，北齊的精兵強將大多駐守於該地，是東魏北齊政治軍事核心地區。⓱執政　指楊愔等決策人物。⓲西中　晉陽在鄴都的西邊，與中央政府一樣，建有尚書省（即并省），處理國家重大事務，所以稱「西中」。楊愔留禁軍在晉陽，有防止高演等利用晉陽力量奪權的意思。⓳可朱渾天和　高洋時為駙馬都尉，封成皋郡公。少主即位，加特進，改封博陵郡公。傳見《北齊書》卷三十四、《北史》卷五十三。⓴道元之子　今本《北齊書》和《北史》均作道元弟。舊刻本《北齊書》與《通鑑》同。㉑東平公主　高歡長女，廢帝的姑姑。㉒澄汰　澄清泥沙，去掉雜質，比喻淘汰那些濫竽充數的官爵獲得者。㉓叨竊　才不勝任而妄據高位的人。此辭也常成為自謙之辭。㉔疏忌之迹　疏遠和猜忌二王的行為。㉕弁　宋弁，字義和，廣平列人縣（今河北曲周西南）人，以才學博贍出任北魏孝文帝時的著作佐郎，後歷任中書侍郎、吏部尚書。傳見《魏書》卷六十三、《北史》卷二十六。㉖令公　楊愔時任尚書令，所以被稱作令公。㉗李昌儀　高仲密叛降西魏，李氏被高澄強娶，留在宮中為昌儀。㉘乙巳　二月二十三日。㉙錄尚書後室　錄尚書正堂後邊的休息場所。㉚相知約　互相通知約定。㉛薛孤延　代人，驍勇有力，以功進封永周縣公。討平山胡，又封平秦郡公。出任過滄州、肆州刺史。傳見《北齊書》卷十九、《北史》卷五十三。㉜尚藥局　官署名，屬門下省，掌製作御用藥品。㉝唐突入　強行闖入。㉞叱利騷　人名，複姓叱利。㉟朱華門　朱華閣之門。朱華閣是北齊中書省辦公處，為禁省要地。㊱帝與太皇太后並出　胡三省注疑「太皇太后」下應有「皇太后」三字。據下文，皇太后也側立於太皇太后身旁，胡說是。㊲惜獻武皇帝之業　賀拔仁、斛律金都是高歡舊臣，共創北齊基業，故云。㊳武衛　即武衛將軍，禁軍主將之一。㊴叩刀仰視　將刀拉出鞘一寸多叫叩刀。仰視皇帝，等待下令捉拿高演等人。㊵卻仗　收起武器退走。㊶漢老嫗　李太后是漢族人。㊷斟酌　酌情處理；擺布。㊸去逼　消除楊愔等人的威逼排擠。㊹漢輩　楊愔、宋欽道、鄭頤等都是漢族人。㊺匄　請求給予。㊻京畿軍士　負責守衛京師的京畿大都督的部下，時聽從高演的指揮，所以用來代替原宮中衛士。㊼以御金為之一眼　用御府之金子替他做一個眼球。㊽復簿錄五家　又查抄楊愔、可朱渾天和、燕子獻、宋欽道、鄭頤五家。㊾除名　解除官職。㊿殺騏驎而策蹇驢　騏驎，駿馬。蹇驢，瘸驢。喻二人才幹有天淵之別。51戊申　二月二十六日。52庚戌　二月二十八日。53以名教出處　按名教觀念居於臣位。54甲寅　三月三日。55申　上報。56規筭　決策籌劃。筭，同「算」。

【校　記】[1]使　原作「遣」。據章鈺校，十二行本、乙十一行本皆作「使」，《通鑑紀事本末》卷二四作「使」，今據改。[2]因　原無此字。據章鈺校，十二行本、乙十一行本皆有此字，張敦仁《通鑑刊本識誤》同，今據補。[3]即　原無此字。據章鈺校，十二行本、乙十一行本、孔天胤本皆有此字，今據補。[4]左　原無此字。據章鈺校，十二行本、乙十一行本、孔天胤本皆有此字，今據補。按，《北史・王憲傳附王晞傳》有此字。

【語　譯】北齊在武寧陵安葬了文宣帝高洋，廟號高祖，後改稱顯祖。

二月十六日戊戌，陳文帝下詔：「官宦世族、將帥戰士，過去依附王琳的人，一律赦免，按照個人的才能安排任用。」

二月十七日己亥，北齊任命常山王高演為太師、錄尚書事，任命長廣王高湛為大司馬、并省錄尚書事，任命尚書左僕射平秦王高歸彥為司空，趙郡王高叡為尚書左僕射。

北齊國主高殷下詔：「諸元魏宗室良家子女，罰沒在官府為奴的，以及賞賜給人為奴的，一律釋放回家。」

二月二十三日乙巳，陳朝任命太尉侯瑱都督湘州、巴州等五州諸軍事，鎮守湓城。

北齊顯祖高洋死的時候，常山王高演住在宮中主持喪事，婁太后想立他為皇帝沒有成功。太子高殷即位後，高演回到朝臣的行列，由於天子居喪，詔令高演住在昭陽殿東廂，朝臣想奏事，都先通過高演決定。楊愔等認為高演和長廣王高湛官職和宗族地位非常接近，恐怕不利於繼位的幼主，心裡十分猜忌。過了不久，高演出宮回到王府宅第，從此詔敕高演大多不過問。有人對高演說：「猛禽離巢，一定會有鳥蛋被取走的禍患。眼下大王怎麼能多次出宮呢？」中山太守陽休之造訪高演，高演不見。陽休之對高演的僚屬王晞說：「從前周公早晨讀百篇書，晚上還要見七十個士人，仍然擔心做得不好。錄王有什麼疑慮，如此這樣拒絕賓客？」

先前，顯祖高洋在位之時，群臣人人自危不保。等到濟南王高殷即位，高演對王晞說：「皇上垂衣拱手治天下，我們也樂得悠閒。」又說皇上寬厚仁慈，真是一位守法的英明君主。王晞說：「先帝在時，太子委一胡人輔導。如今皇上年輕，突然日理萬機，殿下應當早晚在皇上身邊，親自承接他的意旨，如果讓異姓朝臣傳達詔令，大權一定會旁落他人，殿下雖然想守住藩國，怎能做到呢？即使您能沖淡謙退，您自己忖度，高氏家祚能長久保住嗎？」高演沉默不語，過了好一陣，說：「你說我該怎麼自處呢？」王晞說：「周公抱著成王攝政七年，然後才歸政成王，希望殿下認真考慮這個榜樣。」高演說：「我哪裡敢自比周公？」王晞說：「殿下今天的地位聲望，想不做周公，行嗎？」高演沒有回答。顯祖高洋常讓胡人康虎兒保護太子，所以王晞提及胡人師傅這件事。

北齊國主高殷將從晉陽出發到鄴城，當時群臣議論，常山王高演一定會留守晉陽這一根本之地。執政大臣想讓常山王高演隨從皇上到鄴城，留長廣王高湛鎮守晉陽，不久又懷疑他們，便敕令兩王都隨從皇上到鄴城。外朝群臣聽到這個消息，莫不驚愕。皇上又敕令王晞為并州長史。高演已動身，王晞出郊送他。高演害怕有密探，讓王晞回城，緊握王晞的手說：「努力，小心。」就躍馬而去。

平秦王高歸彥總管宮禁護衛，楊愔宣讀敕令，把高歸彥率領的從駕衛士留下五千人在晉陽，暗中防備非常。到達鄴城數天之後，高歸彥才知道了這件事，由此怨恨楊愔。

領軍大將軍可朱渾天和，是可朱渾道元的兒子，娶皇上姑姑東平公主為妻，他常說：「如果不殺二王，少主絕無安穩的道理。」燕子獻謀劃把太皇太后安置在北宮，要她把政權交給皇太后。

又，自天保八年以來，封爵賞賜多濫，楊愔想淘汰罷免一些，於是上表請求首先解除自己的開府儀同三司和開封王，其他因蒙受國君恩賜榮寵而濫得爵位的人跟著全都罷免，因此，一些原先受寵幸而今失去職位的人，全都依附二王。平秦王高歸彥最初與楊愔、燕子獻同心協力，不久中途變化，把楊愔等疏遠和猜忌二王的事全都告知了二王。

侍中宋欽道，是宋弁的孫子，顯祖高洋派他在東宮教授太子處理政事。宋欽道面奏皇上高殷，說：「兩叔王權勢已重，應當趕快除掉他們。」皇上不允許，說：「可與尚書令楊愔共同仔細商議這事。」楊愔等商議外放二王為刺史，考慮皇上仁慈，擔心上奏不會允許，就共同上奏皇太后，詳細述說幼主的安危。宮人李昌儀，即是高仲密的妻子，李太后因為她是同姓，非常親愛她，就把奏摺讓她看，李昌儀祕密報告了太皇太后。

楊愔等又商議不可讓二王同時出任外職，於是奏請任命長廣王高湛鎮守晉陽，任命常山王高演錄尚書事。二王接受了新職。二月二十三日乙巳，在尚書省大會百官。楊愔等將要去赴會，散騎常侍兼中書侍郎鄭頤阻止楊愔說：「事情不可預料，不要隨便前去。」楊愔說：「我們一心一意公忠體國，豈有常山王拜受新職不去赴宴的道理？」長廣王高湛一大早就在錄尚書省後堂埋伏了幾十個家僮，自己與席上勳貴賀拔仁、斛律金等幾個人互通消息約定說：「等我敬酒到楊愔等人時，我勸他們各自喝雙杯，他們一定推辭。我一次說『拿上酒杯』，第二次說『拿上酒杯』，第三次說『為何不拿酒杯』，你們就把他們抓起來！」等到開宴，果然如約定的那樣。楊愔高聲說：「諸王反叛，想殺害忠良嗎？尊崇天子，削弱諸侯，赤心為國，有什麼罪過？」常山王高演想寬大處理他，高湛說不可，於是拳打杖毆，楊愔、可朱渾天和、宋欽道等人頭破血流。十個人抓他們一個人，燕子獻很有力氣，頭髮又少，狼狽地推開抓他的人，逃出門，斛律光追上抓住了他。燕子獻歎息說：「大丈夫謀事遲了，就成了這個局面！」高湛又命太子太保薛孤延等去尚藥局捉拿鄭頤。鄭頤也不禁歎息說：「不聽智者勸告，弄到這步田地，難道不是命嗎？」

常山王高演、長廣王高湛和平秦王高歸彥、賀拔仁、斛律金等押著楊愔等想要強行闖入雲龍門，見到守門都督叱利騷，招呼他，他不讓進，便派騎士把他殺了。開府儀同三司成休寧抽出佩刀，呵斥高演，高演讓高歸彥勸諭他，成休寧厲聲辯駁，不肯聽從。高歸彥長久為領軍，一向為軍士所畏服，都紛紛放下兵器，成休寧才歎息著作罷。高演入宮，到了昭陽殿，高湛和高歸彥留在朱華門外。皇上高殷和太皇太后婁氏一起走出，太皇太后婁氏坐在殿上，皇太后李氏和皇上高殷侍立兩旁。高演在磚地上磕頭，上奏說：「臣與陛下是骨肉至親，楊遵彥等想獨攬朝政，專擅威福，從王公以下都重足而立，不敢出大氣，而他們互相勾結，造成禍亂，如果不早早除掉，一定成為國家的禍患。臣與高湛以國事為主，賀拔仁、斛律金等顧惜獻武皇帝創下的基業，一起抓楊遵彥等入宮，未敢殺戮他們。這次專斷的罪過，真該萬死。」

當時殿庭中以及兩邊廂廊的衛士兩千多人，都披甲待命。武衛將軍娥永樂，武力超群，一向受到齊顯祖高洋的厚待，他抽刀出鞘寸餘，仰視皇上，皇上始終不給他眼色。皇上一向口吃，倉猝之間更不知道說什麼話。太皇太后喝令執仗衛士退下，娥永樂等不退，太皇太后又厲聲說：「奴才們今天就要腦袋落地！」衛士們這才退下，娥永樂收刀落淚。

太皇太后婁氏接著問：「楊郎在哪裡？」賀拔仁說：「一隻眼睛已經被打出來了。」太皇太后悲愴地說：「楊郎能做什麼事呢，留下他效力難道不好嗎？」又責備皇上說：「這些人心懷叛逆，想殺我的兩個兒子，接下來還要害我，你為何縱容他們？」皇上高殷仍然說不出話。太皇太后婁氏又憤怒又悲愴，說：「怎能讓我們母子受一個漢人老太婆擺弄？」李太后拜伏謝罪。太皇太后婁氏又對李太后發誓說：「高演絕不會造反，只是要除掉逼迫他的人罷了。」高演磕頭不止。李太后對皇上高殷說：「還不安慰你的叔父？」皇上高殷這才說：「天子也不敢求叔父憐惜，何況這幾個漢臣！只求保全兒命，兒自己下殿離去，這些人交給叔父處置。」於是把楊愔等人都殺了。長廣王高湛因為鄭頤從前曾經誹謗過自己，先拔掉他的舌頭，砍斷他的雙手然後才殺死他。高演命令平秦王高歸彥領禁軍衛士到華林園，用守衛京城的軍士守衛皇宮，並在華林園殺了娥永樂。

太皇太后婁氏親臨楊愔喪禮，哭道：「楊郎忠誠卻獲罪。」用御府的金子為他做了一隻眼珠，親自放入眼窩，說：「用這表達我的心意。」高演也後悔殺了楊愔。於是下詔列舉楊愔等人的罪狀，並說：「犯罪只處罰本人，家屬一律不追究。」不久，又查抄楊愔、可朱渾天和、燕子獻、宋欽道、鄭頤五家，王晞極力勸阻，每家才只收審一房，孩幼統統處死，兄弟全都罷官。

北齊任命中書令趙彥深代替楊愔總管機密事務。鴻臚少卿陽休之私下對人說：「將要跋涉千里，卻殺了騏驎而騎上跛足的蠢驢，真是可悲到極點！」

二月二十六日戊申，高演出任大丞相、都督中外諸軍事、錄尚書事，高湛出任太傅、京畿大都督，段韶為大將軍，平陽王高淹出任太尉，平秦王高歸彥出任司徒，彭城王高浟出任尚書令。

江陵淪陷的時候，長城公世子陳昌以及中書侍郎陳頊都淪落於長安。陳高祖陳霸先即位後，多次向北周請求送還，北周同意了但沒有行動。陳高祖死後，北周才送陳昌回國，又因王琳之難，停留在安陸。王琳戰敗，陳昌又從安陸出發，準備渡江的時候，送了一封書信給陳文帝，言辭很不恭敬。陳文帝不高興，召見侯安都從容地說：「太子就要到了，應該另外找一個藩國，作為他養老的地方。」侯安都說：「從古以來，哪有被替代的天子？臣笨，不敢接受詔命。」因此請求親自去迎接陳昌。於是朝臣上奏，請求給陳昌加封爵位。二月二十八日庚戌，任命陳昌為驃騎將軍、湘州牧，封衡陽王。

北齊大丞相高演前往晉陽，到達後，對王晞說：「沒有聽你的話，差點敗亡。如今皇上身邊的小人雖已清除，終究應當怎樣安置我？」王晞說：「殿下往日的地位，還可以按名分禮教作臣子，但是今天的形勢，那就要看天時變化了，不是人情常理所能說的了。」高演奏請趙郡王高叡為左長史，王晞為司馬。三月初三日甲寅，北齊國主高殷下詔：「凡軍國大政，都要向晉陽上報，呈請大丞相高演規劃。」

周軍初至，郢州助防張世貴舉外城以應之，所失軍民三千餘口。周人起土山、長梯，晝夜攻之，因風縱火，燒其內城南面五十餘樓。孫瑒兵不滿千人，身自撫循，行酒賦食，士卒皆為之死戰。周人不能克，乃授瑒柱國、郢州刺史，封萬戶郡公，瑒偽許以緩之，而潛修戰守之備，一朝而具，乃復拒守。既而周人聞王琳敗，陳兵將至，乃解圍去。瑒集將佐謂之曰：「吾與王公❶同獎梁室，勤❷亦至矣，今時事如此，豈非天乎？」遂遣使奉表，舉中流之地❸來降。

王琳之東下也，帝徵南川兵，江州刺史周迪、高州刺史黃法氍帥舟師將赴之。熊曇朗據城列艦，塞其中路，迪等與周敷共圍之。琳敗，曇朗部眾離心，迪攻拔其城，虜男女萬餘口。曇朗走入村中，村民斬之。丁巳❹，傳首建康，盡滅其族。

齊軍先守魯山，戊午❺，棄城走，詔南豫州刺史程靈洗守之。

甲子❻，置武州❼、沅州❽[1]，以右衛將軍吳明徹為武州刺史，以孫瑒為湘州刺史。瑒懷不自安，固請入朝，徵為中領軍，未拜，除吳郡太守。

壬申❾，齊封世宗之子孝珩為廣寧王，長恭為蘭陵王。

甲戌❿，衡陽獻王昌入境，詔主書、舍人緣道迎候。丙子⓫，濟江，中流，殞之，使以溺告。侯安都以功⓬進爵清遠公。

初，高祖遣滎陽毛喜⓭從安成王頊詣江陵，梁世祖以喜為侍郎，沒於長安，與昌俱還，因進和親之策。上乃使侍中周弘正通好於周。

夏，四月丁亥[14]，立皇子伯信[15]為衡陽王，奉獻王[16]祀。

周世宗[17]明敏有識量，晉公護憚之，使膳部中大夫[18]李安置毒於糖䭔[19]而進之，帝頗覺之。庚子[20]，大漸[21]，口授遺詔五百餘言，且曰：「朕子年幼，未堪當國。魯公，朕之介弟[22]，寬仁大度，海內共聞，能弘我周家，必此子也。」辛丑[23]，殂。

魯公幼有器質，特為世宗所親愛，朝廷大事，多與之參議。性深沈，有遠識，非因顧問，終不輒言。世宗每歎曰：「夫人[24]不言，言必有中。」壬寅[25]，魯公即皇帝位，大赦。

五月壬子[26]，齊以開府儀同三司劉洪徽為尚書右僕射。

侯安都父文捍[27]為始興內史，卒官。上迎其母還建康，母固求停鄉里。乙卯[28]，為置東衡州[29]，以安都從弟曉[30]為刺史。安都子祕，纔九歲，上以為始興內史，並令在鄉侍養。

六月壬辰[31]，詔葬梁元帝[32]於江寧，車旗禮章，悉用梁典。

齊人收永安、上黨二王遺骨，葬之。敕上黨王妃李氏還第。馮文洛尚以故意[33]，脩飾詣之。妃盛列左右，立文洛於階下，數之曰：「遭難流離，以至大辱，志操寡薄，不能自盡。幸蒙恩詔，得反藩闈㉞，汝何物奴，猶欲見侮！」杖之一百，血流灑地。

秋，七月丙辰㉟，封皇子伯山㊱為鄱陽王。

齊丞相演以王晞儒緩㊲，恐不允武將之意，每夜載入，晝則不與語。嘗進晞密室，謂曰：「比㊳王侯諸貴，每見敦迫㊴，言我違天不祥，恐當或有變起，吾欲以法繩之，何如？」晞曰：「朝廷比者疏遠親戚，殿下倉猝所行，非復人臣之事。芒刺在背，上下相疑，何由可久？殿下雖欲[2]謙退，粃糠神器㊵，實恐違上玄之意，墜先帝之基。」演曰：「卿何敢發此言？須致卿於法！」晞曰：「天時人事，皆無異謀，是以敢冒犯斧鉞，抑亦神明所贊耳。」演曰：「拯難匡時，方俟聖哲，吾何敢私議？幸勿多言！」丞相從事中郎陸杳㊶將出使，握晞手，使之勸進。晞以杳言告演，演曰：「若內外咸有此意，趙彥深朝夕左右，何故初無一言？」晞乃以事隙㊷密問彥深，彥深曰：「我比亦驚此聲論㊸，每欲陳聞，則口噤心悸。弟既發端，吾亦當昧死一披肝膽。」因共勸演。演遂言於太皇太后。趙道德曰：「相王㊹不效周公輔成王，而欲骨肉相奪，不畏後世謂之篡邪？」太皇太后曰：「道德之言是也。」未幾，演又啟云：「天下人心未定，恐奄忽㊺變生，須早定名位。」太皇太后乃從之。

八月壬午㊻，太皇太后下令，廢齊主為濟南王，出居別宮。以常山王演入纂大統，且戒之曰：「勿令濟南有他也！」

肅宗㊼即皇帝位於晉陽，大赦，改元皇建。太皇太后還稱皇太后；皇太后稱文宣皇后，宮曰昭信。

乙酉㊽，詔紹封功臣，禮賜耆老，延訪直言，褒賞死事，追贈名德。

帝謂王晞曰：「卿何為自同外客，略㊾不可見？自今假非局司㊿，但有所懷，隨宜作一牒(51)，候少隙，即徑進也。」因敕與尚書陽休之、鴻臚卿崔劼等三人，每日職務罷，並入東廊，共舉錄歷代禮樂、職官及田市、徵稅，或不便於時而相承施用，或自古為利而於今廢墜，或道德高儁，久在沈淪(52)，或巧言眩俗，妖邪害政者，悉令詳思，以漸條奏。朝晡(53)給御食，畢景(54)聽還。

帝識度沈敏，少居臺閣，明習吏事，即位尤自勤勵，大革顯祖之弊，時人服其明而譏其細。嘗問舍人裴澤(55)，在外議論得失。澤率爾(56)對曰：「陛下聰明至公，自可遠侔古昔；而有識之士，咸言傷細，帝王之度，頗為未弘。」帝笑曰：

「誠如卿言。朕初臨萬機，慮不周悉，故致爾耳。此事安可久行，恐後又嫌疏漏。」澤由是被寵遇。

庫狄顯安侍坐，帝曰：「顯安，我姑[57]之子，今序家人之禮，除君臣之敬，可言我之不逮。」顯安曰：「陛下多妄言。」帝曰：「何故？」對曰：「陛下昔見文宣以馬鞭撻人，常以為非，今自行之，非妄言邪？」帝握其手謝之。又使直言。對曰：「陛下太細，天子乃更似吏。」帝曰：「朕甚知之。然無法日久，將整之以至無為耳。」又問王晞，晞曰：「顯安言是也。」顯安，干之子也。羣臣進言，帝皆從容受納。

性至孝，太后不豫，帝行不能正履，容色貶悴[58]，衣不解帶，殆將四旬。太后疾小增，即寢伏閤外，食飲藥物，皆手親之。太后嘗心痛不自堪，帝立侍帷前，以爪掐掌代痛，血流出袖。友愛諸弟，無君臣之隔。

戊子[59]，以長廣王湛為右丞相，平陽王淹為太傅，彭城王浟為大司馬。

周軍司馬賀若敦，帥眾一萬，奄至武陵，武州刺史吳明徹不能拒，引軍還巴陵。

江陵之陷也，巴、湘之地皆入於周，周使梁人守之。太尉侯瑱等將兵逼湘州，賀若敦將步騎救之，乘勝深入，軍于湘川❻⓿。

九月乙卯❻❶，周將獨孤盛將水軍與敦俱進。辛酉❻❷，遣儀同三司徐度將兵會侯瑱于巴丘。會秋水汎溢，盛、敦糧援斷絕，分軍抄掠，以供資費。敦恐瑱知其糧少，乃於營內多為土聚❻❸，覆之以米，召旁村人，陽有訪問，隨即遣之。瑱聞之，良以為實。敦又增脩營壘，造廬舍為久留之計，湘、羅之間❻❹遂廢農業。瑱等無如之何。

先是土人亟❻❺乘輕船，載米粟雞鴨以餉瑱軍。敦患之，乃偽為土人裝船，伏甲士於中。瑱軍人望見，謂餉船之至，逆來爭取，敦甲士出而擒之。又敦軍數有叛人乘馬投瑱者。敦乃別取一馬，牽以趣船，令船中逆以鞭鞭之。如是者再三，馬畏船不上。然後伏兵於江岸，使人乘畏船馬以招瑱軍，詐云投附。瑱遣兵迎接，競來牽馬，馬既畏船不上，伏兵發，盡殺之。此後實有饋餉及亡降者，瑱猶謂之詐，並拒擊之。

冬，十月癸巳❻❻，瑱襲破獨孤盛於楊葉洲❻❼，盛收兵登岸，築城自保。丁酉❻❽，詔司空侯安都帥眾會瑱南討。

十一月辛亥❻❾，齊主立妃元氏為皇后，世子百年❼⓿為太子。百年時纔五歲。

齊主徵前開府長史盧叔虎[71]為中庶子[72]。叔虎，柔之從叔也。帝問時務於叔虎。叔虎請伐周，曰：「我彊彼弱，我富彼貧，其勢相懸。然干戈不息，未能并吞者，此失於不用彊富也。輕兵野戰，勝負難必，是胡騎之法，非萬全之術也。宜立重鎮於平陽，與彼蒲州相對，深溝高壘，運糧積甲。彼閉關不出，則稍蠶食其河東之地，日使窮蹙。若彼出兵，非十萬以上，不足為我敵。所損糧食[73]咸出關中。我軍士年別一代[74]，穀食豐饒。彼來求戰，我則不應，彼若退去，我乘其弊。自長安以西，民疏城遠，敵兵來往，實自艱難，與我相持，農業且廢，不過三年，彼自破矣。」帝深善之。

齊主自將擊庫莫奚，至天池，庫莫奚出長城北遁。齊主分兵追擊，獲牛羊七萬而還。

十二月乙未[75]，詔：「自今孟春[76]訖于夏首[77]，大辟事已款者，宜且申停[78]。」

己亥[79]，周巴陵城主尉遲憲降，遣巴州刺史侯安鼎守之。庚子[80]，獨孤盛將餘眾自楊葉洲潛遁。

丙午[81]，齊主還晉陽。

齊主斬人於前，問王晞曰：「是人應死不？」晞曰：「應死，但恨死不得其地耳。臣聞『刑人於市，與眾棄之[82]。』殿庭非行戮之所。」帝改容謝曰：「自今當為王公改之。」

帝欲以晞為侍郎[83]，苦辭不受。或勸晞勿自疏，晞曰：「我少年以來，閱要人多矣，得志少時[84]，鮮不顛覆。且吾性實疏緩，不堪時務，人主恩私，何由可保？萬一披猖[85]，求退無地。非不好作要官，但思之爛熟耳。」

初，齊顯祖之末，穀糴踊貴。濟南王即位，尚書左丞蘇珍芝[86]建議，修石鼈[87]等屯[88]，自是淮南軍防足食。肅宗即位，平州刺史嵇曄建議，開督亢陂[89]，置屯田，歲收稻粟數十萬石，北境周贍。又於河內[90]置懷義[91]等屯，以給河南之費。自[3]是稍止轉輸[92]之勞。

【章旨】以上為第三段，寫戰亂之世，政權更迭頻繁，充滿血腥。西元五六〇年，南北朝三方接連發生宮廷政變，骨肉相殘。北周晉公宇文護弒主周世宗宇文毓。北齊常山王高演廢帝自立，誅殺大臣。陳朝文帝殺滅陳武帝太子，以及堂弟陳昌於江中。

【注釋】❶王公　指王琳。❷勤　勤勞。❸中流之地　以今武漢為中心的長江中游地區。❹丁巳　三月六日。❺戊午　三月七日。❻甲子　三月十三日。❼武州　州名，治所武陵，在今湖南常德。❽沅州　州名，治所沅陵，在今湖南沅陵。❾壬申　三月二十一日。❿甲戌　三月二十三日。⓫丙子　三月二十五日。⓬功　指暗殺陳昌之功。⓭毛喜　（西元五一六—五八七年）字伯武，滎陽陽武（今河南原陽東南）人，初護送陳頊到梁元帝處為人質。江陵失陷，隨陳頊至長安。後建議北周與陳朝通好，獲准護送陳頊返國。文帝去世，又擁立陳頊為帝。以黃門侍郎，兼中書舍人，典掌機密，封東昌縣侯。傳見《陳書》卷二十九、《南史》卷六十八。⑭丁亥　四月六日。⑮伯信　陳伯信（？—西元五八九年），字孚之，陳蒨第七子。曾任中護軍。後隨軍南下，被王勇所殺。傳見《陳書》卷二十八、《南史》卷六十五。⑯獻王　陳昌封衡陽王，諡號獻。⑰世宗　明帝宇文毓的廟號。⑱膳部中大夫　官名，大冢宰屬官，掌御膳。⑲糖䭔　糖薄餅。⑳庚子　四月十九日。㉑大漸　病危。㉒介弟　大弟弟。㉓辛丑　四月二十日。㉔夫人　此人。此二句原本孔子之語，見《論語・先進》。㉕壬寅　四月二十一日。㉖壬子　五月二日。㉗文捍　侯文捍，《南史》卷六十六作「侯捍」。㉘乙卯　五月五日。㉙東衡州　州名，原梁置，中廢，至此重新恢復。㉚曉　侯曉（西元五二二—五六二年），累從侯安都征討有功，官至東衡州刺史，封懷化縣侯。傳見《陳書》卷八。㉛壬辰　六月十二日。㉜葬梁元帝　原靈柩周人交給王琳。王琳戰敗後，才落入陳軍之手，於是正式加以安葬。㉝故意　指原齊文宣帝賜李氏為文洛妻的意向。㉞得反藩閫　得以返回原藩王的閨閤。㉟丙辰　七月七日。㊱伯山　陳伯山（西元五五〇—五八九年），字靜之，陳蒨第三子。深受寵愛，位至鎮衛大將軍、開府儀同三司。傳見《陳書》卷二十八、《南史》卷六十五。㊲儒緩　迂腐遲鈍。㊳比　近來。㊴敦迫　敦促催迫。指廢帝奪位。㊵粃糠神器　視帝位如同秕糠。㊶陸杳　（？—西元五七三年）字雲邁，代（今山西代縣）人。歷任中書舍人、黃門侍郎。出任秦州刺史，遭陳將吳明徹圍困，病死城中。傳見《北史》卷二十八、《魏書》卷四十。㊷事隙　處理公事中的空閒時間。㊸聲論　傳言議論。㊹相王　時高演為丞相，又有王爵，所以稱相王。㊺奄忽　突然。㊻壬午　八月三日。㊼肅宗　高演的廟號。㊽乙酉　八月六日。㊾略　全。㊿局司　分內的公事。(51)牒　文書。(52)久在沈淪　長期無人舉薦，沉埋於民間。(53)朝晡　早飯。(54)畢景　日落以後。(55)裴澤　河東聞喜（今山西聞喜）人。性剛直，常得罪皇帝與權臣，屢升屢貶，最後因是祖珽的親信而被殺。傳見《北史》卷三十八。(56)率爾　不加思索；信口。(57)姑　高歡妹妹樂陵長公主，嫁庫狄干為妻。(58)貶悴　憔悴。(59)戊子　八月九日。(60)湘川　即湘江。(61)乙卯　九月七日。(62)辛酉　九月十三日。(63)土聚　土堆。(64)湘羅之間　湘州、羅州之間。(65)亟　多次。(66)癸巳　十月十五日。(67)楊葉洲　舊說在今湖北鄂城東，又名白田洲。據《陳書》，此洲當在湘江口，約在今湖南湘陰洞庭湖中。(68)丁酉　十月十九日。(69)辛亥　十一月四日。(70)百年　高百年（西元五五六—五六四年），高演第二子。曾被立為太子。演死，遺詔傳位高湛。高湛初封百年樂陵王，後藉故將他殺害。傳見《北齊書》卷十二、《北史》卷五十二。(71)盧叔虎　范陽涿人，曾草就平北周策略。高湛時，拜都官尚書，出為合州刺史，又遷太子詹事。北齊滅，回范陽老家，不久凍餓而死。傳見《北齊書》卷四十二、《北史》卷三十。《北齊書》作「叔武」，《北史》作「叔彪」，都是唐人避李虎諱而改。(72)中庶子　官名，即太子中庶子，是東宮門下坊主吏，為太子顧問。(73)所損糧食　胡三省注認為「損」是「資」之誤。《北齊書》作「供」。(74)年別一代　一年一換防。(75)乙未　十二月十八日。(76)孟春　農曆正月。(77)夏首　農曆四月。(78)宜且申停　應暫停行刑，到秋後再處決。(79)己亥　十二月二十二日。(80)庚子　十二月二十三日。(81)丙午　十二月二十九日。(82)刑人於市二句　出自《禮記・王制》。(83)侍郎　胡三省注認為此二字是「侍中」之誤。《北齊書》卷三十一〈王晞傳〉作「侍中」。(84)少時　沒有多久。(85)披猖　決裂。(86)蘇珍芝　即蘇瓊，字珍芝。但《北齊書》和《北史》均作「珍之」。(87)石鼈　城名，在今江蘇寶應。(88)屯　屯田區。(89)督亢陂　湖池名，在今河北高碑店一帶。戰國時，今河北易縣以東，固安以西，涿州以南，定興以北地區，稱督亢之地，是燕國最為富饒的地區之一。(90)河內　郡名，治所野王，在今河南沁陽。(91)懷義　屯田區名，約在沁陽西南。(92)轉輸　運輸。

【校　記】[1]武州沅州　原作「沅州武州」。據章鈺校，十二行本、乙十一行本、孔天胤本二州皆互乙，今據改。[2]雖欲　原無此二字。據章鈺校，十二行本、乙十一行本、孔天胤本皆有此二字，張敦仁《通鑑刊本識誤》同，今據補。[3]自　原作「由」。據章鈺校，十二行本、乙十一行本、孔天胤本皆作「自」，今據改。按，《隋書・食貨志》作「自」。

【語　譯】北周軍隊初到郢州，郢州助防張世貴獻出外城響應北周軍，損失的郢州防守軍民有三千多人。北周軍壘起土山、架設長梯，日夜攻城，又順風放火，燒了內城南面五十多座城樓。孫瑒守軍不滿一千人，孫瑒親自巡視撫慰，酌酒供食，軍士都為孫瑒拼死戰鬥。北周軍無法攻克，便授給孫瑒柱國、郢州刺史，封萬戶郡公，孫瑒假意答應以便緩和周軍攻勢，而暗中修繕兵器增強防備，一旦完成了作戰準備，便又抵禦防守。不久，北周軍聽說王琳戰敗，陳兵即將到來，才解圍離去。孫瑒召集將佐，對他們說：「我和王琳將軍同心輔助梁朝，也夠辛勞的了，現今時局到了這個地步，難道不是天命嗎？」於是派人送上表章，獻出長江中流之地，投降了陳朝。

王琳東下時，陳文帝徵調南川的士兵，江州刺史周迪、高州刺史黃法𣰰率領水軍將趕赴前線。熊曇朗佔據豫章郡城，排列戰船，阻斷中游水路，周迪等與周敷合兵圍攻他。王琳失敗，熊曇朗部眾軍心渙散，周迪攻破了豫章郡城，擄掠男女萬餘口。熊曇朗逃入村莊中，村民殺了他。三月初六日丁巳，熊曇朗的首級被傳送到建康，全部殺死了他的宗族。

北齊軍原先據守魯山。三月初七日戊午，棄城逃走，陳文帝下詔南豫州刺史程靈洗前往鎮守。

三月十三日甲子，陳朝設置武州、沅州，任命右衛將軍吳明徹為武州刺史，任命孫瑒為湘州刺史。孫瑒內心不安，堅決請求入朝，徵召為中領軍，還沒有領受新職，又拜官吳郡太守。

三月二十一日壬申，北齊封世宗高澄的兒子高孝珩為廣寧王、高長恭為蘭陵王。

三月二十三日甲戌，陳朝衡陽獻王陳昌從北周進入陳朝境內，陳文帝下詔主書、舍人沿路迎接。二十五日丙子，渡長江，到了中流，便死了，使者回報說他落水淹死。侯安都因此立功，進爵清遠公。

當初，陳高祖陳霸先派滎陽人毛喜隨從安成王陳頊到江陵，梁世祖蕭繹任命毛喜為侍郎，他和陳昌一起淪落於長安，這次和陳昌一起回陳朝。毛喜進言陳朝與北周通好的策略，陳文帝於是派侍中周弘正到北周修好。

夏，四月初六日丁亥，陳文帝立皇子陳伯信為衡陽王，繼承衡陽獻王陳昌的香火。

北周世宗宇文毓聰明敏捷，有宏識雅量，晉公宇文護很畏懼他，派膳部中大夫李安在糖餅內下毒，然後進獻給宇文毓，宇文毓吃後覺察到了。四月十九日庚子，周世宗宇文毓病危，口授遺詔五百多字，還說：「朕子年幼，不能執掌國政，魯公宇文邕，是朕的大弟，為人寬厚仁慈，度量宏大，全國的人都知道，將來能光大周國的人，一定是這個人。」二十日辛丑，周世宗宇文毓去世。

魯公宇文邕從小就有很好的器度和才質，格外受到周世宗的親愛，朝廷的重大事情，很多都找他參謀議定。他生性沉穩，有遠見卓識，如果不向他詢問，他始終不說話。周世宗經常讚歎說：「這個人平常不大開口，他一開口就能切中要害。」四月二十一日壬寅，魯公宇文邕即皇帝位，大赦天下。

五月初二日壬子，北齊任命開府儀同三司劉洪徽為尚書右僕射。

陳朝侯安都父親侯文捍擔任始興內史，死在任上。陳文帝迎接侯安都母親回到建康，侯安都母親堅決要求留在故鄉。五月初五日乙卯，陳朝設置東衡州，任命侯安都堂弟侯曉為刺史。侯安都的兒子侯祕，只有九歲，陳文帝任命他為始興內史，並且命令他在故鄉奉養祖母。

六月十二日壬辰，陳文帝下詔在江寧安葬梁元帝蕭繹，送葬的車駕、旗幟等儀仗，完全按照梁朝的典制。

北齊朝廷收殮永安王高浚、上黨王高渙兩人的屍骨，加以安葬。敕令上黨王妃李氏回到原來的府第。馮文洛還按照高洋賜李氏為妻的意向，特別打扮了一番來到李妃家裡。李妃召集了許多家人排列在兩邊，讓馮文洛站立在臺階下，責罵他說：「遭遇災難，流離失所，受到奇恥大辱，只恨自己意志不堅，德薄失節，不能自盡。現今幸蒙恩詔，得以回到王府宮闈，你是什麼東西，還想來侮辱我！」打了他一百棍，血流滿地。

秋，七月初七日丙辰，陳文帝封皇子陳伯山為鄱陽王。

北齊丞相高演因王晞柔懦迂緩，擔心他不合武將們的心意，每天夜晚把他載入宮邸，白天則不和他說話。高演曾經讓王晞進入密室，對他說：「近來王侯貴戚，常常敦促逼迫我，說我違背天意不吉祥，擔心會發生變故，我想依法懲辦這些人，怎麼樣？」王晞說：「皇上近來疏遠宗室，殿下突然下手除掉了楊愔等人，這不是臣子當做的事。皇上深感芒刺在背，君臣上下互相猜疑，這樣的局面怎能維持長久？殿下雖然謙讓，把帝位看作糟糠，其實恐怕是有違上天之意，墜毀先帝的基業。」高演說：「你怎麼敢說出這種話？當用國法制裁你！」王晞說：「天時人事，都已成熟，因此我才敢冒受斧鉞之誅說這些話，或許也是神明助我。」高演說：「拯救危難，匡正時弊，當等待聖賢，我怎敢私議這事？希望你不要多說了！」丞相從事中郎陸杳將出使，他握住王晞的手，讓他勸說高演登帝位。王晞把陸杳的話告訴了高演，高演說：「如果朝廷內外的人都有這個意思，趙彥深早晚都在我身邊，為什麼始終沒有說一句話？」王晞就在辦公之暇暗中問趙彥深，趙彥深說：「我近來也驚訝這些傳言議論，每次想告知丞相，就不敢開口，心裡驚慌。弟既然已開了頭，我也應當冒死說出我的真心話。」因而兩人一起勸說高演稱帝。高演便啟奏太皇太后婁氏。侍中趙道德說：「相王不效法周公輔成王，而要骨肉相奪，不怕後世人說您篡位嗎？」太皇太后婁氏說：「趙道德的話對啊。」沒多久，高演又上奏太皇太后婁氏說：「天下人心沒有安定，恐怕突然發生變故，必須及早定下名分地位。」太皇太后婁氏才聽從了。

八月初三日壬午，太皇太后下令，廢北齊國主高殷為濟南王，出居別宮。命常山王高演入宮繼承皇位，並且告誡高演說：「不能讓濟南王高殷有意外！」

北齊肅宗高演在晉陽即皇帝位，大赦天下，改元年號為皇建，太皇太后婁氏還稱皇太后；皇太后李氏稱文宣皇后，宮名昭信。

八月初六日乙酉，肅宗高演下詔續封佐命功臣的後代，尊禮賞賜護國老人，接見訪問敢說話的正直人士，褒獎死難國事的人，追贈賜謚名高德重的人。

北齊國主高演對王晞說：「你為什麼同外人一樣，完全見不著？從現在起，即使不是分內的公事，只要有意見，隨時寫下來，等到我有空，就直接送給我。」便敕令王晞與尚書陽休之、鴻臚卿崔劼等三人，每天辦完公事，一齊進入寢宮東廂房，共同條舉摘錄歷代的禮樂、職官，以及田賦市租、徵稅，或有相承沿用至今而不合時宜的，或有在古代有利而當今廢棄的，或有道德、有大才而長久埋沒在民間的，或巧言迷惑世人、妖邪妨礙政事的，都要他們詳細思索，逐漸條列奏上。早飯由御膳房供給王晞等人，日落後才讓他們回家。

北齊國主高演見識氣度深沉聰明，年少時就掌領尚書省，熟悉行政事務，當了皇帝以後，更加勤奮處理政務，大肆改革高洋時代的弊政，當時的人欽佩他的精明，而批評他過於瑣細。高演曾經詢問中書舍人裴澤，外邊對朝政得失有何議論。裴澤直率地回答說：「陛下聰明，處事又極公正，完全可比遠古聖王，而有識之士，都說陛下管事太過於細碎，帝王的氣度，還不夠宏大。」高演笑著說：「真像你說的那樣。朕初掌國家大政，生怕考慮不周全，才導致如此。這樣的做法，哪能長久下去，只怕以後又有人嫌我粗疏了。」裴澤因此受到了寵信。

庫狄顯安陪坐在北齊國主高演身邊，高演說：「顯安，你是我姑姑的兒子，今天我們按家庭禮節，免去君臣的禮敬，可以說說我做得不到位的地方。」庫狄顯安回答說：「陛下說了很多不算數的話。」高演說：「有依據嗎？」庫狄顯安說：「陛下先前看見文宣帝用馬鞭打人，經常認為不對，現今您也這樣做，這難道不是說話不算數嗎？」高演握住庫狄顯安的手，向他道歉。還讓他直言。庫狄顯安說：「陛下管事太細，天子更像一個管事員。」高演說：「朕知道這毛病，但國家不依法辦事很長時間了，我將整頓法治，以此達到無為而治。」高演把這些話轉告王晞，王晞說：「庫狄顯安說得對。」庫狄顯安，是庫狄干的兒子。群臣進言，高演都很自然地接受。

高演生性極為孝順。太后婁氏生了病，高演走路連鞋都無心穿正，臉色憔悴，將近四十天沒有鬆衣解帶。太后婁氏的病稍有加重，高演就睡在屋外，飲食藥物都要親自送上。太后婁氏曾經心口痛得忍受不了，高演站立在帳前，用指尖掐手心代替母親的痛苦，血流出了衣袖。友愛幾個弟弟，沒有君臣的隔閡。

八月初九日戊子，北齊任命長廣王高湛為右丞相、平陽王高淹為太傅、彭城王高浟為大司馬。

北周軍司馬賀若敦，領兵一萬，突然進犯武陵，武州刺史吳明徹不能抵抗，率軍退還巴陵。

江陵陷落的時候，巴州、湘州都被北周佔領，北周國主派梁朝降將鎮守。陳朝太尉侯瑱等領兵逼近湘州，賀若敦率領步騎救援，乘勝深入，軍隊駐紮在湘川。

九月初七日乙卯，北周將領獨孤盛率領水軍與賀若敦一同進軍。十三日辛酉，陳文帝派儀同三司徐度領兵到巴丘與侯瑱會合。正遇秋水氾濫，獨孤盛、賀若敦糧援斷絕，分兵搶掠，用來供應軍隊的資費。賀若敦害怕侯瑱知道他的軍糧缺少，就在軍營內堆了許多土山，把米覆蓋在上面，召來軍營旁邊的村民，假裝問一些事情，隨後打發村民回去。侯瑱打探村民，真的認為北周軍隊糧食充足。賀若敦又增修軍營，做長期駐紮的打算，湘州、羅州地區因而荒廢了農作生產。侯瑱等拿北周軍沒有辦法。

此前，當地人多次乘用輕便小船，載著米、粟、雞、鴨饋餉侯瑱軍。賀若敦很是憂慮，便偽裝當地人裝饋餉物資上船，在船艙中埋伏甲士。侯瑱軍士遠遠望見，認為饋餉船到了，迎上來爭搶，賀若敦埋伏的甲士湧出艙來抓獲了侯瑱軍士。還有，賀若敦軍中多次有士兵叛逃乘馬投降侯瑱。賀若敦便另選了一匹馬，牽著馬上船，命令船上的人對著馬用鞭子亂抽，這樣反覆多次，這匹馬見船害怕不敢上。然後賀若敦在江岸埋伏甲士，派人騎上這匹害怕船的馬去招引侯瑱的兵士，假說要投降。侯瑱派兵士迎接，爭著來牽馬，這匹馬害怕船，怎麼趕也不上，這時埋伏的甲士衝出來把侯瑱的士兵全殺了。從這以後，真的有來饋餉或者來投降的人，侯瑱也認為是假的，一律拒絕，甚至加以攻擊。

冬，十月十五日癸巳，侯瑱在楊葉洲打敗獨孤盛，獨孤盛收攏敗兵上岸，築城自保。十九日丁酉，陳文帝下詔命令司空侯安都領兵會合侯瑱南討。

十一月初四日辛亥，北齊國主高演冊立妃元氏為皇后，立世子高百年為太子。高百年這時才五歲。

北齊國主高演徵召前開府長史盧叔虎為中庶子。盧叔虎，是盧柔的堂叔。高演向盧叔虎詢問當今事務，盧叔虎請求討伐北周，說：「我方強，對方弱；我方富，對方窮，兩國國勢懸殊。但是雙方戰爭不斷，沒有吞併對方的原因，失誤在於沒有充分利用國富兵強的優勢。輕兵野戰，勝負難以決定，這是胡人騎兵的戰法，不是萬全的取勝策略。應當在平陽建立重鎮，與對方的蒲州相對應，深溝高壘，積蓄糧食和器械。對方閉關不出來作戰，我方就慢慢蠶食對方的河東之地，一天天使對方窮困。如果對方出兵來交戰，不到十萬以上，不是我方的對手。對方出兵消耗的資糧，全部來自關中。我軍士卒每年輪換一次，軍資儲備充足。對方出兵挑戰，我方固守不出，對方如果退走，我方乘其疲憊追擊。從長安以西，居民稀少，城邑遙遠，對方來往調動兵力，非常困難，與我方相持，他們的農業將荒廢，不超過三年，對方就會被拖垮。」高演深深佩服盧叔虎的分析。

北齊國主高演親自領兵攻擊庫莫奚，到達天池，庫莫奚出了長城向北逃遁。高演分兵追擊，獲得牛羊七萬頭後返回。

十二月十八日乙未，陳文帝下詔：「從今年正月到四月，死刑犯已經認罪的，應暫停行刑，到秋後處決。」

十二月二十二日己亥，北周巴陵城主尉遲憲投降，陳文帝派巴州刺史侯安鼎鎮守。二十三日庚子，獨孤盛率領殘餘部眾從楊葉洲悄悄逃走。

十二月二十九日丙午，北齊國主高演返回晉陽。

北齊國主高演在宮殿前殺人，問王晞：「這個人該不該死？」王晞回答說：「應該死，但遺憾的是死得不是地方。臣聽說『在鬧市中處死犯人，是和眾人一起唾棄他。』宮殿庭院不是殺人的地方。」高演面露愧色，道歉說：「從今以後，我應為王公改正錯誤。」

皇上高演想任用王晞為侍郎，王晞堅決推辭不接受。有人勸王晞不要自己疏遠皇上，王晞說：「我打從少年起，看到許多權貴，得意沒有多久，很少不垮臺的。況且我生性確實粗疏迂緩，不能勝任政務，人主的恩惠私寵，憑什麼能長保呢？萬一決裂，求退無門。我不是不想做大官，只是把做大官思考透了罷了。」

當初，齊顯祖高洋晚年，穀價飛漲。濟南王高殷即位，尚書左丞蘇珍芝建議，整修石鼈等地的屯田，從此淮南地區的軍防用糧充足。肅宗高演即位，平州刺史嵇曄建議，疏浚督亢舊湖，設置屯田，每年收入稻穀數十萬石，北方地區也得到了充足的補給。北齊又在河內地區設置懷義等屯田區，用來供應河南所需的糧食。從此，逐漸減去了國內轉運糧食的負擔。

二年（辛巳　西元五六一年）

春，正月戊申❶，周改元保定。以大冢宰護為都督中外諸軍事。令五府❷總於天官❸，事無巨細，皆先斷後聞。

庚戌❹，大赦。○周主祀圜丘。○辛亥❺，齊主祀圜丘。壬子❻，禘於太廟。

○周主祀方丘。甲寅❼，祀感生帝❽於南郊。乙卯❾，祭太社。

齊主使王琳出合肥，召募傖楚❿，更圖進取。合州刺史裴景徽⓫，琳兄珉之壻也，請以私屬⓬為鄉導。齊主使琳與行臺左丞盧潛將兵赴之，琳沈吟不決。景徽恐事泄，挺身奔齊。齊主以琳為驃騎大將軍、開府儀同三司、揚州刺史，鎮壽陽。

己巳[13]，周主享太廟，班[14]太祖所述六官之法。○辛未[15]，周湘州城主殷亮降，湘州平。

侯瑱與賀若敦相持日久，瑱不能制，乃借船送敦等度江，敦慮其詐，不許，報云：「湘州我地，為爾侵逼，必須我歸，可去我百里之外。」瑱留船江岸，引兵去之。敦乃自拔北歸，軍士病死者什五六。武陵、天門、南平、義陽、河東、宜都郡悉平。晉公護以敦失地無功，除名為民。

二月甲午[16]，周主朝日於東郊。

周人以小司徒[17]韋孝寬嘗立勳於玉壁，乃置勳州[18]於玉壁，以孝寬為刺史。孝寬有恩信，善用間諜，或齊人受孝寬金貨，遙通書疏，故齊之動靜，周人皆先知之。有主帥許盆，以所戍城降齊，孝寬遣諜取之，俄斬首而還。離石以南，生胡[19]數為抄掠，而居於齊境，不可誅討。孝寬欲築城於險要以制之，乃發河西[20]役徒十萬，甲士百人，遣開府儀同三司姚岳監築之。岳以兵少，懼不敢前。孝寬曰：「計此城十日可畢。城距晉州四百餘里，吾一日創手，二日敵境始知。設使晉州徵兵，三日方集，謀議之間，自稽[21]三[1]日，計其軍行，二日不到，我之城隍，足得辦矣。」乃令築之。齊人果至境上，疑有大軍，停留不進。其夜，孝寬使汾水以南傍介山、稷山㉒諸村縱火，齊人以為軍營，收兵自固。岳卒城而還。

三月乙卯㉓，太尉零陵壯肅公侯瑱卒。○丙寅㉔，周改八丁兵㉕為十二丁兵㉖，率歲一月役[2]。

夏，四月丙子朔㉗，日有食之。○周以少傅尉遲綱為大司空。○丙午㉘，周封愍帝㉙子康㉚為紀國公，皇子贇為魯國公[3]。贇㉛，李后之子也。

六月乙酉㉜，周主[4]使御正殷不害來聘。

秋，七月，周更鑄錢，文曰「布泉」，一當五，與五銖並行。

己酉㉝，周追封皇伯父顥㉞為邵國公，以晉公護之子會㉟為嗣。顥弟連㊱為杞國公，以章武公導之子亮㊲為嗣。連弟洛生㊳為莒國公，以護之子至㊴為嗣。追封太祖之子武邑公震㊵為宋公，以世宗之子實㊶為嗣。

齊主之誅楊、燕也，許以長廣王湛為太弟㊷，既而立太子百年，湛心不平。帝在晉陽，湛居守於鄴。散騎常侍高元海㊸，高祖之從孫也，留典機密。帝以領軍代人庫狄伏連為幽州刺史，以[5]斛律光之弟羨為領軍，以分湛權。湛留伏連，不聽羨視事㊹。

先是，濟南閔悼㊺王常在鄴，望氣者言鄴中有天子氣。平秦王歸彥恐濟南王[6]

復立，為己不利，勸帝除之。帝乃使歸彥至鄴，徵濟南王如晉陽。湛內不自安，問計於高元海。元海曰：「皇太后萬福，至尊孝友異常，殿下不須異慮。」湛曰：「此豈我推誠之意邪？」元海乞還省一夜思之，湛即留元海於後堂。元海達旦不眠，唯遶牀徐步。夜漏未盡，湛遽出，曰：「神筭如何？」元海曰：「有三策，恐不堪用耳。請殿下如梁孝王故事㊻，從數騎入晉陽，先見太后求哀，後見主上，請去兵權，以死為限，不干朝政，必保太山之安㊼。此上策也。不然，當具表云，威權太盛，恐取謗眾口，請青、齊二州刺史，沈靖自居，必不招物議。此中策也。」更問下策。曰：「發言即恐族誅。」固逼之。元海曰：「濟南世嫡，主上假太后令而奪之。今集文武，示以徵濟南之敕，執斛律豐樂㊽，斬高歸彥，尊立濟南，號令天下，以順討逆，此萬世一時也。」湛大悅。然性怯，狐疑未能用，使術士鄭道謙等卜之，皆曰：「不利舉事，靜則吉。」有林慮令潘子密，曉占候，潛謂湛曰：「宮車當晏駕，殿下為天下主。」湛拘之於內以候之。又令巫覡卜之，多云「不須舉兵，自有大慶。」湛乃奉詔，令數百騎送濟南王至晉陽。九月，帝使人酖之，濟南王不從，乃扼殺之。帝尋亦悔之。

冬，十月甲戌朔㊾，日有食之。○丙子㊿，齊以彭城王浟為太保，長樂王尉粲為太尉。

齊肅宗出畋[51]，有兔驚馬，墜地絕肋。婁太后視疾，問濟南所在者三，齊主不對。太后怒曰：「殺之邪？不用吾言，死其宜矣！」遂去，不顧。十一月甲辰[52]，詔以嗣子沖眇[53]，可遣尚書右僕射趙郡王叡諭旨，徵長廣王湛統茲大寶[54]。又與湛書曰：「百年無罪，汝可以樂處置之，勿效前人也。」是日，殂於晉陽宮。臨終，言恨不見太后山陵。

顏之推論曰：「孝昭天性至孝，而不知忌諱，乃至於此，良由不學之所為也。」

趙郡王叡先使黃門侍郎王松年馳至鄴，宣肅宗遺命。湛猶疑其詐，使所親先詣殯所，發而視之。使者復命，湛喜，馳赴晉陽，使河南王孝瑜先入宮，改易禁衛。癸丑[55]，世祖即皇帝位於南宮[56]，大赦，改元太寧。

周人許歸安成王頊，使司會上士[57]京兆[7]杜杲來聘。上悅，即遣使報之，并賂以黔中[58]地及魯山郡。

齊以彭城王浟為太師、錄尚書事，平秦王歸彥為太傅，尉粲為太保，平陽王淹為太宰，博陵王濟為太尉，段韶為大司馬，豐州刺史婁叡為司空，趙郡王叡為尚書令，任城王湝為尚書左僕射，并州刺史斛律光為右僕射。婁叡，昭之兄子也。

立太子百年為樂陵王。

丁巳[59]，周主畋于岐陽，十二月壬午[60]，還長安。

太子中庶子餘姚虞荔[61]、御史中丞孔奐[62]，以國用不足，奏立煮海鹽賦及榷酤[63]之科，詔從之。

初，高祖以帝女豐安公主妻留異之子貞臣[64]，徵異為南徐州刺史，異遷延不就。帝即位，復以異為縉州刺史，領東陽太守。異屢遣其長史王澌入朝，澌每言朝廷虛弱，異信之。雖外示臣節，恆懷兩端，與王琳自鄱陽信安嶺[65]潛通使往來。琳敗，上遣左衛將軍沈恪代異，實以兵襲之。異出軍下淮[66]以拒恪，恪與戰而敗，退還錢塘。異復上表遜謝，時眾軍方事湘、郢，乃降詔書慰諭，且羈縻之。異知朝廷終將討己，乃以兵戍下淮及建德以備江路[67]。丙午[68]，詔司空、南徐州刺史侯安都討之。

【章　旨】以上為第四段，寫陳文帝從北周手中奪回原王琳所控制的湘州、郢州，兩國通好，陳朝中興了南方政權，全境平靜。北齊肅宗高演上演謀殺廢帝高殷的悲劇，結果為齊世祖高湛的登祚掃清了道路。

【注　釋】❶戊申　正月初一。❷五府　指地官府、春官府、夏官府、秋官府、冬官府，分別以大司徒、大宗伯、大司馬、大司寇、大司空為首。❸天官　天官府，以大冢宰為首。北周的中央軍政要務均歸天官府統一處理，也就是歸宇文護一人處理。❹庚戌　正月三日。❺辛亥　正月四日。❻壬子　正月五日。❼甲寅　正月七日。❽感生帝　即靈威仰，五方帝之一。又稱東方青帝。祭祀祂以求穀物豐登。❾乙卯　正月八日。❿傖楚　對楚地人的蔑稱，相當於今湖北一帶人。傖，鄙賤之稱。⓫裴景徽　《南史》卷六十四與《北齊書》卷三十二〈王琳傳〉作「裴景暉」。《陳書》卷三〈世祖紀〉作「裴景徽」。⓬私屬　家丁；私人部屬。⓭己巳　正月二十二日。⓮班　頒布。⓯辛未　正月二十四日。⓰甲午　二月十八日。⓱小司徒　官名，大司徒的副手，位上大夫。⓲勳州　州名，原稱南汾州。⓳生胡　稽胡中不順從北周的人。⓴河西　龍門一帶的黃河西岸。㉑自稽　自己停留。㉒介山稷山　兩山名。介山，在今山西萬榮。稷山，在今山西稷山、聞喜、萬榮三縣交界區。汾水從新絳向西曲折前行，經稷山縣，直達河津縣，再向西南流入黃河。介山、稷山均在汾水南邊。㉓乙卯　三月九日。㉔丙寅　三月二十日。㉕八丁兵　北周兵役制度。北周國內男丁分成八部分，輪流服兵役。㉖十二丁兵　即分男丁為十二部分，每月一輪換，周而復始。㉗丙子朔　四月一日。㉘丙午　五月一日，疑文上脫「五月」二字。㉙愍帝　宇文覺的諡號。㉚康　宇文康（？—西元五六五年），字乾定，後進爵紀國王，任利州刺史。因企圖謀反，被賜死。傳見《周書》卷十三、《北史》卷五十八。㉛贇　宇文贇（西元五六〇—五八〇年），即周宣帝，字乾伯，宇文邕長子。西元五七七—五八〇年在位。事詳《周書》卷七、《北史》卷十。㉜乙酉　六月十一日。㉝己酉　七月五日。㉞顥　宇文顥，宇文泰長兄。北魏孝明帝正光末年，其父宇文肱與衛可孤戰於武川，顥為救父被敵追兵包圍，不幸戰死。至此追封邵國公。傳見《周書》卷十、《北史》卷五十七。㉟會　宇文會（？—西元五七二年），字乾仁，初封江陵縣公。因是宇文顥孫子，所以特立為嗣。後顥嫡孫宇文胄從北齊逃回，繼封邵國公，會改封譚國公，進位柱國。建德初，與宇文護同時被誅。傳同顥。㊱連　宇文連，宇文泰二兄，與父宇文肱一起戰死於唐河。傳同顥。㊲亮　宇文亮（？—西元五八〇年），字乾德，位柱國。滅北齊，遷大司徒。後於伐陳途中謀反，被韋孝寬追斬。傳同顥。㊳洛生　宇文洛生，宇文泰三兄。葛榮封他為漁陽王，後被爾朱榮所殺。傳同顥。㊴至　宇文至（？—西元五七二年），字乾附，與宇文護同時被殺。傳同顥。㊵震　宇文震（？—西元五五〇年），字彌俄突，尚魏文帝女，不久病死。傳見《周書》卷十二、《北史》卷五十八。㊶實　宇文實，字乾辯，曾任大前疑，後被楊堅所殺。傳見《周書》卷十二。㊷太弟　在皇帝諸弟中被指定為繼承皇位的人。㊸高元海　（？—西元五七九年）高思宗的兒子。高澄時，入林慮山隱居，研習佛經。因耐不住清靜，復出任散騎常侍，但才器不足而野心較大，力勸武成帝高湛奪位，後卻又企圖謀逆，被殺。傳見《北齊書》卷十四、《北史》卷五十一。㊹不聽羨視事　不讓斛律羨處理領軍府事務。㊺閔悼　濟南王的諡號。㊻梁孝王故事　梁孝王劉武，漢景帝的弟弟，深得太后寵愛。景帝廢栗太子，太后想讓梁孝王當繼承人，但遭大臣袁盎等人反對而作罷。

梁孝王懷恨在心，暗地派人刺死袁盎等大臣多人。景帝下令追查，梁孝王先派韓安國向太后謝罪，再背斧鉞到宮中請罪，才得以免罪，保住了性命。事詳本書卷十六。元海勸高湛仿效，以保身家安全。㊼太山之安　如同泰山一樣穩固安全。㊽斛律豐樂　即斛律羨，字豐樂。㊾甲戌朔　十月一日。按，十月癸酉朔，非甲戌。疑記載有誤。㊿丙子　十月四日。(51)畋　打獵。(52)甲辰　十一月二日。(53)沖眇　幼小。(54)大寶　指帝位。(55)癸丑　十一月十一日。(56)南宮　晉陽南宮。(57)司會上士　官名，大冢宰下屬，與司會中大夫、中士共同分管財政、戶籍、地方版圖。(58)黔中　地區名，包括今湖南西部和貴州東北部。(59)丁巳　十一月十五日。(60)壬午　十二月十一日。(61)虞荔　（西元五〇三—五六一年）字山披，會稽餘姚人，梁、陳二朝均領大著作，以清白著稱，深受器重。傳見《陳書》卷十九、《南史》卷六十九。(62)孔奐　（西元五一四—五八三年）字休文，會稽山陰（今浙江紹興）人，性耿直，侯景之亂時，解脫很多被俘的梁朝官吏和百姓。梁元帝時，國家文書多出其手。入陳，官至吏部尚書。傳見《陳書》卷二十一、《南史》卷二十七。(63)榷酤　酒類由官府專營。(64)貞臣　為留異第三子，見《陳書》卷三十五〈留異傳〉。(65)信安嶺　山名，在今浙江衢州境。(66)下淮　地名，在今浙江桐廬東與富陽接壤處。(67)江路　富春江的水路。(68)丙午　十二月壬申朔，無丙午日。《陳書》與《南史》均作「丙戌」，是十二月十五日。《通鑑》誤。

【校　記】[1]三　原作「二」。據章鈺校，十二行本、乙十一行本、孔天胤本皆作「三」，今據改。按，《周書・韋孝寬傳》、《北史・韋孝寬傳》皆作「三」。[2]率歲一月役　原作「率歲一月而役」。據章鈺校，十二行本、乙十一行本皆無「而」字，今據刪。按，《周書・武帝紀上》、《隋書・食貨志》、《北史・高祖武帝紀》皆無「而」字。[3]魯國公　原作「魯公」。據章鈺校，十二行本、乙十一行本皆有「國」字，今據補。按，《周書・武帝紀上》、《北史・高祖武帝紀》皆有此字。[4]主　原無此字。據章鈺校，十二行本、乙十一行本皆有此字，今據補。[5]以　原無此字。據章鈺校，十二行本、乙十一行本皆有此字，《通鑑紀事本末》卷二四亦有此字，今據補。[6]王　原無此字。據章鈺校，十二行本、乙十一行本皆有此字，《通鑑紀事本末》卷二四亦有此字，今據補。[7]京兆　原無此二字。據章鈺校，十二行本、乙十一行本皆有此二字，張敦仁《通鑑刊本識誤》同，今據補。

【語　譯】二年（辛巳　西元五六一年）

春，正月初一日戊申，北周改年號為保定。任命大冢宰宇文護為都督中外諸軍事。命令五府總屬於天官府，事無分大小，都要報告宇文護裁斷後上奏皇帝。

正月初三日庚戌，陳朝大赦天下。○這一天，北周國主宇文邕到圜丘祭天。○初四日辛亥，北齊國主高演到圜丘祭天。初五日壬子，到太廟祭祀祖先。○北周國主宇文邕到方丘祭地。初七日甲寅，在南郊祭祀感生帝靈威仰。初八日乙卯，在太社祭祀土地神。

北齊國主高演派王琳出合肥，招募淮南楚地的武人，再次圖謀發展。合州刺史裴景徽，是王琳哥哥王珉的女婿，請求以私人的部屬為北齊軍隊的嚮導。北齊國主高演派王琳與行臺左丞盧潛領兵前往策應，王琳猶豫不決。裴景徽害怕謀劃洩漏，便暴露身分出逃到北齊。北齊國主高演任命王琳為驃騎大將軍、開府儀同三司、揚州刺史，鎮守壽陽。

正月二十二日己巳，北周國主宇文邕到太廟祭祀祖先，並頒布太祖宇文泰所述《周禮》六官的新制度。

○二十四日辛未，北周湘州城主殷亮投降陳朝，湘州被平定。

侯瑱與賀若敦相持了很長時間，侯瑱制伏不了他，便借船送賀若敦渡江離開，賀若敦怕其中有詐，不答應，回信說：「湘州是我國的地方，被你們侵犯逼迫，一定要讓我們離開，你們要離我在百里之外。」侯瑱留船在江岸，領兵離開，賀若敦才拔營北還，兵士病死十分之五六。武陵、天門、南平、義陽、河東、宜都等郡全都平定。晉公宇文護認為賀若敦失地無功，削籍為平民。

二月十八日甲午，北周國主宇文邕在東郊舉行迎拜太陽的典禮。

北周因為小司徒韋孝寬曾經在玉壁抗拒東魏立有大功，便在玉壁設置勳州，任命韋孝寬為刺史。韋孝寬待部下有恩惠，講信用，善於利用間諜，有的北齊人接受了韋孝寬的金銀財貨，遠遠地把北齊的情況通報給他，所以北齊的動靜，北周事先都知道。北周有一個主帥叫許盆，把自己鎮守的軍事據點獻出投降北齊，韋孝寬派間諜去取他的人頭，沒多久就斬首而回。離石以南，生胡多次侵犯北周邊境，而住在北齊境內，不能越境誅討。韋孝寬想在險要路口修築城堡來控制生胡，於是徵發河西役夫囚徒十萬人，甲士一百人，派開府儀同三司姚岳監督築城。姚岳認為兵少，害怕不敢前去。韋孝寬說：「計算築城十天可以完工。所築的城距離晉陽四百多里，我方第一天動手築城，敵人境內第二天才知道，假若敵人在晉陽徵兵，三天才能集中部隊，商議謀劃又停留三天，再計算敵人進兵，兩天不能到達，我們要修築的城牆和壕溝，有足夠的時間完成了。」於是下令築城。北齊兵果然來到邊境，疑心有大軍埋伏，停留不敢前進。當天夜裡，韋孝寬派人在汾水以南，依傍介山、稷山的村莊放火，北齊兵誤認為是北周兵的軍營，收緊兵力防守。姚岳如期完成築城任務而回。

三月初九日乙卯，陳朝太尉零陵壯肅公侯瑱去世。○二十日丙寅，北周改變男丁八分徵一為十二分徵一，這樣每年只需服役一個月就輪換。

夏，四月初一日丙子，發生日蝕。○北周任命少傅尉遲綱為大司空。○五月初一日丙午，北周封愍帝宇文覺的兒子宇文康為紀國公，皇子宇文贇為魯國公。宇文贇，是李皇后生的兒子。

六月十一日乙酉，北周國主派御正殷不害出使陳朝。

秋，七月，北周改鑄新錢，錢文叫「布泉」，一枚布泉兌換民間細錢五枚，與五銖錢同時流通。

七月初五日己酉，北周追封皇上的伯父宇文顥為邵國公，讓晉公宇文護的兒子宇文會為繼嗣。宇文顥的弟弟宇文連為杞國公，讓章武公宇文導的兒子宇文亮為繼嗣。宇文連的弟弟宇文洛生為莒國公，讓宇文護的兒子宇文至為繼嗣。追封太祖宇文泰的兒子武邑公宇文震為宋公，讓世宗宇文毓的兒子宇文實為繼嗣。

北齊國主高演誅殺楊愔、燕子獻時，承諾立長廣王高湛為皇上的太弟，不久高演立了自己的兒子高百年為太子，高湛心裡很不滿。皇上高演居住在晉陽，高湛留守在鄴城。散騎常侍高元海，是高祖高歡的從孫，留在鄴城掌管機密。皇上高演任命領軍代郡人庫狄伏連為幽州刺史，任命斛律光的弟弟斛律羨為領軍，用來分散高湛的權力。高湛留下庫狄伏連，不允許斛律羨到領軍府處理公務。

此前，濟南閔悼王高殷常住在鄴城，觀望雲氣的占星家說鄴城中有天子氣。平秦王高歸彥擔心濟南王復辟，對自己不利，勸說皇上高演把他除掉。高演就派高歸彥到鄴城，徵召濟南王高殷前往晉陽。高湛內心不安，向高元海詢問計謀。高元海說：「皇太后健在，皇上既孝順又友愛兄弟，殿下不要有別的想法。」高湛說：「我對你推心置腹，難道就是為了聽這些話嗎？」高元海請求回官署考慮一個晚上再回答。高湛就留下高元海在自家後堂過夜。高元海一夜沒合眼，只是繞著床踱步。天還沒亮，高湛突然出現，說：「你的神機妙算怎麼樣了？」高元海說：「有三策，恐怕不適用。請殿下按照西漢梁孝王的事例，帶領幾個隨從進入晉陽，先見太后向她哀求，然後見皇上，請求解除兵權，到死為止，不再干預朝政，一定能夠安如太山，這是上策。不這樣做，就應當呈上表文說，自己威權太盛，擔心遭眾人誹謗，請求去擔任青州、齊州兩州刺史，沉靜自處，定不招眾人議論，這是中策。」高湛再問下策。高元海說：「說出來恐怕就要滅族。」高湛強逼他，高元海說：「濟南王高殷是嫡傳皇帝，今皇上高演藉太后的命令，奪了他的皇位，現今殿下召集文武百官，將皇上宣召濟南王的敕令亮給百官看，捉拿斛律羨，殺了高歸彥，尊立濟南王，號令天下，以正義討伐叛逆，這是千載難逢的良機。」高湛非常高興。但他生性膽怯，猶豫不能採用，讓術士鄭道謙等人占卜吉凶，都說：「不利於起事，安靜就吉利。」有一位林慮縣令叫潘子密，通曉占候，偷偷地對高湛說：「皇上將要歸天，殿下當為天下的主人。」高湛把他囚禁在內室以等待驗證。又召來巫師卜卦，巫師們多數說「不須起兵，自有大慶。」高湛於是接受詔命，派數百騎兵送濟南王高殷到晉陽。九月，皇上高演派人用鴆酒毒殺高殷，高殷拒絕飲毒酒，派去的人就掐死了高殷。高演不久又後悔了。

冬，十月甲戌朔，發生日蝕。○初四日丙子，北齊任命彭城王高浟為太保、長樂王尉粲為太尉。

北齊肅宗高演出外打獵，有野兔驚馬，高演摔到地上斷了肋骨。婁太后探視高演的病情，三次問濟南王在哪裡，高演都不回答。婁太后大怒道：「你把他殺了？不聽我的話，死是應該的！」於是頭也不回地走了。

十一月初二日甲辰，北齊皇帝高演下詔，因嗣子高百年幼小，可派遣尚書右僕射趙郡王高叡前往鄴城宣旨，徵召長廣王高湛繼承帝位。又另寫一封信給高湛說：「高百年沒有罪過，你可以找一個好地方安置他，不要效仿前人殺人孤兒。」這一天，高演死在晉陽宮。臨終，說很遺憾沒能看到婁太后的陵墓。

顏之推評論說：「孝昭皇帝高演天性非常孝順，可惜他不懂得忌諱，以至於幹出殺害濟南王高殷的事，實在是因為他不讀書才做出來的。」

趙郡王高叡先派黃門侍郎王松年奔馳到鄴城，宣示肅宗高演的遺命。高湛仍然懷疑有詐，派他的親信先到晉陽停放高演靈柩的地方，開棺察看高演。使者回報屬實，高湛很高興，馳赴晉陽，派河南王高孝瑜先進宮，改換了禁衛士兵。十一月十二日癸丑，北齊世祖高湛在南宮即皇帝位，大赦天下，改年號為太寧。

北周答應放還安成王陳頊，派司會上士京兆人杜杲出使陳朝，陳文帝很高興，當即派使回訪，並割讓黔中地和魯山郡給北周。

北齊任命彭城王高浟為太師、錄尚書事，平秦王高歸彥為太傅，尉粲為太保，平陽王高淹為太宰，博陵王高濟為太尉，段韶為大司馬，豐州刺史婁叡為司空，趙郡王高叡為尚書令，任城王高湝為尚書左僕射，并州刺史斛律光為右僕射。婁叡，是婁昭哥哥的兒子。立孝昭帝高演的太子高百年為樂陵王。

十一月十五日丁巳，北周國主宇文邕到岐陽打獵，十二月十一日壬午，返回長安。

陳朝太子中庶子餘姚人虞荔、御史中丞孔奐，因為國用不足，聯名上奏請求制定徵收煮海鹽賦稅和酒由國家專賣的法令，陳文帝下詔允准。

當初，陳高祖陳霸先把陳文帝的女兒豐安公主許配給留異的兒子留貞臣為妻，徵召留異為南徐州刺史，留異拖延不上任。陳文帝即位，又任命留異為縉州刺史，兼領東陽太守。留異多次派長史王澌入朝，王澌每次都說朝廷虛弱，留異相信了。他雖然表面上顯示出朝臣的禮節，實際上常懷二心，從鄱陽信安嶺與王琳暗通信使。王琳失敗，陳文帝派左衛將軍沈恪替代留異，實際是用兵襲擊他。留異出兵下淮戍抵抗沈恪，沈恪與他交戰卻失敗了，退還錢塘。留異上表自責謝罪，當時朝廷各路軍隊還在湘州、郢州清剿，陳文帝就下詔慰諭留異，並牽制著他。留異也知道朝廷遲早要討伐他，於是派兵扼守下淮戍和建德縣，以防備水路。丙午日，陳文帝下詔司空、南徐州刺史侯安都領兵討伐留異。

三年（壬午　西元五六二年）

春，正月乙亥❶，齊主至鄴。辛巳❷，祀南郊。壬午❸，享太廟。丙戌❹，立妃胡氏❺為皇后，子緯為皇太子。后，魏兗州刺史安定胡延之之女也。戊子❻，齊大赦。己亥，以馮翊王潤為尚書左僕射。

周涼景公❼賀蘭祥卒。○壬寅❽，周人鑿河渠於蒲州，龍首渠於同州。○丁未❾，周以安成王頊為柱國大將軍，遣杜杲送之南歸。

辛亥❿，上祀南郊，以胡公⓫配天。二月辛酉⓬，祀北郊。

閏月丁未⓭，齊以太宰、平陽王淹為青州刺史，太傅、平秦王歸彥為太宰、冀州刺史。

歸彥為肅宗所厚，恃勢驕盈，陵侮貴戚。世祖即位，侍中、開府儀同三司高元海、御史中丞畢義雲、黃門郎高乾和數言其短，且云：「歸彥威權震主，必為禍亂。」帝亦尋其反覆之跡⓮，漸忌之。伺歸彥還家，召魏收於帝前作詔草，除歸彥冀州，使乾和繕寫。晝日，仍敕門司不聽歸彥輒⓯入宮，時歸彥縱酒為樂，經宿不知。至明，欲參⓰，至門知之，大驚而退。及通名謝，敕令早發，別賜錢帛等物甚厚，又敕督將悉送至清陽宮⓱。拜辭而退，莫敢與語，唯趙郡王叡與之久語，時無聞者。

帝之為長廣王也，清都和士開以善握槊、彈琵琶有寵，辟為開府行參軍。及即位，累遷給事黃門侍郎。高元海、畢義雲、高乾和皆疾之，將言其事。士開乃奏元海等交結朋黨，欲擅威福，乾和由是被疏。義雲納賂於士開，得為兗州刺史。

帝徵江州刺史周迪出鎮湓城⑱，又徵其子入朝。迪趑且⑲顧望，並不至。其餘南江酋帥⑳，私署令長，多不受召，朝廷未暇致討，但羈縻之。豫章太守周敷獨先入朝，進號安西將軍，給鼓吹一部，賜以女妓、金帛，令還豫章。迪以敷素出己下，深不平之，乃陰與留異相結，遣其弟方興將兵[1]襲敷，敷與戰，破之。又遣其兄子伏甲船中，詐為賈人，欲襲湓城。未發，事覺，尋陽太守監江州事晉陵華皎遣兵逆擊之，盡獲其船仗。

上以閩州刺史陳寶應之父為光祿大夫，子女皆受封爵，命宗正編入屬籍㉑。而寶應以留異女為妻，陰與異合。

虞荔弟寄㉒，流寓閩中，荔思之成疾，上為荔徵之，寶應留不遣。寄嘗從容諷以逆順，寶應輒引它語以亂之。寶應嘗使人讀漢書，臥而聽之，至蒯通說韓信曰：「相君之背，貴不可言。」蹶然㉓起坐，曰：「可謂智士！」寄曰：「通一說殺三士㉔，何足稱智？豈若班彪㉕王命㉖，識所歸乎？」寄知寶應不可諫，恐禍及己，乃著居士㉗服，居東山寺，陽稱足疾。寶應使人燒其屋，寄安臥不動。親近將扶之出，寄曰：「吾命有所懸㉘，避將安往？」縱火者自救之。

乙卯㉙，齊以任城王湝為司徒。

齊揚州刺史行臺王琳數欲南侵，尚書盧潛以為時事未可。上遣移書壽陽，欲與齊和親。潛以其書奏齊朝，仍上啓且請[2]息兵。齊主許之，遣散騎常侍崔瞻㉚來聘，且歸南康愍王曇朗㉛之喪。琳由[3]是與潛有隙，更相表列㉜。齊主徵琳赴鄴，以潛為揚州刺史，領行臺尚書。瞻，㥄之子也。

梁末喪亂，鐵錢不行，民間私用鵝眼錢㉝。甲子㉞，改鑄五銖錢，一當鵝眼之十。

後梁主安於儉素，不好酒色，雖多猜忌，而撫將士有恩。以封疆褊隘㉟，邑居殘毀，干戈日用，鬱鬱不得志，疽發背而殂，葬平陵㊱，謚曰宣皇帝，廟號中宗。太子巋即皇帝位，改元天保。尊龔太后為太皇太后，王后為[4]皇太后，母曹貴嬪㊲為皇太妃。

三[5]月丙子㊳，安成王頊至建康，詔以為中書監、中衞將軍。上謂杜杲曰：「家弟今蒙禮遣，實周朝之惠，然魯山不返，亦恐未能及此。」杲對曰：「安成，長安一布衣耳，而陳之介弟也，其價豈止一城而已哉？本朝敦睦九族，恕己及物，上遵太祖遺旨，下思繼好之義，是以遣之南歸。今乃云以尋常之士易骨肉之親，非使臣之所敢聞也。」上甚慚，曰：「前言戲之耳。」待杲之禮有加焉。項妃柳氏㊴及子叔寶猶在穰城，上復遣毛喜如周請之，周人皆歸之。

丁丑㊵，以安右將軍吳明徹為江州刺史，督高州刺史黃法氍、豫章太守周敷共討周迪。

甲申㊶，大赦。

留異始謂臺軍必自錢塘上，既而侯安都步由諸暨㊷出永康，異大驚，奔桃枝嶺，於巖口豎柵以拒之。安都為流矢所中，血流至踝，乘輿㊸指麾，容止不變。因其山勢，迮㊹而為堰，會潦水㊺漲滿，安都引船入堰，起樓艦與異城等㊻，發拍碎其樓堞。異與其子忠臣㊼脫身奔晉安，依陳寶應。安都虜其妻及餘子，盡收鎧仗而還。

異黨向文政據新安，上以貞毅將軍㊽程文季㊾為新安太守，帥精甲三百輕往攻之。文政戰敗，遂降。文季，靈洗之子也。

夏，四月辛丑㊿，齊武明婁太后殂。齊主不改服，緋袍如故(51)。未幾，登三臺，置酒作樂，宮女進白袍，帝投諸臺下。散騎常侍和士開請止樂，帝怒，撾(52)

之。

乙巳[53]，齊遣使來聘。

齊青州上言河水清，齊主遣使祭之，改元河清。

先是，周之羣[6]臣受封爵者皆未給租賦。癸亥[54]，始詔柱國等貴臣邑戶，聽寄食[55]佗縣。

五月庚午[56]，周大赦。〇己丑[57]，齊以右僕射斛律光為尚書令。

壬辰[58]，周以柱國楊忠為大司空。六月己亥[59]，以柱國蜀國公尉遲迥為大司馬。

秋，七月己丑[60]，納太子妃王氏[61]，金紫光祿大夫周[62]之女也。

齊平秦王歸彥至冀州，內不自安，欲待齊主如晉陽，乘虛入鄴。其郎中令[63]呂思禮告之。詔大司馬段韶、司空婁叡討之。歸彥於南境置私驛[64]，聞大軍將至，即閉城拒守。長史宇文仲鸞[65]等不從，皆殺之。歸彥自稱大丞相，有眾四萬。齊主以都官尚書封子繪，冀州人，祖父世為本州刺史[66]，得人心，使乘傳至信都，巡城，諭以禍福。吏民降者相繼，城中動靜，小大皆知之。歸彥登城大呼云：「孝昭皇帝初崩，六軍百萬，悉在臣手，投身向鄴，奉迎陛下。當時不反，今日豈反邪？正恨高元海、畢義雲、高乾和誑惑聖上，疾忌忠良，但為殺此三人，即臨城自刎。」既而城破，單騎北走，至交津[67]，獲之，鎖送鄴。乙未[68]，載以露車，銜木面縛[69]。劉桃枝臨之以刃，擊鼓隨之，并其子孫十五人皆棄市。命封子繪行冀州事。

齊主知歸彥前譖清河王岳，以歸彥家良賤百口賜岳家，贈岳太師。

丁酉[70]，以段韶為太傅，婁叡為司徒，平陽王淹為太宰，斛律光為司空，趙郡王叡為尚書令，河間王孝琬為左僕射。

癸亥[71]，齊主如晉陽。○上遣使聘齊。

九月戊辰朔[72]，日有食之。○以侍中、都官尚書到仲舉[73]為尚書右僕射、丹楊尹。仲舉，溉[74]之弟子也。

吳明徹至臨川攻周迪，不能克。丁亥[75]，詔安成王頊代之。

冬，十月戊戌[76]，詔以軍旅費廣，百姓空虛，凡供乘輿飲食衣服及宮中調度，悉從減削。至於百司，宜亦思省約。

十一月丁卯[77]，周以趙國公招[78]為益州總管。○丁丑[79]，齊遣兼散騎常侍封孝琰[80]來聘。

十二月丙辰81，齊主還鄴。

齊主逼通昭信李后，曰：「若不從我，我殺爾兒。」后懼，從之。既而有娠。太原王紹德至閤，不得見，慍曰：「兒豈不知邪？姊腹大，故不見兒。」后大慚，由是生女不舉。帝橫刀詬曰：「殺我女，我何得不殺爾兒？」對后以刀環築殺紹德。后大哭，帝愈怒，裸后，亂撾之。后號天不已，帝命盛以絹囊，流血淋漉，投諸渠水，良久乃蘇，犢車載送妙勝寺為尼。

【章旨】以上為第五段，寫陳文帝通好北周、北齊，繼續用兵討伐地方勢力，安定國境。北齊高湛以弟繼位，初為政即荒淫暴虐，大類乃兄高洋。

【注釋】❶乙亥　正月初五。按，此段記載取材自《北史》及《北齊書》，記之以齊武成帝河清元年干支，正月為辛未朔，當年無閏月；他段則記之以陳文帝天嘉三年干支，正月為壬寅朔，當年閏二月。雖同為壬午年，但月序有所差異，故推算上有矛盾之處。❷辛巳　正月十一日。❸壬午　正月十二日。❹丙戌　正月十六日。❺胡氏　安定臨涇（今甘肅鎮原南）人，齊武成皇后，好淫亂，死於隋初。傳見《北齊書》卷九、《北史》卷十四。❻戊子　正月十八日。❼涼景公　賀蘭祥封涼國公，諡號景。❽壬寅　正月一日。❾丁未　正月六日。❿辛亥　正月十日。⓫胡公　周武王的大臣。武王把長女大姬嫁給胡公為妻，並封在陳國為諸侯，是陳國的始祖。事見《左傳》襄公二十五年、《史記》卷三十六〈陳杞世家〉及「得嬀滿，封之於陳」句《索隱》。陳蒨自以為是胡公的後代，所以在祭祀時用胡公配天。⓬辛酉　二月辛未朔，無辛酉。《陳書》作正月事，即正月二十日。疑《通鑑》誤。⓭丁未　閏二月七日。⓮反覆之跡　高歸彥在高洋時，與楊愔親近；後又依附高演，殺楊愔，廢帝為濟南王。高演死，又迎立武成帝，前後反覆無常。⓯輒　即時。⓰欲參　想朝見武成帝。⓱清陽宮　北齊別宮，在今河北清河縣。⓲出鎮湓城　讓周迪離開他的根據地臨川，到江州州治湓城赴任，以便強化中央的控制。⓳赼且　徘徊不前的樣子。且，通「趄」。⑳南江酋帥　江州南部各郡的將領。㉑編入屬籍　編入陳氏皇族名冊。㉒寄　虞寄（西元五一〇—五七九年），字次安，性恬靜，有文才，不求仕進。扣留在陳寶應處，自號東山居士。後文帝、宣帝屢次徵召，均不應命，只備顧問而已。傳見《陳書》卷十九、《南史》卷六十九。㉓蹶然　迅速挺身。㉔通一說殺三士　蒯通勸韓信襲擊已同意歸順的齊國，使劉邦的使者酈食其被烹死，齊相田橫戰敗逃入海島，後被迫自殺。又使韓信居功自傲，以後遭到劉邦疑忌，落了個謀反被殺的下場。詳《漢書》卷四十五〈蒯通傳〉。㉕班彪　（西元三—五四年）字叔皮，扶風安陵（今陝西咸陽東）人，兩漢之際著名的史學家。所撰《史記後傳》成為其子班固撰作《漢書》的主要依據之一。傳見《後漢書》卷四十上。㉖王命　即〈王命論〉，是班彪避亂隴西時寫給隗囂的一篇文章。主要內容是勸說隗囂歸順劉秀，輔佐漢室，不要有非分之想。虞寄借用來說服陳寶應不要再與留異暗中往來，籌劃謀反，以免鑄成大錯。全文見《文選》卷五十二。本書卷四十一引有〈王命論〉部分內容。㉗居士　靜心奉佛修道的俗家人士。㉘命有所懸　生命控制在他人之手。暗指陳寶應。㉙乙卯　閏二月十五日。㉚崔瞻　（西元五一九—五七二年）字彥通，清河東武城（今山東武城）人。出身高門，富有文才。仕北齊，任中書侍郎，又任給事黃門侍郎，身居中書、門下二省。曾草定婚禮儀注。傳見《北齊書》卷二十三、《北史》卷二十四。㉛曇朗　陳曇朗。前做人質，被北齊所殺。㉜更相表列　互相上表揭發對方過失。㉝鵝眼錢　一種劣質錢，仿劉宋沈慶之所鑄的五銖小錢，所以也被稱作沈郎錢。㉞甲子　閏二月二十四日。㉟封疆褊隘　領土狹小。時後梁所轄只有荊州，轄南郡（治所江陵，在今湖北江陵）一郡；平州，轄漳川（治所漳川，在今湖北當陽）一郡；基州，轄章山（治所在今湖北鍾祥南）一郡；都州，轄武寧（治所樂鄉，在今湖北荊門北）一郡。名為四州，實為四郡之地。㊱平陵　後梁主陵園，在今湖北江陵。㊲曹貴嬪　名不詳，九月即病死。㊳丙子　三月七日。㊴柳氏　即高宗柳皇后（西元五三三—六一五年），名敬言，河東解人，陳後主初即位，因病不能聽政。時值始興王陳叔陵等叛亂，政事一決於柳太后。陳亡，居長安。隋末死於洛陽。傳見《陳書》卷七、《南史》卷十二。㊵丁丑　三月八日。㊶甲申　三月十五日。㊷諸暨　縣名，縣治在今浙江諸暨。㊸輦　一種便車。㊹迮　迫近。㊺潦水　積水。指堰中因天雨或其他原因積存了大量的水。㊻等　等高，指築堤與城牆一樣高。㊼忠臣　留忠臣，後與父留異一起在建康被處決。㊽貞毅將軍　官名，屬雜號將軍。㊾程文季　（？—西元五七九年）字少卿，新安海寧（今安徽休寧）人。在平定陳寶應、華皎叛亂中，屢立戰功，襲封重安縣公。隨吳明徹北伐，於呂梁被俘，南逃時被周兵所殺。傳見《陳書》卷十、《南史》卷六十七。㊿辛丑　四月二日。(51)緋袍如故　不穿喪服，仍穿紅袍。(52)撾　打。(53)乙巳　四月六日。(54)癸亥　四月二十四日。(55)寄食　依賴他人而生活。(56)庚午　五月一日。(57)己丑　五月二十日。(58)壬辰　五月二十三日。(59)己亥　六月一日。(60)己丑　七月二十一日。(61)王氏　琅邪臨沂（今山東臨沂北）人。即廢帝王皇后，後貶為臨海王妃。陳後主至德年間病死。傳見《陳書》卷七、《南史》卷十二。(62)周　《陳書》卷七作「固」。疑當作「固」。(63)郎中令　此是王國郎中令，官名，掌王府內事務。(64)私驛　私人驛站和驛騎。(65)宇文仲鸞　河南洛陽（今河南洛陽）人，東魏末曾任齊王丞相府長流參軍。傳見《魏書》卷四十四。(66)祖父世為本州刺史　封子繪的祖父封回、父封隆之都擔任過冀州刺史。(67)交津　漳河和白馬河交匯的地方，在今河北武強南。(68)乙未　七月二十七日。(69)銜木面縛　嘴上勒上一根木條，雙手反綁到背後。(70)丁酉　七月二十九日。(71)癸亥　八月六日。(72)戊辰朔　九月一日。(73)到仲舉　（西元五一七—五六七年）字德言，彭城武原（今江蘇邳州北）人，陳文帝時，封建昌縣侯。宣帝輔政時被殺。傳見《陳書》卷二十、《南史》卷二十五。(74)溉　到溉，字茂灌，有才學，廉潔清白。梁時官至散騎常侍、侍中。傳見《梁書》卷四十、《南史》卷二十五。(75)丁亥　九月二十日。(76)戊戌　十月二日。(77)丁卯　十一月一日。(78)招　宇文招（？—西元五八〇年），字豆盧突，北周文帝宇文泰之子。滅北齊後，進位上柱國，拜太師。楊堅輔政時，將代北周。招密謀誅堅，事洩被殺。傳見《周書》卷十三、《北史》卷五十八。(79)丁丑　十一月十一日。(80)封孝琰　（西元五三〇—五八〇年）字士光，渤海蓨（今河北景縣）人。北齊末官至通直散騎常侍、尚書左丞，奏門下省事。曾預撰《修文殿御覽》。因諫後主被殺。傳見《北齊書》卷二十一、《北史》卷二十四。(81)丙辰　十二月二十一日。

【校　記】[1]將兵　原無此二字。據章鈺校，十二行本、乙十一行本皆有此二字，張敦仁《通鑑刊本識誤》同，今據補。按，《通鑑紀事本末》卷二四有此二字。[2]且請　原作「請且」。據章鈺校，十二行本、乙十一行本二字皆互乙，今據改。按，《通鑑紀事本末》卷二四作「且請」。[3]由　原作「於」。據章鈺校，十二行本、乙十一行本、孔天胤本皆作「由」，張敦仁《通鑑刊本識誤》同，今據改。[4]為　原作「曰」。據章鈺校，十二行本、乙十一行本皆作「為」，今據改。[5]三　原作「二」。據章鈺校，十二行本、乙十一行本皆作「三」，張敦仁《通鑑刊本識誤》同，今據改。按，《陳書・世祖紀》、《南史・文帝紀》皆作「三」。[6]羣　原作「君」。據章鈺校，十二行本、乙十一行本皆作「羣」，今據改。按，《通鑑綱目》卷三四作「羣」。

【語　譯】三年（壬午　西元五六二年）

春，正月初五日乙亥，北齊國主高湛到達鄴城。十一日辛巳，在南郊祭天。十二日壬午，在太廟祭祀祖先。十六日丙戌，冊立妃子胡氏為皇后，立皇子高緯為皇太子。皇后胡氏，是魏兗州刺史安定人胡延之的女兒。十八日戊子，北齊大赦天下。二十九日己亥，任命馮翊王高潤為尚書左僕射。

北周涼景公賀蘭祥去世。〇正月初一日壬寅，北周在蒲州開鑿河渠，在同州開鑿龍首渠。〇初六日丁未，北周任命安成王陳頊為柱國大將軍，派杜杲送他回南朝。

正月初十日辛亥，陳文帝在南郊祭天，用陳姓始祖西周武王所封陳胡公配天受祭。二月辛酉日，在北郊祭地。

閏二月初七日丁未，北齊任命太宰、平陽王高淹為青州刺史；太傅、平秦王高歸彥為太宰、冀州刺史。

高歸彥被肅宗高演厚待，仗勢驕橫，陵侮貴戚。世祖高湛即位，侍中．開府儀同三司高元海、御史中丞畢義雲、黃門郎高乾和多次在高湛面前說高歸彥的過失，又說：「高歸彥聲威權勢震動皇上，一定會造成禍亂。」皇上高湛也追查他反覆無常的經歷，逐漸猜忌他。偵察到高歸彥回家，就召魏收在皇上面前草擬詔書，改授高歸彥為冀州刺史，讓高乾和繕寫。當天，並敕令掌管宮門的負責人不讓高歸彥即時進宮，當時高歸彥在家縱酒作樂，過了一夜還不知道這件事。到天亮，高歸彥想入宮參見皇上高湛，到了宮門才知道，大驚退回。等到通名帖謝罪時，敕令早已發出，另外賞賜了很多錢帛等物品，又敕令都督將軍們都送他到清陽宮。大家拜別就走散了，沒有人敢和他講話，只有趙郡王高叡與他說了很長時間的話，當時沒有人聽到。

北齊國主高湛做長廣王的時候，清都人和士開因善握槊賭博遊戲和彈琵琶，深受寵信，任用為開府行參軍。高湛即位後，提升至給事黃門侍郎。高元海、畢義雲、高乾和都妒忌和士開，想要講他的問題。和士開搶先上奏，說高元海等人結黨營私，想作威作福，高乾和因此被疏遠。畢義雲向和士開行賄，當上了兗州刺史。

陳文帝徵調江州刺史周迪出鎮湓城，又徵召他的兒子入朝。周迪徘徊不前，瞻前顧後，父子都不動身。其餘南江豪酋，私自署任的縣令縣長，多不接受朝廷的徵召，朝廷顧不上征討，只是籠絡住他們。豫章太守周敷獨自首先入朝，進號安西將軍，特賜鼓吹一部，又賜給他女樂、金帛，命令他回豫章。周迪認為周敷一向名位在自己之下，內心憤憤不平，於是暗中與留異勾結，並派自己的弟弟周方興率兵偷襲周敷，周敷與他交戰，打敗了周方興。周迪又派他哥哥的兒子埋伏甲士在船上，假扮為商人，想偷襲湓城。還沒行動，謀劃敗露，尋陽太守監江州事晉陵人華皎派兵反擊，全部俘虜了周迪派去偷襲湓城的士兵和船隻器械。

陳文帝任命閩州刺史陳寶應的父親為光祿大夫，子女都接受封爵，命宗正編入陳氏皇族名籍。可是陳寶應因為娶了留異之女為妻，所以暗中與留異聯合。

虞荔的弟弟虞寄，流落在閩中，虞荔思念弟弟得了病，陳文帝為虞荔徵召虞寄，陳寶應扣留虞寄不讓他走。虞寄曾經坦誠而含蓄地講逆順的道理，陳寶應總是用別的話頭引開。陳寶應曾經使人讀《漢書》，他躺在床上聽，當讀到蒯通遊說韓信說：「相君之背，貴不可言。」陳寶應突然坐起，說：「可以稱得上智士！」虞寄說：「蒯通一次誘說，殺了三個賢士，哪裡稱得上是智？又怎能比得上班彪作的〈王命論〉，懂得歸向呢？」虞寄知道陳寶應不可能諫阻，恐怕災禍牽連自己，於是穿上居士服，避居到東山寺，假說患了足疾。陳寶應派人燒他的房屋，虞寄安安穩穩地睡在床上不動。親近的人要扶他出去，虞寄說：「我的生命操控在別人的手中，能到哪裡去躲避呢？」放火的人自己把火撲滅了。

閏二月十五日乙卯，北齊任命任城王高湝為司徒。

北齊揚州刺史行臺王琳多次想向南侵擾，尚書盧潛認為當時的形勢不允許。陳文帝派人送了一封信到壽陽，想與北齊和親。盧潛把這封信轉奏齊朝，自己也上奏請求暫時停止戰爭。北齊國主高湛同意了，派散騎常侍崔瞻出使陳朝，並且歸還南康愍王陳曇朗的靈柩。王琳因此與盧潛有了矛盾，互相上表列舉對方的過失。北齊國主高湛徵召王琳到鄴城，任命盧潛為揚州刺史，兼領揚州行臺尚書。崔瞻，是崔㥄的兒子。

梁朝末年大亂，鐵錢不通行，民間私用鵝眼錢。閏二月二十四日甲子，改鑄五銖錢，一枚兌換十枚鵝眼錢。

後梁國主蕭詧安於節儉樸素，不好飲酒與女色，雖然多懷猜忌，但撫慰將士，有恩德。因為封疆褊狹，城邑與村落殘破，戰亂不止，心情鬱悶，不能實現自己的抱負，脊背生了毒瘡而去世，安葬在平陵，諡號稱宣皇帝，廟號叫中宗。太子蕭巋即皇帝位，改年號叫天保。尊龔太后為太皇太后，王后為皇太后，生母曹貴嬪為皇太妃。

三月初七日丙子，安成王陳頊回到建康，陳文帝下詔任命為中書監、中衛將軍。陳文帝對北周使者杜杲說：「家弟今蒙優禮送還，確實是周國的恩惠，但是魯山郡不給周國，恐怕他回不來吧。」杜杲回答說：「安成王，長安的一個布衣而已，但卻是陛下的大弟，他的價值豈只是一座城呢？本朝和睦九族，以恕己之心推及於人，上遵太祖的遺旨，下想恢復兩國間的友好，因此才送安成王回歸南國。而今竟然說是拿普通的土地換回骨肉至親，這話不是我這個使臣願意聽到的。」陳文帝很慚愧，說：「剛才的話不過是開玩笑而已。」對待杜杲更加有禮。陳頊的妃子柳氏以及兒子陳叔寶還在穰城，陳文帝又派毛喜到北周請求放還，北周都把他們送歸陳朝。

三月初八日丁丑，陳文帝任命安右將軍吳明徹為江州刺史，督高州刺史黃法氍、豫章太守周敷共同討伐周迪。

三月十五日甲申，陳朝大赦天下。

留異原先以為官軍一定從錢塘江沿江而上，不久，侯安都軍步行由諸暨經永康而來，留異大驚，奔赴桃枝嶺，在巖口樹立柵欄抗拒官軍。侯安都被流箭射中，血流到腳跟，坐在轎子上指揮，容顏舉止沒有變化。官軍根據山嶺形勢，依山築堰，正趕上雨季，積水漲滿，侯安都引船入堰，搭起樓船與留異的城高度相等，發動拍竿拍碎留異城上的矮牆。留異和他的兒子留忠臣脫身逃往晉安，依附陳寶應。侯安都俘虜了留異的妻子和其他幾個兒子，繳獲了全部鎧甲器仗後回軍。

留異黨羽向文政據守新安，陳文帝派貞毅將軍程文季為新安太守，率領精兵甲士三百人輕裝前往攻擊。向文政戰敗，於是投降官軍。程文季，是程靈洗的兒子。

夏，四月初二日辛丑，北齊武明婁太后去世。北齊國主高湛不穿喪服，仍像平常一樣穿大紅袍。不久，又登上三臺，置酒作樂，宮女送上白袍，高湛將它扔到臺下。散騎常侍和士開請求停止奏樂，高湛大怒，鞭打和士開。

四月初六日乙巳，北齊派人出使陳朝。

北齊青州刺史上書說黃河水變清，北齊國主高湛派人祭祀黃河，改年號叫河清。

此前，北周的文武百官中受了封爵的人，朝廷都沒有給他們租賦。四月二十四日癸亥，開始下詔，柱國等勳戚重臣儘管轄有城邑戶口，仍可以寄食於他縣。

五月初一日庚午，北周大赦天下。○二十日己丑，北齊任命右僕射斛律光為尚書令。

五月二十三日壬辰，北周任命柱國楊忠為大司空。六月初一日己亥，任命柱國蜀國公尉遲迥為大司馬。

秋，七月二十一日己丑，陳文帝聘王氏女為皇太子妃。王氏是金紫光祿大夫王固的女兒。

北齊平秦王高歸彥到了冀州，內心不安，想等待北齊國主高湛前往晉陽，乘虛入據鄴城。他手下的郎中令呂思禮向朝廷告發了。高湛下詔大司馬段韶、司空婁叡征討他。高歸彥在冀州南境設置私家驛站，聽到征討大軍就要到來，當即閉城拒守。長史宇文仲鸞等不聽從，全都誅殺了他們。高歸彥自稱大丞相，有部眾四萬。北齊國主高湛因都官尚書封子繪是冀州人，祖父、父親世代任職為冀州刺史，很得人心，就派他乘驛車到信都，巡城，宣講順逆禍福的道理。城內官民投降的人絡繹不絕，城中的舉動和大小事，官軍知道得一清二楚。高歸彥登上城樓大聲叫喊，說：「孝昭皇帝剛死的時候，朝廷軍隊百萬，都掌領在我的手中，我投身鄴城，奉迎陛下，當時我沒造反，今天難道會造反嗎？只恨高元海、畢義雲、高乾和等人欺騙迷惑聖上，嫉妒忠良，只要殺了這三個人，我當即就在城頭自殺。」不久城破，高歸彥單人獨騎向北逃跑，到了交津，被抓獲，鎖起來送到鄴城。七月二十七日乙未，高歸彥被載上露車，嘴內塞上木條，兩手反綁。劉桃枝把刀架在他的脖子上，跟著他擊鼓，連同他的子孫共十五個人全都斬首示眾。任命封子繪代理冀州刺史。

北齊國主高湛知道高歸彥先前說清河王高岳的壞話，於是把高歸彥的親屬和奴婢一百多口賞賜高岳家，追贈高岳為太師。

七月二十九日丁酉，北齊任命段韶為太傅、婁叡為司徒、平陽王高淹為太宰、斛律光為司空、趙郡王高叡為尚書令、河間王高孝琬為左僕射。

八月初六日癸亥，北齊國主高湛到晉陽。○陳文帝派使臣到北齊訪問。

九月初一日戊辰，發生日蝕。○陳文帝任命侍中、都官尚書到仲舉為尚書右僕射、丹楊尹。到仲舉，是到溉弟弟的兒子。

吳明徹到臨川郡攻擊周迪，沒能攻破。九月二十日丁亥，陳文帝詔令安成王陳頊替代吳明徹。

冬，十月初二日戊戌，陳文帝下詔，因軍事費用大增，百姓財糧困乏，凡是供給皇上的飲食、衣服，以及宮中的一切開支，一概削減。至於文武百官，也應考慮節約。

十一月初一日丁卯，北周任命趙國公宇文招為益州總管。○十一日丁丑，北齊派兼散騎常侍封孝琰出使陳國。

十二月二十一日丙辰，北齊國主高湛回到鄴城。

北齊國主高湛逼姦昭信文宣皇后李氏，說：「你不順從我，我就殺你的兒子。」李后害怕，依從了。不久懷了孕。太原王高紹德到昭信宮，不被母親接見，生氣地說：「兒子難道不知道嗎？母親肚子大了，所以不見兒。」李后非常羞愧，因此生下一個女兒，不敢養育。高湛提著刀罵李后說：「你殺了我的女兒，我怎能不殺你的兒子？」當著李后的面用刀環擊殺了高紹德。李后大哭，高湛更加憤怒，剝光李后的衣褲，亂打她。李后呼天不止，高湛命令用絹袋裝起來，鮮血從絹袋滲出，投到渠水中，過了很長時間才蘇醒過來，用牛犢車載著送到妙勝寺為尼姑。

【研析】西元五六〇至五六二年，陳、北齊、北周，內部政治都經歷著巨大的調整。

陳朝開國皇帝陳霸先突然病逝，其時江南還未平定。陳霸先之子陳昌，雖是名正言順的繼承人，但當初被梁元帝召至江陵，作為保證陳霸先效忠的人質，西魏攻陷江陵時，被俘至長安，受西魏北周政權控制，「高祖即位，屢請之於周，周人許而不遣」，意在要挾陳朝。陳霸先死後，陳霸先皇后章氏暫時掌握發號施令的權力，並希望兒子陳昌回國繼承帝位，而開國元勳侯安都建議擁陳霸先兄之子臨川王陳蒨為帝。《通鑑》上卷記其事說：「(臨川)王謙讓不敢當。皇后以昌故，未肯下令，羣臣猶豫不能決。安都曰：『今四方未定，何暇及遠？臨川王有大功於天下，須共立之。今日之事，後應者斬！』即按劍上殿，白皇后出璽，又手解蒨髮，推就喪次，遷殯大行于太極西階。皇后乃下令，以蒨纂承大統。」即後來的陳文帝。

對於陳朝新皇帝陳蒨來說，繼續進行對梁朝殘餘勢力王琳集團的戰爭，削平江南腹地割據一方的地方豪族武裝，阻遏北齊、北周對江南的滲透，是穩定陳朝面臨的艱巨任務，這些也是本卷詳細敘述的內容，此不申說。陳朝對江南實現穩定地統治，固然有助於鞏固陳蒨的皇位，而他要鞏固皇位，還必須處理兩個隨時都可能引發政治危機的潛在因素：其一是陳昌歸國可能引起的政治動盪，其二便是如何處置功高震主的侯安都。

陳霸先死後，北周軍隊利用王琳東下之機，深入湘江流域，同時又立即遣陳昌歸國，擾動陳朝政局，強佔江南之地的意思甚明。歸國途中的陳昌「致書於上，辭甚不遜」，我們雖然不知陳昌說了哪些不得體的話，但肯定是有索要堂兄陳蒨帝位的意思，因而陳蒨才會對侯安都表示：「太子將至，須別求一藩為歸老之地。」據《陳書》卷十四，陳昌為陳霸先第六子，陳霸先封長陳侯時，便以為世子，雖非長子，但從其母章氏被立為皇后看，應屬嫡子。《陳書》未見陳霸先即位後有立太子之舉，而《通鑑》則稱之為「世子昌」，顯然陳昌在陳朝建立後被立為太子的事情，被陳朝官方史書有意地掩蓋了。

太子歸國，陳蒨即位尚不到一年，功業尚未建立，侯安都的態度再次成了關鍵。侯安都的表態是：「自古豈有被代天子？臣愚，不敢奉詔。」並請求「自迎昌」，結果陳昌在渡江時船沉溺斃，這當然是侯安都又一功勞，「以功進爵清遠公」。陳昌被殺，對於陳蒨自然是好事，但作為人臣，行如此之事，侯安都已難信重，他最終的結局必然是兔死狗烹。侯安都被殺，《通鑑》因時間關係敘於下卷，至於卷中所述其招聚文士、部下將士不遵法度等事，從中書舍人蔡景歷「希旨稱安都謀反」可知，實是「欲加之罪，何患無辭。」謀反大罪，誅及九族，但陳蒨公開以謀反罪殺侯安都，卻「宥其妻子，資其喪」，也顯示出謀反並非實情，誅殺功高震主者才是目的。處死侯安都，太子陳昌暴死之責，罪有所歸，又可震懾創業功臣，陳蒨終於使自己的皇位鞏固下來。

北齊經文宣帝高洋晚年長期變態的折騰，終於在其死後由楊愔等輔太子高殷即位。據《北齊書》卷六〈廢帝紀〉，這位年少的新皇帝與父輩武夫不同，頗有學問，其為太子，「溫裕開朗，有人君之度，貫綜經業，省覽時政，甚有美名。」曾在宴聚之時與儒者問難儒經義旨，「在坐莫不歎美」。但當高洋要他親手殺死囚犯時，卻「惻然有難色，再三不斷其首。」高洋因此「每言太子得漢家性質，不似我，欲廢之。」楊愔等欲鞏固高殷的帝位，整頓朝綱，試圖將高洋的兩個弟弟高演、高湛排擠出朝廷，但這二人得到鮮卑勳貴的支持。出於情感，鮮卑勳貴更願意效忠於高歡之妻婁氏，不喜歡這個漢化頗深的皇帝，也不願意高殷之母李氏以一個漢人居太后之位。於是高演、高湛於勳貴聯手發動政變，請出雖身居幕後但影響力極大的婁氏，廢黜高殷，高演奪得帝位。政變本身是權力之爭，但勝者借重鮮卑武人的力量，敗者試圖興行文治。婁氏稱：「豈可使我母子受漢老嫗斟酌？」高殷表示：「天子亦不敢為叔惜，況此漢輩！」使得政變帶有族群鬥爭的味道。

在這種背景下上臺的高演，雖頗想有所作為，「大革顯祖之弊」，扭轉高洋末年北齊呈現的頹勢，但這只不過因其生性「沉敏」，且「少居臺閣，明習吏事」，有實踐經驗，他的文化水平實在不敢恭維。他臨死時母親婁氏健在他卻表示以未見母親墳墓為憾，目的雖是要表達對母親的孝心，卻頗不得體。顏之推因此評價他「良由不學之所為也」，即可見一斑。其上臺執政，及登上皇帝，全憑身邊漢人王晞給他出謀劃策，但卻因王晞「儒緩」，「恐不允武將之意，每夜載入，晝則不與語。」這又充分表明，這次政變，表面上看是鮮卑與漢族之間的鬥爭，實則是兩種文化的衝突，是北魏末年以來北鎮武人反抗洛陽漢化與文治政策的延續。因此，高演當上皇帝，試圖整頓吏治，並不會有太大的作為。縱觀歷史，任何一個政權，全憑武人的意願決定國家政治走向，絕不是正常形態，這個政權的穩定與政策的有效性，也頗成問題。

反觀西魏北周，所在地域自漢魏以來，文化上便遠遜於東魏北齊之境，奠基於「武川軍團」的西魏北周在政治舉措上，也重視草原傳統，如西魏時奉拓跋部落聯盟形成時期的首領力微為太祖，又恢復鮮卑部落名號，行軍號令使用鮮卑語。但華夏傳統也同樣受到尊重，重儒學、行《周禮》，文武並重，草原傳統與中原文明並行不悖，西魏北周的政爭，絕無族群與文化衝突的意義。如果這兩個敵對政權的創立者宇文泰、高歡為第一代人，無論他們族源是漢、是鮮卑，抑或是匈奴（據周一良先生研究，宇文氏出於匈奴），他們同樣來自草原，同樣熟悉鮮卑語言，但他們的下一代文化水平卻大相逕庭。高歡的下一代不學無文，宇文泰的下一代則文質彬彬。如北周明帝宇文毓，《周書》卷四〈明帝紀〉稱：「幼而好學，博覽群書，善屬文，詞彩溫麗。」他享年二十七歲，「所著文章十卷」雖未見流傳，但同卷錄有他至同州故居時寫的一首詩：「玉燭調秋氣，金輿歷舊宮。還如過白水，更似入新豐。霜潭漬晚菊，寒井落疏桐。舉盃延故老，令聞歌〈大風〉。」音調鏗鏘、用典貼切、平仄合韻，堪與厲行漢化改革的北魏孝文帝比肩，與高歡諸子相比，文化水平高下可見。

這種差異並非個人好惡所致，而是政權開創者風格使然，請參看卷一百五十六我們對於宇文泰、高歡二人的評析。

宇文毓因權臣宇文護忌憚進毒，英年早逝，未能有更大的作為。但他親自選定的接班人其弟宇文邕，亦即周武帝，即位之後，高舉復興儒學的大旗，加強政令統一，一舉消滅北齊。這將是隨後幾卷將要涉及的問題。

◎新譯商君書

貝遠辰／注譯　陳滿銘／校閱

《商君書》是匯集商鞅及其同派言論而成的一部重要典籍，先秦法家學派的代表作之一。書中含有商鞅個人及商鞅一派法家其他成員的思想觀點，主要記載了商鞅輔佐秦孝公進行革新變法、重農重戰、重刑厚賞、反斥儒家言論等具體措施與主張。秦國最後能併吞六國、一統天下，從書中即可一窺其歷史緣由與根據。本書借鑒明清兩代有關《商君書》的研究成果，並採納近人和海內外名流專著中的校勘意見，詳為導讀和注譯，幫助現代讀者通讀原典，掌握要義。

◎新譯鹽鐵論

盧烈紅／注譯　黃志民／校閱

《鹽鐵論》是西漢學者桓寬根據漢昭帝時召開的鹽鐵會議之記錄，整理加工而成。鹽與鐵是關係國計民生的兩大商品，也是漢武帝實行一系列官營政策後國家的重要財源。會議中官方與民間代表兩派人馬針對官營或私營、征伐或安撫、法治或禮治等等議題展開激烈的論戰，從中我們不僅能了解當時大環境的樣貌，更可一窺漢武帝獨尊儒術後的學術風氣。本書參考各種版本，校正和補足許多正文的錯誤及衍脫，各篇的題解提綱挈領，注釋與語譯則力求雅俗共賞。

◎新譯貞觀政要

許道勳／注譯　陳滿銘／校閱

唐太宗李世民不僅雄才大略，且能任賢納諫，勵精圖治，在位期間政績顯赫，開創了歷史上少有的太平盛世，史稱「貞觀之治」。史臣吳兢鑑於玄宗晚年日漸奢靡，乃「參詳舊史，撮其指要」，編成《貞觀政要》一書獻上，意欲玄宗知所戒惕。書中選錄了唐太宗和四十五位大臣間的言論，通過君臣之間生動而明白的言談，反映了貞觀時期的人倫之紀和軍國之政，可作為有國有家者政教之典範。其中所彰顯的安本治國之道，至今仍是不易之理，值得讀者用心探究。

新譯水經注
(上)